Enzyklopädie Nähstiche

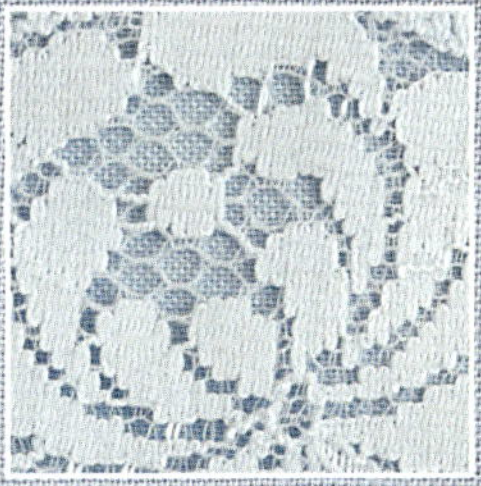

Enzyklopädie Nähstiche

Lorna Knight

FLEURUS IDEE

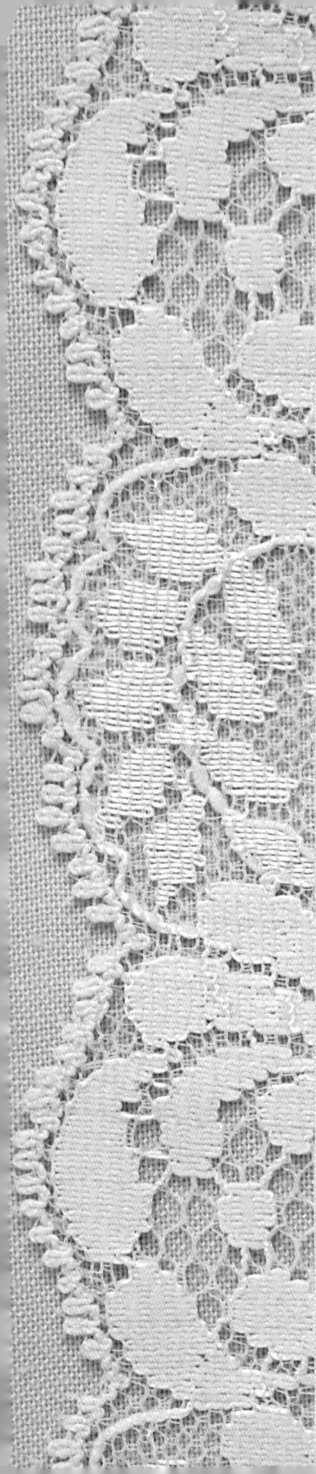

Fleurus Idee
is an imprint of
Fleurus Verlag

Übersetzung aus dem Englischen:
Bernadette Mayr, Kempten

Satz der deutschen Ausgabe:
Roman Bold & Black, Köln

Umschlaggestaltung:
MWK, Köln

Fotos Umschlag.
Vorderseite o. l. S. 19 o. r., o. r. S. 84 o.,
u. l. S. 100, u. r. S. 8–9, Rückseite S. 10

ISBN 978-3-89717-529-7

Printed in China

10 9 8 7 6 5 4 3 2 1

Inhalt

Einleitung 6

MATERIAL UND WERKZEUG 8
Der Anfang 10
Steck- und Nähnadeln 14
Nähmaschinen und Overlockmaschinen 16
Maschinenfüßchen und Zusätze 18
10 Tipps und Tricks 20
Garne 22

NÄHSTICHE 24
Handnähstiche 26
Nähmaschinenstiche 50
Overlockstiche 63
Zierstiche 72

NÄHTECHNIKEN 120
Nähte, Säume, Kanten und Verschlüsse 122
Knöpfe annähen 164
Knopflöcher 172
Reißverschlüsse 182

STOFFLEXIKON 196
Dünne Stoffe 198
Mittelschwere Stoffe 204
Schwere Stoffe 214
Dehnbare Stoffe 222
Stoffe für besondere Gelegenheiten 227
Stoffe mit speziellen Eigenschaften 234
Leder, Wildleder und Kunstleder 240

Stoffe vorbereiten 244
Pflegehinweise 246
Glossar 248
Register 252
Danksagung 256

Einleitung

Meine Nähleidenschaft begann mit Puppenkleidchen, die ich aus den Resten aus Mutters Nähkorb schneiderte. Als Teenager nähte ich Kleidung für mich selbst und als Erwachsene suchte ich neue Herausforderungen und wagte mich an anspruchsvolle Schneiderarbeiten und Dessous. Ich glaube, dass es jederzeit etwas zu lernen gibt, besonders mit neuartigen Stoffen und immer vielseitigeren Nähmaschinen.

Ich hoffe, dass Sie durch dieses Buch mehr Vertrauen in Ihre Fertigkeiten bekommen und dass ich Sie mit einigen technischen Neuheiten bekannt machen kann, sodass Sie schneller und besser nähen können als bisher.

Lorna

Stichverzeichnis

Das Stichverzeichnis listet sowohl funktionelle als auch dekorative Stiche auf, die von Hand, mit Maschine oder mit der Overlock genäht werden.

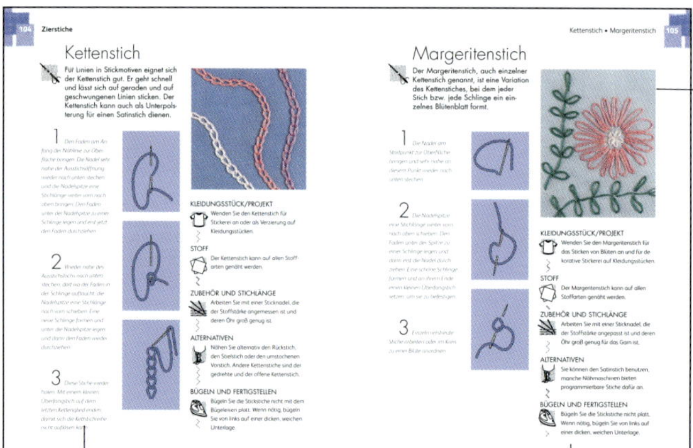

104 Zierstiche

Kettenstich

Für Linien in Stickmotiven eignet sich der Kettenstich gut. Er geht schnell und lässt sich auf geraden und auf geschwungenen Linien sticken. Der Kettenstich kann auch als Unterpolsterung für einen Satinstich dienen.

1 Den Faden am Anfang der Nahtlinie zur Oberfläche bringen. Die Nadel sehr nahe der Ausstichöffnung wieder nach unten stechen und die Nadelspitze eine Stichlänge weiter vorn nach oben bringen. Den Faden unter der Nadelspitze zu einer Schlinge legen und erst jetzt den Faden durchziehen.

2 Wieder nahe des Ausstichslochs nach unten stechen, dort wo der Faden in der Schlinge auftaucht, die Nadelspitze eine Stichlänge nach vorn schieben. Eine neue Schlinge formen und unter die Nadelspitze legen und dann den Faden wieder durchziehen.

3 Diese Stiche wiederholen. Mit einem kleinen Überfangstich auf dem letzten Kettenglied enden, damit sich die Kettstichreihe nicht auflösen kann.

KLEIDUNGSSTÜCK/PROJEKT
Wenden Sie den Kettenstich für Stickerei an oder als Verzierung auf Kleidungsstücken.

STOFF
Der Kettenstich kann auf allen Stoffarten genäht werden.

ZUBEHÖR UND STICHLÄNGE
Arbeiten Sie mit einer Sticknadel, die der Stoffstärke angemessen ist und deren Öhr groß genug ist.

ALTERNATIVEN
Nähen Sie alternativ den Rückstich, den Stielstich oder den umstochenen Vorstich. Andere Kettenstiche sind der gedrehte und der offene Kettenstich.

BÜGELN UND FERTIGSTELLEN
Bügeln Sie die Stickstiche nicht mit dem Bügeleisen platt. Wenn nötig, bügeln Sie von links auf einer dicken, weichen Unterlage.

Kettenstich • Margeritenstich 105

Margeritenstich

Der Margeritenstich, auch einzelner Kettenstich genannt, ist eine Variation des Kettenstiches, bei dem jeder Stich bzw. jede Schlinge ein einzelnes Blütenblatt formt.

1 Die Nadel am Startpunkt zur Oberfläche bringen und sehr nahe an diesem Punkt wieder nach unten stechen.

2 Die Nadelspitze eine Stichlänge weiter vorn nach oben schieben. Den Faden unter der Spitze zu einer Schlinge legen und dann erst die Nadel durchziehen. Eine schöne Schlinge formen und an ihrem Ende einen kleinen Überfangstich setzen, um sie zu befestigen.

3 Einzeln verstreute Stiche arbeiten oder im Kreis zu einer Blüte anordnen.

KLEIDUNGSSTÜCK/PROJEKT
Wenden Sie den Margeritenstich für das Sticken von Blüten an und für dekorative Stickerei auf Kleidungsstücken.

STOFF
Der Margeritenstich kann auf allen Stoffarten genäht werden.

ZUBEHÖR UND STICHLÄNGE
Arbeiten Sie mit einer Sticknadel, die der Stoffstärke angepasst ist und deren Öhr groß genug für das Garn ist.

ALTERNATIVEN
Sie können den Satinstich benutzen, manche Nähmaschinen bieten programmierbare Stiche dafür an.

BÜGELN UND FERTIGSTELLEN
Bügeln Sie die Stickstiche nicht platt. Wenn nötig, bügeln Sie von links auf einer dicken, weichen Unterlage.

BEISPIELFOTO

Das Foto zeigt ein fertiges Beispiel mit dem entsprechenden Stich, dem Saum, dem Verschluss oder der Naht. Wenn nötig, sind hier spiegelbildliche oder vergrößerte Details abgebildet.

SCHRITT-FÜR-SCHRITT-ANLEITUNGEN

Abbildungen und Anleitungen, die Ihnen zu neuen Stichen und Techniken verhelfen.

BESONDERE HINWEISE

Details von Stichen und Tipps für die Stoffwahl. Auch Hinweise über alternative Nähtechniken, das Bügeln und Fertigstellen.

Techniken und Anwendung

In diesem Teil finden Sie Schritt-für-Schritt-Anleitungen für das beste Ergebnis.

NAHAUFNAHMEN
Sie zeigen die Konstruktion der Stiche ganz aus der Nähe.

ZUSAMMENFASSUNG
Alle wichtigen Informationen zum Stich oder zur Technik auf einen Blick.

INFOTAFEL
Alles, was Sie über den Stich oder die Technik wissen müssen.

Stofflexikon

Diese Sammlung hilft Ihnen, den geeigneten Stoff sowie die passenden Nadeln, Nähte und die richtige Verarbeitungstechnik zu finden.

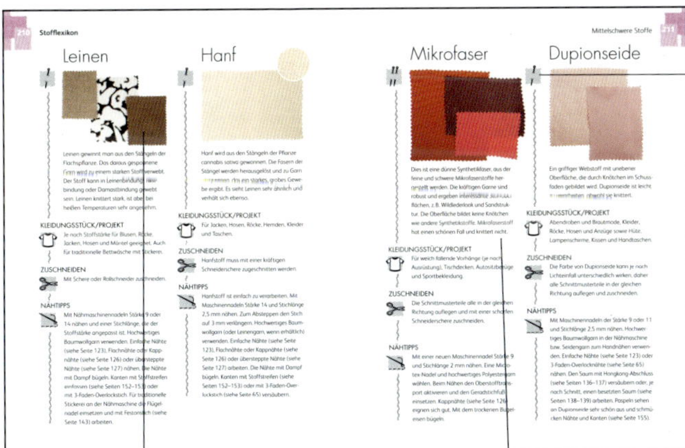

ANFORDERUNG
Ein Hinweis auf den Schwierigkeitsgrad soll Anfängerinnen ermutigen und fortgeschrittene Näherinnen über die Anforderungen des Projekts informieren.

BEISPIELFOTO
Foto des Stoffmusters.

STOFFBESCHREIBUNG
Nützlich zum Auffinden der passenden Textilie für das Kleidungsstück oder Projekt. Die Bezeichnungen können variieren, doch die Beschreibung wird bei der Auswahl hilfreich sein.

Material und Werkzeug

Wie bei allen Fertigkeiten wird auch hier die Arbeit leichter, wenn Sie das geeignete Werkzeug benutzen. Mit der richtigen Schere für jeden Schnitt oder mit der richtigen Nadel für jeden entsprechenden Stoff ist das Nähen schneller und einfacher zu bewältigen und führt zu besseren Ergebnissen.

Der Anfang

Die hier beschriebenen Gegenstände sind für Ihr Nähkästchen unerlässlich. Sie sind in allen gut sortierten Handarbeits- oder Stoffgeschäften erhältlich und kosten nicht viel. Einmal gekauft, werden Sie sie immer und immer wieder zur Hand nehmen.

Für das Abmessen

Damit ein Kleidungsstück gut sitzt, muss mit genauen und hochwertigen Messhilfen gearbeitet werden. Ob Sie lange Stoffbahnen oder einen schmalen Saum abmessen möchten – es gibt immer das passende Hilfsmittel dafür.

1 MASSBAND

Wählen Sie ein Maßband von guter Qualität, das sich weder kräuselt noch dehnt. Es sollte mindestens 150 cm lang sein und durchgängig deutlich lesbar beschriftet sein.

2 ZOLLSTOCK

Ein Zollstock aus Holz oder Plastik eignet sich sehr gut für das Abmessen von größeren Stoffmengen direkt vom Ballen. Er ist auch beim Zuschneiden von Vorhängen oder Rollos hilfreich.

3 SAUMLINEAL

Das auf beiden Seiten markierte Hilfsmittel bewährt sich beim Überprüfen von Saumbreiten, dem Markieren von Knopflöchern und dem Anzeichnen von Steppnähten.

4 LINEAL

Ein 30-cm-Lineal ist beim Anzeichnen von Säumen oder breiteren Nähten von Kleidern oder Röcken hilfreich. Es ist starr und flach und lässt sich dadurch leichter handhaben als ein Maßband.

4

2

1

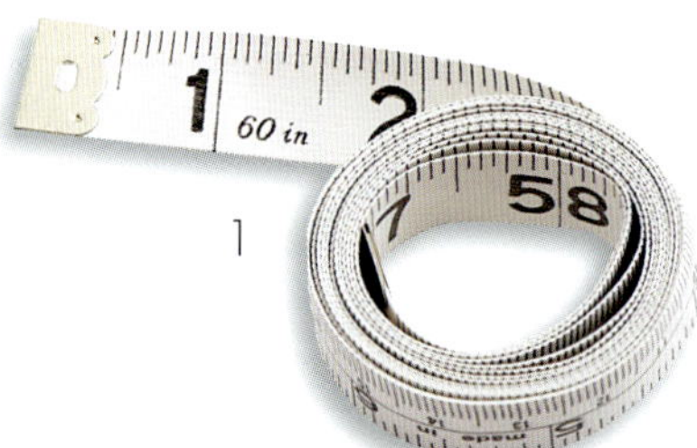

3

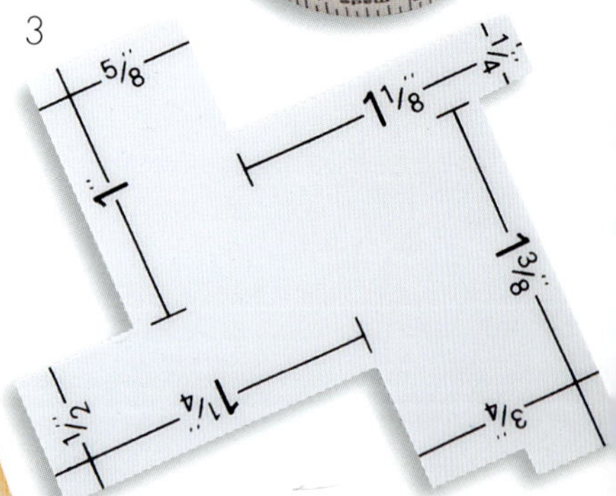

Für das Markieren

Vorlagen werden auf Stoffe übertragen, damit Abnäher und Taschen exakt platziert sind. Auch dies gewährleistet die gute Passform des Kleidungsstückes. Wichtige Markierungen können mit Durchschlagstichen auf den Stoff übertragen werden, doch mit Kreiden und Stiften geht es schneller.

5 KREIDEN

Schneiderkreide gibt es in dreieckigen Stücken, als Kreiderädchen oder als Stifte in unterschiedlichen Farben. Die Linien können leicht wieder abgebürstet werden. Halten Sie die Kanten oder Spitzen scharf, benutzen Sie sie auf der linken Stoffseite und wählen Sie eine Farbe, die gut sichtbar ist.

6 ABWASCHBARE STIFTE

Die Tinte dieser Stifte (meist Blau) kann mittels eines feuchten Tuches wieder entfernt werden. Es ist ratsam, den Stift zunächst einmal auf einem Stoffrest auszuprobieren.

7 SELBSTLÖSCHENDE STIFTE

Eine Linie mit einem solchen Stift (meist rosa) verschwindet innerhalb von 48 Stunden. Prüfen Sie erst auf einem Stoffrest, ob sich der Strich vom gewählten Stoff ausreichend abhebt und ob er wieder verschwindet.

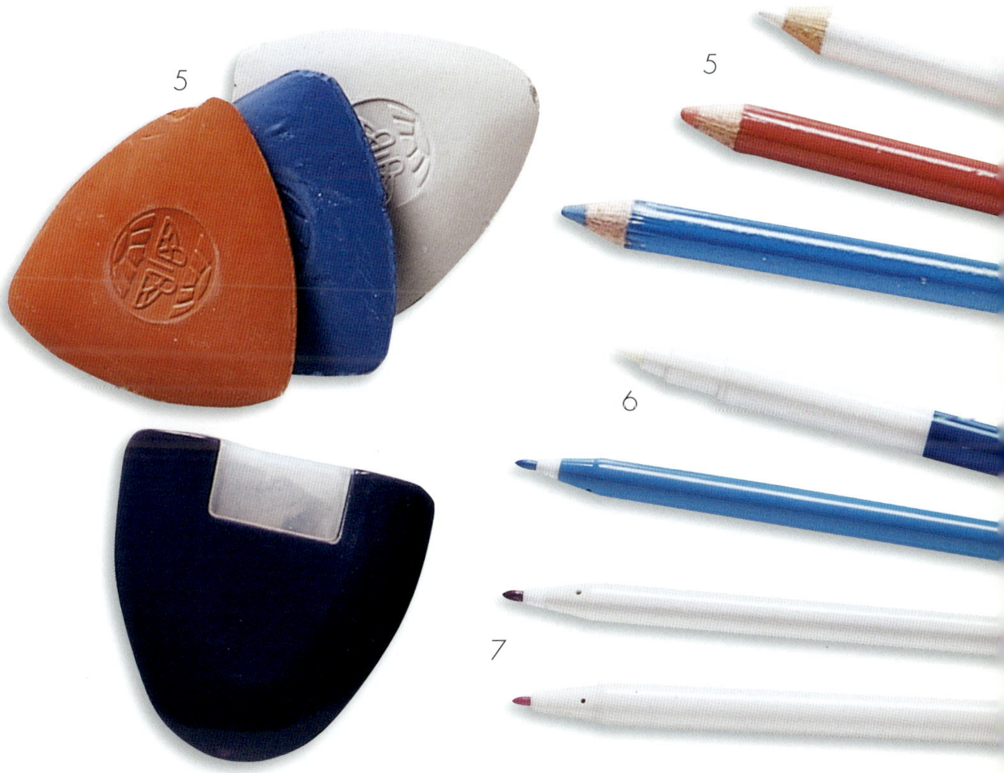

Für das Zuschneiden

Es gibt eine große Auswahl von Schneidewerkzeugen und Scheren. Wählen Sie Scheren und Werkzeuge von guter Qualität und pflegen Sie sie sorgfältig. Schärfen bzw. erneuern Sie sie nach Bedarf.

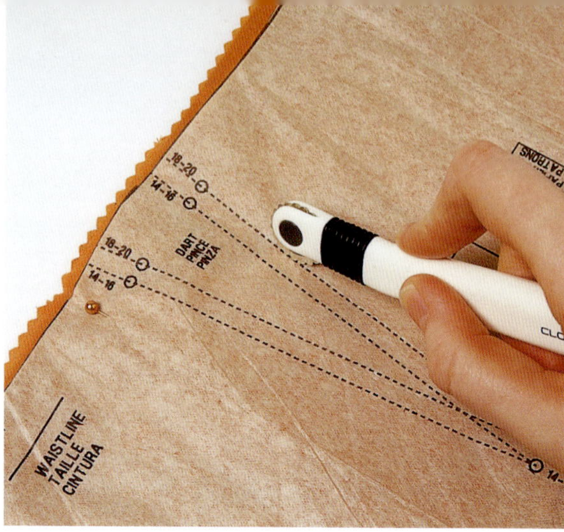

Ein Rollschneider ist sehr exakt und vereinfacht das Schneiden von kleinen Stoffstücken und Musterteilen.

SCHEREN

Eine scharfe Schere mit langen Klingen ist für das exakte und schnelle Zuschneiden von Stoffen unerlässlich. Schneiden Sie damit kleine Stoffstücke zu und teilen Sie lange Stoffbahnen mit gleichmäßigen, langen Schnitten. Die Schere soll bequem in der Hand liegen. Es gibt Scheren mit ergonomisch geformten Griffen.

1 ZACKENSCHERE

Zackenscheren haben gekerbte Klingen, die eine Stoffkante zickzackförmig schneiden. Dadurch franst ein Stoff weniger aus. Sie eignen sich auch gut für Bastelarbeiten.

2 PAPIERSCHERE

Es ist sehr wichtig, eine Schere ausschließlich für das Schneiden von Papier bereitzuhalten. Eine Stoffschere, mit der Papier geschnitten wird, wird sofort stumpf. Die Papierschere braucht nicht spitz zu sein, muss aber Papier sauber schneiden.

3 STICKSCHERE

Eine Schere mit kurzen, spitzen Klingen ist sehr nützlich. Mit ihr können Sie einzelne Stiche öffnen, bevor Sie Nahtzugaben an schwer zugänglichen Stellen zurückschneiden. Verwenden Sie sie für das Fadenabschneiden und zum Zuschneiden von Kunstfell, das Sie von der Rückseite her schneiden.

4 ROLLSCHNEIDER UND SCHNEIDEMATTE

Ein Rollschneider eignet sich ausgezeichnet für das Zuschneiden von kleinen und mittelgroßen Stoffstücken. Er muss zusammen mit einer selbstheilenden Schneidematte verwendet werden, zum Schutz von Klinge und Zuschneidetisch. Ersetzen Sie das Klingenmesser wann immer es nötig ist.

5 GRAFIKMESSER

Die scharfe, kurze Klinge – mit Vorsicht zu benutzen – eignet sich zum Zuschneiden von Leder und Fell.

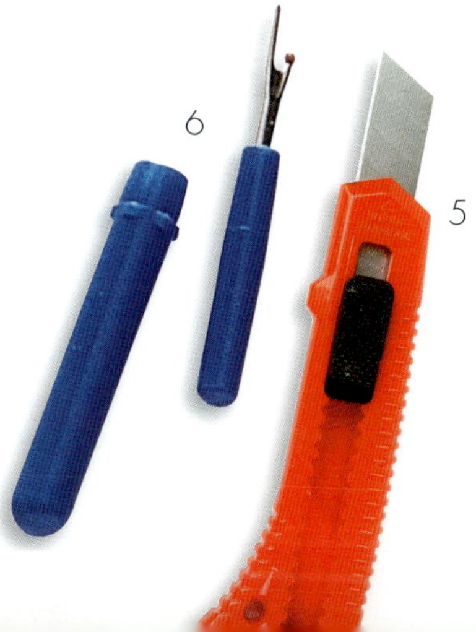

6 PFEILTRENNER

Ein Pfeil- oder Nahttrenner ist zum Auftrennen nützlich. Öffnen Sie jeden dritten Stich auf einer Seite der Naht, wenden Sie dann die Arbeit und ziehen Sie am Faden auf der anderen Seite der Naht. Schneiden Sie damit auch Knopflöcher auf: Setzen Sie eine Stecknadel quer über ein Ende des genähten Knopfloches und schneiden Sie es vom anderen Ende her bis an die Stecknadel auf.

7 SCHEREN MIT WELLENSCHLIFF

Diese sind gelegentlich hilfreich beim Schneiden von sehr leichten, weichen Stoffen, da die Klingen den Stoff leichter greifen, sodass er nicht nach vorn wegrutscht.

Bügelgeräte

Beim Nähen ist ein Bügeleisen ein unerlässliches Werkzeug. Es hält die Stoffe an ihrem Platz und verleiht ihnen eine griffige Oberfläche.

Normales Bügeleisen

Das normale Bügeleisen kann mit einem feuchten Tuch oder einer Sprühvorrichtung benutzt werden. Beachten Sie: Manche Stoffe nehmen Schaden, wenn sie befeuchtet werden.

Dampfbügeleisen

Ein Dampfbügeleisen besitzt einen kleinen Wassertank und bläst während des Bügelns Dampf durch den Stoff. Dadurch wird der Stoff glatter.

Dampfbügelstation

Diese Bügelstation hat einen großen Wasserbehälter, der über einen Schlauch mit dem Bügeleisen verbunden ist. Hier wird ein größerer Dampfdruck erzeugt.

Bügeltücher

Stücke von Baumwollnessel oder Seidenorganza eignen sich ausgezeichnet, um die Oberfläche von Stoffen vor großer Bügelhitze zu schützen.

Steck- und Nähnadeln

Wer die richtigen Nadeln verwendet, erspart sich viele frustrierende Arbeitsstunden. Manche Stecknadeln können aus den Stoffen herausfallen oder feine Stoffe beschädigen. Handnähnadeln mit zu kleinem Öhr machen das Einfädeln schwer oder sie verlieren den Faden, wenn das Öhr zu groß ist. Die falsche Maschinennadel produziert ausgelassene Stiche, gezogene Webfäden oder kann sogar brechen.

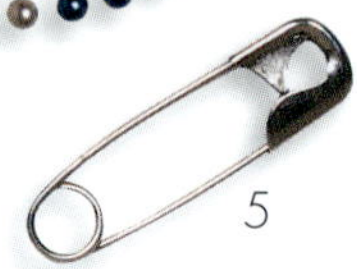

Schneidersteck-nadeln

Diese Allzwecknadeln eignen sich für mittlere Stoffe. Besonders hilfreich sind sie bei der Arbeit mit Papierschnittmustern und beim Musterzeichnen.

1 GLASKOPFSTECKNADELN

Sie sind für fast alle Arbeiten geeignet und haben den Vorteil, dass man sie leicht wiederfindet, wenn sie auf den Boden gefallen sind. Auch aus locker gewebten Stoffen rutschen Sie nicht so schnell heraus. Seien Sie vorsichtig, wenn der Nadelkopf aus Plastik ist, denn es wird unter einem Bügeleisen schmelzen.

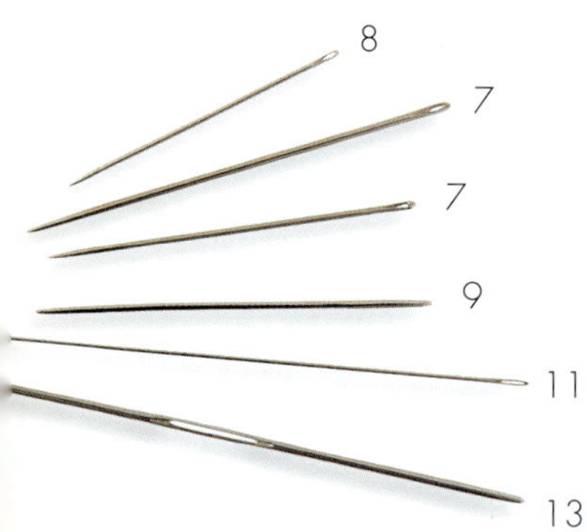

2 SATINSTECKNADELN

Satinstecknadeln sind besonders lang und fein, damit sie auf glänzend glatten Stoffen keine Spuren hinterlassen.

3 QUILTSTECKNADELN

Diese sehr langen Stecknadeln eignen sich gut für Quilts.

4 BLÜMCHENNADELN

Die langen Stecknadeln mit den flachen blütenförmigen Köpfen sind für lockere Stoffe wie Spitze, Netz oder Tüll gut geeignet, da sie nicht herausfallen.

5 SICHERHEITSNADELN

Verwenden Sie Sicherheitsnadeln, wenn normale Stecknadeln herausfallen könnten oder wenn Sie ein Projekt über eine längere Zeit hinweg bearbeiten. Sicherheitsnadeln eignen sich für Spitzen- und Tüllstoffe sowie für das Quilten.

6 GEWICHTE

Legen Sie Gewichte auf den Stoff, wenn er durch Nadeln beschädigt würde. Es eignen sich Stoffgewichte oder auch Gewichte aus der Küche.

Handnähnadeln

Es gibt viele verschiedene Handnähnadeln, je nach Zweck, Stoffart und verwendetem Faden.

7 NÄHNADELN (SHARPS)

Sharps sind feine, halblange Nadeln mit kleinem Öhr für das allgemeine Nähen.

8 QUILTNADELN (BETWEENS)

Betweens sind kurze, sehr feine Nadeln mit kleinem Öhr für feine Näharbeiten und kurze Stiche.

9 STICKNADELN (BODKINS)

Bodkins sind spitze Nadeln mit großem Öhr für Stickgarn.

10 STOPFNADELN

Stopfnadeln sind kräftig und haben ein großes Öhr, um Wollfäden oder festen Zwirn aufzunehmen. Ihre Spitze ist abgerundet, damit die Webfäden der Stoffe nicht gespalten werden.

11 PERLENNADELN
Diese langen Nadeln passen durch Perlenlöcher.

12 WEBNADELN
Mit diesen großen, stumpfen Nadeln werden Kordeln oder Gummibänder durch Stofftunnel gezogen.

13 ZWEISPITZNADELN
Diese Nadeln haben das Öhr in der Mitte und sind an beiden Enden spitz. Sie werden für schnelles Polsternähen oder für das Kettenstichnähen benutzt.

Maschinennadeln
Für die meisten Stoffe gibt es heute geeignete Spezialnadeln.

14 UNIVERSALNADELN
Sie werden zum normalen Nähen benutzt. Die Spitze ist scharf genug, um durch Webstoffe zu stechen, doch stumpf genug, um zwischen den Fäden von Wirkstoffen hindurchzugleiten.

15 MIKROFASERNADELN/ MICROTEX
Geeignet für Seide und Mikrofaserstoffe. Die scharfe Spitze sticht gut durch gewebte Stoffe.

16 JERSEYNADELN
Diese Nadeln mit Kugelspitze eignen sich für Strickstoffe. Die runde Nadelspitze schiebt beim Einstechen die Fäden beiseite, ohne sie zu spalten.

17 STRETCHNADELN
Benutzen Sie Stretchnadeln für die Arbeit mit gewirkten Stoffen mit Lycra-Anteil. Die Einkerbung auf der Rückseite, genau über dem Öhr, ist tiefer geformt als üblich. So wird der Unterfaden sicher gegriffen, ohne dass Stiche ausgelassen werden.

18 JEANSNADELN
Jeansnadeln sind kräftig und spitz, damit sie dicke Stoffe wie Jeans, Leinwand oder Polsterstoffe durchstechen können.

19 STEPPNADELN
Bei den Steppnadeln sind Öhr und Kerbe größer als bei den normalen Nadeln. Das Öhr fasst zwei Fäden oder dickeres Garn wie Knopflochgarn oder Maschinenstickgarn.

20 STICKNADELN
Wie die Steppnadeln haben auch die Maschinensticknadeln ein größeres Öhr und eine spezielle Kerbung auf der Rückseite, damit der Faden nicht aufribbelt.

21 METALLIC-NADELN
Eine Metallicnadel ist, wie die Maschinensticknadel, speziell auf das Arbeiten mit Metallfäden ausgerichtet.

22 LEDERNADELN
Eine Ledernadel hat eine scharfe Spitze, die sich in das Leder oder Wildleder schneidet.

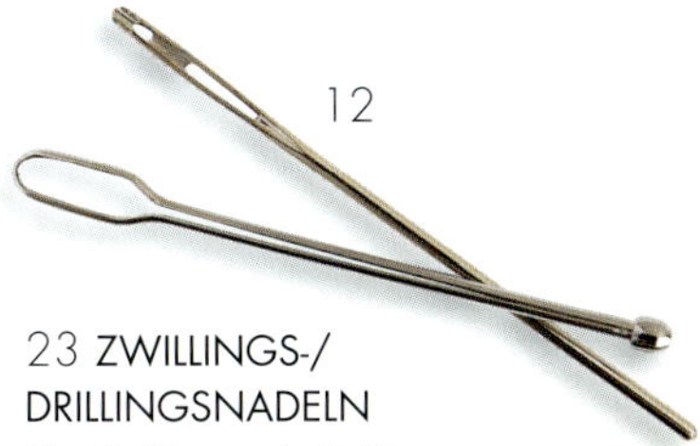

23 ZWILLINGS-/ DRILLINGSNADELN
Eine Zwillings- oder Drillingsnadel besteht aus zwei bzw. drei Nadeln auf einem Querriegel mit einem einzigen Schaft. Sie ermöglicht das gleichzeitige Nähen von zwei oder drei parallelen Stepplinien.

24 FLÜGELNADELN
Sie haben an den Seiten des Schafts je einen Flügel. Wenn die Nadel durch den Stoff sticht, drücken die Flügel den Faden beiseite und der Stich hinterlässt ein Loch. So entstehen Ziernähte, die wie handgenäht aussehen.

25 QUILTNADELN
Die Quiltnadel hat eine längere Spitze, die leicht durch mehrere Stofflagen sticht.

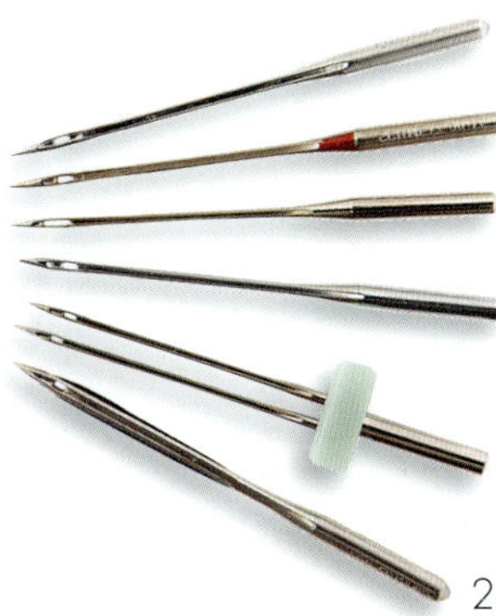

Nähmaschinen und Overlockmaschinen

Die wichtigste und größte Anschaffung der Näherin ist die Nähmaschine, gefolgt von der Overlockmaschine. Beide verhelfen zu perfekten Ergebnissen.

Nähmaschinen

Die heutigen Nähmaschinen unterscheiden sich stark von den handbetriebenen Geradstichmaschinen unserer Großmütter. Die moderne Computertechnologie ermöglicht eine Vielzahl von vorprogrammierten Stichen für das zweckgebundene Nähen oder für dekorative Ziernähte. Obwohl es viele unterschiedliche Maschinen gibt, sind ihre Grundfunktionen alle vergleichbar.

1 UNTERFADENWICKLER Er wickelt den Nähfaden schnell und gleichmäßig auf die Unterfadenspule.

2 FADENHALTER Er kann waagerecht oder senkrecht stehen und hält die Fadenspule.

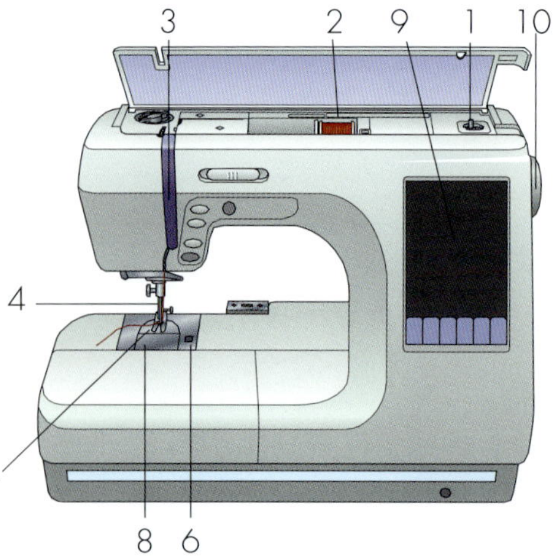

3 FADENFÜHRUNGEN Sie halten den Nähfaden auf seinem Weg zur Nadel in der richtigen Position.

4 NADEL Die Nadel ist mit einer Schraube festgestellt und kann bequem ausgewechselt werden.

5 SPULENKAPSEL Die Unterfadenspule liegt in einer Kapsel unterhalb der Stichplatte. Die Kapsel gibt den Faden leicht gespannt ab, sodass er sich gleichmäßig mit dem Oberfaden verschlingt und so die Nahtstiche formt.

6 STICHPLATTE Sie liegt um die Stofftransportzähne herum, bedeckt Unterfadenkapsel und Spule, und bietet eine flache Oberfläche. Die Nadel sticht durch die Öffnung in der Stichplatte hinab, um dort den Unterfaden zu fassen.

7 NÄHFÜSSCHEN Der Fuß wird gesenkt, um den Stoff während des Nähens anzudrücken.

8 STOFFTRANSPORT Die „Zähne" fassen den Stoff und schieben ihn um die eingestellte Stichlänge nach vorn.

9 STICHAUSWAHL Drehknöpfe, Schalter oder ein Berührungsbildschirm ermöglichen das Einstellen der Stichart.

10 HANDRAD Das Handrad erlaubt das Verändern der Nadelposition per Hand.

11 PEDAL Das Fußpedal hält die Maschine in der Geschwindigkeit. Manche Maschinen besitzen einen Schiebeschalter mit der gleichen Funktion.

Overlockmaschinen

Sie wurden in den letzten Jahren sehr beliebt, denn sie ermöglichen einen fabrikmäßig versäuberten Nahtabschluss. Auch kann man damit wunderbare Säume und Kanten fertigen. Sie nähen Stretchstoffe problemlos.

1 FADENKONEN

Die meisten Overlockmaschinen nähen mit vier Konen. Die beiden linken führen die Fäden von oben zur Nadel, die beiden rechten formen die unteren Schlingen.

2 FADENFÜHRUNGEN

Sie halten die Fäden auf dem korrekten Weg zu den Nadeln oder den Greifern.

3 FADENSPANNUNG

Dadurch werden die Nähfäden in der richtigen Spannung gehalten und können verschiedene Sticharten bilden, z. B. den Overlockstich, den Flatlockstich oder einen Rollsaum.

4 NADELN

Üblicherweise gibt es an Overlockmaschinen zwei Nadeln. Beide werden für das Nähen mit allen vier Fäden eingesetzt. Breite 3-Faden-Overlocknähte werden nur mit der linken Nadel genäht, für schmale wird nur die rechte Nadel eingesetzt.

5 GREIFER

Die Greifer führen die Fäden unter die Nadeln, damit sich Ober- und Unterfaden zu Stichen verschlingen.

6 MESSER

Die Messer schneiden den überstehenden Stoff an der Kante zurück, bevor die Stiche um die geschnittene Kante genäht werden.

7 HANDRAD

Das Handrad kann von Hand gedreht werden und dient zum Heben oder Senken der Nadeln.

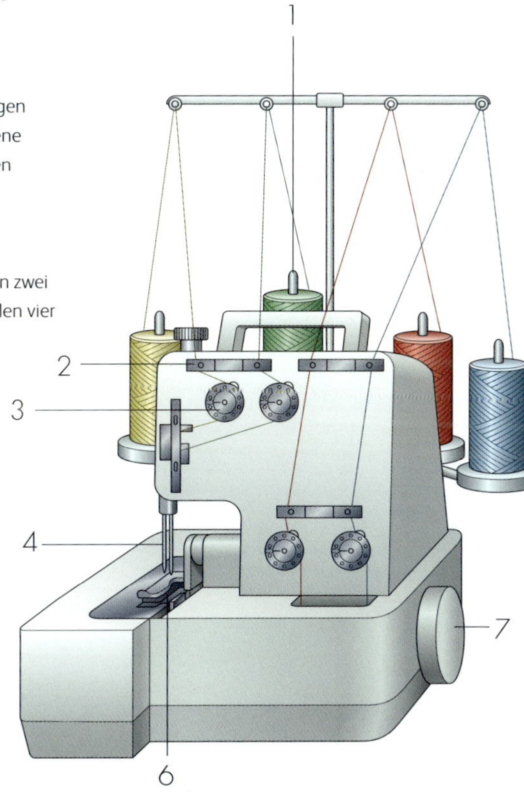

Maschinenfüßchen und Zusätze

Bei den meisten Nähmaschinen wird eine kleine Auswahl von Füßchen für bestimmte Aufgaben mitgeliefert. In der Regel sind dies ein Standardfuß, ein Reißverschlussfuß und ein Knopflochfuß, doch sind noch viele mehr erhältlich. Auch wenn sich die verschiedenen Fabrikate im Aussehen leicht unterscheiden, wurden sie doch alle speziell entwickelt, um bestimmte Aufgaben leichter zu erfüllen.

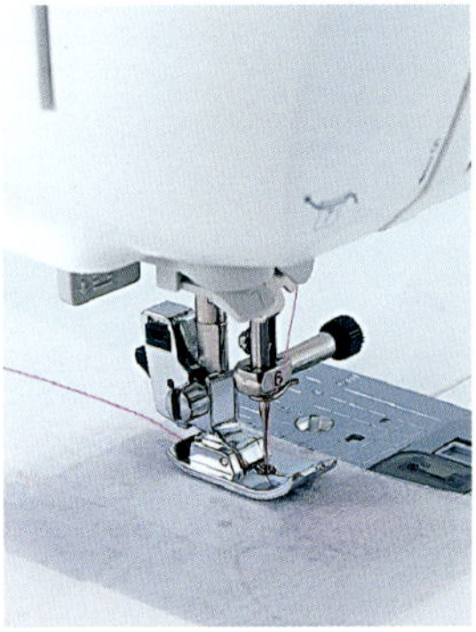

GERADSTICHFUSS

Verwendung: Für gerade Stiche (speziell bei feinen Stoffen).

Hinweis: Ersetzen Sie die normale Stichplatte (mit dem breiten Loch) durch eine Geradstichplatte (mit kleinem Loch). Diese, zusammen mit dem Geradstichfuß, hält den Stoff dichter an der Nadel und verhindert, dass er nach unten gedrückt wird und so den Mechanismus behindern könnte.

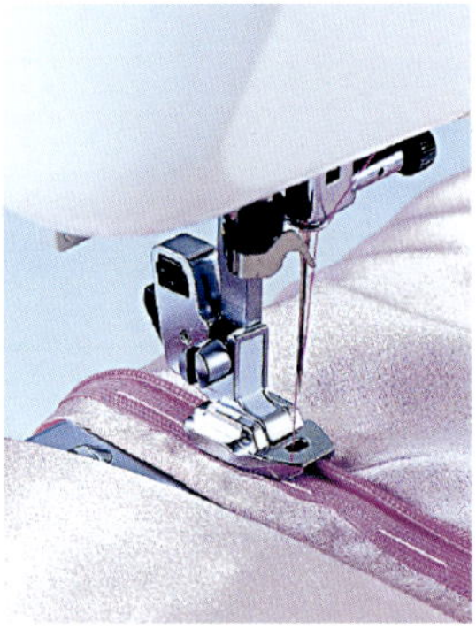

GESCHLOSSENER REISSVERSCHLUSSFUSS

Verwendung: Für verdeckte, nahtfeine Reißverschlüsse.

Hinweis: Verwenden Sie diesen Fuß zuerst zum Festnähen der äußeren Kante des Reißverschlussbandes. Dann erst schieben Sie die Zähne des Reißverschlusses in den geschlossenen Fuß. So liegen die Zähne direkt unter dem Füßchen und der eingenähte Reißverschluss wird nicht sichtbar sein.

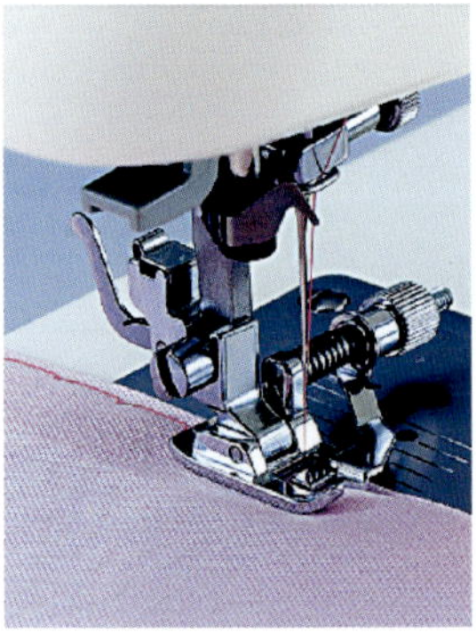

SAUMFUSS

Verwendung: Für schnelles Säumen von Vorhängen und Kleidungsstücken.

Hinweis: Der Trick beim maschinengenähten Säumen ist, den Stoff richtig bereitzulegen. An einem guten Saumfuß befinden sich Markierungen, die kennzeichnen, an welcher Stelle der gefaltete Saum unter den Fuß zu schieben ist. Dies geht am besten bei mittleren und dicken Stoffen.

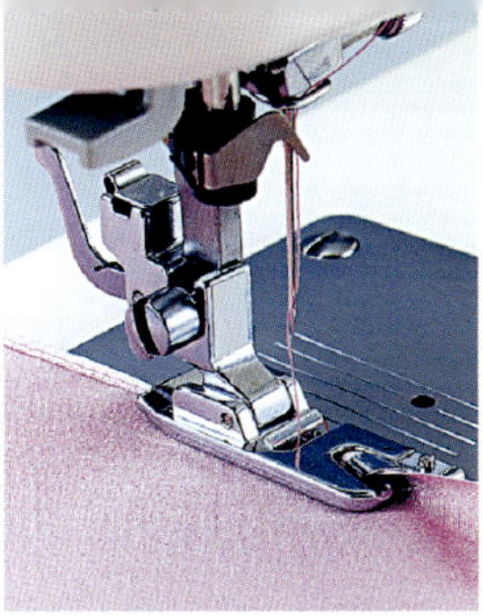

ROLLSAUMFUSS

Verwendung: Für schmale Rollsäume.

Hinweis: Nähen Sie zuerst gerade, dicht an der Kante entlang und schneiden Sie den Stoff bis an die Naht zurück. Schieben die diese Kante in den Rollsäumer, welcher den Stoff umlegt und den Saum steppt. Arbeiten Sie mit Geradstich oder einem schmalen Zickzackstich.

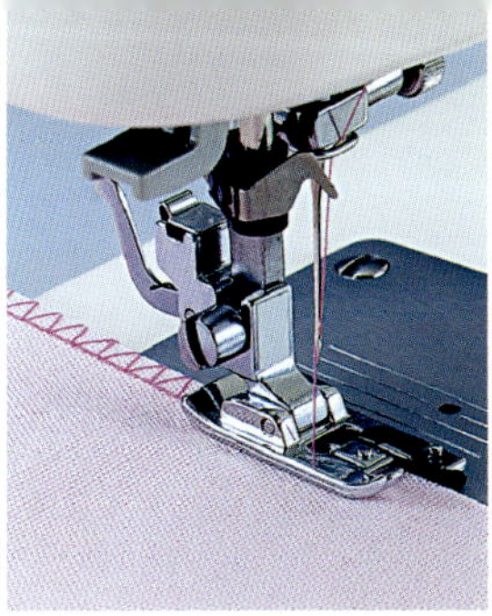

ÜBERWENDLICHFUSS

Verwendung: Zum Versäubern von Kanten und für overlockähnliche Nähte.

Hinweis: Der „Finger" an diesem Fuß ermöglicht, dass Stiche um die Kante genäht werden, ohne den Stoff zu verziehen. Schneiden Sie überstehenden Stoff zurück. Führen Sie die Kante unter den „Finger". Stellen Sie Überwendlich- oder Zickzackstich ein.

OBERSTOFFTRANSPORT

Verwendung: Für lange Nähte, Säume an dehnbaren Stoffen, mehrere Stofflagen und für Patchwork.

Hinweis: Der Oberstofftransport schiebt den Stoff voran und verhindert, dass er seitlich wegrutscht oder gedehnt wird. Aktivieren Sie ihn, wenn lange Nähte exakt genäht werden müssen oder beim Patchworknähen.

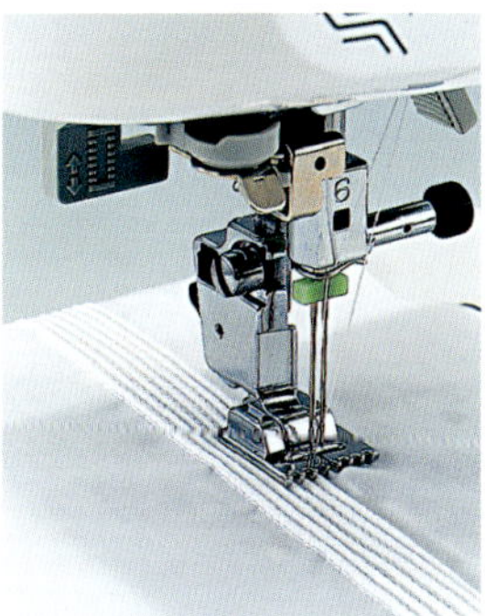

BIESENFUSS

Verwendung: Für dekorative Nähte mit der Zwillingsnadel.

Hinweis: Schmale Zwillingsnadelbiesen werden unter den Rillen dieses Nähfußes geformt. Die Reihen können hier dicht an dicht genäht werden.

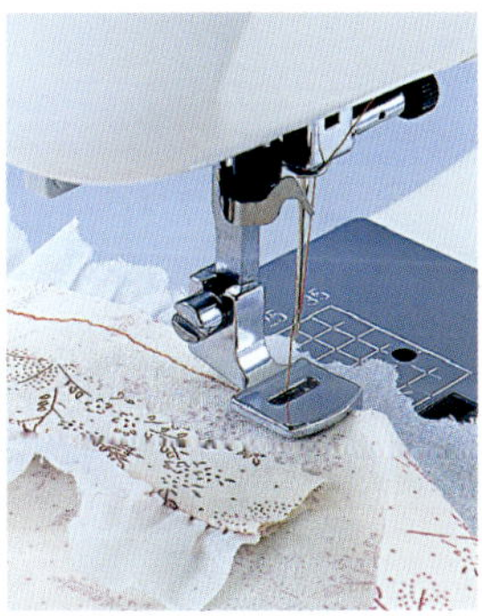

KRÄUSELFUSS

Verwendung: Rüschen, Volants.

Hinweis: Stellen Sie den Geradstich ein und legen Sie den zu raffenden Stoff mit der rechten Seite nach oben. Schieben Sie den oberen Stoff mit der rechten Seite nach unten durch das Füßchen. Die untere Lage raffen und an der oberen Stofflage festnähen.

DURCHSICHTIGER FUSS

Verwendung: Für Applikation, Stickerei und überall, wo man den Nähvorgang beobachten möchte.

Hinweis: Der Plastikfuß hat oft auch eine breite Einkerbung an der Unterseite, damit er leicht über Stickmotive gleitet.

10 Tipps und Tricks

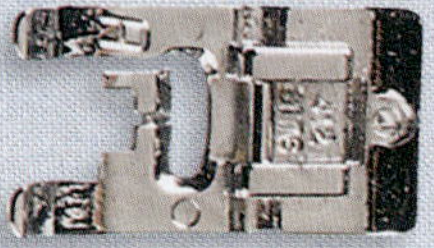

Wenn Sie folgende Hinweise beachten, haben Sie viel mehr Freude an Ihrer Näh- bzw. Overlockmaschine.

1

Aufbau

Stellen Sie Ihre Maschine auf eine gut beleuchtete, große Arbeitsfläche, um ausreichend Platz zum Arbeiten zu haben. Achten Sie auf einen bequemen Sitz in der richtigen Höhe.

2

Maschinenpflege

Halten Sie die Nähmaschine oder die Overlockmaschine sauber. Ein dicker Fusselklumpen kann den Mechanismus blockieren oder zwischen die Stiche gefasst werden.

6

Probenähen

Nähen Sie immer zuerst auf einem Probestoff, um die richtige Stichlänge und -breite zu finden. Es sind oft andere Einstellungen nötig, denn verschiedene Stoffe müssen unterschiedlich behandelt werden.

7

Unterfadenspulen

Zu schnell gespulte Unterfäden können zu welligen Nähten führen, ungleichmäßig gespulte wirken sich nachteilig auf die Fadenspannung aus oder der Faden reißt.

3 Nadeln

Setzen Sie regelmäßig eine neue Nadel ein und verwenden Sie die für Ihren Zweck geeignete. Auf diese Weise vermeiden Sie ausgelassene Stiche und Beschädigungen an den Stoffen.

4 Faden

Arbeiten Sie immer mit Fäden in guter Qualität. Sie sollten aus langen Fasern gleichmäßig gesponnen sein, glatt durch die Fadenführungen laufen und möglichst wenig fusseln.

5 Nähfüße

Verwenden Sie die für Ihren Zweck geeigneten Nähfüßchen. Sie machen die Arbeit einfacher und schneller und führen zu besseren Ergebnissen.

8 Fadenenden vernähen

Verwahren Sie die Fadenenden, indem Sie sie a) mit einer Nadel vernähen, b) mit Textilkleber oder Haftmittel befestigen oder c) einen Knoten machen. So verhindern Sie, dass eine Naht aufgeht.

9 Fadenanfang hängen lassen

Wenn die Nähmaschine nicht automatisch die Fäden abschneidet, sollten Sie immer ein Stück der Nähfäden hinter der Nadel hängen lassen. Andernfalls passiert es, dass beim Anheben der Nadel zu Beginn der nächsten Naht der Faden aus dem Öhr rutscht.

10 Geschwindigkeit

Eine gleichmäßige Geschwindigkeit ergibt gleichmäßige Stiche. Dies ist besonders bei der Maschinenstickerei wichtig, da bei zu schnellem oder zu langsamem Tempo keine sauber geformten Stiche entstehen.

Garne

Es gibt viele verschiedene Fadensorten. Die Wahl des Fadens hängt davon ab, ob er für Stickerei oder für Handnähen gedacht ist und ob Sie eine Nähmaschine oder eine Overlockmaschine benutzen. Verwenden Sie einen Faden guter Qualität im gleichen Material wie der Stoff, z. B. Baumwollgarn für Baumwoll- und Leinenstoffe, Polyester für Synthetikstoffe, Seide für Seiden- und Wollstoffe. Wählen Sie eine Fadenfarbe, die der Stofffarbe nahe ist, damit sie in dem Kleidungsstück möglichst wenig auffällt, oder wählen Sie eine kontrastierende Farbe, die dekorativ hervorsticht.

1 UNIVERSALGARNE

Sie können aus Polyester oder mercerisierter Baumwolle bestehen oder aus einem Baumwollkern, der mit Polyesterfasern umsponnen ist. Sie eignen sich für das Nähen von Kleidung, Vorhängen und anderen Heimtextilien. Sie sind auch auf großen Konen erhältlich, was sie für das Overlocknähen geeignet macht.

2 SEIDENGARNE

Seidengarne sind für das Nähen von Seidenstoffen und Wollstoffen gleichermaßen geeignet, da beide Fasern tierischen Ursprungs sind. Allerdings ist Seide teuer und wird deshalb oft durch Polyester ersetzt. Für das Handnähen sollten Sie 100 %ige Seide verwenden, da sie leicht zu handhaben ist und nicht zur Knotenbildung neigt.

3 MASCHINENSTICKGARNE

Sie sind aus Polyester oder Rayon gesponnen, denn diese haben eine schimmernde Oberfläche, welche das Licht reflektiert. Maschinenstickgarn ist auch in Baumwolle oder sogar in Wolle erhältlich, wodurch die Stickerei matt wirkt und eine andere Oberfläche erhält.

4 METALLICGARNE

Sie eignen sich für das Hand- und das Maschinennähen. Beim Maschinennähen benötigen Sie eine Nadel mit extra großem Öhr, damit der Faden nicht reißt oder aufribbelt. Auch ist eine gleichmäßige Nähgeschwindigkeit unerlässlich.

5 BAUSCHGARN

Dies ist ein weiches, starkes und dickes Garn, das als Unterfaden der Overlockmaschine Verwendung findet. Es ist ideal für Flachnähte und Säume, da der locker gesponnene Faden die Naht oder Stoffkante besonders gut verdeckt. Bauschgarn ist zu dick, um als Oberfaden benutzt zu werden.

6 HANDSTICKGARNE

Dies sind u. a. Perlgarn, lose gedrehter Sticktwist, der in Einzelfäden aufgeteilt werden kann, und Stickwolle. Diese Fäden sind zu dick, um durch die Maschinennadeln zu gleiten, können aber beim Overlocknähen als Unterfaden benutzt werden, wo sie sich für Flachnähte und zum Säumen eignen. Auch kann man sie um die Unterfadenspule der normalen Nähmaschine wickeln und dann von der linken Stoffseite her nähen. So erhalten Sie eine deutliche Ziernaht.

7 VORGESPULTER UNTERFADEN

Dieser feine Faden ist in der Regel in Schwarz und in Weiß erhältlich und wird beim Maschinensticken in die Spulenkapsel der Nähmaschine eingelegt. Er hilft, Wellen im Stickbild zu vermeiden und führt zu besseren Stickstichen. Es gibt ihn auch auf Plastikspulen aufgewickelt, was sehr zeitsparend ist.

8 HEFTFADEN

Das ist ein weicher Baumwollfaden, der weniger fest ist als normales Nähgarn. Er ist für kurzzeitige Handnähte geeignet, da er beim Herausziehen leicht reißt und so keine Gewebefäden verletzt.

9 STEPPGARN

Dies ist ein starker, dickerer Faden, der eine deutlich sichtbare Naht ergibt. Verwenden Sie ihn für Steppnähte, für handgenähte Knopflöcher und um Knöpfe anzunähen. Er sollte zusammen mit einer Steppnadel verwendet werden, da diese ein größeres Öhr hat und so den Faden besser aufnehmen kann. Als Unterfaden dient Universalnähgarn.

Nähstiche

In diesem Kapitel finden Sie Nutz- und Zierstiche, die Sie entweder von Hand, mit der Nähmaschine oder mit der Overlock arbeiten können. Folgen Sie den Anweisungen und den Schritt-für-Schritt-Abbildungen für jeden Stich, so erzielen Sie die besten Resultate.

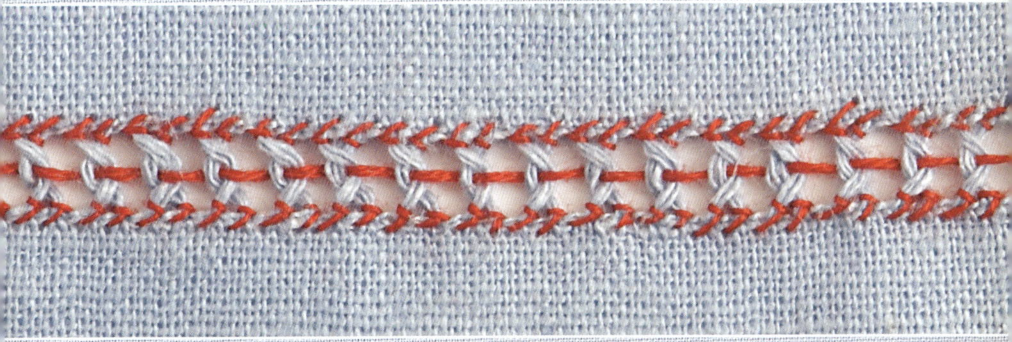

Handnähstiche

Dieses Kapitel beschreibt Nutzstiche, die von Hand genäht werden und sich ideal eignen für Nähte, Säume und Stoffkanten an Kleidung und Heimtextilien. Arbeiten Sie nach den Zeichnungen und den Schritt-für-Schritt Anleitungen. Die zusätzlichen Informationen bieten weitere Hilfestellungen und wenn nötig, finden Sie auch alternative Maschinenstiche dazu.

Doppelstich

Arbeiten Sie den Doppelstich jeweils zu Beginn und Ende einer Naht, um den Faden zu befestigen.

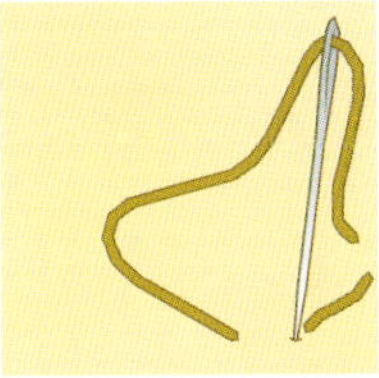

1 *Zu Beginn der Arbeit einen kleinen Stich machen. Durch den Stoff hinabstechen und ein kleines Stück weiter, an der Nählinie entlang, wieder zur Oberfläche kommen. Ein ca. 1,5 cm langes Fadenende stehen lassen.*

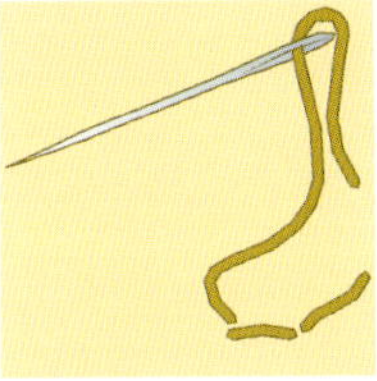

2 *Einen zweiten Stich direkt auf den ersten setzen, ohne das Fadenende durchzuziehen.*

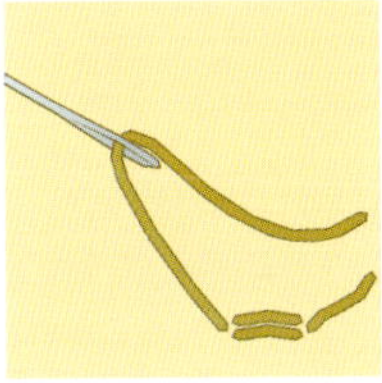

3 *Schritt 2 wiederholen und zwei Stiche direkt übereinandersetzen. Am Faden ziehen, um zu sehen, ob er fest sitzt. Wenn nicht, einen dritten Stich machen.*

4 *Nach Beendigung einer Stichreihe wieder zwei Stiche direkt aufeinandersetzen, um das Fadenende zu fixieren. Das Fadenende mit der Schere abschneiden.*

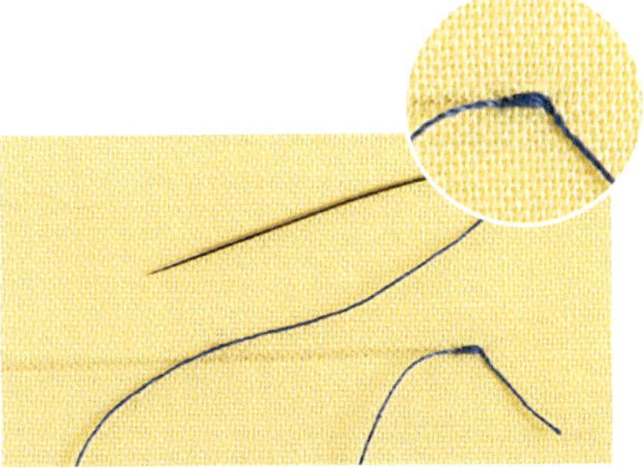

KLEIDUNGSSTÜCK/PROJEKT

Machen Sie den Stich zu Beginn und Ende jeder handgenähten Naht. Beim dekorativen Sticken arbeiten Sie ihn auf der linken Stoffseite, sodass er auf der Oberseite nicht zu sehen ist.

STOFF

Es kann sein, dass Sie bei locker gewebten Stoffen mehr als zwei Stiche übereinander machen müssen.

ZUBEHÖR UND STICHLÄNGE

Verwenden Sie einen Baumwoll- oder Baumwoll/Polyesterfaden, zusammen mit der passenden Nähnadel zum Nähen von Kleidung. Zierstickerei arbeiten Sie mit Stickgarn und Sticknadel.

ALTERNATIVEN

Beim Handnähen können Sie anstelle des Doppelstiches einen Knoten an das Fadenende setzen. Beim Maschinennähen beginnen und enden Sie mit einigen Vor-und-Zurück-Stichen, um den Faden zu befestigen.

BÜGELN UND FERTIGSTELLEN

Keine besonderen Hinweise.

Vorstich

Der Vorstich ist eine einfache Reihe von Stichen, bei denen der Faden eine gleichmäßig gepunktete Linie formt. Kurze Stiche bilden eine Naht, längere Stiche dienen als Heftstiche, um Stoffe zeitweise zusammenzuhalten (siehe Seite 46).

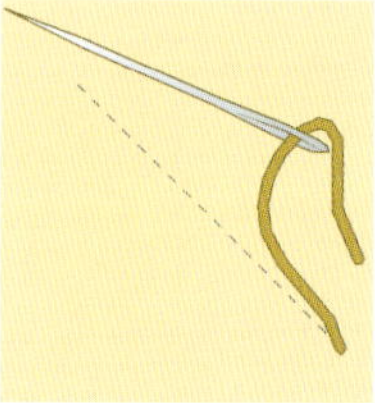

1 *Fadenanfang auf der linken Stoffseite befestigen. Die Nadel am Beginn der Nählinie auf die Stoffoberfläche bringen.*

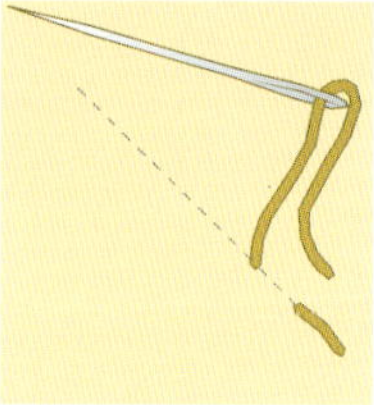

2 *Eine Stichlänge entlang der Nählinie nach vorn gehen, dort die Nadel durch den Stoff nach unten stechen und eine Stichlänge weiter vorn wieder zur Oberfläche schieben. Stich und Lücke sind gleich lang.*

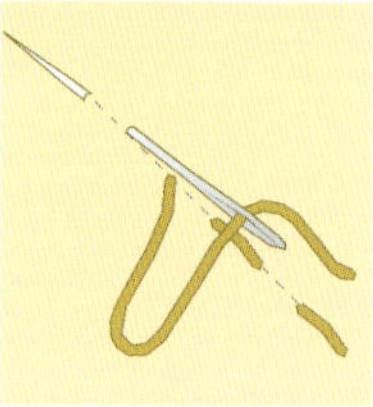

3 *Weiter nähen bis an das Ende der Nählinie.*

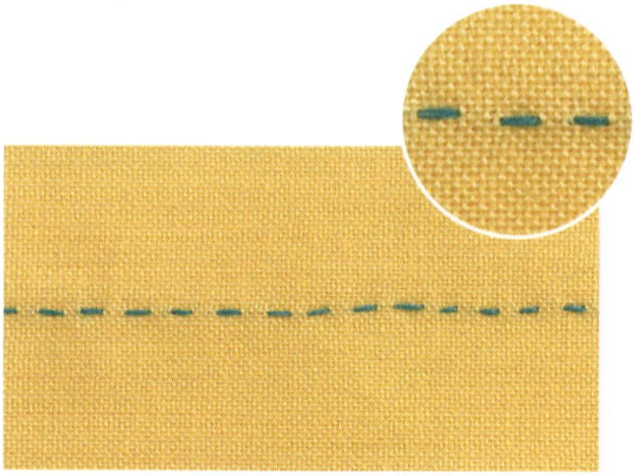

KLEIDUNGSSTÜCK/PROJEKT

Geeignet für Projekte, die nicht sehr strapaziert werden. Vorstiche werden auch für das Raffen und Einhalten von Stoffkanten eingesetzt (siehe Seite 38). Längere Vorstiche dienen dem kurzeitigen Heften (siehe Seite 46).

STOFF

Anwendbar bei allen Stoffarten.

ZUBEHÖR UND STICHLÄNGE

Wählen Sie Nadel und Faden zur Stoffqualität passend. Kurze Stiche geben haltbarere Nähte, längere Stiche dienen dem Heften. Dekorative Vorstiche arbeiten Sie mit Stickgarn und einer Sticknadel.

ALTERNATIVEN

Beim Maschinennähen stellen Sie den Geradstich ein (siehe Seite 52).

BÜGELN UND FERTIGSTELLEN

Keine besonderen Hinweise.

Rückstich

Sollten Sie ein Kleidungsstück nähen wollen und es steht keine Nähmaschine zur Verfügung, ist dies der beste Handnähstich dafür. Für ein sauberes Ergebnis muss er gleichmäßig gearbeitet werden.

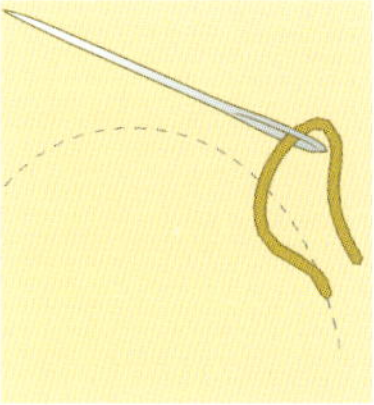

1 *Fadenanfang auf der linken Stoffseite befestigen. Den Faden am Beginn der Nählinie zur Stoffoberfläche bringen.*

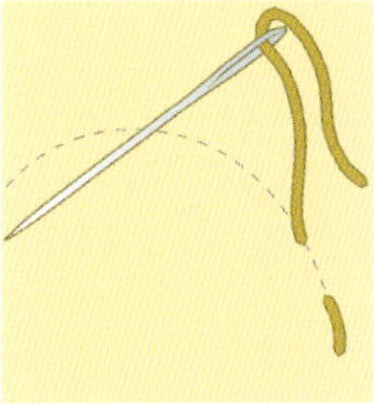

2 *Eine Stichlänge entlang der Nählinie zurückgehen, dort einstechen und die Nadelspitze am Endpunkt dieses Stiches wieder zur Oberfläche bringen.*

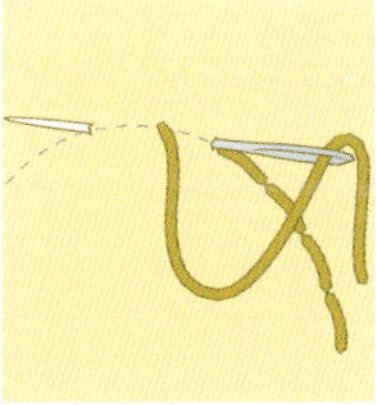

3 *Entlang der Nählinie wieder rückwärtsgehen und die Nadel in dasselbe Loch stechen, aus dem der vorige Faden austritt. Die Nadelspitze an der Stelle zur Oberfläche führen, an der dieser Stich endet. Wiederholen bis zum Ende der Nählinie.*

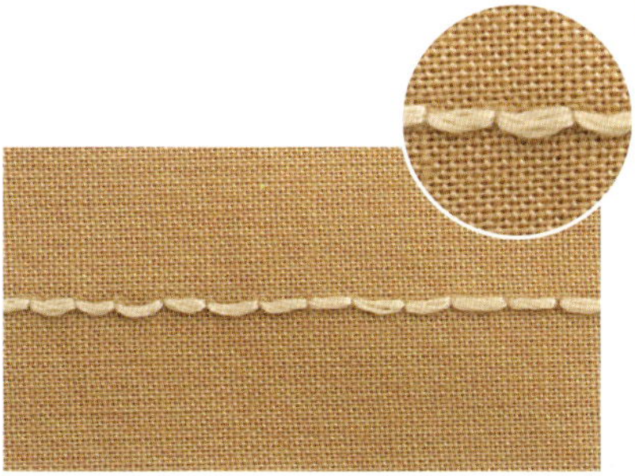

KLEIDUNGSSTÜCK/PROJEKT

Der Rückstich eignet sich für alle Kleidungsstücke oder Projekte, bei denen eine Handnaht nötig ist. Verwenden Sie ihn auch als dekorativen Zierstich.

STOFF

Der Stich ist auf allen Stoffen anwendbar, bei leicht dehnbaren Stoffen jedoch besonders nützlich.

ZUBEHÖR UND STICHLÄNGE

Nehmen Sie eine feine Nadel und Baumwoll- oder Polyestergarn. Nähen Sie Rückstiche als Ziernaht, arbeiten Sie mit Sticknadel und passendem Garn.

ALTERNATIVEN

Stellen Sie den Geradstich ein (siehe Seite 52) oder verwenden Sie einen verstärkten Stretchstich (siehe Seite 55), wenn Sie etwas Elastizität wünschen.

BÜGELN UND FERTIGSTELLEN

Keine besonderen Hinweise.

Durchschlagstiche

Es handelt sich um lockere Heftstiche. Sie dienen dem Übertragen von Markierungen und verbleiben im Stoff, nachdem der Schnitt wieder abgenommen wurde. Nach der Arbeit werden die Fadenschlaufen entfernt.

Rückseite

Vorderseite

1 *Faden doppelt legen und eine Kontrastfarbe zur Stofffarbe wählen. An der gewünschten Markierung durch das Schnittmuster und die beiden darunterliegenden Stofflagen hindurchstechen. Die Nadel etwa 5 cm weit nach vorn schieben und wieder an die Oberfläche kommen.*

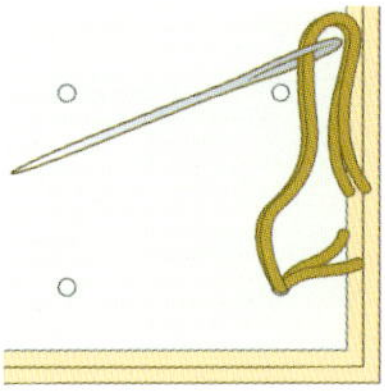

2 *Wieder nach unten stechen und eine lockere Fadenschlaufe auf der Oberseite stehen lassen. Die Nadelspitze wieder nach oben bringen und die Fäden abschneiden, dabei die Enden ca. 5 cm lang stehen lassen.*

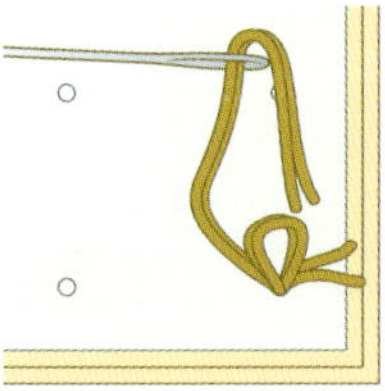

3 *Schnittmuster entfernen. Die beiden Stofflagen voneinanderziehen und die dazwischen liegenden Heftfäden durchschneiden. Fadenenden im Stoff stehen lassen.*

KLEIDUNGSSTÜCK/PROJEKT

Durchschlagstiche übertragen die Position von Abnähern, Taschen, Knopflöchern und Knöpfen.

STOFF

Für alle Stoffarten. Vorsicht bei locker gewebten Stoffen, die Heftfadenstücke können herausfallen.

ZUBEHÖR UND STICHLÄNGE

Wählen Sie Faden in Kontrastfarbe zum Stoff und legen Sie ihn doppelt. Machen Sie kleine, lockere Stiche.

ALTERNATIVEN

Es gibt keine maschinengenähte Alternative zu den Durchschlagstichen. Nur diese sind zum Übertragen von Schnittmustermarkierungen gut geeignet.

BÜGELN UND FERTIGSTELLEN

Beim Bügeln der Stoffe müssen Sie darauf achten, nicht die Heftfadenschlaufen herauszuziehen, so lange sie noch gebraucht werden.

Festonstich

Der Festonstich wurde ursprünglich zum Einfassen von Wolldecken benutzt, ist jedoch heute eher ein dekorativer Kantenstich, der mit Stickgarn ausgeführt wird.

1 *Fadenanfang befestigen und die Nadelspitze durch die Stoffkante stechen.*

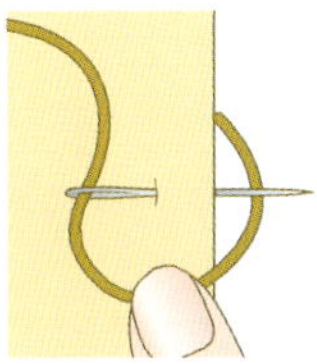

2 *Die Nadel von der Rückseite her auf der Nählinie zur Oberfläche bringen. Den Faden unter der Nadel zu einer Schlaufe legen und die Nadel vorsichtig durchziehen. Den Stich so ausrichten, dass der Faden genau auf der Stoffkante liegt.*

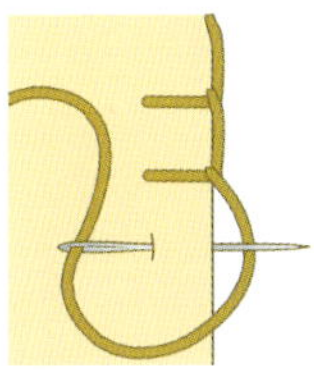

3 *Dies wiederholen und darauf achten, dass die Stiche in gleichmäßigen Abständen auf der Stoffkante liegen. Den Faden jeweils sanft anziehen, um die Stiche nicht zu verziehen.*

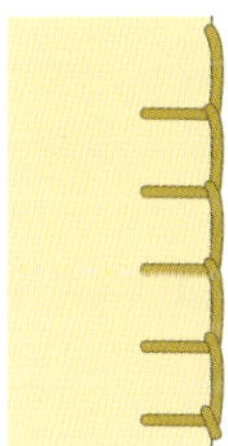

KLEIDUNGSSTÜCK/PROJEKT

Der Festonstich ist eine funktionelle wie schmückende Einfassung von Wolldecken, Tischdecken und Zudecken aller Art. Er wird auch in dekorativem Farbkontrast an den Kanten von Jacken angewendet.

STOFF

Dies ist ein guter Stich für mittlere und schwerere Stoffe wie Wolle oder Fleece. Wenden Sie ihn auf leichten Baumwoll- und Leinenstoffen für ein „antikes“ Aussehen an.

ZUBEHÖR UND STICHLÄNGE

Benutzen Sie eine Sticknadel, die der Stärke des Stoffes angemessen ist und deren Öhr groß genug ist, um das benötigte Stickgarn aufzunehmen.

ALTERNATIVEN

Manche Nähmaschinen bieten einen vergleichbaren Kantenstich an. Arbeiten Sie dann mit einer Flügelnadel (siehe Seite 143).

BÜGELN UND FERTIGSTELLEN

Wenn der Festonstich der Dekoration dient, sollten Sie die Fäden nicht platt bügeln. Legen Sie ein dickes, weiches Tuch unter die Stiche und bedecken Sie die Oberseite mit einem Bügeltuch.

Knopflochstich

Der Knopflochstich ist dem Festonstich ähnlich, doch werden hier die Stiche viel dichter gearbeitet und bilden dadurch eine festere Kante.

1 *Den Fadenanfang befestigen und die Nadel von der Rückseite her auf der Nählinie zur Oberfläche führen. Den Faden unter der Nadel zu einer Schlaufe legen und die Nadel vorsichtig durchziehen. Den Stich so ausrichten, dass er auf der Stoffkante liegt.*

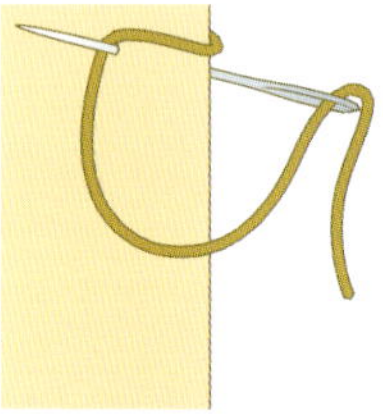

2 *Die Nadel wieder von der Rückseite her zur Oberfläche stechen, sehr dicht neben dem ersten Stich, ohne Lücke. Fadenschlaufe unter die Nadel legen und den Faden durchziehen.*

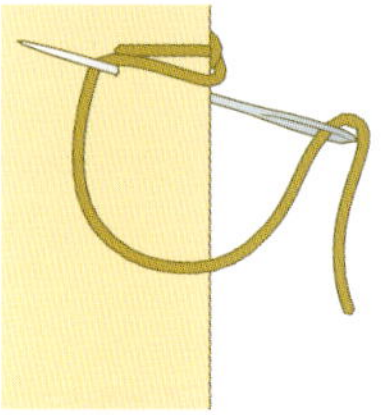

3 *Dies wiederholen und eine Reihe von dichten Stichen entlang der Stoffkante arbeiten.*

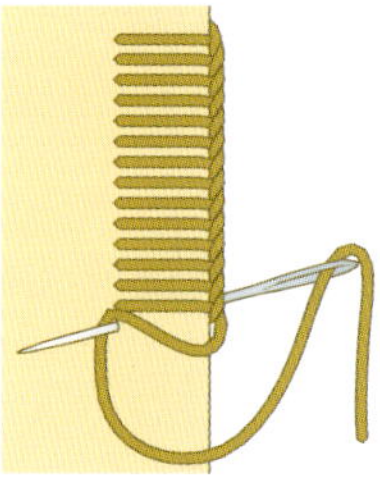

KLEIDUNGSSTÜCK/PROJEKT

Verwenden Sie den Knopflochstich für Knopflöcher oder für eine kräftige, haltbare Kante. Er ist auch ein sehr dekorativer Stickstich.

STOFF

Anzuwenden für antik wirkende Stickerei auf feinen und dünnen Stoffen aus Naturfaser. An schweren Stoffen verhindert der Knopflochstich das Ausfransen.

ZUBEHÖR UND STICHLÄNGE

Benutzen Sie eine Sticknadel, die der Stärke des Stoffes angemessen ist und deren Öhr groß genug ist.

ALTERNATIVEN

Moderne Nähmaschinen bieten eine Knopfloch-Nähfunktion an. Für Kantenabschlüsse stellen Sie einen dichten Zickzackstich ein und nähen im Abstand von 1,5 cm innerhalb der Kante. Schneiden Sie dann den Stoff zurück.

BÜGELN UND FERTIGSTELLEN

Stickerei und dekorative Knopflöcher bügeln Sie sanft von der linken Stoffseite her, um die Fäden nicht platt zu bügeln.

Saumstich

Der einfache Saumstich besteht aus einer Reihe von kleinen, schrägen Stichen, die einen Saum befestigen. Er ist eine sichere Art, Säume anzunähen.

1 *Den Saum nach oben falten und den Fadenanfang unsichtbar innerhalb der Saumkante mit einem Doppelstich befestigen.*

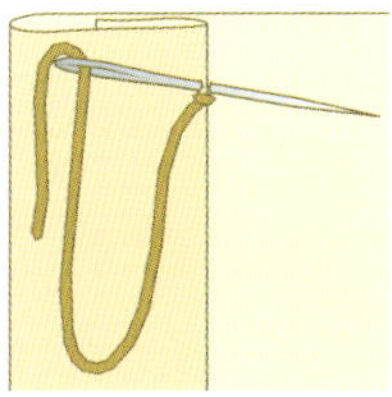

2 *Mit einem kurzen, schrägen Stich ein oder zwei Webfäden des Stoffes greifen. Als Nächstes einige Fäden der gefalteten Saumkante mit der Nadelspitze fassen und die Nadel durchziehen.*

3 *Dies entlang der gesamten Kante wiederholen und kurze, regelmäßige Stiche arbeiten.*

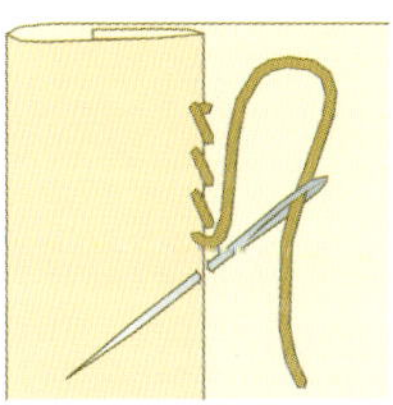

Rückseite

Vorderseite

KLEIDUNGSSTÜCK/PROJEKT

Für Säume an Röcken, Hosenbeinen und Ärmeln.

STOFF

Nehmen Sie dicke Stoffe, bei denen die Stiche im Gewebe versinken. Bei feinen Stoffen wird der Stich auf der Vorderseite zu sehen sein. Verwenden Sie ihn auch zum Annähen von Bundbändern in Hosen oder Röcken.

ZUBEHÖR UND STICHLÄNGE

Arbeiten Sie mit einer feinen Nadel, die keine Löcher hinterlässt. Wählen Sie eine Fadenfarbe, die mit der Stofffarbe optisch verschmilzt oder eine Spur dunkler ist, für den Fall, dass die Stiche auf der Vorderseite sichtbar sind.

ALTERNATIVEN

Blindstich und befestigter Saumstich sind gute Alternativen zum einfachen Saumstich. An der Maschine verwenden Sie den Blindstich in Verbindung mit dem Blindstich-Saumfuß.

BÜGELN UND FERTIGSTELLEN

Bügeln Sie sanft von der Rückseite her und legen Sie die Arbeit auf eine weiche Unterlage.

Blindstich

Diese Art von Saumstich ist sowohl auf der rechten wie auch auf der linken Stoffseite kaum sichtbar.

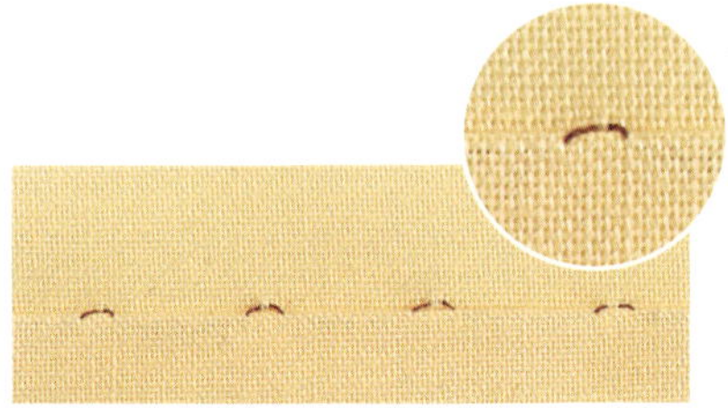

Rückseite

Vorderseite

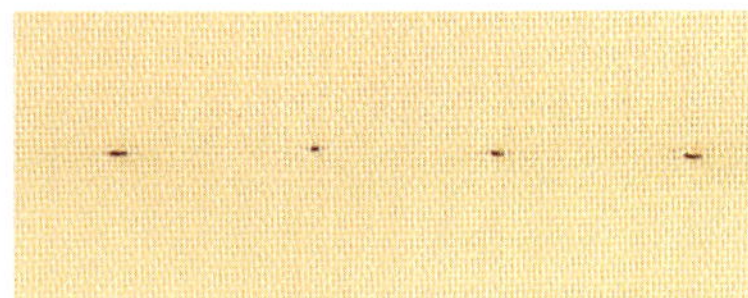

1 *Den Fadenanfang mit einem Doppelstich in der Saumkante befestigen.*

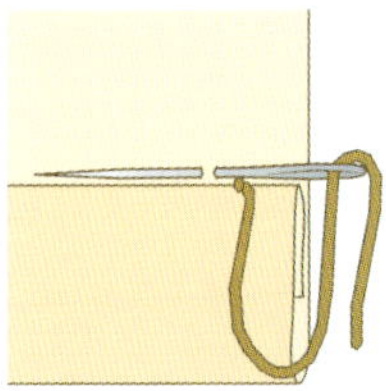

2 *Einen oder zwei Webfäden mit der Nadelspitze fassen und die Nadel innerhalb der Saumkante nach vorn schieben. Die Nadel nach ca. 0,5 mm zur Oberfläche bringen und wieder ein oder zwei Webfäden fassen. Dann wieder in die Saumkante zurückkehren.*

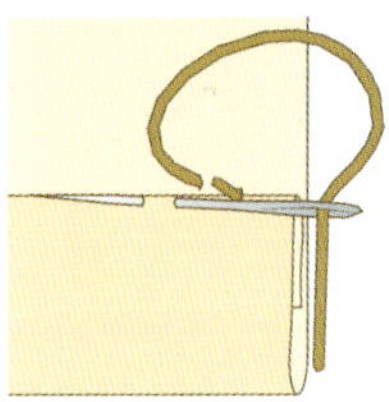

3 *Beim Vorwärtsnähen die Stiche sanft anziehen – aber nicht zu fest, damit der Stoff nicht verzogen wird und die Stiche dadurch sichtbarer werden.*

KLEIDUNGSSTÜCK/PROJEKT

Säumen Sie Kleidungstücke aus leichten Stoffen mit Blindstich, bei denen ein Saumstich nicht geeignet ist. Nähen Sie so auch Futterstoffe und Besätze an.

STOFF

Wenden Sie den Blindstich bei dünnen Stoffen an.

ZUBEHÖR UND STICHLÄNGE

Arbeiten Sie mit feinen Nadeln und kurzen Handstichen.

ALTERNATIVEN

Wählen Sie Saumstiche, befestigte Saumstiche oder Hexenstiche als Alternative zum Blindstich. Beim Maschinennähen ist der Blindstich in Verbindung mit dem Blindstichfuß zu verwenden.

BÜGELN UND FERTIGSTELLEN

Bügeln Sie sanft von der linken Stoffseite her, damit sich die Saumkante nicht zur Vorderseite durchdrückt.

Leiterstich

Wie der Blindstich ist auch der Leiterstich fast nicht sichtbar. Schießen Sie damit eine kurze Nahtstrecke von der rechten Seite her oder verbinden Sie zwei umgefaltete Stoffkanten nahe einer Öffnung, z. B. an einem Kissen oder einem Stoffspielzeug.

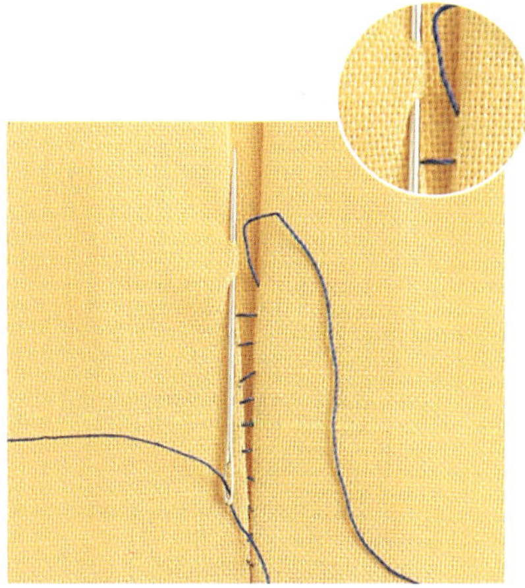

1 *Den Fadenanfang in einer der umgefalteten Stoffkanten mit einem Doppelstich befestigen.*

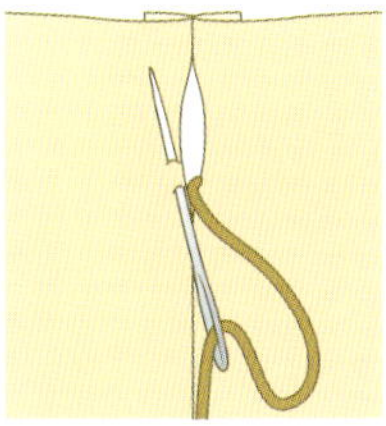

2 *Einen kleinen Stich in den Falz der gegenüberliegenden Stoffkante machen und die Nadel ca. 0,3 cm in dieser Kante nach vorn schieben. Zur ersten Stoffkante zurückkehren und alles wiederholen. So entsteht ein Leiterstich zwischen den beiden Kanten. Beim Anziehen des Fadens schließt sich die Öffnung und die Stiche sind nahezu unsichtbar.*

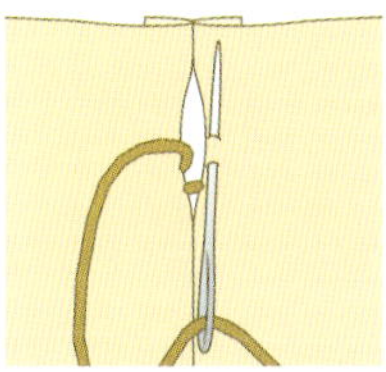

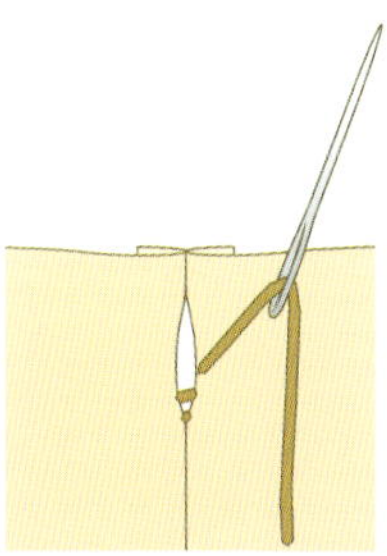

3 *So fortfahren, bis die Naht geschlossen ist, und die Fadenenden vernähen.*

KLEIDUNGSSTÜCK/PROJEKT

Für kleine Nähten und Öffnungen, die nicht von hinten her geschlossen werden können, wie bei Stoffspielzeugen. Nähen Sie damit auch Einsätze fest.

STOFF

An allen Stoffarten anwendbar.

ZUBEHÖR UND STICHLÄNGE

Arbeiten Sie mit einer kleinen Nadel und mit kurzen Stichen, damit die Naht hält.

ALTERNATIVEN

Es gibt keine Alternative für die Nähmaschine. Der Leiterstich wird verwendet, wenn nicht von der Rückseite her genäht werden kann und wird daher auf der rechten Stoffseite gearbeitet.

BÜGELN UND FERTIGSTELLEN

Bügeln Sie Leiterstiche erst, wenn die Näharbeit vollendet ist.

Befestigter Saumstich

Wenden Sie diesen Stich bei Kleidung und Vorhängen an. Sein Vorteil ist, dass er auch dann noch hält, wenn der Faden gerissen ist. Da jeder Stich einzeln befestigt wurde, geht nicht gleich der komplette Saum auf, und Sie müssen nur eine kurze Strecke reparieren.

1 *Den Fadenanfang im Saum befestigen.*

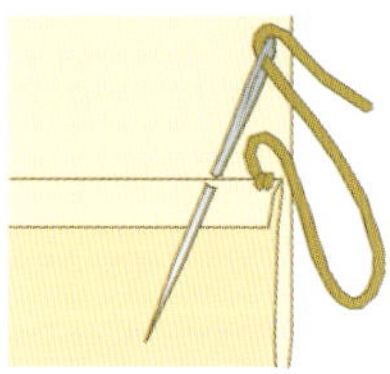

2 *Einen oder zwei Webfäden des Stoffes entlang der Nählinie fassen und auf derselben Höhe gleichzeitig einige Fäden der Saumoberkante auf die Nadelspitze legen.*

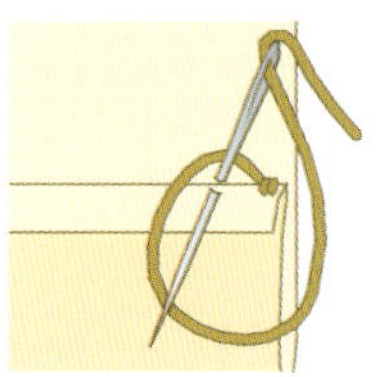

3 *Den Faden nur fast durchziehen und dann die Nadel durch die entstandene Fadenschlaufe schieben. Nun den Faden sanft anziehen.*

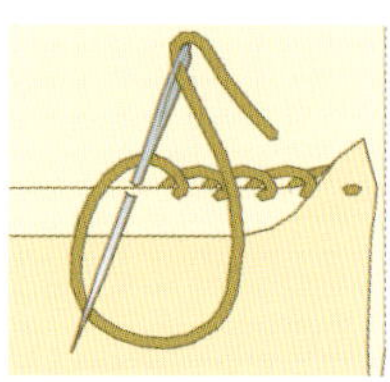

4 *Dies in Abständen von ca. 1–2 cm wiederholen. Je größer der Stichabstand, desto weniger sichtbar ist die Saumnaht auf der Vorderseite.*

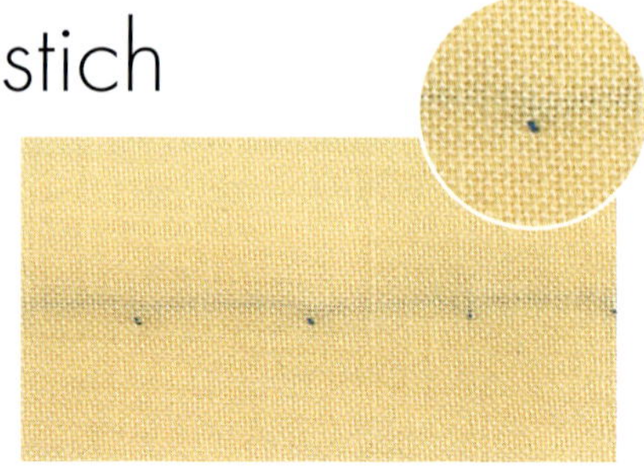

KLEIDUNGSSTÜCK/PROJEKT

Für alle Kleidersäume und Vorhangkanten, die unsichtbar angenäht werden sollen.

STOFF

Der befestigte Saumstich ist auf allen Stoffarten anwendbar, besonders nützlich ist er bei dehnbaren Stoffen.

ZUBEHÖR UND STICHLÄNGE

Benutzen Sie eine Nadel, die im Stoff keine Löcher hinterlässt. Arbeiten Sie gleichmäßige Stiche in großen Abständen.

ALTERNATIVEN

Der Hexenstich ist eine gute Alternative (siehe Seite 40). Manche Nähmaschinen bieten einen Blindstich an, der auf dehnbaren Stoffen anwendbar ist.

BÜGELN UND FERTIGSTELLEN

Wie bei allen Säumen sollten Sie auch hier sanft von der Rückseite her bügeln, damit sich die Saumkante nicht durchdrückt.

Überwendlichstich

Der Überwendlichstich ist ein Handnähstich zum Versäubern von Stoffkanten, um das Ausfransen zu verhindern. Er wird auch zum Verbinden von nicht fransenden Stoffstücken benutzt.

Stoffstücke aneinandernähen

Stoffkante versäubern

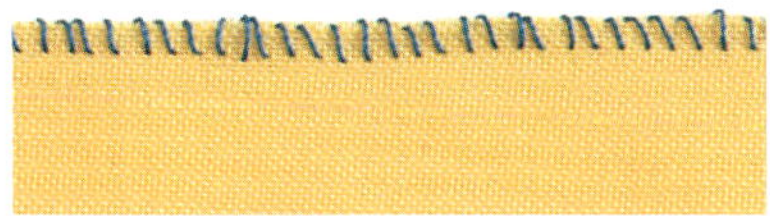

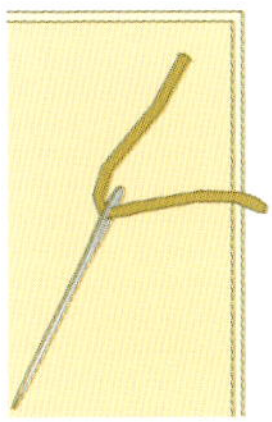

1 *Nahe der Kante beginnen und die Nadel von hinten her zur Oberfläche bringen.*

2 *Die Nadel über die Stoffkante hinweg führen und wieder von hinten her zur Oberfläche stechen.*

3 *So fortfahren und eine Reihe von schräg liegenden Stichen über die Stoffkante arbeiten. Die Stiche nicht zu fest anziehen, da sonst die Kante wellig wird.*

Tipp

Bei stark fransenden Stoffen sehr dichte Stiche arbeiten.

KLEIDUNGSSTÜCK/PROJEKT

Arbeiten Sie Überwendlichstiche um alle Stoffkanten, die beim Handnähen ausfransen könnten. Wenden Sie sie auch zum Aneinanderfügen von zwei nicht fransenden Stoffteilen an.

STOFF

Anzuwenden an allen Stoffen, die ausfransen könnten. Nicht fransende Stoffe können Sie mit Überwendlichstichen aneinandernähen, ähnlich wie die Flatlocknaht an der Overlock (siehe Seiten 67–68).

ZUBEHÖR UND STICHLÄNGE

Benutzen Sie eine feine Nadel und Baumwoll- bzw. Polyestergarn.

ALTERNATIVEN

Verwenden Sie einen Zickzackstich (siehe Seite 53) oder einen speziellen Überwendlichstich (siehe Seite 57) an der Nähmaschine. Versäubern Sie Stoffkanten mit der Overlock (siehe Seiten 64–68).

BÜGELN UND FERTIGSTELLEN

Bügeln Sie die Kanten, sobald sie fertig eingefasst sind.

Raffen und Einhalten

Von Hand wird das Raffen durch eine Reihe von Vorstichen vorbereitet, auf denen der Stoff zusammengeschoben wird. Je kleiner die Stiche, desto feiner werden die Fältchen. Beim Einhalten wird ein Stoff nur ganz wenig zusammengeschoben, ohne dass sich Falten bilden.

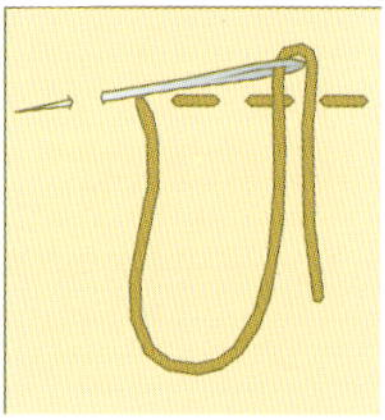

1 *Den Fadenanfang unsichtbar auf der Nählinie befestigen. Die Nadel auf und ab stechen und gleichmäßige Vorstiche arbeiten.*

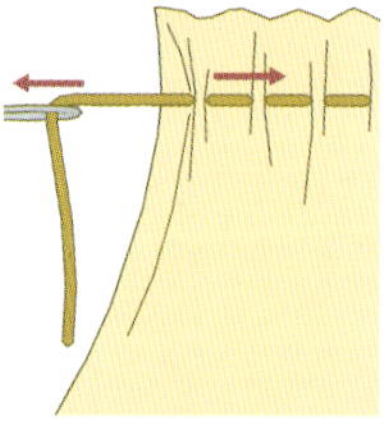

2 *Das Fadenende festhalten und den Stoff bis zur gewünschten Weite zusammenschieben.*

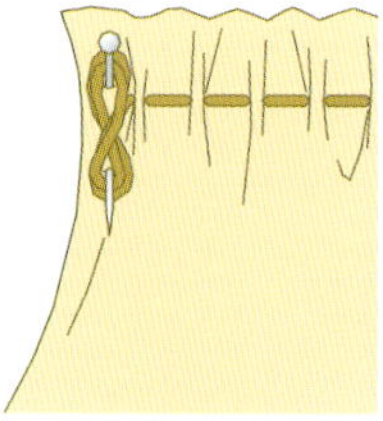

3 *Das Fadenende um eine Stecknadel winden, um es zu sichern. Die Falten gleichmäßig entlang der Strecke verteilen. Weiter nähen wie erforderlich.*

KLEIDUNGSSTÜCK/PROJEKT

Das Raffen und Einhalten ist bei Röcken vor dem Annähen an das Bundband erforderlich, sowie an Armkugeln und Ärmelbündchen.

STOFF

Es können fast alle Stoffe gerafft werden. Bei feinen Stoffen sind die Fältchen besonders gut sichtbar.

ZUBEHÖR UND STICHLÄNGE

Arbeiten Sie mit einer mittellangen bis langen, feinen Nadel. Sie können drei oder vier Stiche gleichzeitig auf die Nadel fassen. Für eine besonders haltbare Naht nähen Sie mit doppeltem Faden.

ALTERNATIVEN

Das Raffen wird heute oft mit der Nähmaschine gemacht. Stellen Sie die längste Stichlänge ein. Mehr über Raffnähte siehe Seite 44.

BÜGELN UND FERTIGSTELLEN

Vorsicht, Raffnähte werden beim Bügeln flach.

Punktstich

Der Punktstich wird wie der Rückstich gearbeitet. Auf der Vorderseite ist nur ein winziger Stich sichtbar, auf der Rückseite ist der Stich länger. Er wird zum Fertignähen von Reißverschlüssen von Hand angewendet und zum Versäubern der Kanten von maßgeschneiderten Jacken und Mänteln.

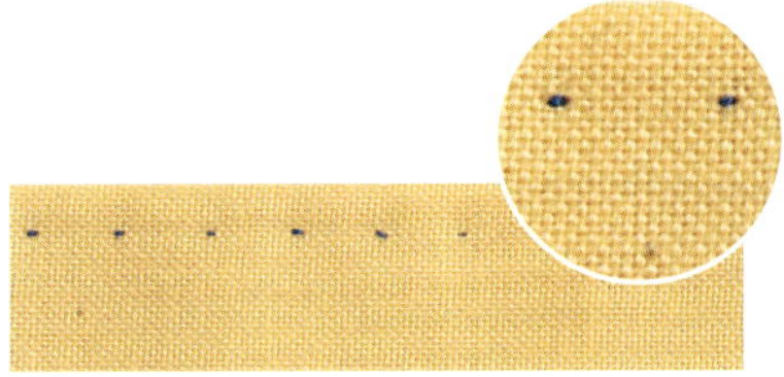

Vorderseite

Rückseite

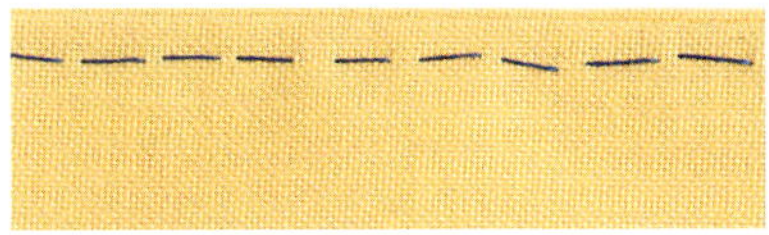

1 *Den Fadenanfang auf der linken Seite befestigen. Die Nadel durch den Stoff am Endpunkt des ersten Stichs zur Oberfläche bringen.*

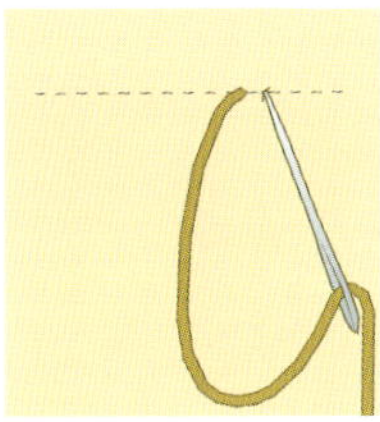

2 *Einen winzigen Stich weit auf der Nählinie rückwärts gehen und die Nadel zur Rückseite hindurchstechen. Die Nadelspitze einen Stich weiter vorn wieder zur Oberseite bringen.*

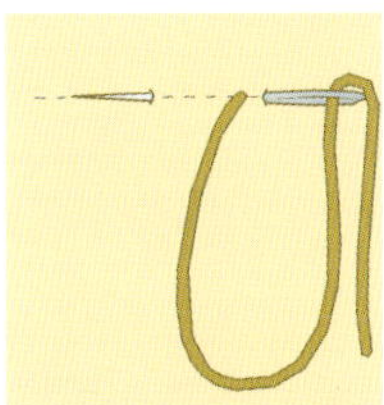

3 *Einen weiteren winzigen Stich rückwärts machen und so fort. Es entsteht eine Reihe von kleinsten Stichen mit jeweils einem größeren Abstand dazwischen. Der Abstand sollte größer sein als der Stich und gleichmäßig.*

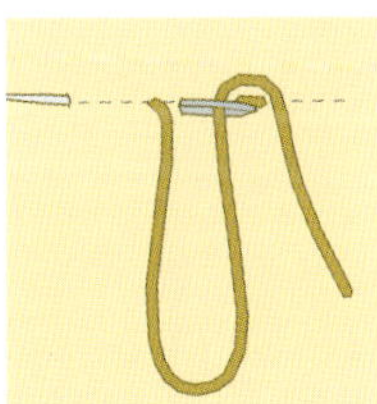

KLEIDUNGSSTÜCK/PROJEKT

Bei der Maßkonfektion werden mit dem Stich Reißverschlüsse eingenäht. Er wird auch entlang der Kragenkanten von Jacken oder Mänteln gearbeitet.

STOFF

Geeignet für Reißverschlüsse in allen Stoffen und für Wollstoffe von Jacken und Mänteln als Kragenabschluss.

ZUBEHÖR UND STICHLÄNGE

Verwenden Sie kurze, feine Nadeln. Jede Fadensorte ist geeignet, besonders Seidengarn, da es leicht durch das Material gleitet und daher in derMaßschneiderei Anwendung findet. Arbeiten Sie die Stiche in 0,5 cm Abstand oder weiter.

ALTERNATIVEN

An der Nähmaschine arbeiten Sie mit dem normalen Geradstich.

BÜGELN UND FERTIGSTELLEN

Keine besonderen Hinweise.

Hexenstich

Mit dem Hexenstich werden zwei Stofflagen aufeinandergenäht. Seine Konstruktion eignet sich für das Nähen von dehnbaren Stoffen, da sich die Stiche zusammen mit dem Stoff verschieben.

Vorderseite

Rückseite

1 *Links beginnen und auf zwei parallel verlaufenden Nählinien arbeiten. Den Fadenanfang auf der unteren Nählinie zur Oberfläche bringen.*

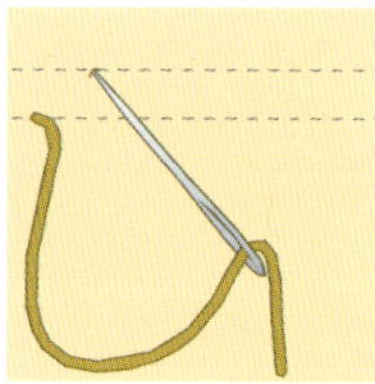

2 *Eine Stichlänge nach rechts gehen und einen kurzen, waagerechten Stich in Nährichtung auf der oberen Nählinie machen. Den Faden unterhalb der Nadel halten.*

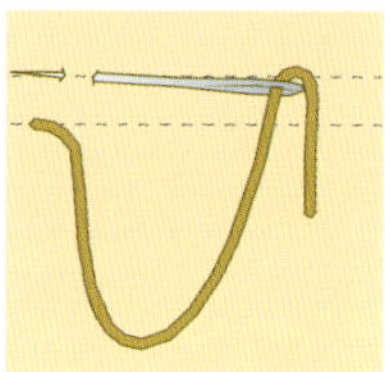

3 *Nun eine Stichlänge nach rechts gehen und einen kurzen waagerechten Stich in Nährichtung auf der unteren Nählinie machen. Den Faden oberhalb der Nadel halten.*

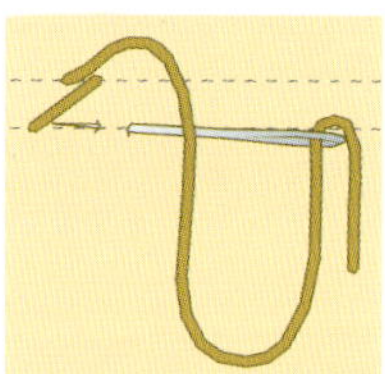

4 *Beide Stiche abwechselnd arbeiten, bis die Naht vollendet ist.*

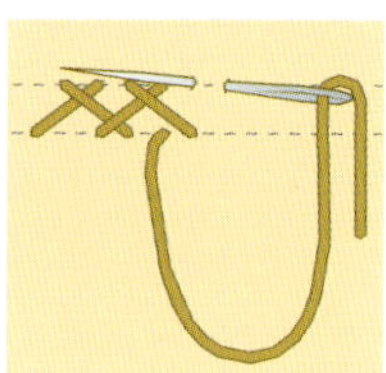

KLEIDUNGSSTÜCK/PROJEKT

Nähen Sie zwei Stofflagen mit Hexenstich aufeinander. Befestigen Sie damit Säume von dehnbaren Stoffen und Nahtbänder an Konfektionsarbeiten. Er ist auch ein Zierstich.

STOFF

An allen Stoffarten anwendbar, besonders jedoch bei elastischen Stoffen.

ZUBEHÖR UND STICHLÄNGE

Arbeiten Sie funktionelle Nähte mit einer kurzen oder mittellangen Nadel. Für Zierstiche verwenden Sie eine Sticknadel mit großem Öhr.

ALTERNATIVEN

Es ist nicht möglich, den Hexenstich mit der Nähmaschine zu arbeiten. Manche Nähmaschinen bieten jedoch einen Zierstich an, der einem Hexenstich ähnlich sieht.

BÜGELN UND FERTIGSTELLEN

Bügeln Sie nicht über dekorative Hexenstichnähte aus Stickgarn, da diese flach würden. An Säumen bügeln Sie leicht von der Rückseite her und auf einer weichen Unterlage, damit sich die Saumnaht nicht durchdrückt.

Riegel

Ein Fadenriegel ist eine dekorative Verstärkung in Bereichen, die besonderer Belastung ausgesetzt sind, wie z. B. an Jackentaschen und Knopflöchern.

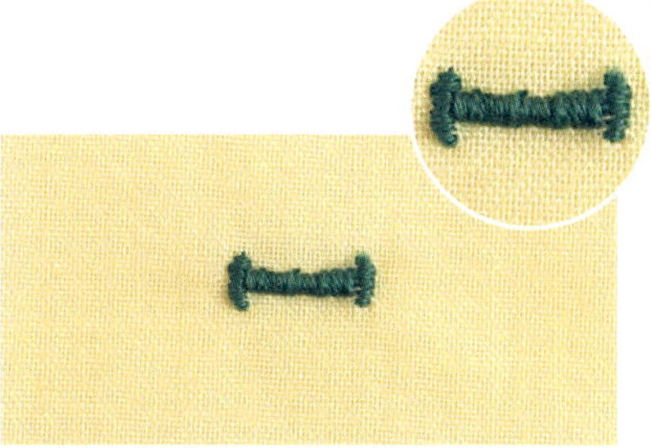

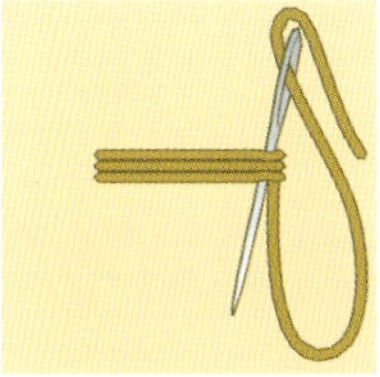

1 *In der gewünschten Richtung drei oder vier lange Stiche durch alle Stofflagen arbeiten.*

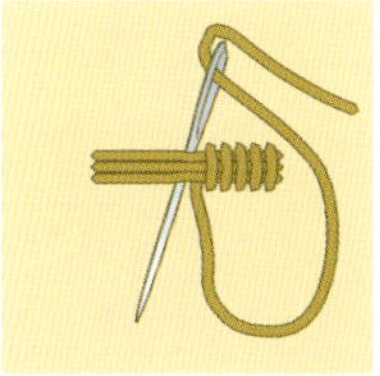

2 *An einem Ende beginnen und um diese langen Stiche herum nähen, wobei jeweils auch einige darunterliegende Webfäden gegriffen werden. Enge Stiche ergeben einen starken Riegel.*

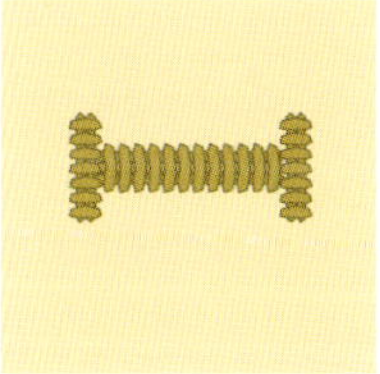

3 *In gleicher Weise an die beiden Enden des Querriegels je einen kleinen Riegel nähen.*

Tipp

Sie können die Riegel auch mit Festonstich übersticken (siehe Seite 31).

KLEIDUNGSSTÜCK/PROJEKT

Arbeiten Sie verstärkende Riegel an Knopflöcher und über die Enden von Jackentaschen.

STOFF

Anzuwenden auf allen Stoffarten, bei denen extra Verstärkung nötig ist.

ZUBEHÖR UND STICHLÄNGE

Arbeiten Sie mit einer mittelstarken Nadel und Knopflochgarn oder Stickgarn. Halten Sie die Stiche fein und gleichmäßig, da sie sichtbar sind.

ALTERNATIVEN

Viele Nähmaschinen bieten einen Riegelstich an. Dies ist in der Regel ein dichter Zickzackstich und erfüllt den gleichen Zweck wie ein handgenähter Riegel.

BÜGELN UND FERTIGSTELLEN

Keine besonderen Hinweise.

Französischer Saum

Ein französischer Saum hält zwei Stoffstücke mit Fadenstegen locker zusammen. Er wird zum Befestigen der Futter-Unterkante an den Mantelstoff angewendet.

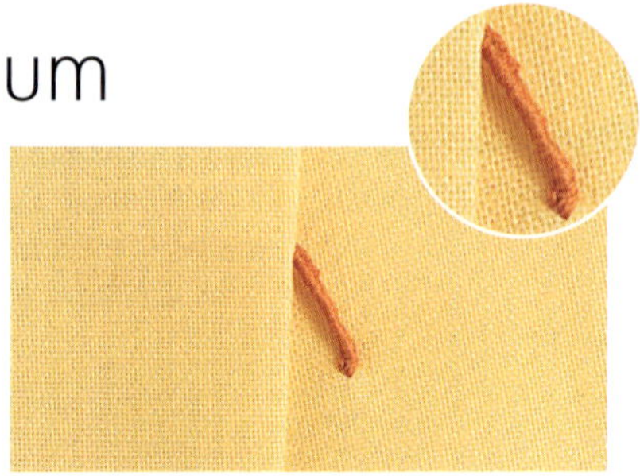

1 *Die beiden Stoffstücke, die miteinander befestigt werden sollen, mit etwas Abstand voneinander halten. Den Fadenanfang am ersten Stoff sichern und einen kleinen Stich zum anderen Stoff hinüber machen. Dies wiederholen. Zwischen den beiden Teilen an der gleichen Stelle drei oder vier solcher Stiche spannen.*

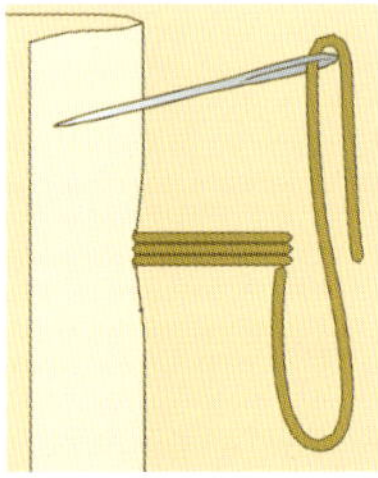

2 *Nun den Steg mit Knopflochstichen überstechen, bis die Fadenbrücke ganz bedeckt ist. Die Stiche dicht beieinander halten.*

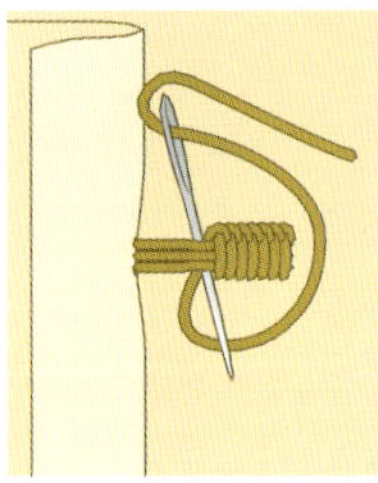

KLEIDUNGSSTÜCK/PROJEKT

Er wird vor allem dann angewendet, wenn ein Futter- mit Mantelstoff locker verbunden werden soll.

STOFF

Anwendbar bei allen Stoffarten.

ZUBEHÖR UND STICHLÄNGE

Arbeiten Sie mit einer feinen oder mittleren Nadel. Die fertigen Riegel sollten ca. 1 cm lang sein.

ALTERNATIVEN

Der französische Saumstich ist durch keinen Nähmaschinenstich zu ersetzen. Alternativ kann man die beiden Stoffteile mit kurzen Luftmaschen überbrücken. Sichern Sie den Fadenanfang, machen Sie Luftmaschenstiche (Kettenstich siehe Seite 104) in der gewünschten Länge. Vernähen Sie sie auf dem anderen Stoffteil.

BÜGELN UND FERTIGSTELLEN

Einen französischen Saum braucht man nicht zu bügeln.

Rollsaum

Wie der Überwendlichstich besteht der Rollsaumstich aus schräg liegenden Stichen, die über eine Stoffkante gearbeitet werden. Verwenden Sie ihn als Kantenabschluss oder um eine Rüsche zu raffen.

1 *Dicht entlang der Stoffkante oder der Spitze arbeiten. Die Nadel von der Rückseite her zur Stoffoberseite stechen.*

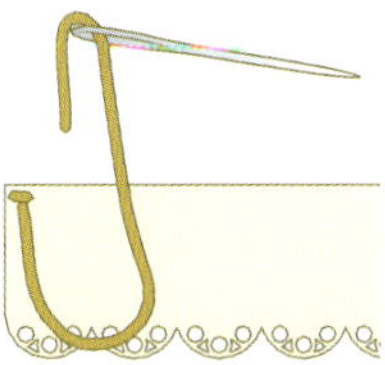

2 *Die Nadel über die Stoffkante hinweg nach hinten führen und von dort durch den Stoff wieder zur Oberseite kommen.*

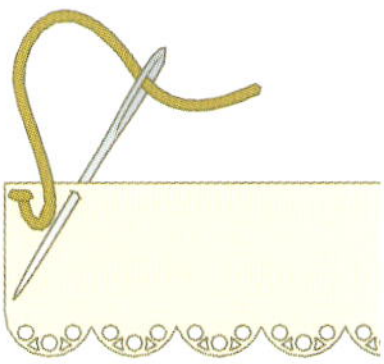

3 *So fortfahren und eine Reihe von schräg liegenden Stichen über die Stoffkante arbeiten.*

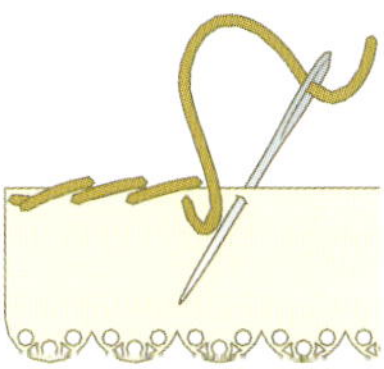

4 *Zum Raffen den Faden festhalten und den Stoff schieben, bis er sich in Rüschen legt. Dann weiter nähen wie geplant.*

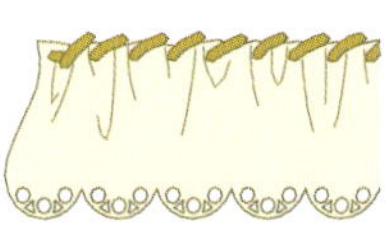

Vorderseite

Rückseite

KLEIDUNGSSTÜCK/PROJEKT

Versäubern Sie mit ihm offene Stoffkanten oder formen Sie eine Rüsche.

STOFF

Als Kantenversäuberung auf allen Stoffarten anwendbar. Bei stark fransenden Stoffen Stiche dichter setzen.

ZUBEHÖR UND STICHLÄNGE

Verwenden Sie eine kurze oder mittellange, feine Nadel. Halten Sie die Stiche dicht und in gleichmäßigen Abständen.

ALTERNATIVEN

Zum Versäubern einer Stoffkante mit der Nähmaschine verwenden Sie den Zickzackstich (siehe Seite 53) oder den speziellen Überwendlichstich (siehe Seite 57) oder Sie versäubern die Kante mit der Overlock (siehe Seiten 64–68).

BÜGELN UND FERTIGSTELLEN

Bügeln Sie die Kanten nach Beendigung der Naht und achten Sie darauf, gerafften Stoff nicht platt zu bügeln.

Fälteln

Fälteln ist das Raffen eines Stoffes entlang von parallelen Stichreihen. Es werden zwei oder mehr Reihen von Vorstichen gearbeitet, um gleichmäßige und volle Rüschen zu erhalten. Es wird dann angewendet, wenn ein Stoff zum Smoken auf einen anderen Stoff genäht werden soll.

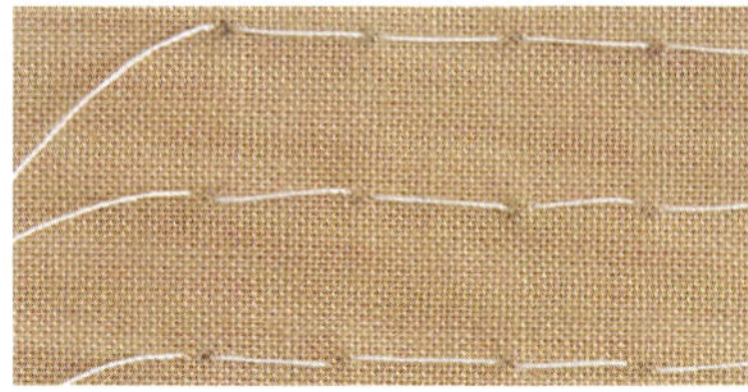

1 *Den Fadenanfang im Stoff sichern und auf der rechten Stoffseite arbeiten. Einen langen Stich auf der Nählinie machen und in den Stoff stechen.*

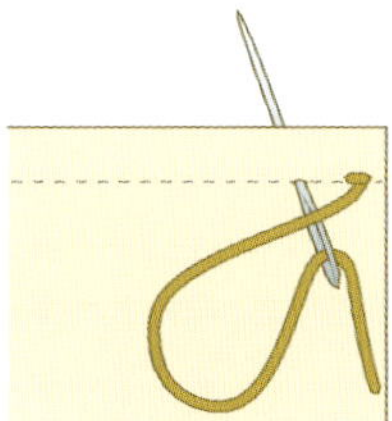

2 *Die Nadelspitze wieder zur Oberfläche bringen und einen kürzeren Stich auf der linken Stoffseite arbeiten. Die Nählinie mit regelmäßigen Stichen bearbeiten, die auf der Oberseite länger und auf der Rückseite kürzer sind.*

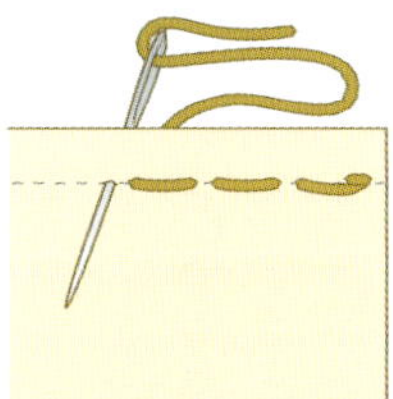

3 *Eine zweite Reihe (oder noch mehr) arbeiten, bei der die Stiche parallel zu den Stichen der ersten Reihe liegen.*

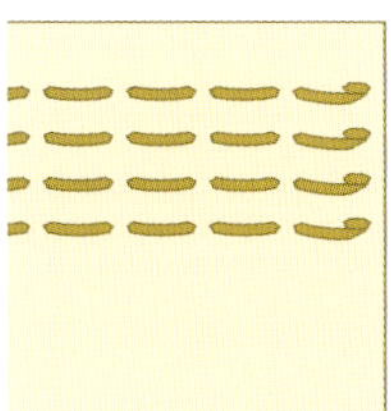

KLEIDUNGSSTÜCK/PROJEKT

Fälteln Sie Stoffe, die zum Smoken auf einen anderen Stoff aufgenäht werden sollen. Auch können Falten von Röcken so gearbeitet werden.

STOFF

Für leichte und mittlere Stoffe wie Baumwollbatist oder Futterstoff. Es eignet sich nicht gut für schwere Stoffe.

ZUBEHÖR UND STICHLÄNGE

Mit einer langen Nadel sind die Vorstiche zum Fälteln einfacher zu arbeiten. Benutzen Sie einen starken Faden, der beim Ziehen nicht reißt. Die Stiche sollten auf der Stoffoberseite lang und auf der -unterseite kurz sein.

ALTERNATIVEN

Eine Nähmaschine näht grundsätzlich gleichlange Stiche und kann nicht, wie hier erforderlich, lange und kurze Stiche machen. Ein Plissierfuß ist eine gute Alternative, um das Smoken vorzubereiten.

BÜGELN UND FERTIGSTELLEN

Bügeln Sie nicht mehr, sobald der Stoff zusammengeschoben ist, denn die Fältchen würden dadurch flach. Bügeln Sie in die Falten hinein.

Stopfen

Das Stopfen dient der Reparatur von Rissen und Löchern in Kleidung, wird aber heutzutage nicht mehr oft angewendet.

1 *Mit farbgleichem Garn arbeiten, vorzugsweise mit einem weich gesponnenen Faden. Das Loch so weit wie möglich zusammenschieben und die Stelle mit Stichen wie folgt bedecken.*

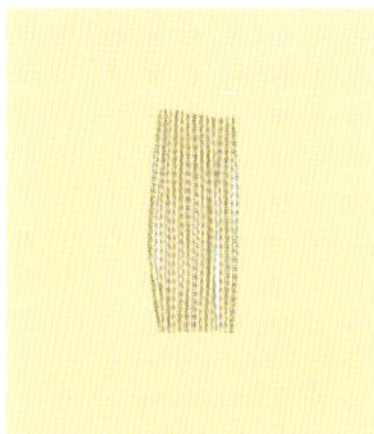

2 *Von oben rechts nach oben links arbeiten. Normale Vorstiche quer über die obere Kante des zu stopfenden Bereichs nähen.*

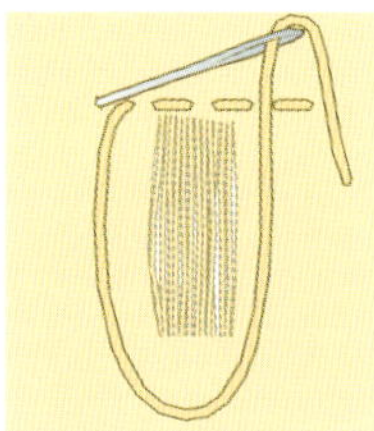

3 *Die Arbeit drehen und von rechts nach links eine zweite Reihe von Vorstichen oberhalb der ersten nähen. Die Stiche sollten in den Lücken zu den Stichen der ersten Reihe liegen, nicht parallel dazu.*

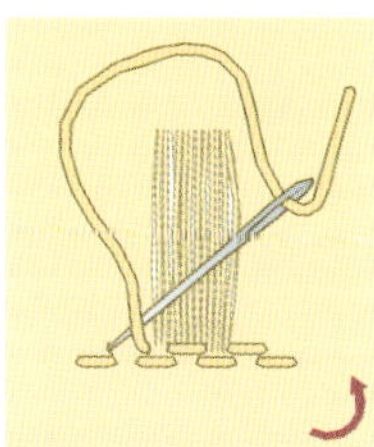

4 *Wieder die Arbeit drehen und weitere Reihen von Vorstichen nähen, bis die beschädigte Stelle bedeckt ist.*

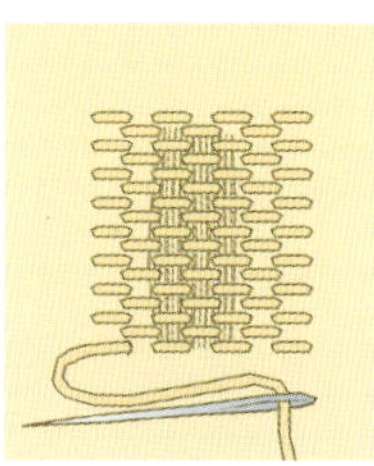

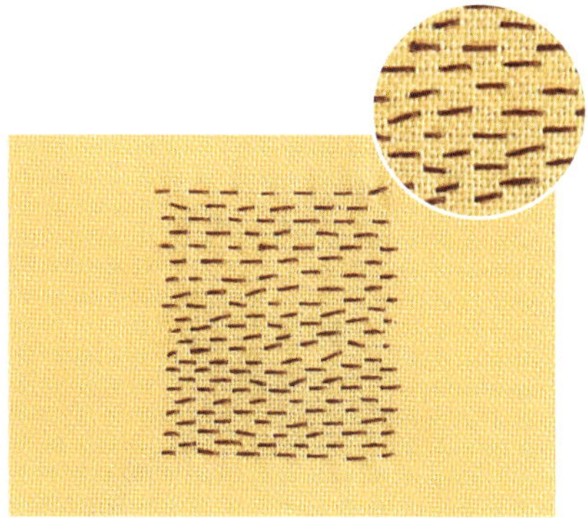

KLEIDUNGSSTÜCK/PROJEKT

Das Stopfen wurde traditionell für die Reparatur von Kleidung, Bettwäsche und Tischwäsche angewendet. Der Stopfstich ist auch ein dekorativer Zierstich.

STOFF

Anzuwenden auf Stoffen aller Art und Stärke.

ZUBEHÖR UND STICHLÄNGE

Verwenden Sie einen farbgleichen Faden, der etwa gleich stark oder dünner ist als der Webfaden, sowie eine lange Nadel. Halten Sie die Stiche klein.

ALTERNATIVEN

Mit der Nähmaschine: Nähen Sie mehrere Geradstichreihen oder mit dem dreifachen Zickzackstich.

BÜGELN UND FERTIGSTELLEN

Bügeln Sie die fertig gestopfte Stelle.

Heftstich

Geheftet wird mit langen, lockeren Stichen, die eine Arbeit vorübergehend bis zum endgültigen Nähen zusammenhalten.

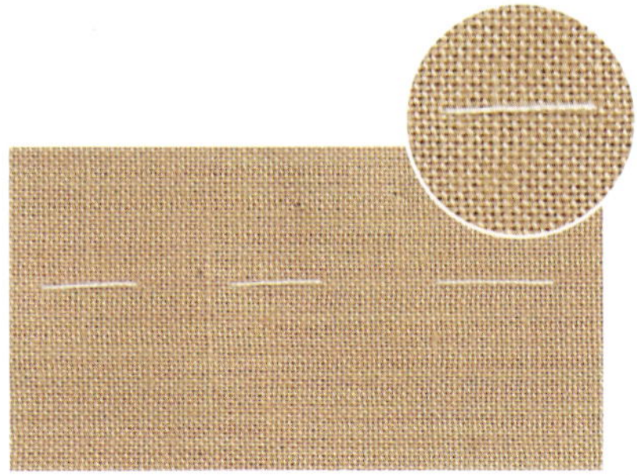

1 *Den Fadenanfang auf der linken Stoffseite locker befestigen. Die Nadel am Startpunkt des ersten Stiches zur Oberseite bringen.*

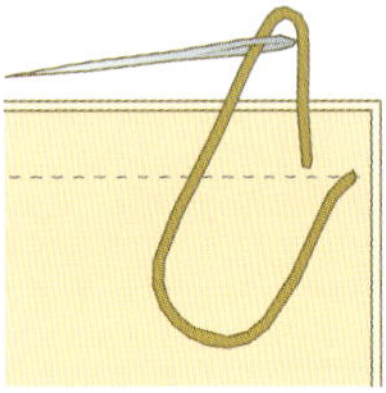

2 *Auf der Nählinie eine Stichlänge weiter die Nadel in den Stoff stechen und einen Stich weiter wieder auf die Oberfläche führen. Stich und Lücke sind gleich lang.*

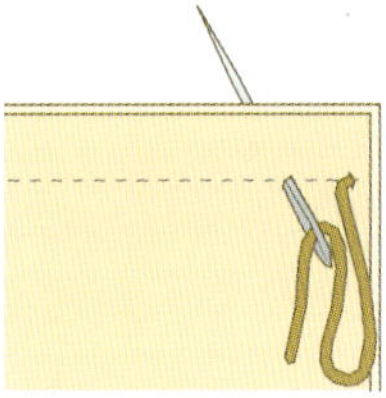

3 *So fortfahren bis an das Ende der Nählinie.*

KLEIDUNGSSTÜCK/PROJEKT

Das Heften wird immer dann angewendet, wenn vorübergehende Nähte erwünscht sind. Es hält Kleidungsteile zusammen, wodurch das Anpassen erleichtert wird. Sie werden entfernt, sobald sie ihren Zweck erfüllt haben.

STOFF

Anzuwenden bei allen Stoffstärken.

ZUBEHÖR UND STICHLÄNGE

Verwenden Sie eine mittellange Nadel und einen Faden in Kontrastfarbe zum Stoff. Ein Heftfaden sollte nicht so stabil sein wie Nähgarn, denn er darf beim Herausziehen den Stoff nicht verletzen. Heftstiche sind länger als Vorstiche, doch die Technik ist die gleiche.

ALTERNATIVEN

An der Nähmaschine stellen Sie den längstmöglichen Geradstich ein.

BÜGELN UND FERTIGSTELLEN

Heftstichreihen nicht bügeln.

Hohler Heftstich

Der hohle Heftstich wird dann angewendet, wenn Karostoffe, Streifenstoffe oder andere Muster passgenau aufeinandertreffen sollen.

Vorderseite

Rückseite

1 *Die Nahtzugabe an einer Stoffkante nach unten falten und über die andere legen.*

2 *Den Fadenanfang im Falz sichern. Einen kleinen Stich in den danebenliegenden Stoff machen.*

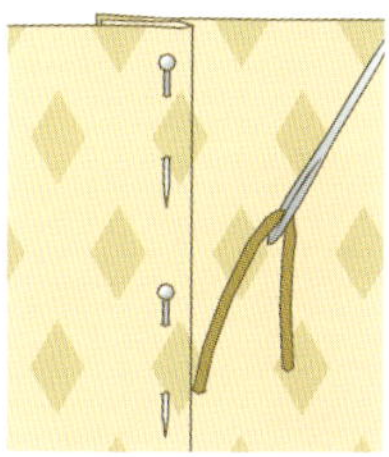

3 *Die Nadel eine Stichlänge weiter vorn zur Oberfläche bringen und wieder durch den Falz zur anderen Seite stechen.*

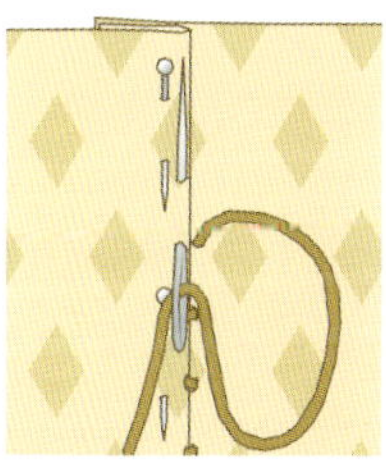

4 *Weiterhin kleine Stiche arbeiten, die die beiden Stücke zusammenhalten. Auf der Vorderseite werden winzige Stiche zu sehen sein, auf der Rückseite die langen Heftstiche.*

KLEIDUNGSSTÜCK/PROJEKT

Wenden Sie den Stich immer dann an, wenn Karos, Streifen oder andere Muster passgenau aufeinandertreffen müssen, z. B. an den Nähten von Hosen oder an langen Vorhangbahnen.

STOFF

Anwendbar auf allen Stoffarten mit auffallenden Mustern, Streifen oder Karos.

ZUBEHÖR UND STICHLÄNGE

Arbeiten Sie mit einer feinen, kurzen Nadel und halten Sie die Stiche 0,5 bis 1 cm kurz, damit die Stoffe nicht verrutschen können.

ALTERNATIVE

Eine Nähmaschine bietet keine passende Alternative an, um auffallende Stoffmuster passgenau zu arbeiten.

BÜGELN UND FERTIGSTELLEN

Bügeln Sie den oben liegenden Stoffbereich vor dem Heften, um das Muster anpassen zu können. Später bügeln Sie die Nähte auseinander.

Diagonales Heften

Mit dieser Technik werden Stofflagen aufeinanderbefestigt, bevor mit der Nähmaschine genäht wird. Dies sind vorübergehende Stiche, mit denen Einlagestoffe oder Futterstoffe auf der linken Stoffseite befestigt werden.

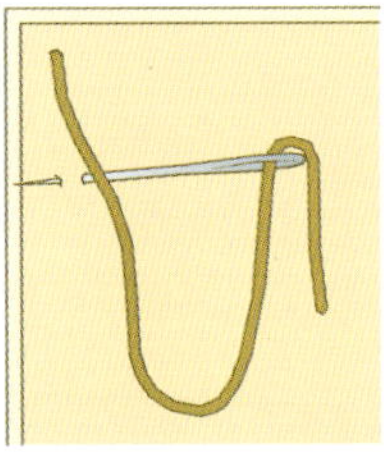

1 *Einen waagerechten Querstich durch beide oder alle Stofflagen machen. Dafür die Nadel rechts einstechen und links wieder zur Oberseite kommen.*

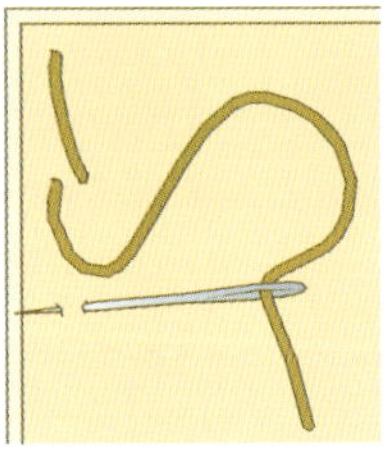

2 *Einen zweiten Stich unterhalb und parallel zum ersten arbeiten. Es bildet sich ein schräger Stich, der vom oberen zum unteren gespannt ist. Fahren Sie auf diese Weise fort.*

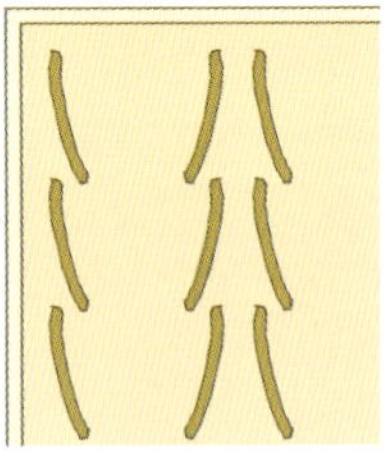

3 *Eine zweite solche Stichreihe nähen, spiegelbildlich zur ersten und so weiter, bis die beiden Stofflagen komplett aufeinandergenäht sind.*

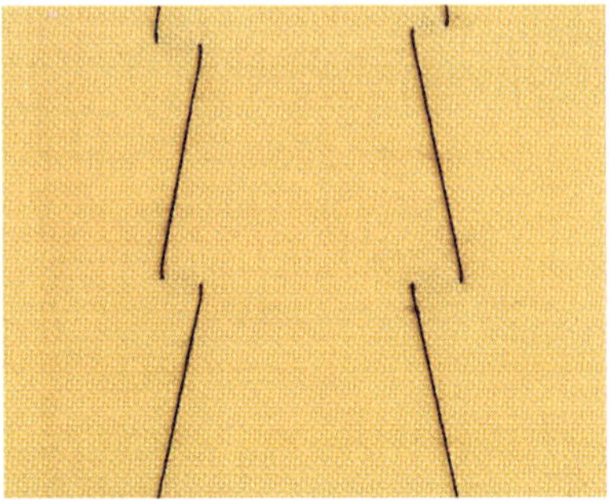

KLEIDUNGSSTÜCK/PROJEKT

Befestigen Sie mit solchen diagonalen Heftstichen Einlagen in Jacken, bevor genäht wird, und Verstärkungen in Rockbahnen, damit sich keine Sitzfalten bilden.

STOFF

Es wird zum Aufeinandernähen unterschiedlicher Stoffe angewendet.

ZUBEHÖR UND STICHLÄNGE

Arbeiten Sie mit einer kurzen Nadel, Reihgarn, langen Stichen und ziehen Sie den Faden nicht zu fest an.

ALTERNATIVEN

Das diagonale Heften geschieht am besten von Hand, doch kann auch ein langer, mit Maschine genähter Geradstich bei manchen Gelegenheiten helfen. Alternativ können Sie aufbügelbare Einlagen verwenden.

BÜGELN UND FERTIGSTELLEN

Bügeln Sie nicht die Lagen, solange die Heftfäden noch im Stoff sind, sie könnten sich durchdrücken.

Staffierstich

Genau wie das diagonale Heften dienen die Staffierstiche dem Annähen von Einlagen in Kragen und Ärmelaufschlägen bei der Maßschneiderei. Die Stiche bleiben im Stoff und sind von der rechten Seite her nicht sichtbar.

1 *Einen winzigen waagerechten Stich durch die Einlage arbeiten und einen oder zwei Webfäden des darunterliegenden Stoffes fassen. Dabei die Nadel von rechts nach links in den Stoff stechen.*

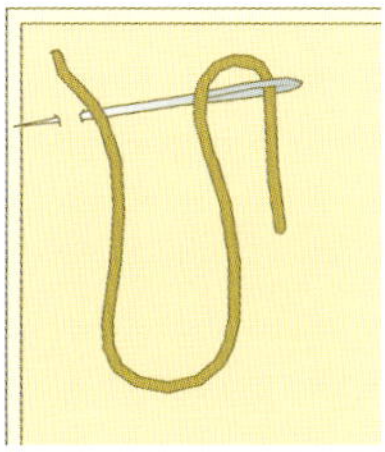

2 *Einen zweiten Stich unterhalb des ersten parallel dazu setzen. Es bildet sich ein diagonaler Stich, der von oben links nach unten rechts verläuft. Die ganze Reihe auf diese Weise arbeiten.*

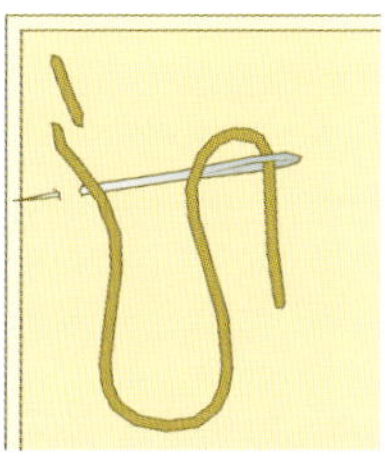

3 *Die zweite Reihe muss spiegelbildlich zur ersten liegen. Dann die ganze Fläche mit Stichreihen füllen, bis beide Lagen aufeinandergenäht sind.*

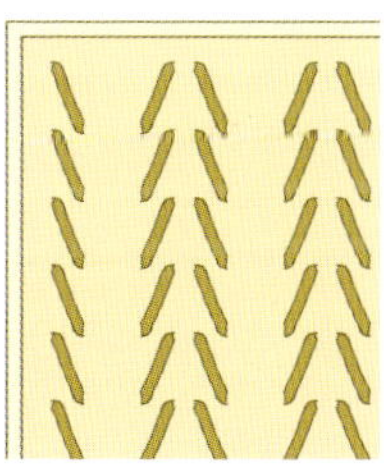

KLEIDUNGSSTÜCK/PROJEKT

Wenden Sie das Staffieren bei Schneiderarbeiten an, um Einlagen unter Jacken- und Ärmelaufschläge zu nähen.

STOFF

Anwendbar auf Schneiderleinen und allen anderen Kleiderstoffen.

ZUBEHÖR UND STICHLÄNGE

Arbeiten Sie mit einer kleinen, feinen Nadel und mit Seidenfaden. Machen Sie kleine, feste Stiche.

ALTERNATIVEN

Es gibt keine maschinengenähte Alternative zum Staffieren, doch ist auch aufbügelbare Einlage erhältlich, bei der sich das Handnähen erübrigt.

BÜGELN UND FERTIGSTELLEN

Formen Sie Kragen und Aufschläge mit dem Dampfbügeleisen, sobald die Einlage befestigt ist.

Nähmaschinenstiche

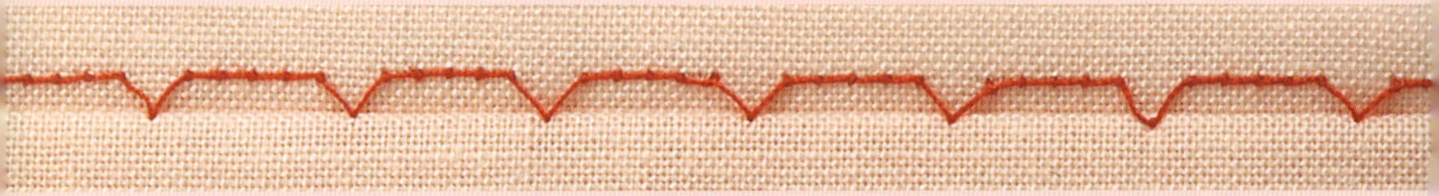

Die Stiche in diesem Kapitel sind an allen modernen Nähmaschinen zu finden. Es sind die üblichen Nutzstiche und ermöglichen das Nähen, Säumen und Fertigstellen eines Kleidungsstücks. Sie bieten auch dekorative Anwendungsmöglichkeiten. Die Zeichnungen und Anleitungen helfen Ihnen, die Maschine richtig einzustellen und den gewünschten Stich zu arbeiten. Beachten Sie die zusätzlichen Tipps, dann haben Sie den größten Erfolg.

Fadenenden sichern

Es ist wichtig, den Faden an Anfang und Ende einer Naht zu sichern, damit sich die Nähte nicht wieder lösen. Dies geschieht ganz einfach durch Drücken der Rückwärts-Taste der Nähmaschine. Dadurch werden mehrere Stiche aufeinandergesetzt und gehen nicht mehr auf.

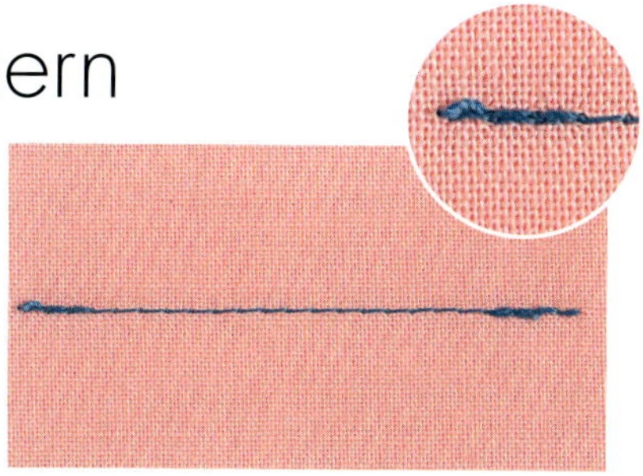

1 *Zu Beginn einer Nähreihe die Nadel in den Stoff senken und den Nähfuß senken. Drei Stiche nähen und dann anhalten.*

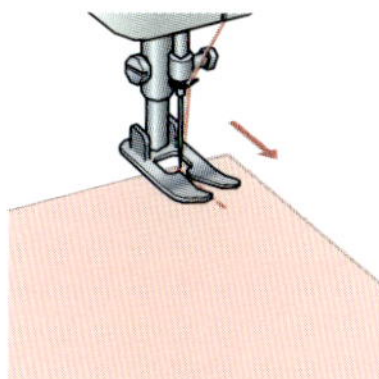

2 *Diese drei Stiche wieder zurücknähen und wieder anhalten.*

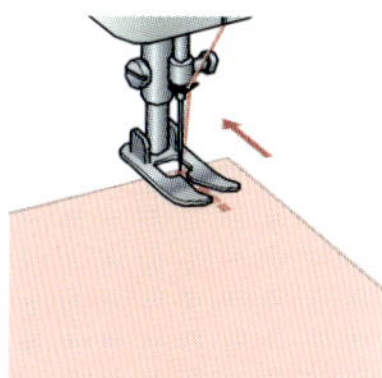

3 *Dann wieder vorwärts über die gleichen Stiche nähen und den Rest der Naht vervollständigen.*

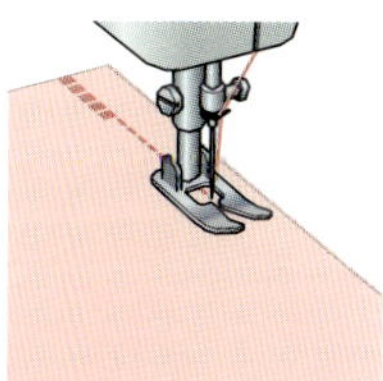

4 *Am Ende der Naht über die drei letzten Stiche wieder zurücknähen und dann weiter bis ans Ende. Dort die Fadenenden abschneiden. Die Fäden sind nun sicher vernäht.*

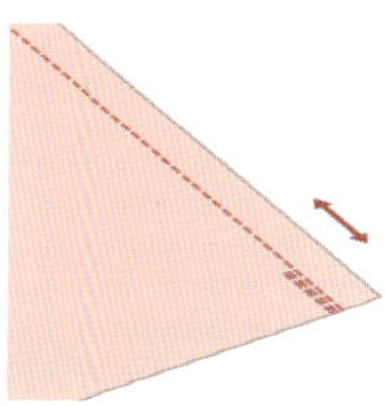

KLEIDUNGSSTÜCK/PROJEKT

Vernähen Sie sämtliche Fadenenden bei allen Maschinennähten mit dem Rückstich.

STOFF

Anzuwenden bei allen Arten und Stärken von Stoff.

ZUBEHÖR UND STICHLÄNGE

Wählen Sie die Nadelstärke und Stichlänge, die dem verwendeten Stoff angepasst ist.

ALTERNATIVEN

Eine andere Möglichkeit ist, die losen Fadenenden in eine Nadel einzufädeln und von Hand in der Naht zu vernähen.

BÜGELN UND FERTIGSTELLEN

Keine besonderen Hinweise.

Geradstich

Der Geradstich ist der erste und am meisten verwendete Nutzstich. Er ist sehr vielseitig und man kann damit fast alle Näharbeiten erledigen, z. B. Nähte, Abnäher, Falten und Rüschen.

1 *Das Handbuch studieren und den Geradstich einstellen.*

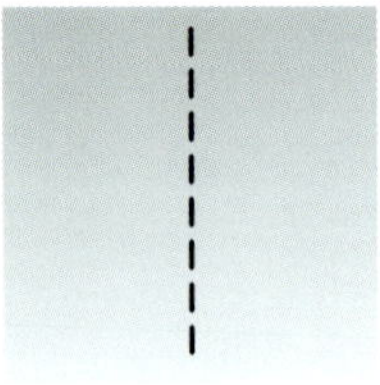

2 *Die Naht wie vorgesehen nähen. Fadenanfang und -ende (siehe Seite 51) sichern.*

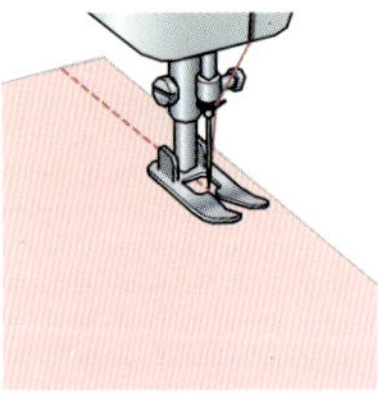

KLEIDUNGSSTÜCK/PROJEKT

Wenden Sie diesen Stich überall an, von der Naht bis zur angesetzten Spitzenborte, vom Heften bis zum Kräuseln.

STOFF

Arbeiten Sie mit dem Geradstich auf allen Stoffarten und stellen Sie die passende Stichlänge ein.

ZUBEHÖR UND STICHLÄNGE

Wählen Sie die Nadel, die für den Stofftyp geeignet ist (siehe Seiten 14–15). Feine Stoffe nähen Sie mit kurzen Stichen (Einstellung 2 mm), mittelstarke mit Einstellung 2,5 mm und dicke mit einem längeren Stich (Einstellung 3 mm).

ALTERNATIVEN

Von Hand den Vorstich oder den Rückstich nähen.

BÜGELN UND FERTIGSTELLEN

Keine besonderen Hinweise.

Zickzackstich

Ein Zickzackstich ist sehr vielseitig, denn seine Länge und Breite kann den Anforderungen der verschiedenen Projekte angepasst werden, z. B. bei dehnbaren Stoffen, beim Einfassen von Stoffkanten und beim Annähen von Gummibändern.

1 *Den Zickzackstich der Nähmaschine einstellen. Die Stichlänge und -breite nach dem zu bearbeitenden Stoff richten. Das Handbuch zu Rate ziehen und den Stich zuerst auf einem Probestoff testen.*

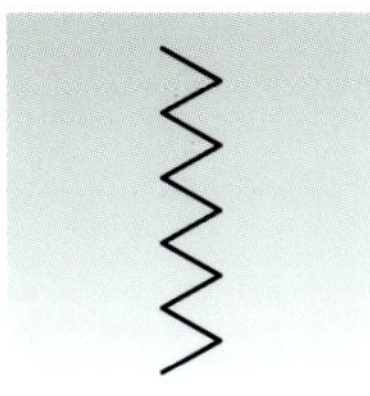

2 *Die Nadel am Anfang der Nählinie in den Stoff stechen. Das Nähfüßchen senken und beginnen.*

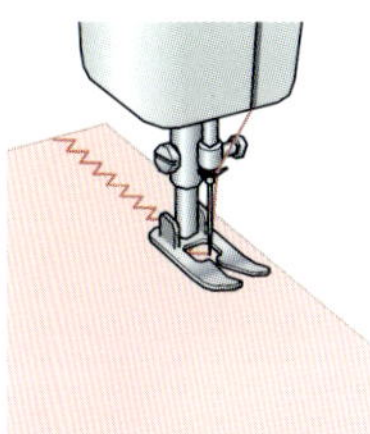

KLEIDUNGSSTÜCK/PROJEKT

Arbeiten Sie mit breiten Stichen beim Versäubern von Stoffkanten und Annähen von Gummibändern.

STOFF

Benutzen Sie den Zickzackstich bei allen Stoffarten und -stärken.

ZUBEHÖR UND STICHLÄNGE

Wählen Sie eine der Stoffstärke angepasste Nadel. Jerseynadeln mit Kugelspitze eignen sich für Stretchstoffe. Die Stichlänge des Zickzackstiches richtet sich nach dem jeweiligen Zweck.

ALTERNATIVEN

Stoffkanten können Sie auch von Hand mit Überwendlichstichen einfassen und dehnbare Stoffe mit handgenähten Rückstichen nähen.

BÜGELN UND FERTIGSTELLEN

Keine besonderen Hinweise.

Dreistufiger Zickzackstich

Der dreistufige Zickzackstich wird zum Kantenversäubern an mittleren bis dicken und bei dehnbaren Stoffen benutzt. Er eignet sich auch gut zum Annähen von Gummibändern. Sein dreistufiger Aufbau ist ein Vorteil, wenn ein breiterer Stich benötigt wird, denn er zieht den Stoff nicht so sehr zusammen wie ein normaler Zickzackstich.

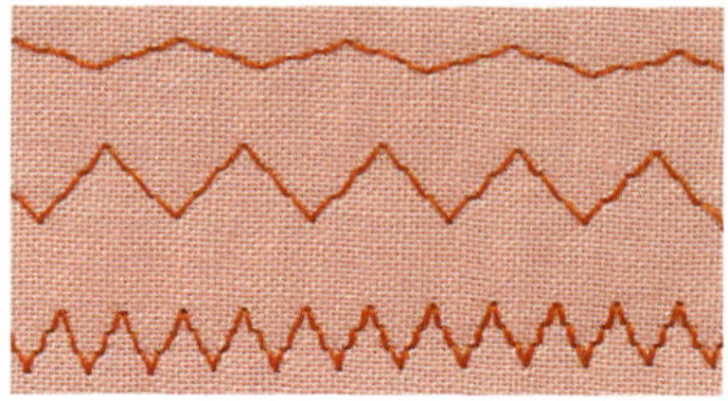

1 *Zuerst auf einem Probestoff testen, ob Stichlänge und -breite für die Aufgabe geeignet sind.*

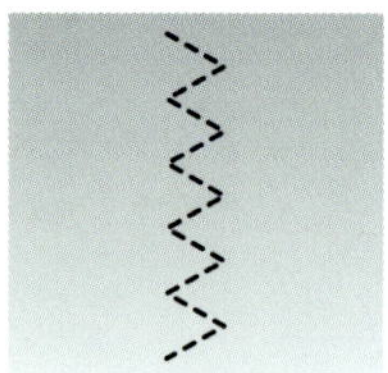

2 *Beim Nähen entlang einer Kante sollte die Nadel rechts neben dem Stoff einstechen.*

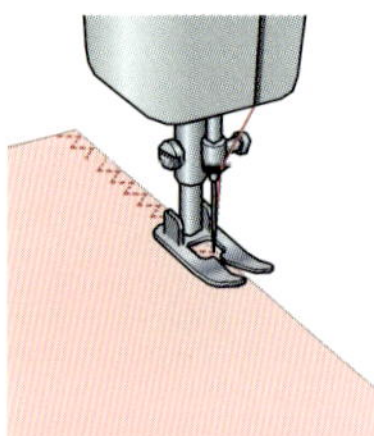

Tipp

Beim Annähen eines Gummibandes werden die Stiche dichter aussehen, da der Gummi während des Nähens gedehnt wird.

KLEIDUNGSSTÜCK/PROJEKT

Verwenden Sie den dreistufigen Zickzackstich zum Annähen von Gummibändern an eine Stoffkante, z. B. wenn Sie Unterwäsche oder Bademode nähen. Er kann auch zum Kantenversäubern an mittleren und schweren Stoffen benutzt werden.

STOFF

Wenden Sie den Stich auf allen Stoffarten an, nützlich ist er bei dehnbaren, mittleren und schweren Stoffen.

ZUBEHÖR UND STICHLÄNGE

Nähen Sie dehnbare Stoffe mit einer Jerseynadel. Feine Stoffe nähen Sie mit Nadelstärke 9 oder 11, mittlere Stoffe mit Nadelstärke 11 oder 14 und dicke, schwere Stoffe mit Nadelstärke 16 oder 18. Prüfen Sie Stichlänge und -breite zuerst auf einem Probestoff.

ALTERNATIVEN

Zum Versäubern von Kanten arbeiten Sie einen Überwendlichstich von Hand. Gummibänder ziehen Sie am besten durch einen Stofftunnel.

BÜGELN UND FERTIGSTELLEN

Versäuberte Kanten flach pressen. Bügeln Sie nur leicht, wenn Sie ein Gummiband angenäht haben.

Stretchstich

Der Stretchstich gibt etwas nach, d.h. wenn der Stoff gedehnt wird, dehnen sich auch die Stiche der Naht, ohne dass der Faden reißt. Der Stich wird entweder durch dichte Zickzackstiche gebildet, die sich auseinanderziehen lassen, oder mit Dreierstichen, bei denen die Stiche auf der Nählinie vor- und zurückgenäht werden.

1 *Das Handbuch zu Rate ziehen, um die Stiche einzustellen. Wenn kein Stretchstich angeboten wird, einen schmalen Zickzackstich wählen.*

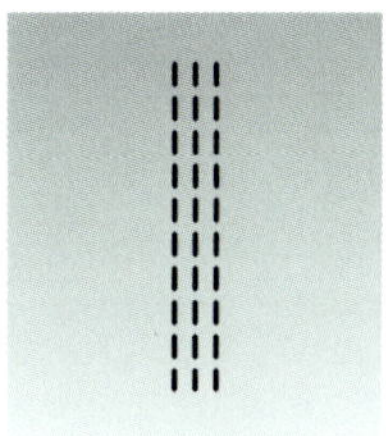

2 *Die Nadel an den Anfang der Nählinie bringen, den Nähfuß senken und beginnen.*

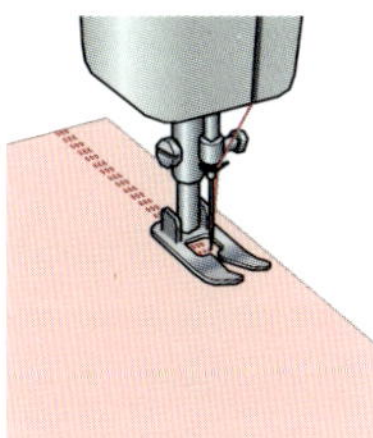

Tipp

Wenn die Naht nach dem Nähen wellig wird, aktivieren Sie den Oberstofftransport.

KLEIDUNGSSTÜCK/PROJEKT

Verwenden Sie Stretchstiche bei allen Kleidungsstücken und Projekten aus dehnbaren Stoffen.

STOFF

Benutzen Sie ihn auf allen Strickstoffen und Trikotware. Der Faden reißt nicht, wenn die Naht gezogen wird.

ZUBEHÖR UND STICHLÄNGE

Wählen Sie Jerseynadeln mit Kugelspitze. Stellen Sie den Zickzackstich auf 2 mm Länge und 1–3 mm Breite.

ALTERNATIVEN

Als handgenähte Alternative können Sie den Rückstich arbeiten oder nähen Sie mit der Overlock.

BÜGELN UND FERTIGSTELLEN

Durch Bügeln sollten Sie jegliche Wellen in den Nähten glätten können, wenn nicht, verwenden Sie beim Nähen den Oberstofftransport.

Heften

Um vorübergehend zwei Stoffstücke aneinanderzusetzen, stellen Sie den längsten Geradstich ein. Geheftete Stoffteile machen beim Schneidern eine Anprobe einfach und die Stoffe lassen sich anschließend leicht endgültig zusammennähen.

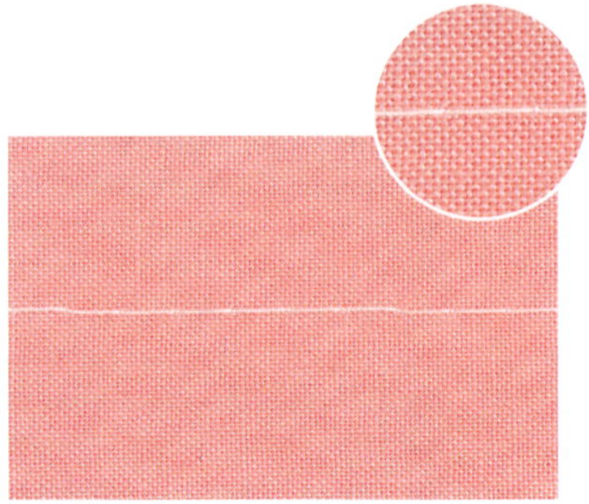

1 *Den längstmöglichen Geradstich der Nähmaschine einstellen.*

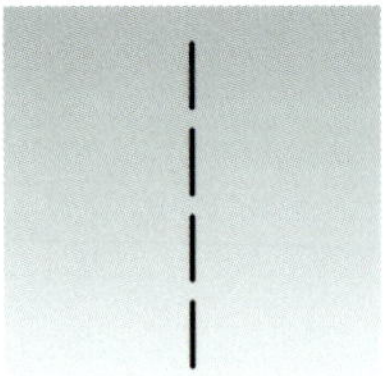

2 *Die Stoffkanten zusammenstecken und entlang der Nählinie nähen. Die Stecknadeln während des Nähens entfernen.*

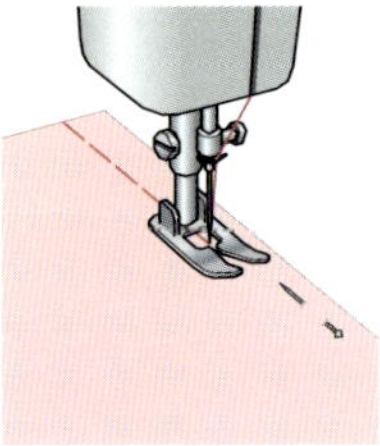

KLEIDUNGSSTÜCK/PROJEKT

Heften Sie, wenn Sie ein Kleidungsstück anprobieren möchten oder um Nähte vorübergehend zu befestigen.

STOFF

Anzuwenden an allen Arten und Stärken von Stoff.

ZUBEHÖR UND STICHLÄNGE

Wählen Sie eine Nadel, die der Stoffstärke angemessen ist, und stellen Sie den längstmöglichen Geradstich ein.

ALTERNATIVEN

Sie können von Hand heften (siehe Seite 46).

BÜGELN UND FERTIGSTELLEN

Bügeln Sie nicht über geheftete Nähte, denn der Stich soll nur vorübergehend halten und durch das Bügeln könnte der Faden Druckstellen hinterlassen.

Kantenstiche

Obwohl eine Stoffkante mit Zickzackstich versäubert werden kann, bieten einige Nähmaschinen weitere Kantenstiche zum Versäubern an. Diese Stiche werden am besten mit einem speziellen Nähfuß ausgeführt, bei dem sich die Stoffkanten nicht kräuseln.

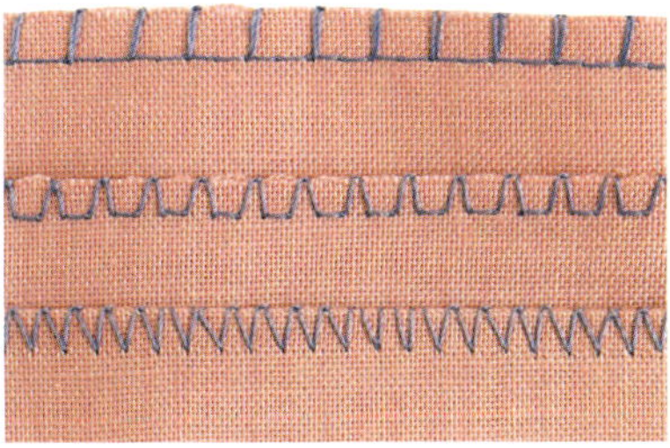

1 *Einen passenden Kantenstich wählen und auf einem Stoffrest ausprobieren.*

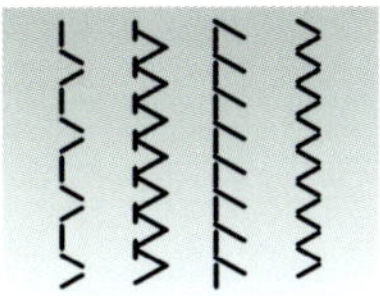

2 *Den normalen Nähfuß durch einen Kantennähfuß ersetzen.*

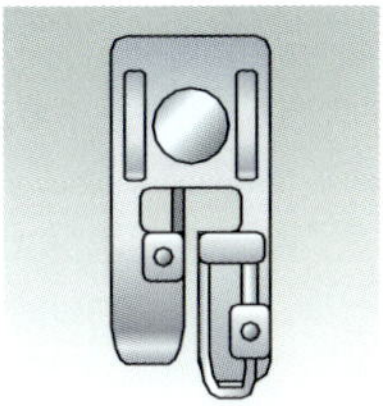

3 *Die Stoffkante ganz an die Stoffführung des Füßchens anlegen und nähen. Den Stoff während des Nähens an die Führung heranschieben.*

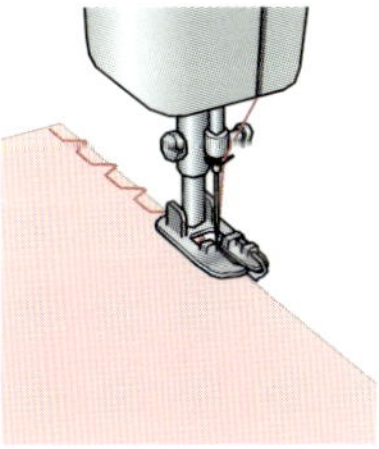

KLEIDUNGSSTÜCK/PROJEKT

Versäubern Sie mit diesem Stich und dem Kantennähfuß alle Stoffkanten.

STOFF

Es gibt verschiedene Kantenstiche für unterschiedliche Stoffarten und -stärken. Wählen Sie aus der angebotenen Auswahl den geeigneten aus.

ZUBEHÖR UND STICHLÄNGE

Verwenden Sie die richtige Nadel für den gewählten Stoff (siehe Seite 14). Stellen Sie die Stichbreite so ein, dass die Kante genau bedeckt wird. Ist der Stich zu schmal, kann die Nadel brechen, da sie auf den Nähfuß trifft.

ALTERNATIVEN

Arbeiten Sie einen Zickzackstich oder nähen Sie mit der Overlock.

BÜGELN UND FERTIGSTELLEN

Bügeln Sie die fertig umnähten Kanten.

Blindstichsaum

Manche Nähmaschinenmodelle bieten einen Blindstich zum Säumen an. Wenn Sie den Saum sorgfältig umlegen und einen speziellen Nähfuß verwenden, können Sie einen sauberen, fast unsichtbaren Saum nähen.

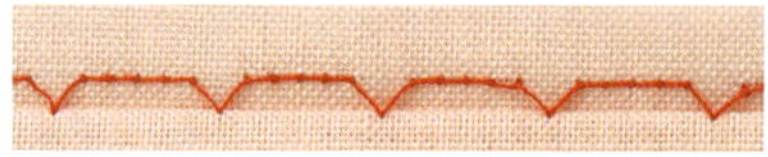

Rückseite

Vorderseite

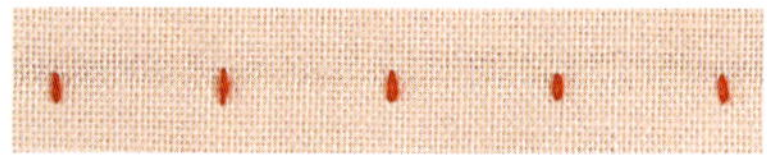

1 *Den Saum bis zur gewünschten Länge hochfalten und den Hauptteil des Stoffes zurückfalten. Den Saum glatt bereitlegen und feststecken.*

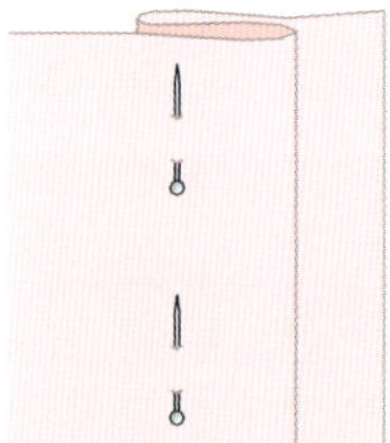

2 *Den Blindstich der Nähmaschine einstellen und das Nähfüßchen wechseln.*

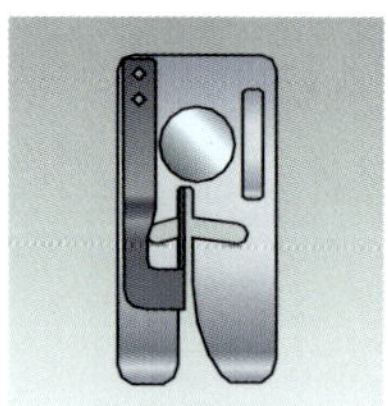

3 *Den Saum unter das Füßchen legen, der Falz des Saums berührt die Führungsschiene am Füßchen. Am Saum entlang nähen und jeweils die Saumkante, fassen, sobald die Nadel nach links sticht.*

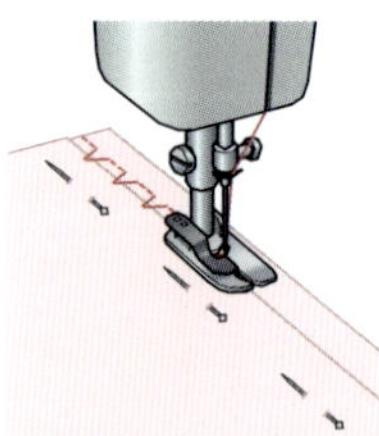

KLEIDUNGSSTÜCK/PROJEKT

Säumen Sie Vorhänge, Hosen, Röcke und Kleider mit Blindstich.

STOFF

Maschinengenähte Säume eignen sich für mittlere und schwere Stoffe. Längstmögliche Stichlänge einstellen: Stiche in größeren Abständen sind von rechts am wenigsten zu sehen.

ZUBEHÖR UND STICHLÄNGE

Arbeiten Sie mit Nadeln in Stärke 14 oder 16. Stellen Sie die größtmögliche Stichbreite und -länge ein. Dann sind die Stiche auf der rechten Stoffseite weniger zu sehen.

ALTERNATIVEN

Von Hand nähen Sie mit Blindstich, mit dem befestigten Saumstich oder mit Hexenstich.

BÜGELN UND FERTIGSTELLEN

Pressen Sie den Saum zuerst von links und schieben Sie die Bügeleisenspitze von der Seite her unter die umgeschlagene Nahtkante. Dann bügeln Sie den unteren Falz des Saums. Bügeln Sie nicht über die Nahtkante, da sich diese sonst durchdrückt.

Kräuseln

Sie können einen Stoff zwar auch von Hand fälteln, doch geht das mit der Nähmaschine viel schneller.

1 *Die Kräuselnaht mit Fadenschlaufen oder Stecknadeln markieren und den längstmöglichen Geradstich der Nähmaschine einstellen. Vor Beginn der Naht muss ein ausreichend langes Fadenende (7 cm) lose hängen bleiben. Dies vereinfacht das Festhalten der Fäden.*

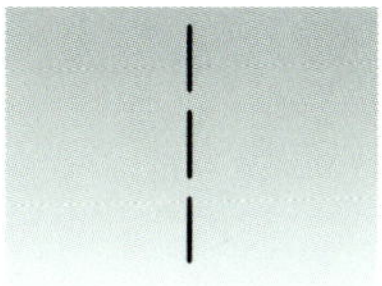

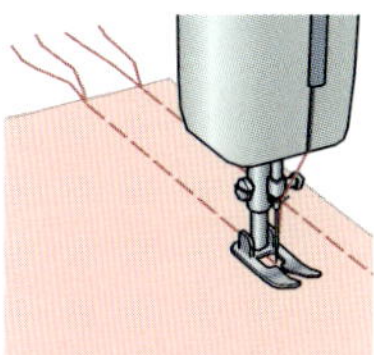

2 *Eine Reihe von langen Geradstichen nähen, 3 mm außerhalb der Nählinie, innerhalb der Nahtzugabe. Eine zweite Reihe im gleichen Abstand auf der anderen Seite der Nählinie arbeiten. Fadenenden lang lassen und weder Anfang noch Ende der Naht verriegeln.*

3 *Die Fäden festhalten und den Stoff zusammenschieben, bis die gewünschte Länge erreicht ist. Die Fadenenden um eine Stecknadel wickeln und die Fältchen gleichmäßig verteilen.*

Tipp

Beim Kräuseln einer sehr langen Naht unterteilen Sie die Strecke in mehrere Abschnitte, z. B. in halbe oder viertel Strecken, und kräuseln Sie jede Teilstrecke einzeln.

KLEIDUNGSSTÜCK/PROJEKT

Kräuseln wird auf Damen- und Kinderkleidung angewendet, um die Stoffweite einzustellen. Arbeiten Sie Rüschen an Bettwäsche und Kissenhüllen.

STOFF

Beste Ergebnisse bei dünnen bis mittleren Stoffen.

ZUBEHÖR UND STICHLÄNGE

Arbeiten Sie mit Nadelstärke 11 (es sei denn, es wird ein dicker Stoff bearbeitet) und wählen Sie die längstmögliche Stichlänge.

ALTERNATIVEN

Raffen Sie Stoffe von Hand (siehe Seite 38), nähen Sie eine Schnur mit ein (Seite 60) oder ziehen Sie mehrere Fäden ein (Seite 44). Es gibt einen Kräuselfuß zum Annähen einer gerafften Stoffkante an eine andere. Er kräuselt den unten liegenden Stoff und lässt den oben liegenden Stoff glatt. So wird ein Arbeitsschritt eingespart.

BÜGELN UND FERTIGSTELLEN

Bügeln Sie die Falten nicht, da sie sonst platt würden. Sobald die Rüschen genäht sind, bügeln Sie mit der Spitze des Bügeleisens von der glatten Stofffläche her in die Fältchen hinein.

Raffen mit eingenähter Schnur

Diese Methode geht schnell und eignet sich gut für schwerere Stoffe, z. B. bei großen Vorhängen.

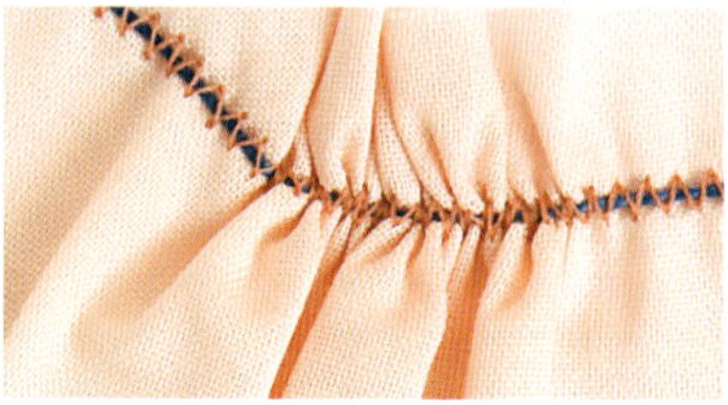

1 *Den längsten und breitesten Zickzackstich einstellen.*

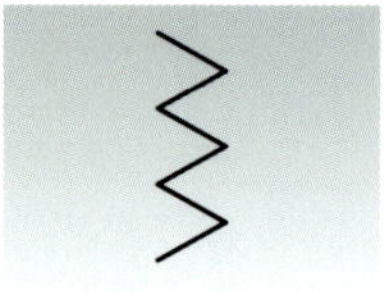

2 *Eine dünne Schnur ca. 12,5 cm länger als die Stofflänge zuschneiden. Diese in einigen Abständen etwas oberhalb der Nählinie feststecken, innerhalb der Nahtzugabe, doch mindestens 0,6 cm von der Stoffkante entfernt. Die Schnur an beiden Enden überstehen lassen.*

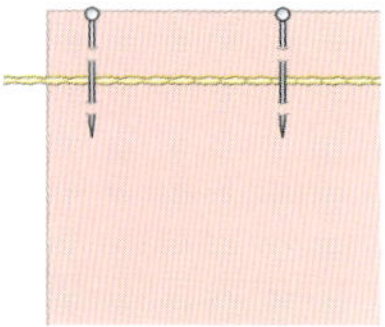

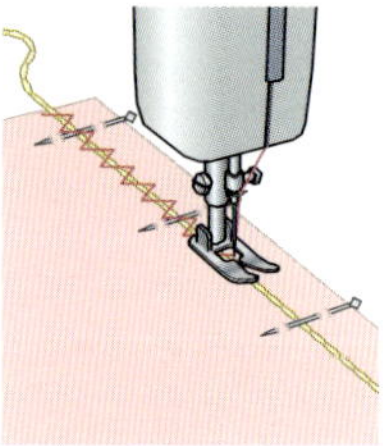

3 *Das Nähfüßchen auf die Schnur absenken und mit Zickzackstichen darauf entlangnähen. Nicht in die Schnur stechen.*

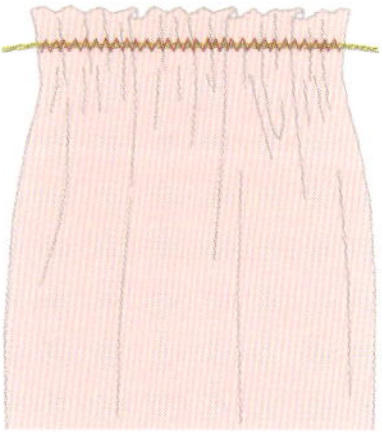

4 *Schnur festhalten, Stoff zusammenschieben und Fältchen verteilen. Raffung auf der Nählinie durch eine Geradstichnaht befestigen. Anschließend die Schnur herausziehen.*

KLEIDUNGSSTÜCK/PROJEKT

Das Raffen mit eingenähter Schnur ist beim Arbeiten mit festen Stoffen zu empfehlen. Große Vorhänge werden mit dieser Technik genäht.

STOFF

Anzuwenden bei schweren Stoffen oder großen Flächen, wenn der normale Maschinenfaden reißen könnte.

ZUBEHÖR UND STICHLÄNGE

Arbeiten Sie mit Nadelstärke 14 oder 16. Stellen Sie den Zickzackstich auf die größtmögliche Länge und Breite.

ALTERNATIVEN

Kräuseln Sie von Hand (siehe Seite 38) oder mit der Maschine (Seite 59).

BÜGELN UND FERTIGSTELLEN

Bügeln Sie nicht über die Falten, denn sie würden dadurch platt. Sobald die Rüschen festgenäht sind, bügeln Sie von der glatten Stofffläche her und mit der Spitze des Bügeleisens in die Falten hinein.

Stopfen

Das Stopfen dient der Reparatur von Rissen und Löchern in Kleidung, wird aber heutzutage nicht mehr oft angewendet.

1 *Ein Stück Stoff zurechtschneiden und auf die Unterseite der beschädigten Stelle heften. Farbgleichen Faden aussuchen und an der Nähmaschine den dreistufigen Zickzackstich einstellen.*

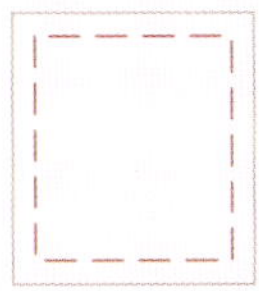

2 *Das Projekt mit der Schauseite nach oben unter das Nähfüßchen legen und von der äußeren Kante der Stopfstelle ausgehend nach innen arbeiten. Dreistufige Zickzackstiche über die Fläche nähen.*

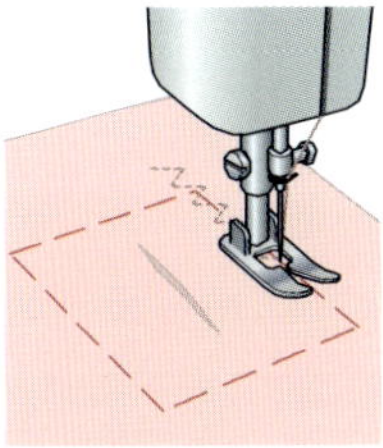

3 *Am Ende der Reihe die Nadel im Stoff versenkt lassen, den Nähfuß anheben und das Kleidungsstück um 180 Grad drehen. Die zweite Stichreihe soll die erste teilweise überdecken.*

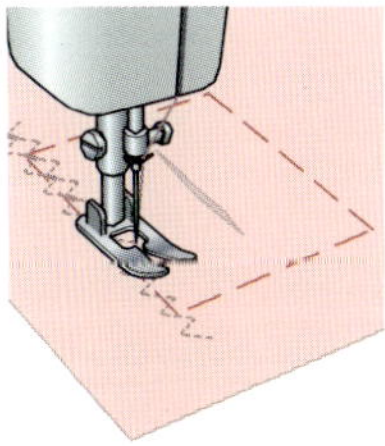

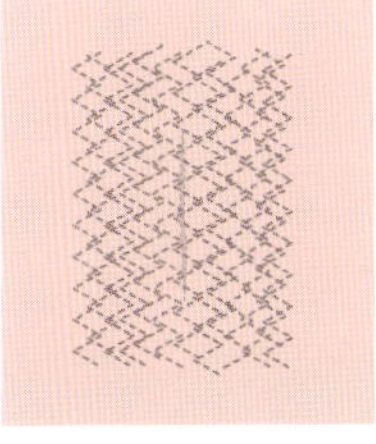

4 *Schritte 2 und 3 wiederholen, um die Stopfstelle zu verstärken.*

KLEIDUNGSSTÜCK/PROJEKT

Das Stopfen diente früher der Reparatur von Rissen und Löchern in Kleidung, Bettwäsche und Tischwäsche.

STOFF

Anzuwenden auf allen Stoffarten und Stoffstärken.

ZUBEHÖR UND STICHLÄNGE

Arbeiten Sie mit farbgleichem Faden und einer Universalnadel. Nähen Sie mit dreistufigem oder einem einfachen Zickzackstich oder mit dicht gesetzten Geradstichreihen.

ALTERNATIVEN

Siehe das Stopfen von Hand (Seite 45).

BÜGELN UND FERTIGSTELLEN

Bügeln Sie den fertig gestopften Bereich.

Verstärkungsnaht

Eine Verstärkungsnaht ist eine Geradstichnaht, die innerhalb der Nahtzugabe, knapp außerhalb der Nählinie genäht wird. Sie verhindert, dass sich ein im Schrägfadenlauf zugeschnittener Stoff dehnt. Die Stiche halten den einlagigen Stoff in Form, bis er endgültig eingenäht ist.

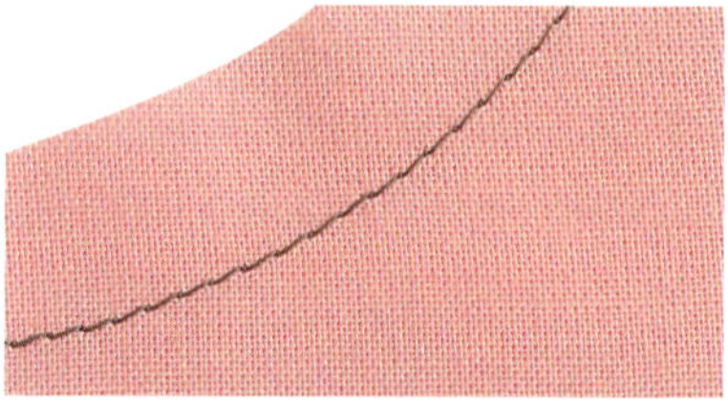

1 *Den Geradstich der Nähmaschine einstellen und einen Faden in der gleichen Farbe wie der Stoff verwenden.*

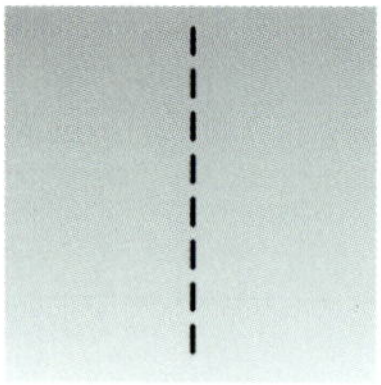

2 *Die Geradstichreihe auf der einfachen Stofflage und knapp außerhalb der Nählinie, innerhalb der Nahtzugabe nähen. Den Schnittmusterlinien folgen.*

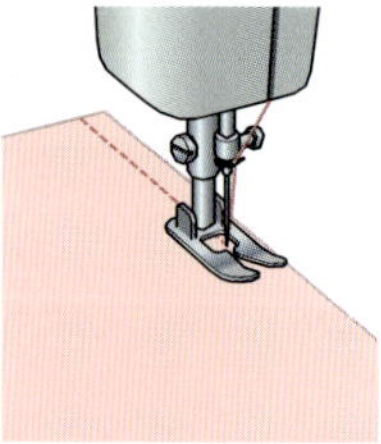

3 *Nach dieser Vorarbeit das Kleidungsstück wie gewünscht fertigstellen. Falls nötig, anschließend die Fäden der Verstärkungsnaht entfernen.*

Tipp

Bei sehr dünnen Stoffen ist untergelegtes, ausreißbares Stickvlies hilfreich. Es erleichtert die Handhabung einer einfachen Stofflage und lässt sich aus den Nähten zupfen.

KLEIDUNGSSTÜCK/PROJEKT

Wenden Sie Verstärkungsnähte an zum Stabilisieren gebogener Nähte (z. B. Halsausschnitten). Bei geraden Nähten ist die Verstärkung unnötig.

STOFF

Auch bei dehnbaren Stoffen ist der Verstärkungsstich hilfreich. Wenden Sie ihn überall dort an, wo der Stoff instabil ist.

ZUBEHÖR UND STICHLÄNGE

Arbeiten Sie mit einer Nadel, deren Stärke dem Stoff angepasst ist (Seiten 14–15) und Stichlänge 2,5 mm.

ALTERNATIVEN

Nähen Sie von Hand einen Vorstich entlang der Kante.

BÜGELN UND FERTIGSTELLEN

Keine besonderen Hinweise.

Overlockstiche

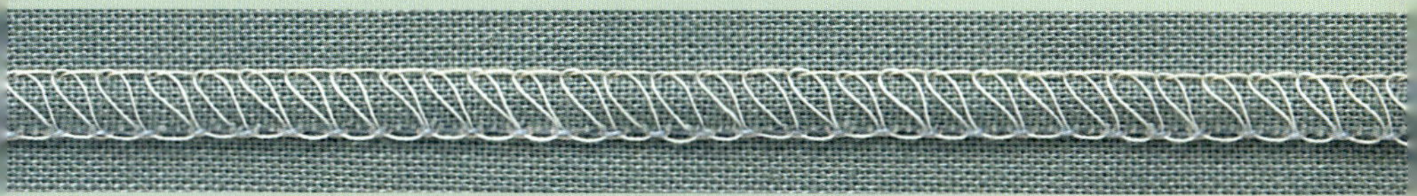

Ursprünglich für die Textilindustrie entwickelt, hat sich die Overlockmaschine auch in den normalen Haushalten durchgesetzt. Zwar wird sie vorrangig zum Nähen und Kantenversäubern angewendet, doch eignen sich die Stiche auch für dekorative Zwecke. Dieses Kapitel gibt Hinweise zum Anpassen der Spannung und zur Auswahl der Garne für die einzelnen Overlockstiche.

Schmaler 3-Faden-Overlock

Der schmale Overlockstich benötigt drei Fäden – einen in der Nadel (der rechten) und zwei in den Greifern. Er wird zum Kantenversäubern und für Nähte angewendet.

1 *Die linke Nadel entfernen. Die rechte Nadel und zwei Greifer einfädeln. Die Fadenspannung gleichmäßig halten. Naht zuerst auf einem Probestoff testen.*

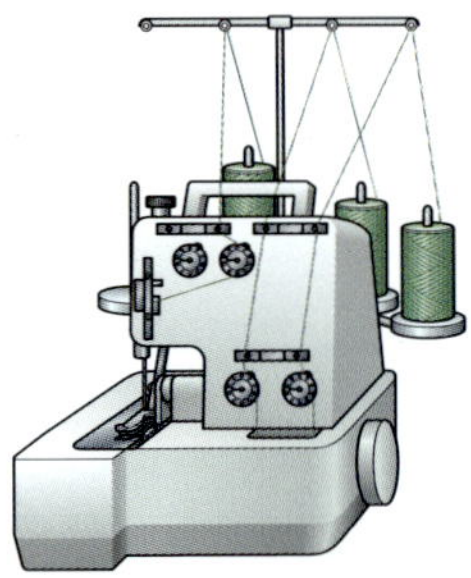

2 *Den Stoff unter das Nähfüßchen schieben und nähen. Zum Einfassen einer Kante diese an den Messern entlangschieben, ohne dass anderer Stoff abgeschnitten wird. Zum Nähen einer Naht die offene Kante durchschieben und an der Markierung der Stichplatte orientieren, um die Nahtzugabenbreite gleichmäßig einzuhalten.*

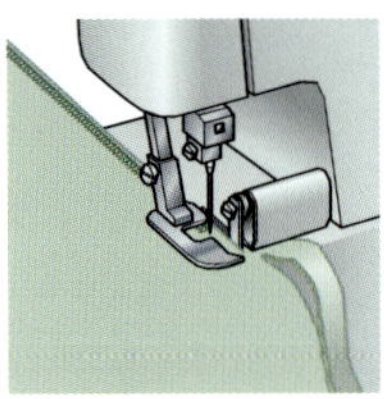

Tipp

Für besonders haltbare Nähte ist es von Vorteil, mit vierfachem Garn zu arbeiten.

Falls es auf der Stichplatte keine Breitenmarkierung gibt, befestigen Sie einen Klebestreifen darauf und legen Sie so Ihre eigenen Führungslinien fest.

KLEIDUNGSSTÜCK/PROJEKT

Geeignet für jedes Kleidungsstück, um die Stoffkanten einzufassen oder zum gleichzeitigen Nähen und Versäubern. Dreifädiges Overlocknähen kann auch für Säume angewendet werden.

STOFFE

Anzuwenden bei dehnbaren Stoffen, wie leichte und mittlere Trikotware, oder auch auf Webstoffen.

ZUBEHÖR UND STICHLÄNGE

Arbeiten Sie nur mit der rechten Nadel. Wählen Sie eine Nadelstärke, die dem Stoff angepasst ist (siehe Seiten 14–15). Dünnere Stoffe nähen Sie mit kürzeren Stichen.

ALTERNATIVEN

Von Hand: Nähen Sie Rück- und Überwendlichstiche. Mit Nähmaschine: Einige bieten programmierbare Overlockstiche an, bei denen der überstehende Stoff abgeschnitten werden muss. Bei manchen ist ein Overlockfuß anzubauen, der beim Hindurchschieben der Stoffkanten hilfreich ist.

BÜGELN UND FERTIGSTELLEN

Bügeln Sie Overlocksäume flach. Overlocknähte bügeln Sie nach einer Seite.

Breiter 3-Faden-Overlock

Für den breiten 3-Faden-Overlockstich werden die linke Nadel und zwei Greifer benötigt. Er wird zum Kantenversäubern und für Nähte verwendet.

Rückseite

Vorderseite

1 *Die rechte Nadel entfernen. Die linke Nadel und zwei Greifer einfädeln und die Fadenspannung gleichmäßig halten. Die Stiche auf einem Probestoff testen.*

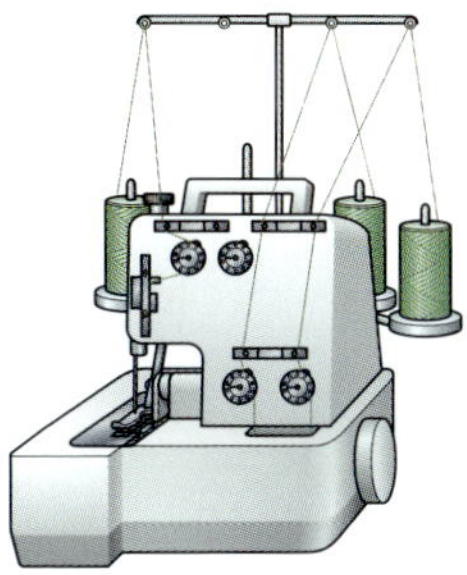

2 *Den Stoff unter das Nähfüßchen schieben und nähen. Zum Kantenversäubern die Stoffkante an den Messern entlangführen, ohne dass anderer Stoff abgeschnitten wird. Zum Nähen einer Naht die offene Kante durchschieben und sich an der Markierung der Stichplatte orientieren, um die Nahtzugabenbreite gleichmäßig einzuhalten.*

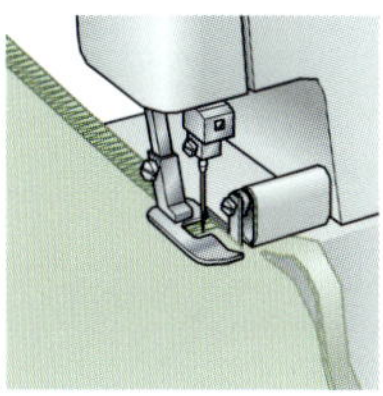

Tipp

Falls es auf der Stichplatte keine Breitenmarkierung gibt, befestigen Sie einen Klebestreifen darauf und legen Sie so Ihre eigenen Führungslinien fest.

Wenn eine besonders haltbare Naht gewünscht wird, ist es gut, mit vierfachem Garn zu arbeiten, denn der vierte Faden gibt die nötige Extrafestigkeit.

KLEIDUNGSSTÜCK/PROJEKT

Wenden Sie diese Naht an, um Kanten zu versäubern oder zum Nähen und Versäubern in einem Arbeitsgang.

STOFF

Anzuwenden bei dehnbarer, leichter und mittlerer Trikotware. Er kann auch auf Webstoffen benutzt werden.

ZUBEHÖR UND STICHLÄNGE

Arbeiten Sie nur mit der linken Nadel. Nadelstärke der Stoffart und -stärke anpassen (siehe Seite 14). Dickere Stoffe nähen Sie mit längeren Stichen.

ALTERNATIVEN

Von Hand: Nähen Sie Rück- und Überwendlichstiche. Mit Nähmaschine: Einige bieten programmierbare Overlockstiche an, bei denen der überstehende Stoff jedoch abgeschnitten werden muss. Bei manchen ist ein Overlockfuß anzubauen, der beim Durchführen der Stoffkanten hilfreich ist.

BÜGELN UND FERTIGSTELLEN

Bügeln Sie Overlocksäume flach. Overlocknähte bügeln Sie nach einer Seite.

Breiter 4-Faden-Overlock

Der breite 4-Faden-Overlockstich erfordert beide Nadeln und beide Greifer. Wenden Sie ihn immer dann an, wenn eine stabile, feste Naht gewünscht ist.

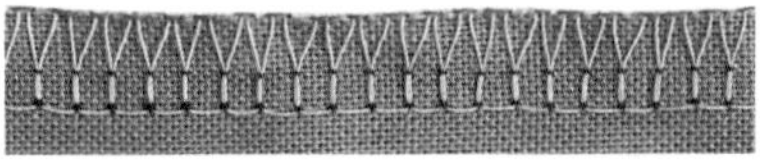

Rückseite

Vorderseite

1 *Beide Nadeln einsetzen. Fäden in die Nadeln und in die Greifer einfädeln. Die Fadenspannung gleichmäßig einstellen. Die Naht auf einem Probestoff testen.*

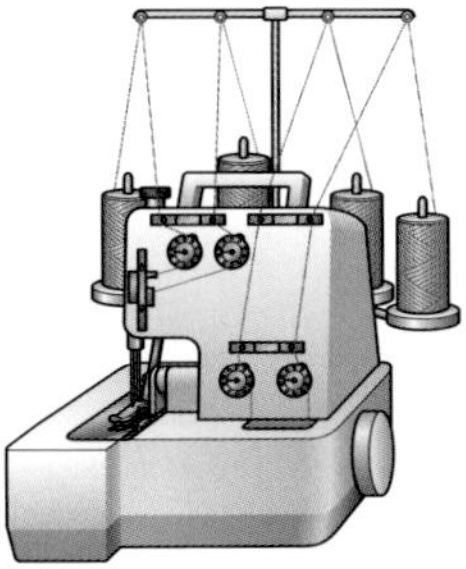

2 *Den Stoff unter das Nähfüßchen schieben und nähen. Zum Versäubern die Stoffkante an den Messern entlangführen, ohne dass anderer Stoff abgeschnitten wird. Zum Nähen einer Naht die offene Kante durchschieben und sich an der Markierung der Stichplatte orientieren, um die Nahtzugabenbreite gleichmäßig einzuhalten.*

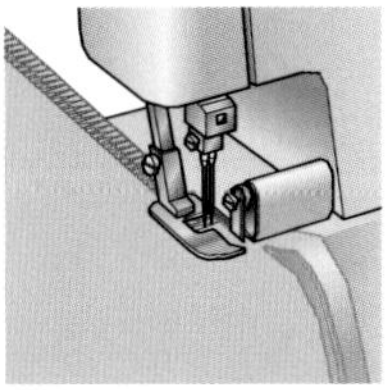

Tipp

Gibt es auf der Stichplatte keine Breitenmarkierung, befestigen Sie einen Klebestreifen darauf und legen so eigene Führungslinien fest.

KLEIDUNGSSTÜCK/PROJEKT

Verwenden Sie diese Naht an Kleidungsstücken, bei denen kräftige Nähte erforderlich sind, und zum Nähen und Versäubern in einem Arbeitsgang.

STOFF

Hauptsächlich anzuwenden bei mittleren und schweren Webstoffen.

ZUBEHÖR UND STICHLÄNGE

Arbeiten Sie mit beiden Nadeln in gleicher Stärke, die der Stoffart und -stärke angepasst ist (siehe Seite 14).

ALTERNATIVEN

Von Hand: Nähen Sie Rückstiche und Überwendlichstiche. Mit Nähmaschine: Einige Maschinen bieten programmierbare Overlockstiche an, bei denen jedoch der überstehende Stoff mit der Schere abgeschnitten werden muss. Bei manchen Maschinen ist ein Overlockfuß anzubauen.

BÜGELN UND FERTIGSTELLEN

Bügeln Sie Overlocksäume flach. Overlocknähte bügeln Sie nach einer Seite.

2-Faden-Flatlock

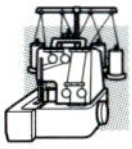

Die 2-Faden-Flatlocknaht zeigt auf einer Seite dekorative Schlaufen, auf der anderen Seite einen Leiterstich. Diese Naht entsteht nur, wenn einer der Greifer abgeschaltet ist. Eine Nadel und ein Greifer bilden die Stiche.

Leiterstich

Schlaufen

1 *Eine der Nadeln entfernen (je nachdem, ob eine breite oder eine schmale Naht gewünscht ist). Einfädeln wie im Handbuch beschrieben.*

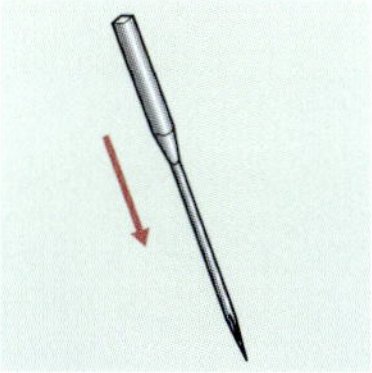

2 *Die Fadenspannung oben und unten lockern.*

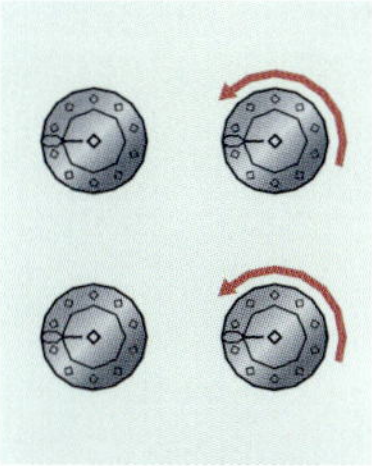

3 *Sollen die Schlaufen auf der Stoffoberseite liegen, den links auf links gelegten Stoff unter die Maschine schieben. Für den Leiterstich Stoff rechts auf rechts legen. Stoffkanten durch die Maschine schieben.*

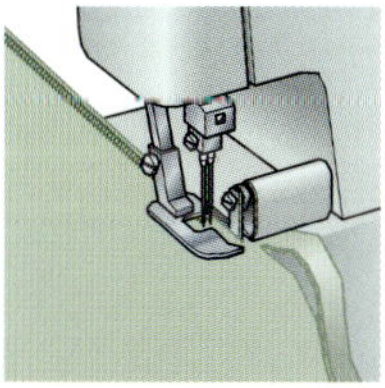

4 *Die Stoffe auseinanderziehen, bis die Naht flach liegt und die Stiche zwischen den beiden Stoffteilen sauber geformt sind.*

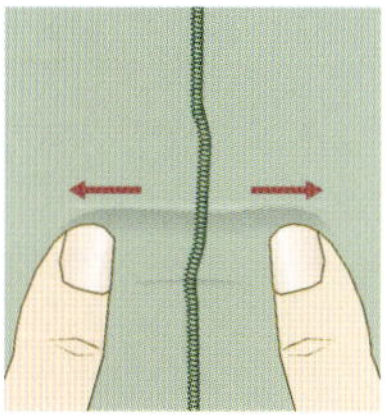

KLEIDUNGSSTÜCK/PROJEKT

Arbeiten Sie Flatlocknähte als dekorative Nähte auf dehnbaren Kleidungsstücken und immer, wenn eine flache Naht gewünscht ist.

STOFF

Anzuwenden bei dehnbaren Stoffen. Es kann auch mit dekorativen Garnen gearbeitet werden.

ZUBEHÖR UND STICHLÄNGE

Nadelstärke der Stoffart und -stärke anpassen (siehe Seiten 14–15). Bei Stretchstoffen eine Jerseynadel mit Kugelspitze verwenden.

ALTERNATIVEN

Von Hand: Überwendlichstiche (siehe Seite 37). Mit Nähmaschine: Schneiden Sie die Naht zurück und nähen Sie mit Zickzackstich über die Kanten. Dies ergibt ein ähnliches Aussehen, hat aber nicht die Stabilität einer Flatlocknaht.

BÜGELN UND FERTIGSTELLEN

Ziehen Sie die Naht nach dem Nähen auseinander und bügeln Sie sie anschließend flach.

3-Faden-Flatlock

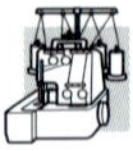

Bei manchen Overlockmaschinen kann dieser Stich mit einer Nadel und zwei Greifern gearbeitet werden.

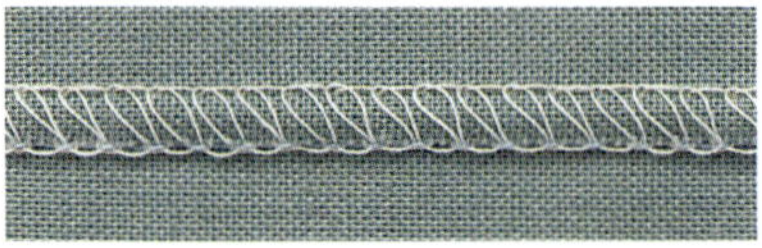

Schlaufennaht

Leiternaht

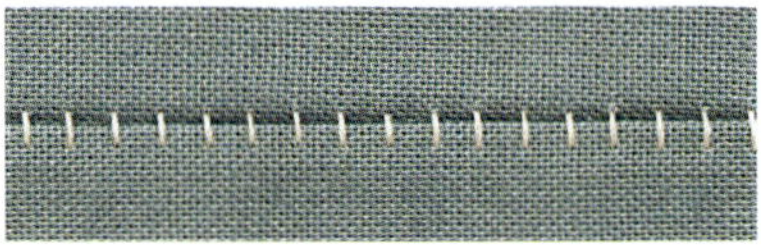

1 *Eine der Nadeln entfernen, je nach dem, ob eine breite oder schmale Naht gewünscht ist. Nach Anweisung des Handbuches einfädeln.*

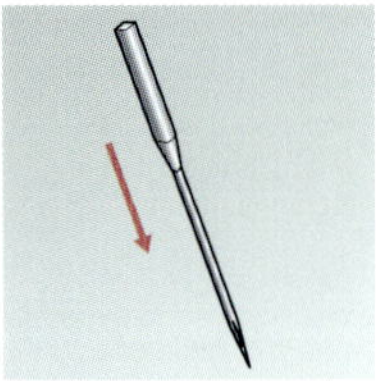

2 *Die Fadenspannung in der Nadel lockern, die Unterfadenspannung und die Oberfadenspannung anziehen.*

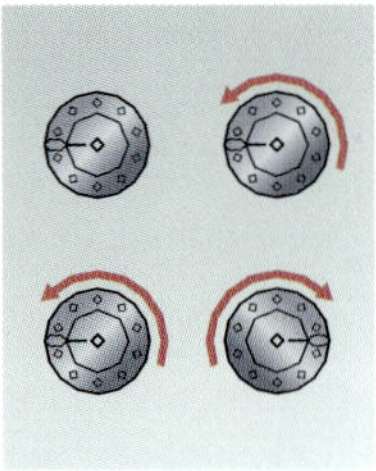

3 *Ist die Schlaufennaht auf der Stoffoberseite gewünscht, die Stoffe links auf links legen. Für eine Leiternaht die Stoffe rechts auf rechts legen. Überstehende Kanten zurückschneiden.*

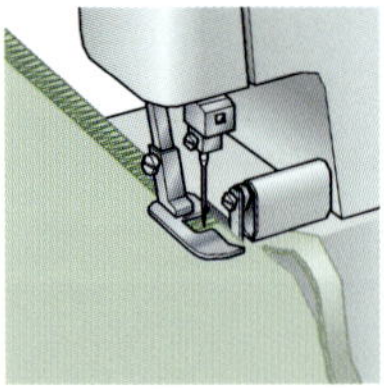

4 *Nach dem Nähen die Stoffe sanft auseinanderziehen, bis die Naht flach liegt und die Stiche ordentlich quer zur der Naht liegen.*

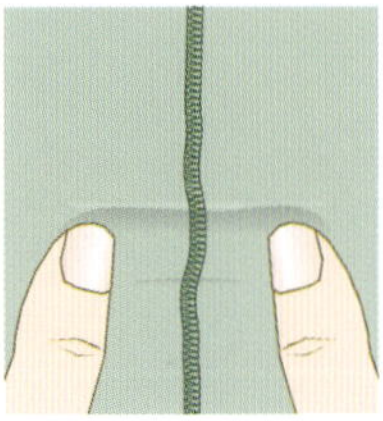

KLEIDUNGSSTÜCK/PROJEKT

Arbeiten Sie Flatlocknähte als dekorative Nähte in Strickstoffen und dehnbaren Kleidungsstücken und dann, wenn eine flache Naht gewünscht ist.

STOFF

Anzuwenden bei dehnbaren Stoffen. Sie können auch Dekorgarne als Unterfäden benutzen.

ZUBEHÖR UND STICHLÄNGE

Wählen Sie eine Nadelstärke passend zur Stoffstärke (siehe Seiten 14–15). Am besten geeignet für Stretchstoffe ist eine Jerseynadel.

ALTERNATIVEN

Von Hand: Überwendlichstiche (siehe Seite 37). Mit Nähmaschine: Schneiden Sie die Nahtzugaben zurück und nähen Sie eine Zickzacknaht über die Stoffkanten. Das Aussehen ist dem Overlockstich sehr ähnlich.

BÜGELN UND FERTIGSTELLEN

Ziehen Sie die fertige Naht quer auseinander und bügeln Sie sie flach.

Umgelegter Rollsaum

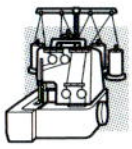

Der Rollsaum mit der Overlock sieht sehr ordentlich und fein aus. Die Kante wird eingerollt und legt den Stoff wie ein Tunnel um einen Faden herum. Er ist gut mit Dekorgarnen oder Bauschgarn zu arbeiten.

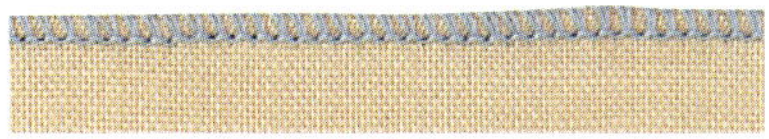

Kante

Naht

1 *Die linke Nadel entfernen. Einfädeln und die die Stichlänge verkürzen. Dies vergrößert die Breite der eingerollten Kante. Die Greifer einfädeln. Abhängig von der Marke muss für den Rollsaum vielleicht der Fuß ausgewechselt werden oder die Maschine anders eingestellt werden.*

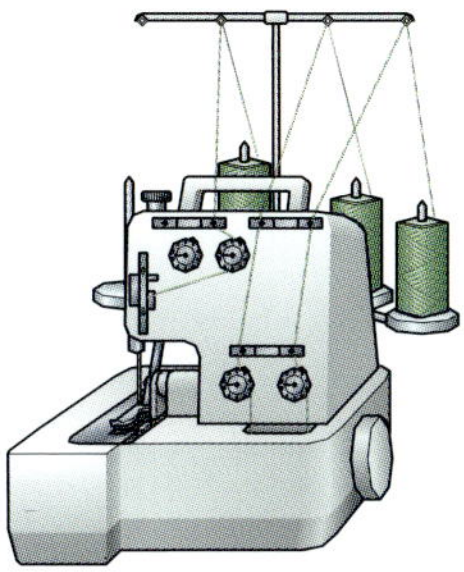

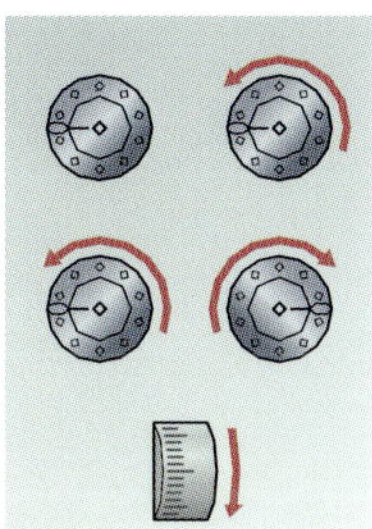

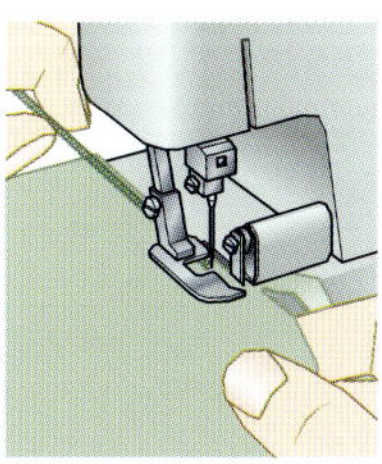

2 *Die Fadenspannung der unteren Greifer erhöhen. Die Oberfaden- und die Fadenspannung in der Nadel lockern. Den Stich auf einem Probestoff testen und die Spannungen entsprechend nachstellen.*

3 *Die Fadenkette mit der Hand hinter dem Nähfuß halten. Den Stoff mit der rechten Seite nach oben unter dem Fuß hindurchschieben und gleichzeitig die Kanten mit den Messern abschneiden.*

KLEIDUNGSSTÜCK/PROJEKT

Wenden Sie den umgelegten Rollsaum an Säumen und Rüschenkanten von Kleidung an sowie beim Nähen von leichten, durchsichtigen Stoffen.

STOFF

Zu verwenden bei leichten bis mittelschweren Stoffen. Säumen Sie durchsichtige Stoffe und arbeiten Sie damit Nähte in Chiffon und Organza.

ZUBEHÖR UND STICHLÄNGE

Wählen Sie die Nadelstärke zum Stoff passend (Stärke 9 oder 10). Arbeiten Sie mit einer kurzen Stichlänge.

ALTERNATIVEN

Manche Overlockmaschinen legen zwei Fäden in den Rollsaum. Von Hand: Arbeiten Sie einen handgenähten Rollsaum (siehe Seite 146). Mit Nähmaschine: Setzen Sie den Spezialnähfuß für den Rollsaum ein. Ein Geradstich oder ein Zickzackstich befestigt den Saum.

BÜGELN UND FERTIGSTELLEN

Über die gerollte Kante bügeln. Führt der Saum entlang einer Kante, die nicht im Fadenlauf geschnitten ist, nicht dehnen, denn er würde sich kräuseln.

3-Faden-Rollsaum

Auch dies ist ein Rollsaum, doch da die Kante mit weniger Fäden bedeckt wird, ist er weniger steif. Arbeiten Sie dekorative Abschlüsse mit Maschinenstickgarn oder Metallicfaden.

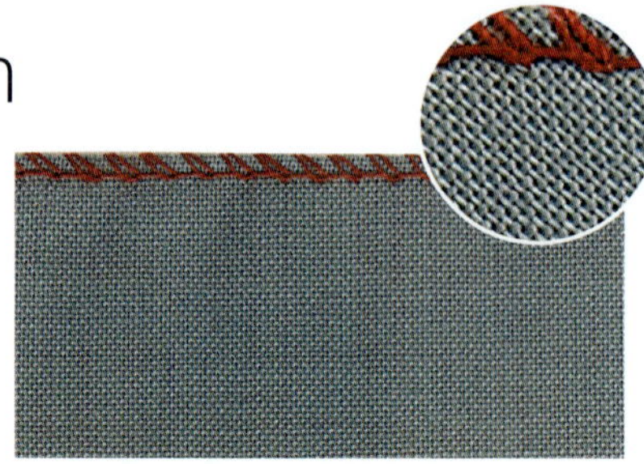

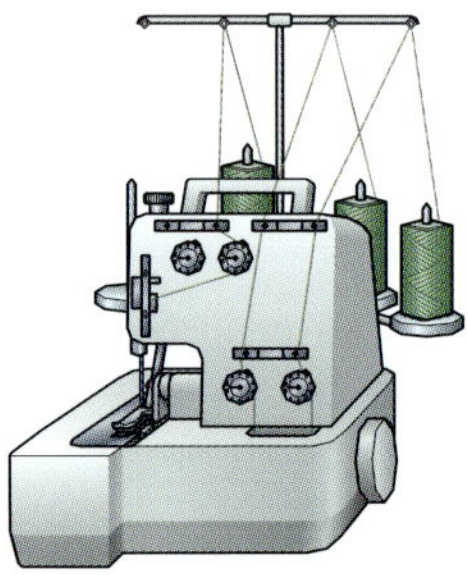

1 Die linke Nadel entfernen und die rechte einfädeln. Die Greifer einfädeln und die Stichlänge vergrößern. Je nach Overlock-Modell muss ein anderer Nähfuß eingesetzt werden oder die Einstellungen müssen zum Rollsäumen verändert werden.

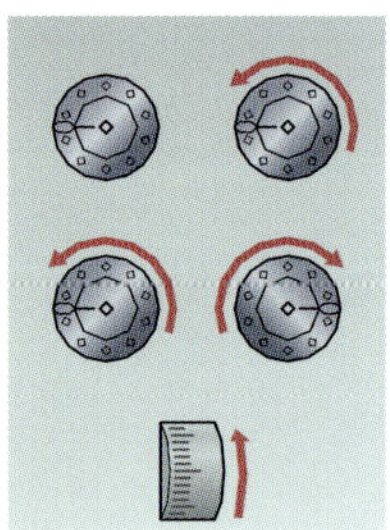

2 Die Fadenspannung der unteren Greifer erhöhen. Die Oberfadenspannung und die Fadenspannung in der Nadel lockern. Den Stich auf einem Probestoff testen und die Spannungen entsprechend nachstellen.

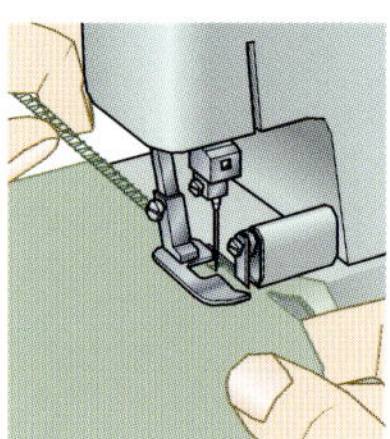

3 Die Fadenkette mit der Hand hinter dem Nähfuß festhalten. Den Stoff mit der rechten Seite nach oben unter dem Fuß hindurchschieben. Gleichzeitig die Kanten mit den Messern abschneiden. Dem Stoff mit den Händen nachhelfen.

KLEIDUNGSSTÜCK/PROJEKT

Verwenden Sie den 3-Faden-Rollsaum an Schals und Säumen von weichen Stoffen sowie Rüschenkanten.

STOFF

Anzuwenden bei leichten bis mittelschweren, weich fließenden Stoffen und dort, wo ein umgelegter Rollsaum zu steif wäre. Säumen Sie damit weiche Baumwollstoffe, Seide und Chiffon.

ZUBEHÖR UND STICHLÄNGE

Stoffe für Rollsäume sind in der Regel sehr weich, verwenden Sie also Nadeln der Stärke 9 oder 11. Arbeiten Sie mit langen Stichen.

ALTERNATIVEN

Manche Overlockmaschinen haben eine Vorrichtung für 2-Faden-Picot-Kanten. Von Hand: Arbeiten Sie einen handgenähten Rollsaum (siehe Seite 146). Mit Nähmaschine: Setzen Sie den Spezialnähfuß für den Rollsaum ein.

BÜGELN UND FERTIGSTELLEN

Bügeln Sie über die Rollsaumkante. Führt der Saum entlang einer Kante, die nicht im Fadenlauf geschnitten ist, dürfen Sie ihn nicht dehnen, er würde sich kräuseln.

Wellenkante

Eine Wellenkante ist an Trikotstoffen möglich oder entlang einer im schrägen Fadenlauf geschnittenen Kante. Sie entsteht durch einen Rollsaum, der über eine gespannte Stoffkante gearbeitet wird und sich so wellt.

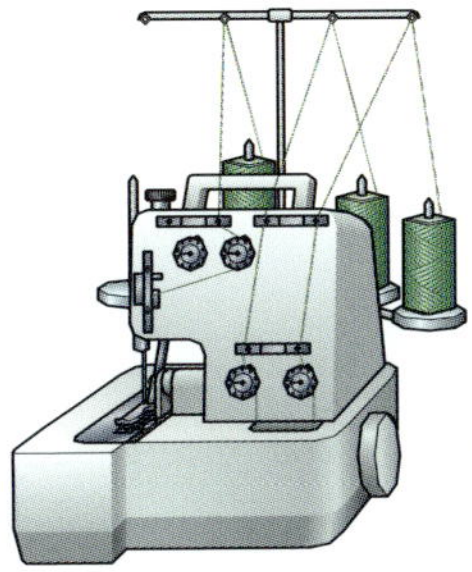

1 *Die linke Nadel entfernen, die rechte einfädeln und die Stichlänge verkürzen, um einen dichten Effekt zu erhalten. Die Greifer einfädeln. Je nach Modell muss ein anderer Nähfuß eingesetzt und müssen die Einstellungen für den Rollsaum verändert werden. Der Oberstofftransport muss auf den geringsten Druck eingestellt sein.*

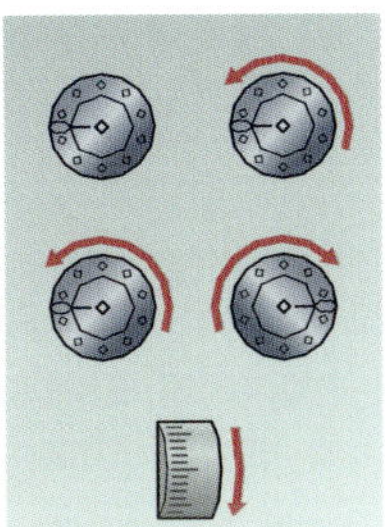

2 *Die Fadenspannung der unteren Greifer erhöhen. Die Fadenspannung in der Nadel lockern. Den Stich auf einem Probestoff testen und die Spannungen entsprechend nachstellen.*

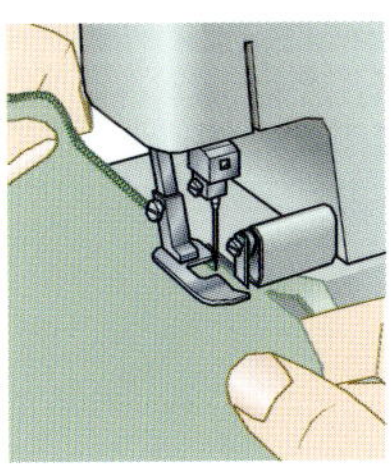

3 *Den Stoff mit der rechten Seite nach oben unter die Maschine schieben, mit den Messern die Kante abschneiden. Die Stoffkante vor der Nadel dehnen. So werden dichtere Stiche genäht, die Wellenkante bildet sich.*

KLEIDUNGSSTÜCK/PROJEKT

Verwenden Sie den Wellensaum an Ärmelbündchen und Rüschen und für Damen-T-Shirts und Blusen.

STOFF

Anzuwenden bei leichten bis mittelschweren Stoffen. Säumen Sie Baumwolltrikot, Seide, Chiffon oder Organza.

ZUBEHÖR UND STICHLÄNGE

Da der Wellensaum meist an Trikotstoffen gearbeitet wird, ist Nadelstärke 9 oder 11 ratsam. Arbeiten Sie mit kurzen Stichen und ziehen Sie die Kante während des Nähens.

ALTERNATIVEN

Mit der oben beschriebenen Technik können Sie auch festere, weniger gewellte Kantenabschlüsse arbeiten (Reißfestigkeit 80 g). Nähen Sie wie beim Rollsaum über die Kante und schneiden Sie den überstehenden Stoff nicht ab. Dehnen Sie die genähte Kante zu einer leichten Wellenlinie. Dies ist für Damenkleider passender als die dichten Wellen für Kinderkleider.

BÜGELN UND FERTIGSTELLEN

Bügeln Sie die Wellenkante vorsichtig, ohne sie platt zu bügeln.

Zierstiche

Ob von Hand oder mit Maschine – es gibt eine große Auswahl von dekorativen Zierstichen für jede Gelegenheit. Sie können verblüffende Wirkungen erzielen und die folgenden Beschreibungen und Abbildungen zeigen Ihnen, wie es geht. Befolgen Sie die Vorschläge bezüglich Stoff, Faden und Nadeln, denn sie machen das Nähen leichter. Probieren Sie die Alternativen aus und finden Sie eigene kreative Variationen.

Fältchen

Hier sind schmal genähte Falten gemeint. Sie können einzeln oder mehrfach genäht werden und so den Stoff verkürzen oder als Dekor dienen. Ihre Breite variiert. Sehr schmale Fältchen werden Biesen genannt.

1 *Die Markierungen des Schnittmusters übertragen und die Fältchen in den Stoff bügeln. Bei der Arbeit ohne fertiges Schnittmuster einen Schablonenkarton herstellen und als Markierungshilfe benutzen.*

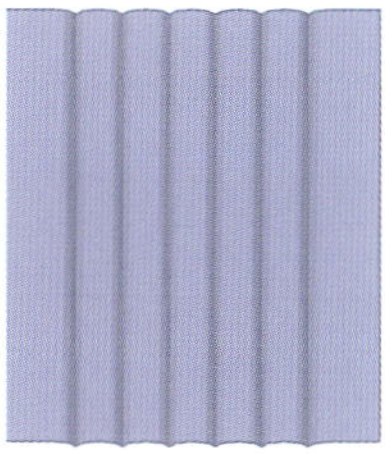

2 *Den Geradstich der Maschine einstellen oder einen Dekorstich auswählen.*

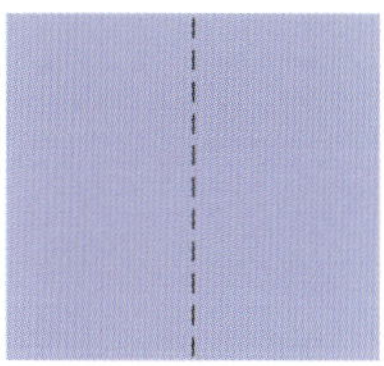

3 *Alle Fältchen in der gleichen Richtung nähen. Fadenenden in eine Nadel einfädeln und auf der linken Stoffseite vernähen.*

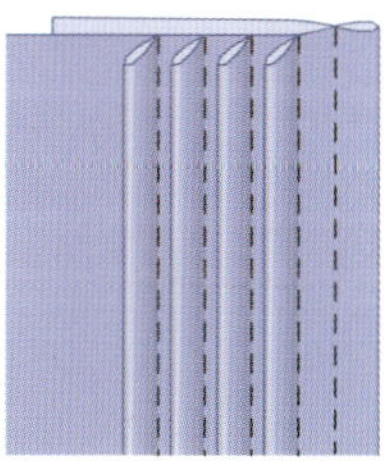

Tipp

Orientieren Sie sich an den Markierungslinien auf der Stichplatte, um die Biesen gleichmäßig zu halten. Fehlt die Breitenmarkierung, legen Sie mit einem Klebestreifen eigene Führungslinien fest.

KLEIDUNGSSTÜCK/PROJEKT

Mit Fältchen reduzieren Sie die Stoffweite. Arbeiten Sie sie an der Taille von Hosen oder Röcken, auf einer Passe, an Bündchen oder Kugeln von Ärmeln. Nähen Sie Fältchen in Unterwäsche oder auf dekorative Kissenhüllen.

STOFF

Anzuwenden bei leichten und mittelschweren Stoffen, zartem Organza oder Chiffon und feinen Wollstoffen.

ZUBEHÖR UND STICHLÄNGE

Arbeiten Sie mit Nadeln der Stärke 9 oder 11 und einer kurzen Stichlänge.

ALTERNATIVEN

Sie können Fältchen von Hand oder mit Maschine nähen. Probieren Sie einen Dekorstich als zusätzliche Verzierung.

BÜGELN UND FERTIGSTELLEN

Fältchen sollten nicht platt gebügelt werden. Bügeln Sie auf einer dicken Wolldecke als Unterlage und legen Sie unter jedes Fältchen ein Stück Papier, während Sie bügeln.

Biesen

Feine, in den Stoff genähte Fältchen nennt man Biesen. Sie sind sehr schmal und werden meist in dekorativen Gruppen genäht.

1 *Die Markierungen des Schnittmusters auf den Stoff übertragen und die Biesen einbügeln. Bei der Arbeit ohne kommerzielles Schnittmuster eine Schablone aus Karton herstellen.*

2 *Den Geradstich einstellen und 0,1 cm von der gefalteten Kante entfernt entlangnähen. Werden gefüllte Biesen gewünscht, in den Stofffalz eine feine Schnur einlegen und direkt daneben entlangnähen.*

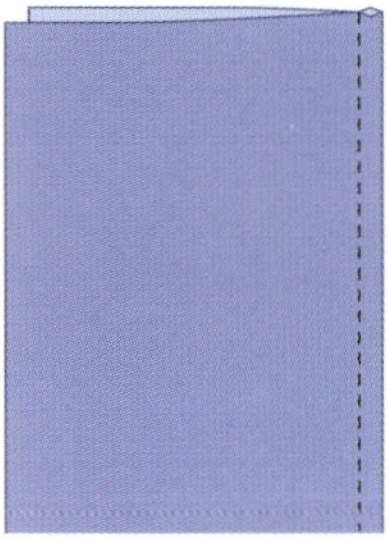

3 *Alle Biesen in derselben Richtung nähen. Fadenenden in eine Nadel einfädeln und auf der linken Stoffseite vernähen.*

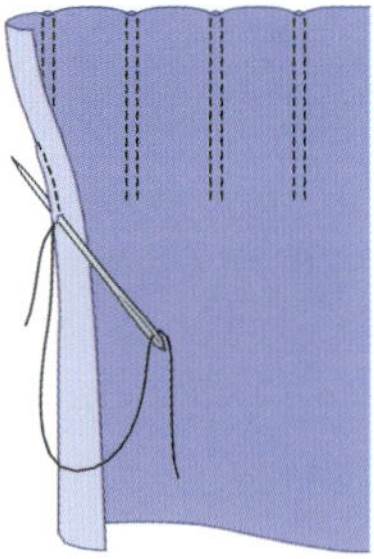

KLEIDUNGSSTÜCK/PROJEKT

Biesen sind eine edle Verzierung an Kinderkleidung, Unterwäsche und auf Passen von Kleidern und Blusen. Biesen bringen auch eine plastische Dimension auf Kissen und Taschen.

STOFF

Anzuwenden bei leichten Baumwollstoffen und Seiden.

ZUBEHÖR UND STICHLÄNGE

Arbeiten Sie mit feinen Nadeln der Stärke 9 oder 11 und Stichlänge 2 mm.

ALTERNATIVEN

Sie können Biesen von Hand oder mit Maschine nähen. Probieren Sie einen Zickzackstich als zusätzliche Verzierung. Die Stiche liegen dann wie kleine Kreuze über der Kante. Besonders attraktiv wirkt Metallicgarn.

BÜGELN UND FERTIGSTELLEN

Bügeln Sie sehr leicht von der linken Stoffseite her und legen Sie eine dicke Wolldecke unter das Stück.

Biesen mit der Zwillingsnadel

Sie sehen aus wie die normal genähten Biesen, werden aber mit einer Zwillingsnadel auf der Stoffoberseite genäht.

1 *Die Position der Biesen sorgfältig markieren.*

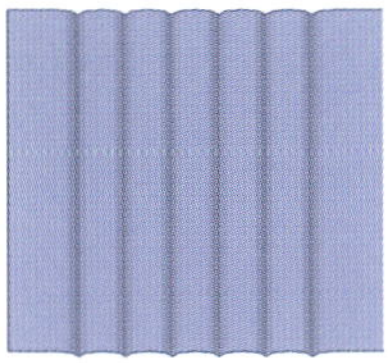

2 *Die normale Nähnadel durch eine Zwillingsnadel ersetzen und entsprechend einfädeln.*

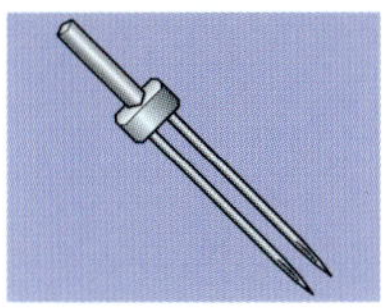

3 *Die schönsten Ergebnisse sind mit einem eingesetzten Zwillingsnadel-Spezialfuß zu erzielen. Er dient der Stoffführung und ordnet die Biesen gleichmäßig an.*

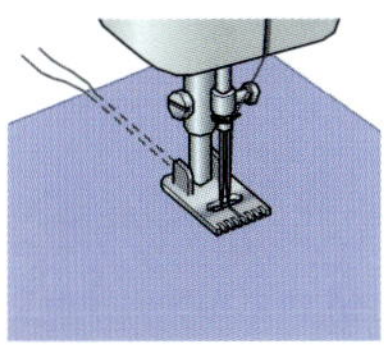

4 *Alle Biesen in derselben Richtung nähen. Lose Fadenenden auf der Stoffrückseite vernähen.*

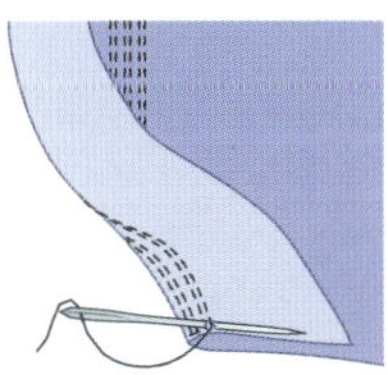

Tipp

Mit Kordel gefüllte Biesen entstehen, wenn Sie diese durch das entsprechende Loch in der Stichplatte der Nähmaschine fädeln oder auf der linken Stoffseite durch die Unterfäden ziehen. Manchmal ist es hilfreich, die Oberfadenspannung zu erhöhen.

KLEIDUNGSSTÜCK/PROJEKT

Geeignet für die edle Verzierung von Kinderkleidung, Unterwäsche oder auf Passen von Kleidern und Blusen. Biesen verleihen Kissenhüllen, Bettwäsche, Tischwäsche und Taschen eine dritte Dimension.

STOFF

Verwenden Sie feine, leichte Stoffe mit glatter Oberfläche. Mitteldicke Stoffe bearbeiten Sie mit einer breiteren Zwillingsnadel.

ZUBEHÖR UND STICHLÄNGE

Setzen Sie eine Zwillingsnadel ein. Diese variieren von 0,1–0,6 cm Breite, doch nicht alle Maschinen lassen die breiteste Nadel zu. Stellen Sie eine kurze Stichlänge von 2,5 mm ein, es sei denn, Sie arbeiten mit festerem Stoff.

ALTERNATIVEN

Normale Biesen nähen (siehe Seite 74).

BÜGELN UND FERTIGSTELLEN

Bügeln Sie sehr leicht von links und legen Sie eine dicke Wolldecke darunter.

Spitze annähen

Sie können eine Spitze als Dekoration an Korsagen und für attraktive Saumkanten annähen. Dies kann mit einem einfachen Zickzackstich geschehen, doch wirken Zierstiche noch besser.

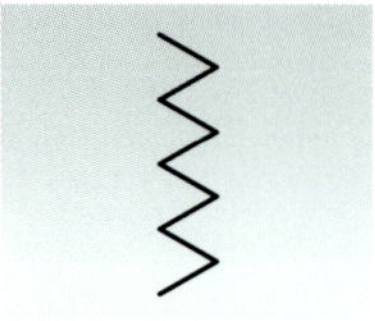

1 *Einen passenden Stich auswählen, z.B. den Zickzackstich, den Festonstich oder einen ähnlich breiten Dekorstich.*

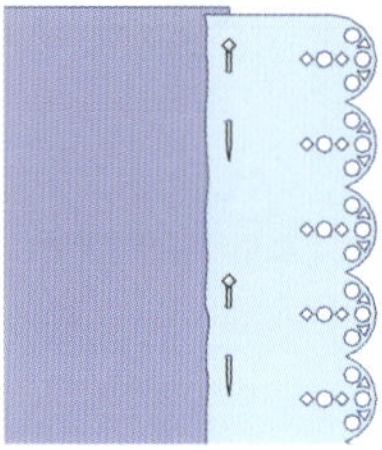

2 *Die Spitze mit der rechten Seite nach oben leicht überlappend auf die rechte Seite der Stoffkante legen. Die Spitze feststecken und heften.*

3 *Die innere Kante der Spitze dient als Führungslinie. Über die Spitze nähen, die dadurch am Stoff befestigt wird.*

4 *Überstehende Stoffkanten unter der Spitze abschneiden.*

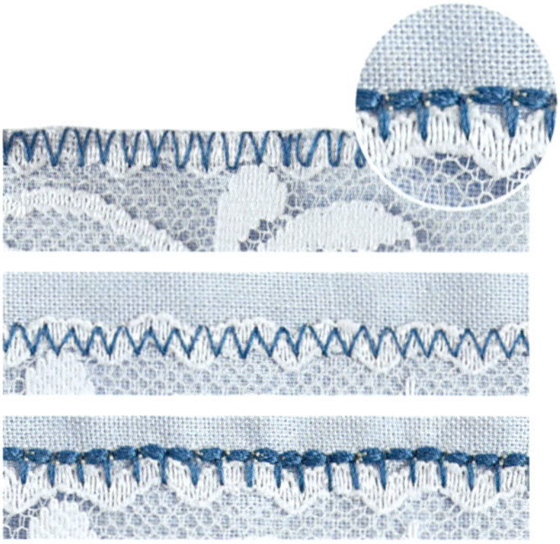

KLEIDUNGSSTÜCK/PROJEKT

Nähen Sie mit dieser Methode Spitzen an feine Unterwäsche, Kinderkleidung und an Bettwäsche.

STOFF

Wenden Sie diese Methode bei allen Stoffarten an, es sei denn, sie fusseln sehr stark.

ZUBEHÖR UND STICHLÄNGE

Verwenden Sie eine Nadel, die der Stoffstärke entspricht (siehe Seiten 14–15). Wählen Sie einen breiteren Stich, um ausreichend Webfäden zu fassen, z.B. einen Zickzackstich von 3–6 mm Breite und 1 mm Stichlänge.

ALTERNATIVEN

Nähen Sie Spitzen von Hand mit Überwendlichstichen fest, mit einer Overlock oder Sie falten die Spitze über die Stoffkante, nähen mit Zickzackstich, schneiden überstehenden Stoff ab.

BÜGELN UND FERTIGSTELLEN

Bügeln Sie auf einer weichen Oberfläche und verwenden Sie ein aufgelegtes Bügeltuch.

Hohlsaum

Der Hohlsaum im gezogenen Faden wurde traditionell bei Tischwäsche, Taschentüchern und Bettwäsche angewendet. Dieser Saumstich bildet eine Zierkante entlang der gezogenen Fadenreihe.

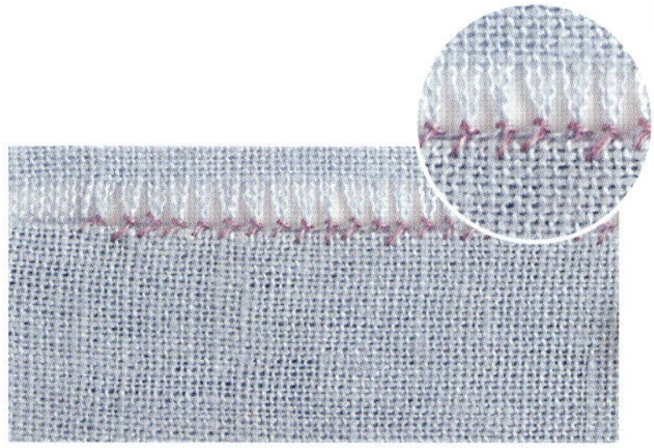

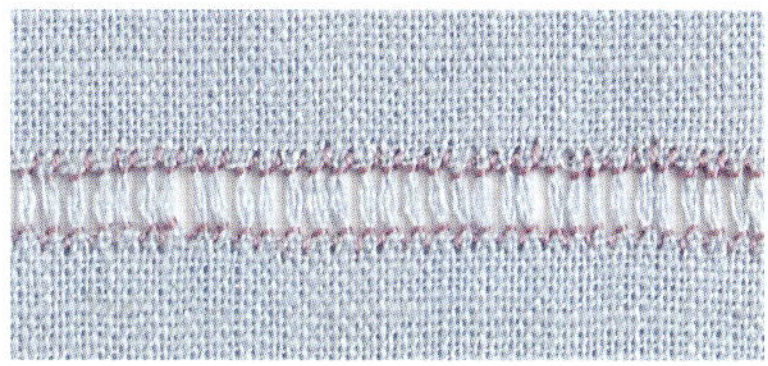

1 *Zur Vorbereitung parallel zur Stoffkante einige Webfäden herausziehen. Den Saum zur linken Stoffseite falten. Den Nähfaden auf der linken Stoffseite links der Nadel sichern.*

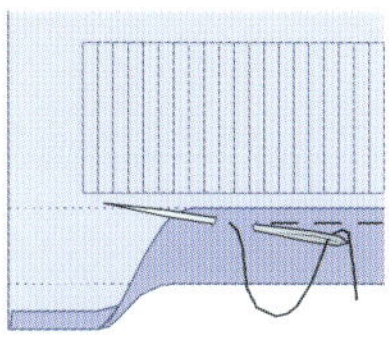

2 *Drei Webfäden (oder mehr, wie gewünscht) nach rechts zählen, die Nadel einstechen und links der drei Webfäden wieder auftauchen lassen. Die Fäden zu einem Bündel zusammenziehen.*

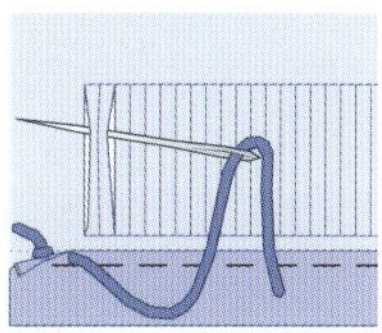

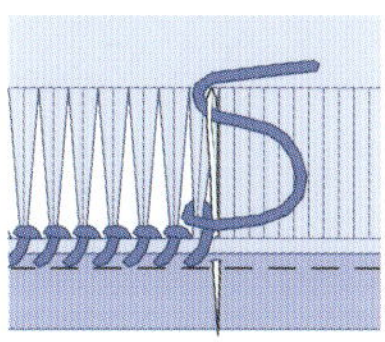

3 *Rechts des Bündels einen kleinen Stich über die Saumkante machen, die damit befestigt wird.*

4 *Schritte 2 und 3 wiederholen. Gleichmäßige Fadenbündel fassen und gleichzeitig die Saumkante befestigen.*

Tipp

Wenn der Hohlsaumsaum fertig ist, bearbeiten Sie die obere Kante der gezogenen Fadenreihe auf die gleiche Weise (hier ist keine Saumkante zu befestigen). So entsteht ein Leiterhohlsaum.

KLEIDUNGSSTÜCK/PROJEKT

Hohlsaum mit gezogenem Faden wird bei Taschentüchern, Tischdecken und Bettwäsche angewendet.

STOFF

Für locker gewebtes Leinen, bei dem die Webfäden leicht gezählt werden können.

ZUBEHÖR UND STICHLÄNGE

Arbeiten Sie mit einer stumpfen Sticknadel und einem Faden in der gleichen Farbe wie der Stoff. Die Stichgröße ergibt sich aus der Anzahl der Webfäden, die gebündelt werden.

ALTERNATIVEN

Mit der Nähmaschine mit Flügelnadel kann der Eindruck eines solchen Hohlsaums erzielt werden.

BÜGELN UND FERTIGSTELLEN

Sanft bügeln.

Zickzack-Hohlsaum

Hier werden Gewebefäden gezogen und die senkrecht stehenden Webfäden zu einer dekorativen Zickzackreihe gebündelt.

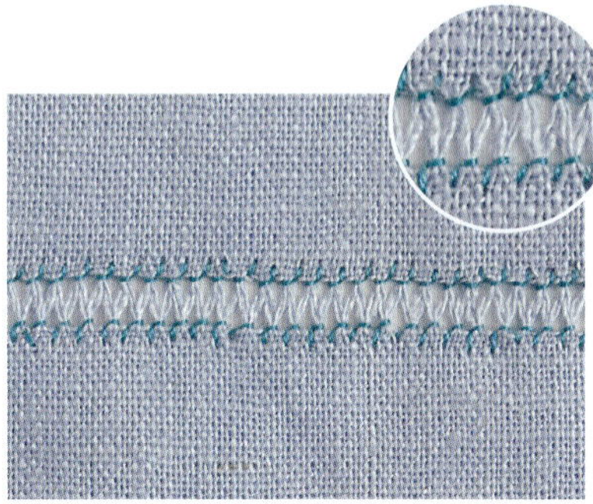

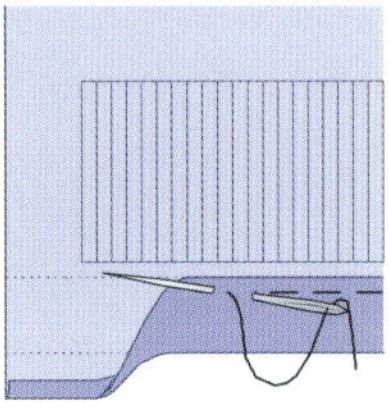

1 *Zuerst mehrere Webfäden parallel zur Saumkante herausziehen, entweder längs oder quer. Den Saum zur linken Stoffseite falten, sodass die Kante entlang der gezogenen Fadenreihe liegt. Den Faden am Anfang der Reihe auf der linken Stoffseite befestigen.*

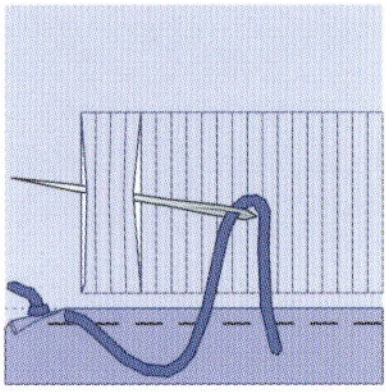

2 *Die untere Hohlsaumreihe (siehe Seite 77) arbeiten und die Fäden in Vierer- oder Sechsergruppen (gerade Zahl) bündeln.*

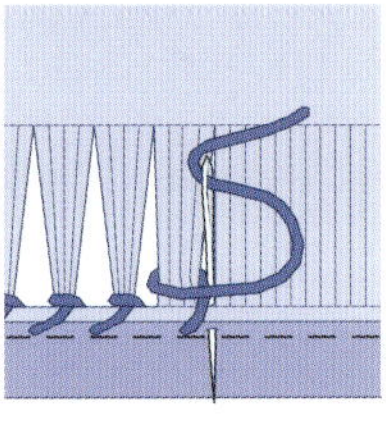

3 *Nun die obere Hohlsaumreihe arbeiten und jedes Fadenbündel halb und halb aufteilen, sodass von jedem Bündel die Hälfte in einen gemeinsamen Stich gefasst ist.*

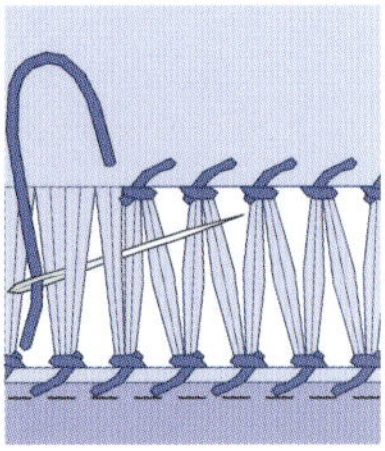

4 *Dies führt zu einer zickzackförmigen Anordnung der senkrechten Webfäden.*

KLEIDUNGSSTÜCK/PROJEKT

Hohlsaum mit gezogenem Faden wird bei Taschentüchern, Tischdecken und Bettwäsche angewendet.

STOFF

Locker gewebtes Leinen, bei dem die Webfäden leicht gezählt werden können.

ZUBEHÖR UND STICHLÄNGE

Arbeiten Sie mit einer stumpfen Sticknadel und einem Faden in der gleichen Farbe wie der Stoff. Die Stichgröße ergibt sich aus der Anzahl der Webfäden, die gebündelt werden.

ALTERNATIVEN

Mit der Nähmaschine mit Flügelnadel kann der Eindruck eines solchen Hohlsaums erzielt werden.

BÜGELN UND FERTIGSTELLEN

Sanft bügeln.

Doppelter Hohlsaum

Der doppelte Hohlsaum wirkt wie Ajourstickerei. Hier werden zwei Zeilen von Webfäden gezogen und das dazwischenliegende Band wird bestickt.

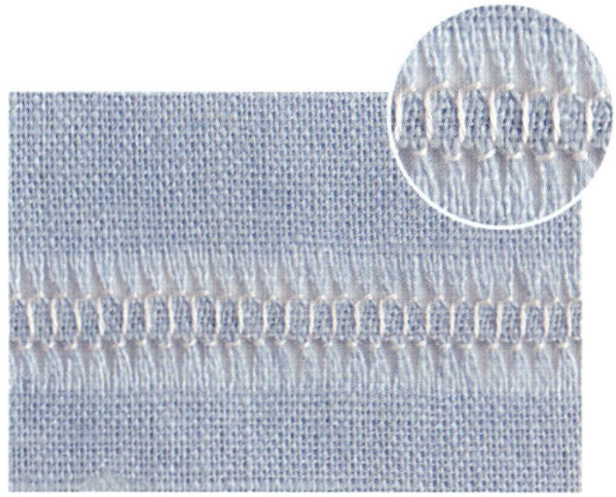

1 *Einige Webfäden ziehen. Die gleiche Anzahl von Webfäden stehen lassen und die nächste Reihe ziehen.*

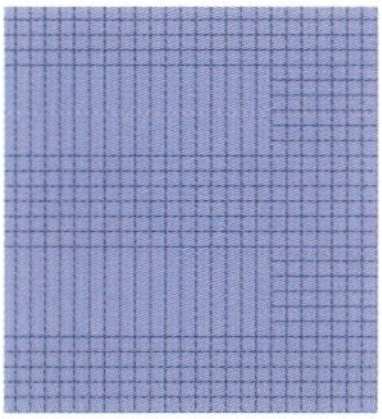

2 *Rechts an der Oberkante des mittleren Bandes beginnen. Den Faden gerade nach unten über die Vorderseite des mittleren Bandes legen. Zwischen die senkrechten Webfäden stechen und vier Fäden weiter links wieder auftauchen. Dann die Nadel wieder zurückführen und bei der Einstichstelle schräg nach oben stechen.*

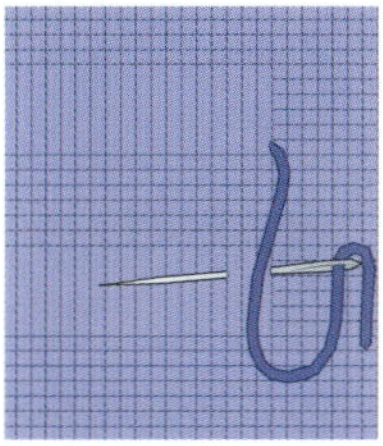

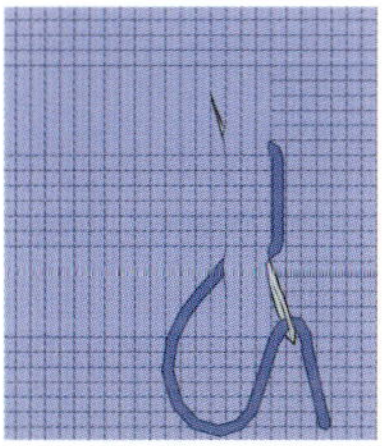

3 *Die Nadel unter der Mittelreihe hindurchstechen und in der oberen Reihe, vier Fäden weiter links, wieder auftauchen.*

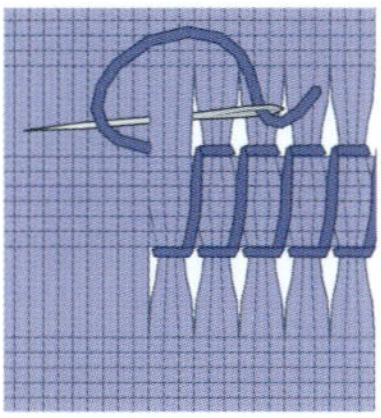

4 *Die oberen vier Webfäden bündeln und an der gleichen Stelle wieder ausstechen. So fortfahren.*

KLEIDUNGSSTÜCK/PROJEKT

Der Hohlsaum wird bei Taschentüchern, Tischdecken und Bettwäsche angewendet.

STOFF

Locker und gleichmäßig gewebtes Leinen, bei dem die Webfäden gut herausgezogen werden können.

ZUBEHÖR UND STICHLÄNGE

Arbeiten Sie mit einer stumpfen Sticknadel und einem Faden in der gleichen Farbe wie die gezogenen Webfäden. Die Stichgröße ergibt sich aus der Anzahl der Webfäden, die gebündelt werden.

ALTERNATIVEN

Mit der Nähmaschine mit Flügelnadel kann der Eindruck eines solchen Hohlsaums erzielt werden.

BÜGELN UND FERTIGSTELLEN

Leicht bügeln.

Gebündelter Leiterhohlsaum

Hier werden Querfäden herausgezogen, ein Leiterhohlsaum genäht und dann die senkrechten Fadenbündel zu Garben zusammengefasst.

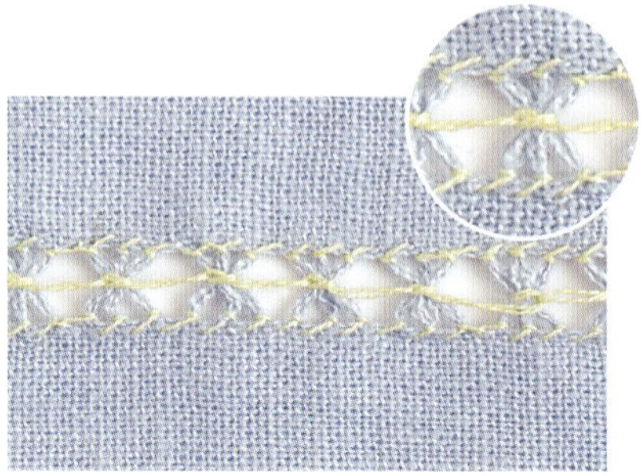

1 *Einige Webfäden quer aus dem Stoff ziehen.*

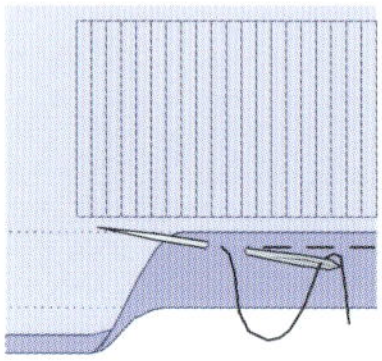

2 *An Ober- und Unterkante der gezogenen Webfäden einen Leiterhohlsaum arbeiten (siehe Seite 77).*

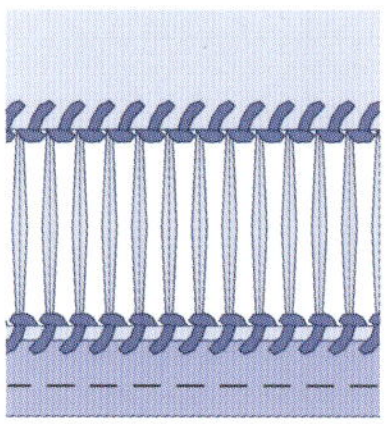

3 *Den Fadenanfang rechts, in der Mitte der senkrechten Fadenbündel, sichern. Eine Schlaufe um die ersten drei Fadenbündel (oder die gewünschte Anzahl) legen. Die Nadel von links nach rechts unter dem Fadenbündel hinweg und durch die auf der Oberseite liegende Schlaufe hindurchstechen. Den Faden zum Knoten ziehen.*

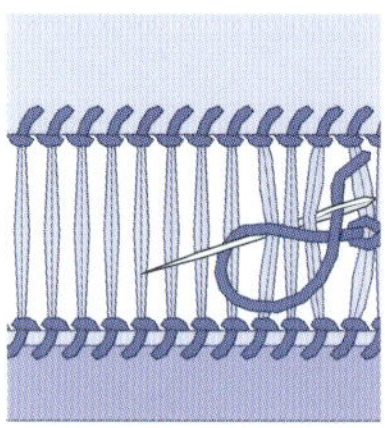

4 *Schritt 3 wiederholen. Eine Reihe von geknoteten, garbenförmigen Bündeln quer über den Hohlsaum arbeiten.*

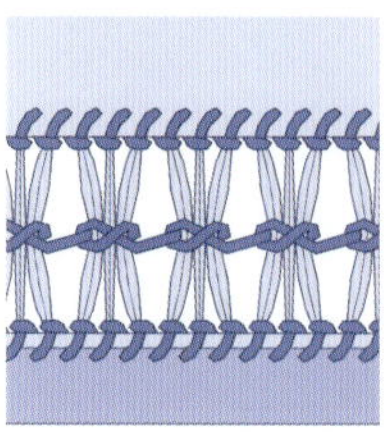

KLEIDUNGSSTÜCK/PROJEKT

Hohlsaum wird bei Taschentüchern, Tischdecken und Bettwäsche angewendet.

STOFF

Locker und gleichmäßig gewebtes Leinen, bei dem die Webfäden leicht gezogen werden können.

ZUBEHÖR UND STICHLÄNGE

Arbeiten Sie mit einer stumpfen Sticknadel und einem Faden in der gleichen Farbe wie der gezogene Webfaden. Die Stichgröße ergibt sich aus der Anzahl der Webfäden, die gebündelt werden.

ALTERNATIVEN

Mit der Nähmaschine mit Flügelnadel kann der Eindruck eines solchen Hohlsaums erzielt werden.

BÜGELN UND FERTIGSTELLEN

Sanft bügeln.

Gedrehter Leiterhohlsaum

Hohlsaumstickerei wirkt sehr offen. Es werden Webfäden gezogen, ein Leiterhohlsaum genäht und die senkrechten Fäden werden gebündelt und zusammengedreht.

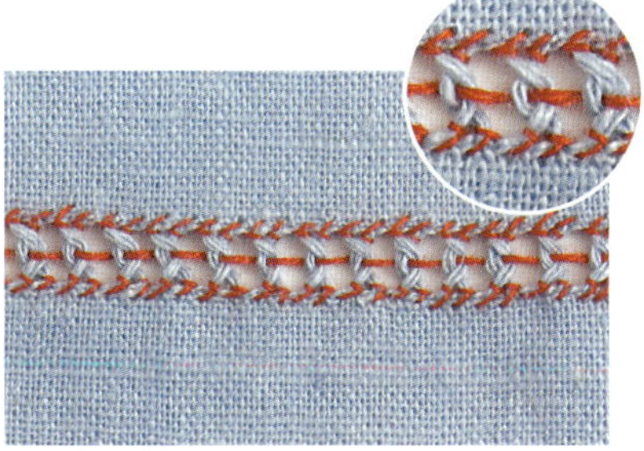

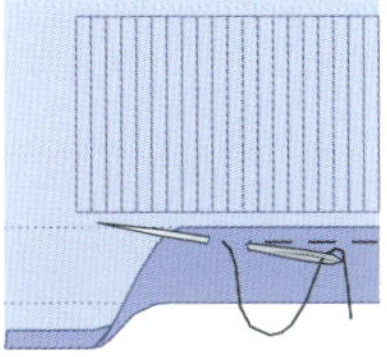

1 *Zuerst mehrere Webfäden quer aus dem Stoff ziehen.*

2 *An Ober- und Unterkante dieser Reihe einen Leiterhohlsaum arbeiten.*

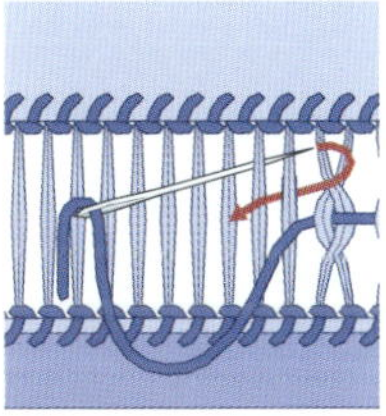

3 *Fadenanfang rechts, in der Mitte der Fadenbündel, sichern. Die Nadel über die ersten beiden Bündel führen, dann unter den Fäden hindurch von links nach rechts stechen. Dabei das linke Bündel aufgreifen und über das rechte hinwegstechen. Die Nadel mit der Spitze nach unten drehen, sodass das linke Bündel das rechte überkreuzt.*

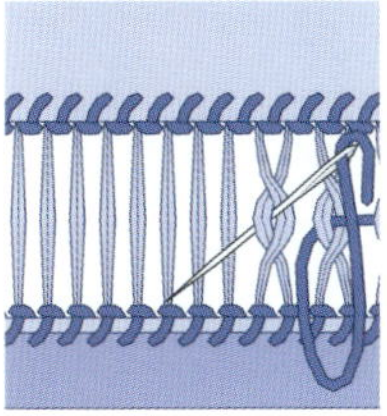

4 *Die Nadel wieder nach oben führen und die nächsten zwei Fadenbündel genauso bearbeiten.*

KLEIDUNGSSTÜCK/PROJEKT

Hohlsaum wird bei Taschentüchern, Tischdecken und Bettwäsche angewendet.

STOFF

Arbeiten Sie auf locker und gleichmäßig gewebtem Leinen, bei dem die Webfäden leicht gezogen werden können.

ZUBEHÖR UND STICHLÄNGE

Verwenden Sie eine stumpfe Sticknadel und einen Faden in der gleichen Farbe wie der gezogene Webfaden. Die Stichgröße ergibt sich aus der Anzahl der Webfäden, die gebündelt werden.

ALTERNATIVEN

Mit der Nähmaschine mit Flügelnadel kann der Eindruck eines solchen Hohlsaums erzielt werden.

BÜGELN UND FERTIGSTELLEN

Sanft bügeln.

Ajourstich

Bei der Ajourstickerei werden Webfäden auseinander- bzw. zusammengeschoben und bilden so das Muster. Es werden keine Webfäden herausgezogen wie beim Hohlsaum. Dieser Ajourstich wird als Zierstichreihe oder als Saum gearbeitet.

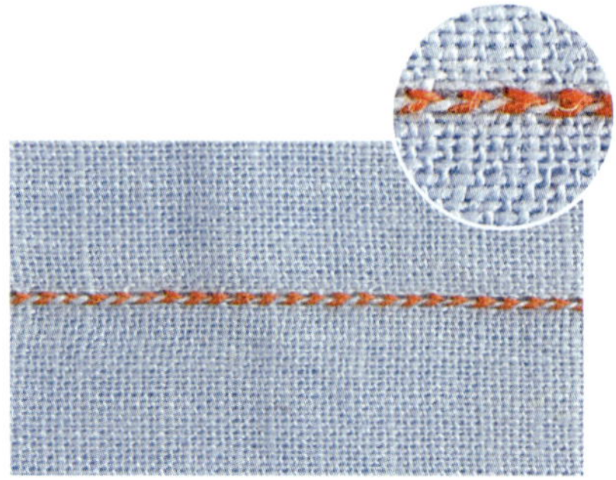

1 *Von rechts nach links arbeiten. Die Nadel unter drei (je nach Wunsch) Webfäden hindurch- und wieder zur Oberfläche stechen.*

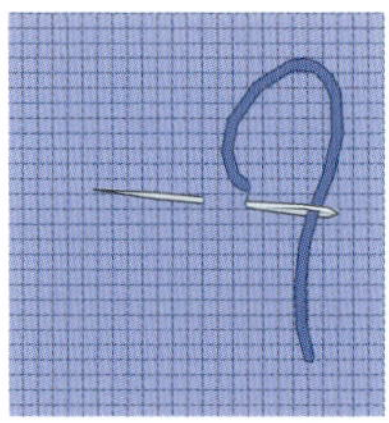

2 *Wieder zurück zur Einstichsöffnung stechen. Die Nadel am Ende des Stiches zur Oberfläche bringen, genau oberhalb der Nählinie. Am Faden ziehen, um die Webfäden zu bündeln.*

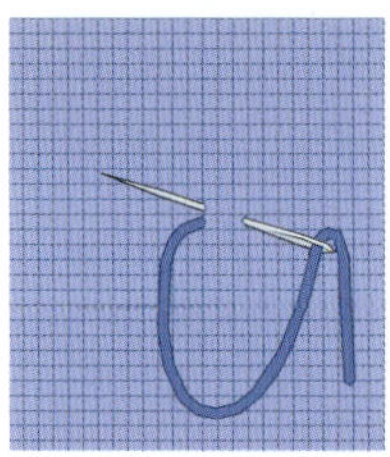

3 *Die Nadel direkt hier auf der Nählinie wieder nach unten stechen und Fadengruppen entlang der Nählinie bilden.*

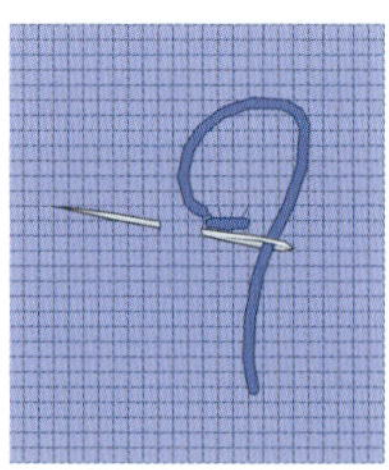

KLEIDUNGSSTÜCK/PROJEKT

Ajourstickerei wird in der Regel bei Tischdecken und Bettwäsche angewendet.

STOFF

Arbeiten Sie mit lose und gleichmäßig gewebtem Leinen und Baumwolle.

ZUBEHÖR UND STICHLÄNGE

Arbeiten Sie mit einer stumpfen Sticknadel und einem Faden in der gleichen Farbe wie die Gewebefäden. Die Stichgröße ergibt sich aus der Anzahl der zusammengezogenen Webfäden.

ALTERNATIVEN

Mit der Nähmaschine mit Flügelnadel kann der Eindruck einer Ajourstichreihe erzielt werden.

BÜGELN UND FERTIGSTELLEN

Sanft bügeln.

Ajour-Kästchenstich

Bei der Ajourstickerei werden Webfäden zusammen- bzw. auseinander geschoben. Es werden keine Fäden gezogen wie beim Hohlsaum. Der Kästchenstich ist ein Füllstich.

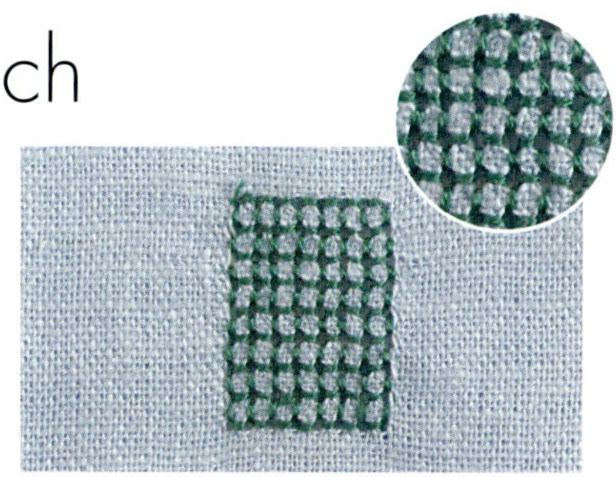

1 *In Gitterform arbeiten. Rechts beginnen. Zwei senkrechte Stiche machen und vier (oder eine andere Anzahl nach Wunsch) Webfäden zusammenziehen.*

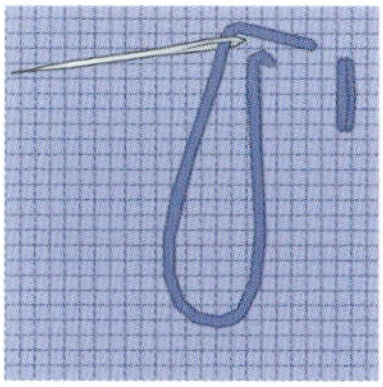

2 *Vier Fäden nach rechts zählen und zwei weitere senkrechte Stiche parallel zum ersten arbeiten. So quer über die Fläche sticken.*

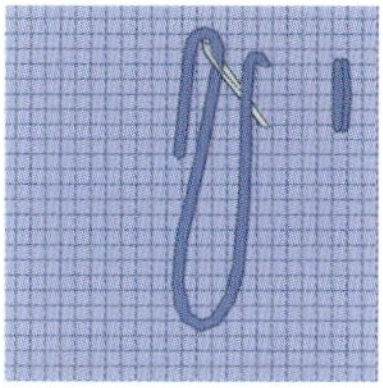

3 *Eine zweite und noch mehr Reihen parallel laufend direkt daruntersetzen.*

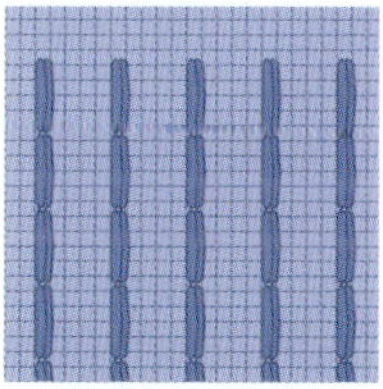

4 *Nun das Gitter mit horizontal verlaufenden, quer dazwischengesetzten Reihen vervollständigen.*

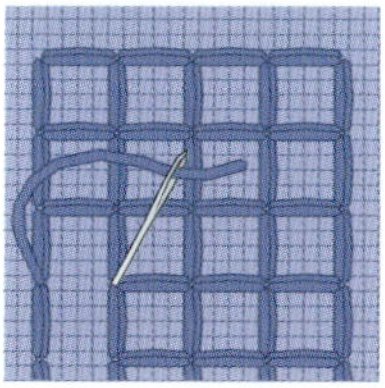

KLEIDUNGSSTÜCK/PROJEKT

Ajourstickerei wird in der Regel bei Tischdecken angewendet. Der Kästchenstich ist ein flächenfüllender Stich.

STOFF

Arbeiten Sie mit lose und gleichmäßig gewebtem Leinen und Baumwolle.

ZUBEHÖR UND STICHLÄNGE

Arbeiten Sie mit einer stumpfen Sticknadel und einem Faden in der gleichen Farbe wie die Gewebefäden Die Stichgröße ergibt sich aus der Anzahl der zusammengezogenen Webfäden.

ALTERNATIVEN

Mit der Nähmaschine mit Flügelnadel kann der Eindruck einer solchen Stichreihe erzielt werden.

BÜGELN UND FERTIGSTELLEN

Sanft bügeln.

Smoken

Das Smoken ist ein Zierstich, der auf schmale Stofffalten gearbeitet wird. Ursprünglich auf Arbeitskleidung angewendet, ist das Smoken heute auf Kinder- und Damenkleidung zu finden. Es gibt viele Smokstiche, die für unterschiedliche Muster benutzt werden können. Ein gesmokter Stoffbereich ist dehnbar.

Handsmoken

Maschinensmoken

KLEIDUNGSSTÜCK/PROJEKT

Smoken Sie Kinderkleidung, Passen von Abendkleidern sowie Taschen und Kissen mit der Nähmaschine.

STOFF

Arbeiten Sie mit mittelschweren Stoffen mit glatter Oberfläche, z. B. Batist, Seide und feiner Wolle. Stoffe aus Naturfasern sind einfacher zu bearbeiten als Synthetik- oder Mischfasern.

ZUBEHÖR UND STICHLÄNGE

Für das Smoken von Hand arbeiten Sie mit einer Sticknadel, deren Öhr groß genug ist, um das Stickgarn aufzunehmen. Für das Maschinensmoken arbeiten Sie mit einer Maschinensticknadel.

ALTERNATIVEN

Smoken ist von Hand oder mit der Maschine möglich.

BÜGELN UND FERTIGSTELLEN

Bügeln Sie nicht die Fältchen oder die Stickerei flach. Wenn nötig, bügeln Sie vorsichtig von links und mit untergelegter Wolldecke.

Vorbereitung

Zuerst den Stoff in Fältchen legen. Dies kann mithilfe eines „Faltennähfußes“ geschehen oder von Hand. In diesem Fall arbeiten Sie mehrere parallele Reihen von gleichmäßigen Vorstichen auf der linken Stoffseite. Schieben Sie den Stoff zusammen. Arbeiten Sie die Smokstiche auf der rechten Stoffseite.

HANDSMOKEN

Das Muster wird durch Sticklinien gebildet, z. B. durch den Stielstich oder den Zopfstich, welche die Falten befestigen. Ebenso durch lockere Sticksticha wie Gitterstich, Webstich und andere, durch welche die Ziermuster gebildet werden.

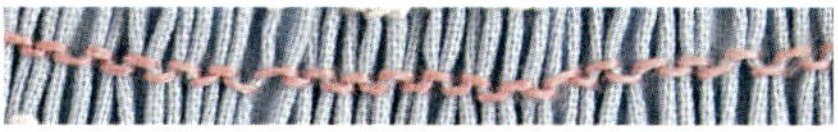

Stielstich

1 *Von links nach rechts arbeiten und durch jede Faltenkante stechen. Den Fadenanfang sichern und durch die rechte Falte nähen. Den Faden oberhalb der Nadel halten.*

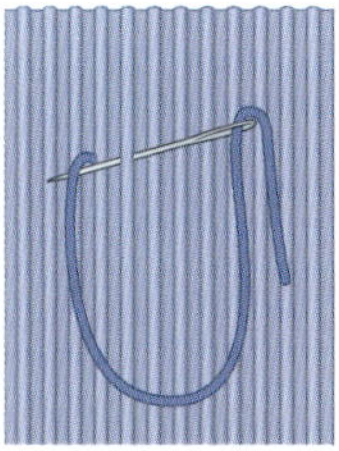

2 *Mit dem nächsten Stich die nächste rechts liegende Falte fassen. Den Faden wieder oberhalb der Nadel halten. Solche Stielstiche quer über die gesamte Smokfläche arbeiten.*

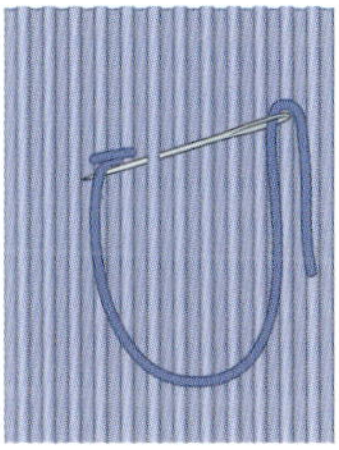

Kabelstich

1 *Von links nach rechts arbeiten und durch jede Faltenkante stechen. Den Fadenanfang sichern und durch die rechts liegende Falte nähen. Den Faden oberhalb der Nadel halten.*

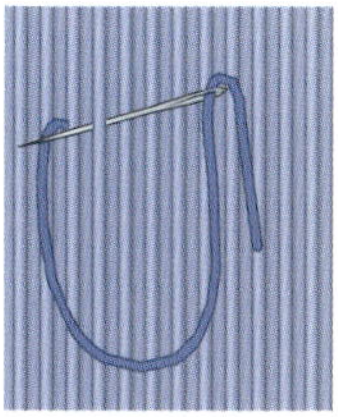

2 *Den nächsten Stich durch die nächste rechts liegende Falte stechen und den Faden unterhalb der Nadel halten.*

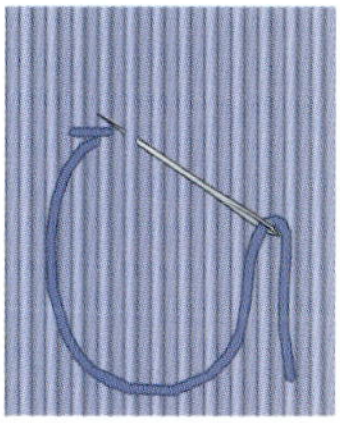

3 *Der dritte Stich wird wieder mit dem Faden oberhalb der Nadel geformt. So abwechseln und Kabelstichreihen quer über die gesamte Smokfläche sticken.*

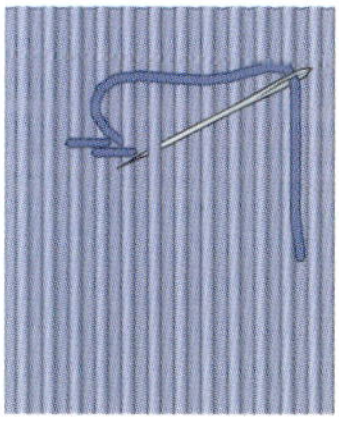

Tipp

Der Kabelstich kann allein oder in mehreren Reihen gearbeitet werden.

Wellenstich

1 *Von links nach rechts arbeiten und jeweils durch die Fältchenkante stechen. Den Fadenanfang sichern und durch die rechts liegende Falte nähen. Den Faden unterhalb der Nadel halten.*

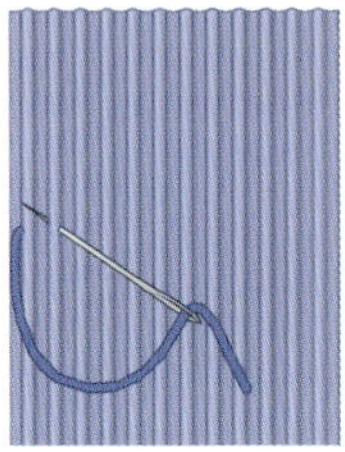

2 *Zwei oder mehr Stiche wie in Schritt 1 arbeiten und dabei eine aufsteigende Linie bilden.*

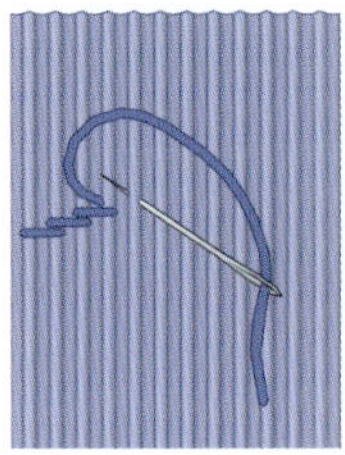

3 *Beim nächsten Stich den Faden oberhalb der Nadel halten und drei oder vier Stiche machen. Diese Stiche bilden eine absteigende Linie. Auf diese Weise eine wellenförmige Stichreihe quer über die gesamte Smokfläche gestalten.*

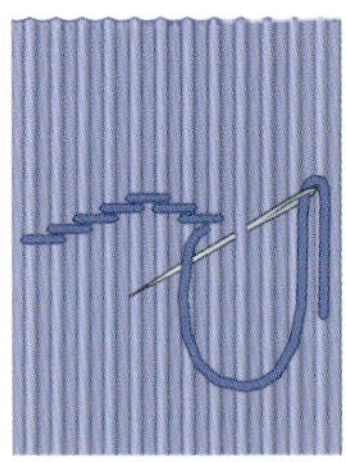

4 *Nachfolgende Reihen parallel zur ersten sticken.*

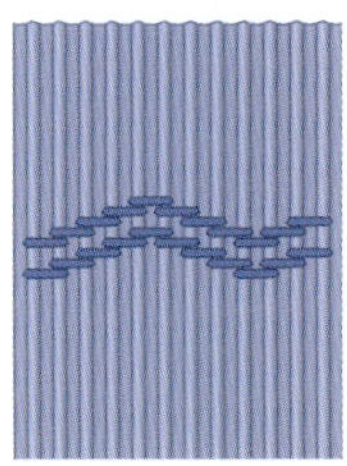

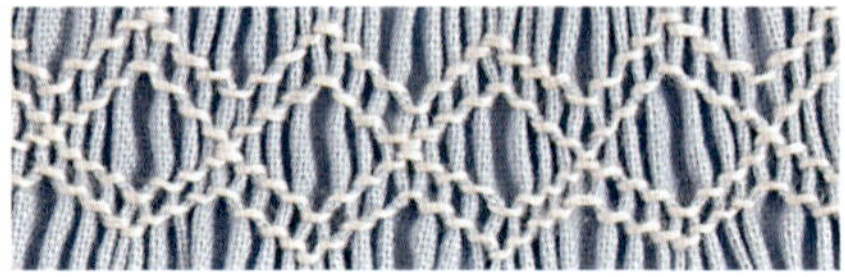

Gitterstich

1 *Eine Reihe von Wellenstichen arbeiten, wie zuvor beschrieben.*

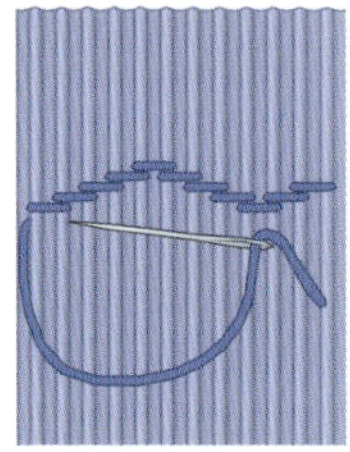

2 *Die zweite Reihe beginnt direkt unter dem ersten Stich. Eine absteigende Linie sticken und dabei den Faden jeweils oberhalb der Nadel halten.*

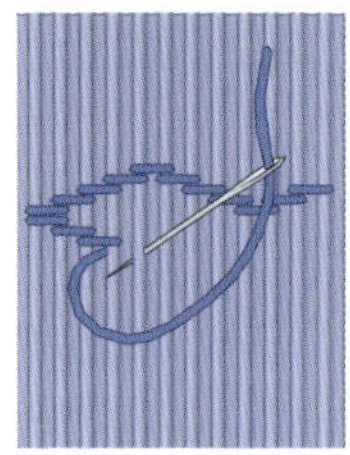

3 *Die nächste Stichgruppe in aufsteigender Linie arbeiten, dabei den Faden jeweils unterhalb der Nadel halten.*

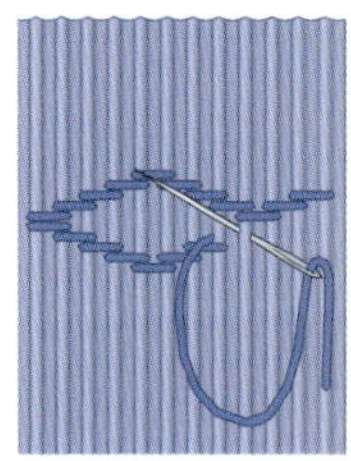

4 *So entsteht eine rautenförmige Stichreihe. Diese und alle nachfolgenden Reihen bilden das gewünschte Gittermuster.*

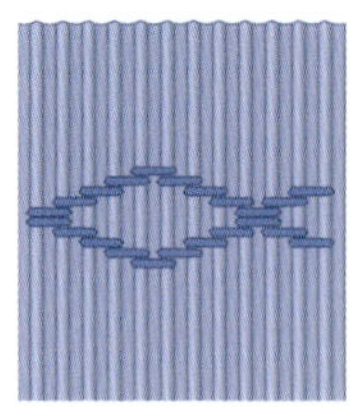

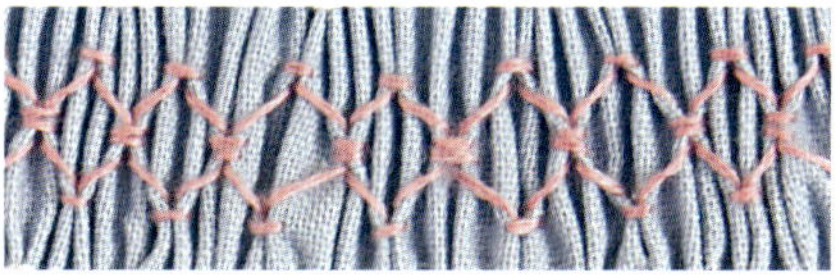

Rautenstich

1 Von links nach rechts arbeiten und jeweils durch die Fältchenkante stechen. Den Fadenanfang sichern und durch die rechts liegende Falte nähen. Den Faden unterhalb der Nadel halten.

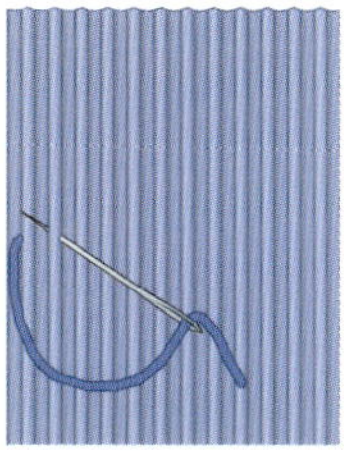

2 Einen Diagonalstich durch die nächste Falte schräg nach oben führen und dort einen waagerechten Stich setzen. Den Faden oberhalb der Nadel halten.

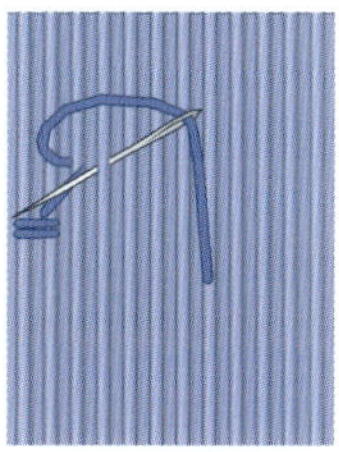

3 Einen Diagonalstich schräg nach unten machen und dort wieder einen waagerechten Stich setzen. Dabei den Faden unterhalb der Nadel halten. So fortfahren.

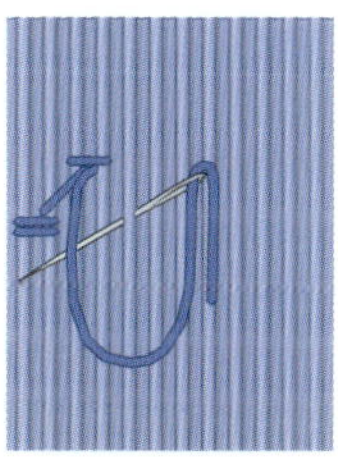

4 Die Reihe darunter wird in gleicher Weise gestickt, liegt aber spiegelverkehrt zur ersten und bildet so das Rautenmuster.

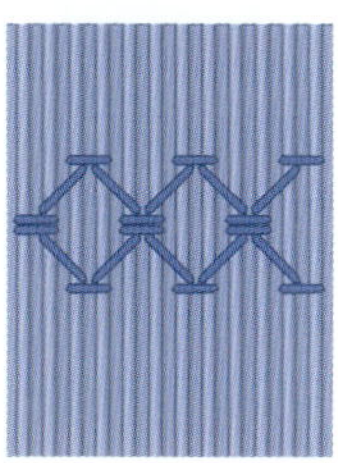

MASCHINENSMOKEN

Bei der Weiterentwicklung der Nähmaschinentechnik wurde auch die Möglichkeit des Maschinensmokens erfunden. Es gibt verschiedene programmierbare Stiche, die dafür geeignet sind. Hochwertige Computermaschinen haben die Smokstiche auf Diskette verfügbar.

1 Den Stoff wie für das Handsmoken vorbereiten und ausreißbares oder wasserlösliches Stickvlies unter die linke Seite legen.

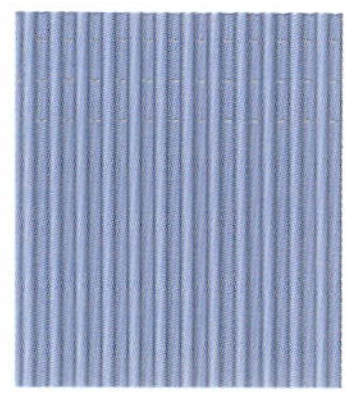

2 Aus den verfügbaren Nähmaschinenstichen einen zum Projekt passenden Stickstich auswählen.

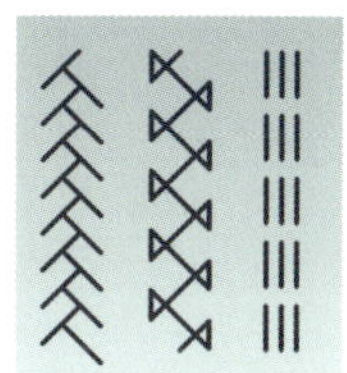

3 Mit der Maschine Reihe für Reihe von oben nach unten über die gerafften Fältchen nähen.

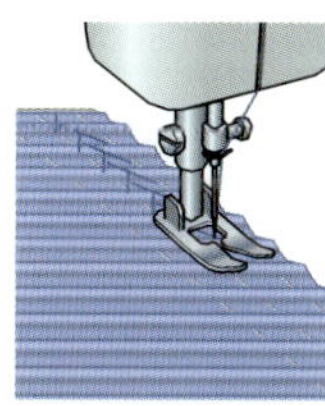

4 Sind die Reihen vollendet, werden die Rafffäden entfernt und das Kleidungsstück fertiggestellt.

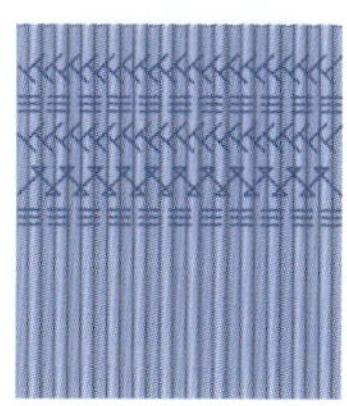

Perlenstickerei

Ein Kleidungsstück mit aufgenähten Perlen oder funkelnden Pailletten ist etwas ganz Besonderes. Obwohl in der Regel von Hand genäht, kann man gerade Perlenreihen auch mit der Maschine aufnähen oder mithilfe einer Tambournadel befestigen.

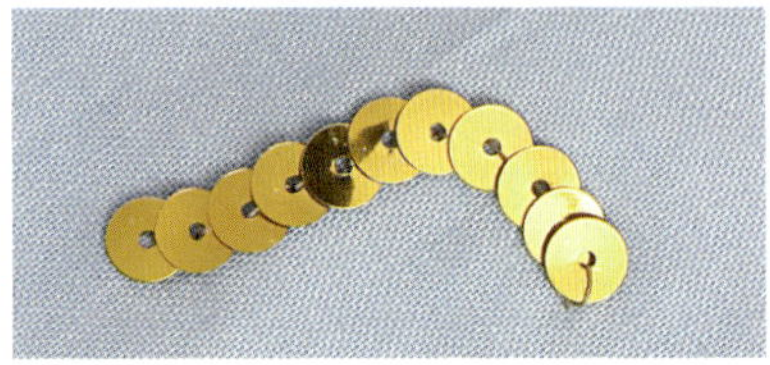

KLEIDUNGSSTÜCK/PROJEKT

Perlen und Pailletten dienen der Verzierung von Damenbekleidung und werden um Ausschnitte, auf Ärmelbündchen, Taschen, Kissen und entlang von Säumen genäht.

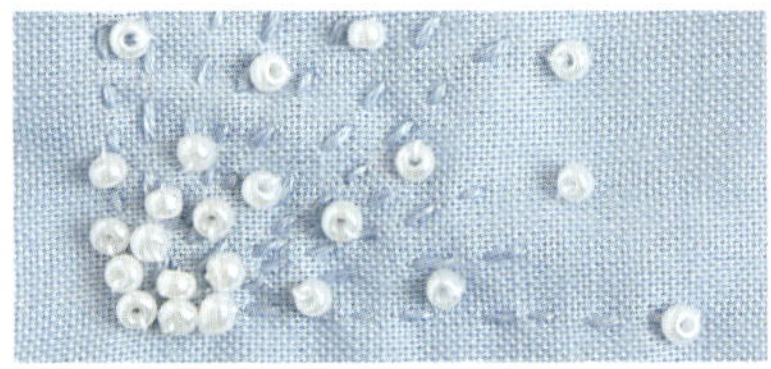

STOFF

Arbeiten Sie Perlen auf jede Art von Stoff.

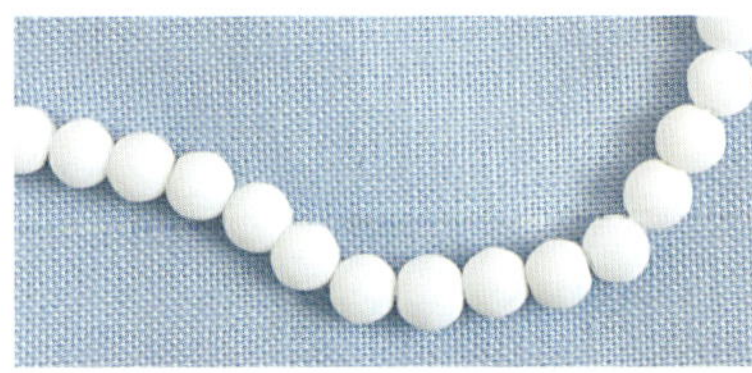

ZUBEHÖR UND STICHLÄNGE

Für die Arbeit von Hand verwenden Sie eine schlanke, lange Perlennadel. Bei der Tambourtechnik arbeiten Sie mit einer Hakennadel, die einer sehr feinen Häkelnadel gleicht. Beim Maschinennähen benutzen Sie eine normale Nähnadel und einen Perlenfuß, der eine Aussparung für die Perlenschnur besitzt. Die Nähmaschine wird auf einen breiten, langen Zickzackstich eingestellt.

ALTERNATIVEN

Es gibt fertigen, mit Perlen bestickten Stoff zu kaufen, den Sie verarbeiten können.

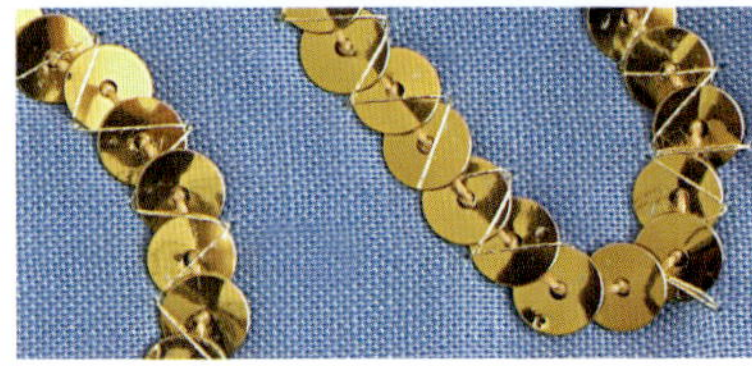

BÜGELN UND FERTIGSTELLEN

Nicht bügeln, denn Perlen und Pailletten können sich in der Hitze verfärben oder schmelzen.

PAILLETTEN UND PERLEN VON HAND FESTNÄHEN

Vorbereitung

Spannen Sie den Stoff in einen Stickrahmen oder einen Stickreifen.

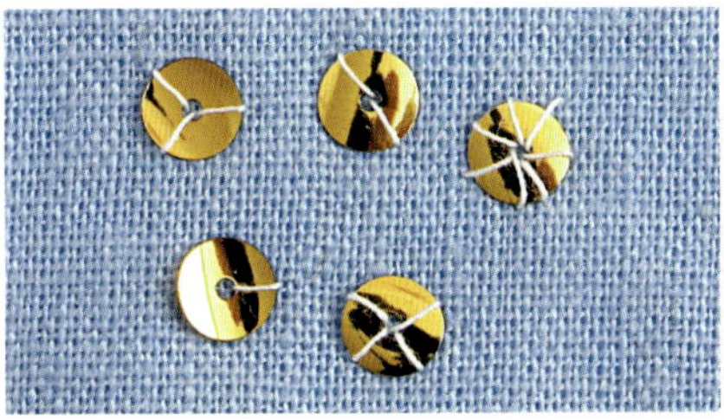

Einzelne Pailletten

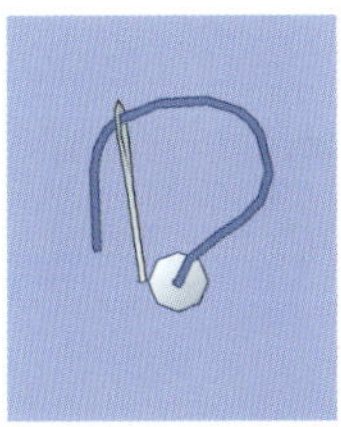

1 *Fadenanfang sichern. Die Nadel auf der Position der ersten Paillette auf die Stoffoberfläche bringen. Von unten durch das Loch der Paillette stechen. Dann über die Oberseite hinweg neben der Kante der Paillette wieder in den Stoff stechen.*

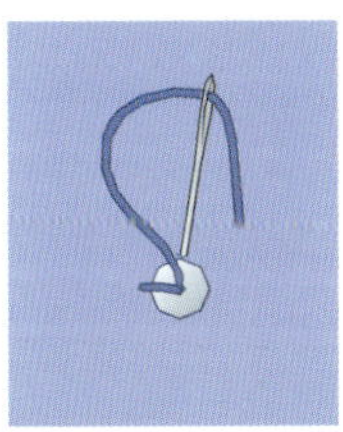

2 *Die Nadel durch das Loch der Paillette wieder nach oben bringen und an einer anderen Stelle entlang der Außenkante in den Stoff stechen.*

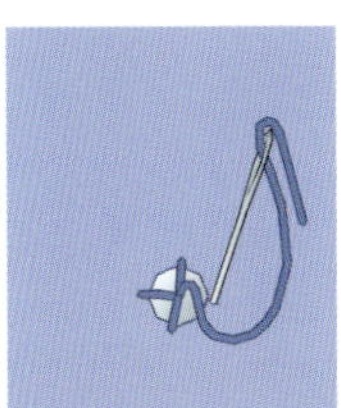

3 *So viele Stiche anbringen wie gewünscht.*

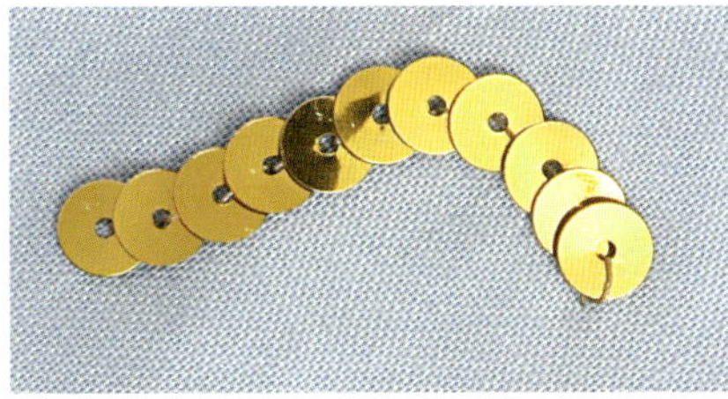

Paillettenreihe

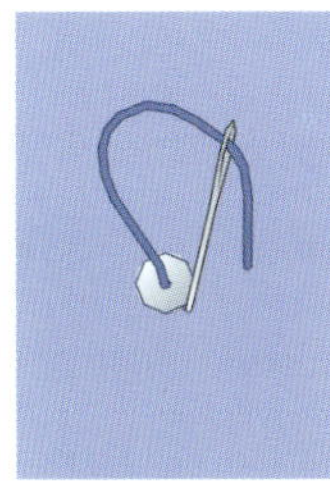

1 *Fadenanfang sichern und die Nadel auf der Position der ersten Paillette auf die Stoffoberfläche bringen. Von unten durch das Loch der Paillette stechen, dann über die Oberseite hinweg und neben der Kante der Paillette wieder in den Stoff stechen – genau dort, wo die nächste Paillette liegen soll.*

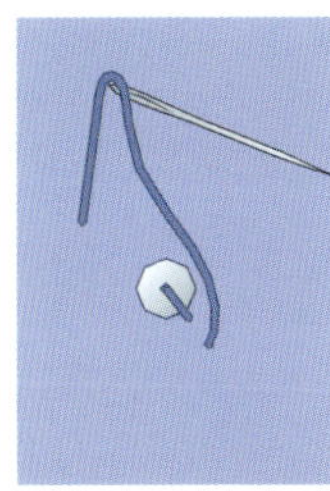

2 *Die Nadel eine halbe Paillettenlänge entfernt entlang der Nählinie auf die Oberfläche bringen. Die nächste Paillette auflegen, sodass sie die erste halb überlappt. Die Nadel durch das Loch der zweiten Paillette nach unten stechen.*

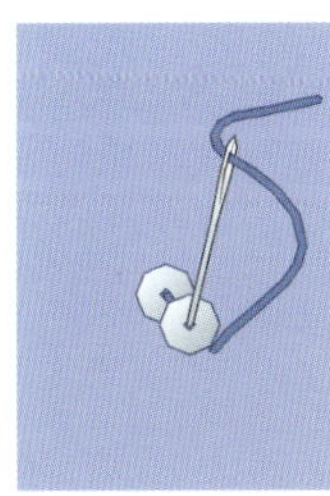

3 *Den Faden durchziehen und die Paillette so befestigen, dass sie die vorige halb bedeckt.*

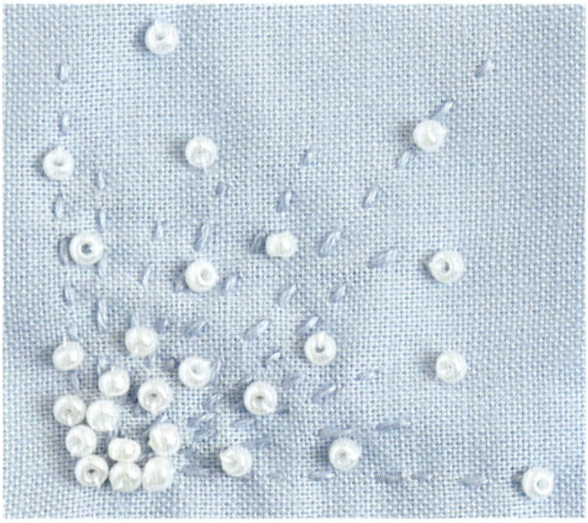

Einzelne Perlen

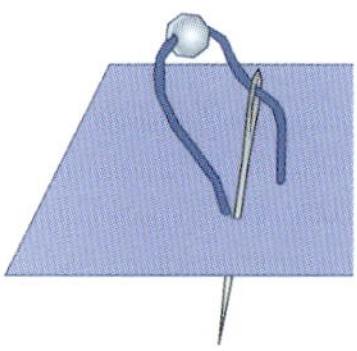

1 *Den Fadenanfang an der Stelle der ersten Perle sichern. Die Nadel durch das Loch der Perle schieben und durch die Ausstichsstelle zur linken Stoffseite hindurchstechen. Bei einzelnen Perlen das Fadenende auf der linken Stoffseite vernähen.*

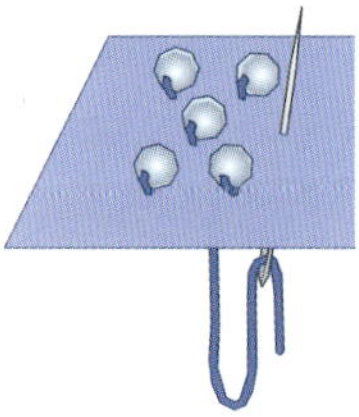

2 *Bei verstreut liegenden Perlen die Nadel an der gewünschten Stelle zur Stoffoberfläche bringen und dort die nächste Perle befestigen.*

Perlenreihe

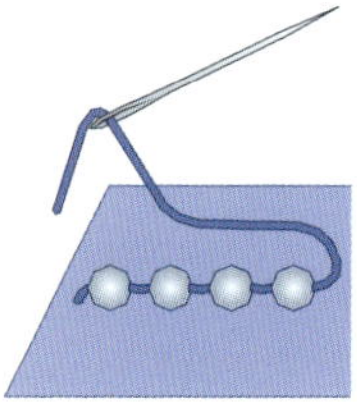

1 *Eine Anzahl von Perlen auf den Faden fädeln. Die Perlenschnur auf die Stoffoberfläche legen und mit einem Extrafaden festnähen.*

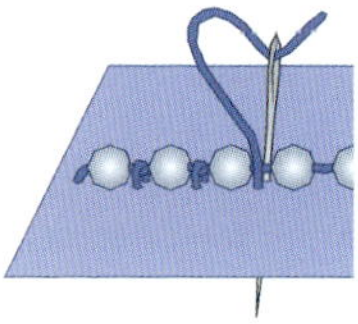

2 *An einem Ende beginnen und den Perlenfaden mit einzelnen Stichen zwischen den Perlen fassen und festnähen. Die gesamte Perlenreihe befestigen.*

Tipp

Sichern Sie den Faden an Anfang und Ende der Naht, damit die Perlen nicht herausfallen können. Legen Sie zur Verstärkung den Faden doppelt, sofern er fein genug ist.

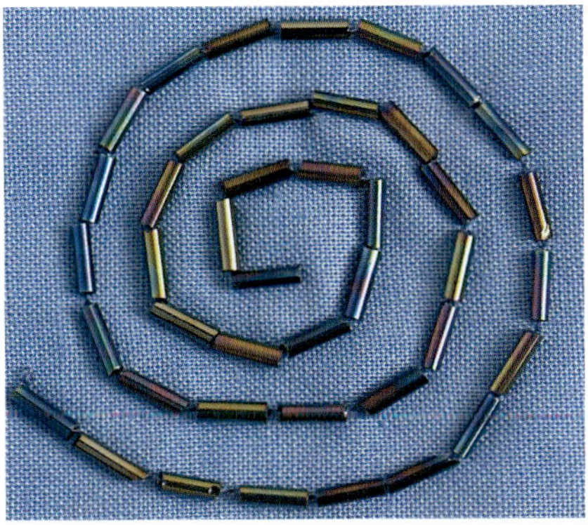

Tambourtechnik

Auch hier wird eine Perlenreihe befestigt, man benutzt aber einen Tambourhaken anstelle der Nadel.

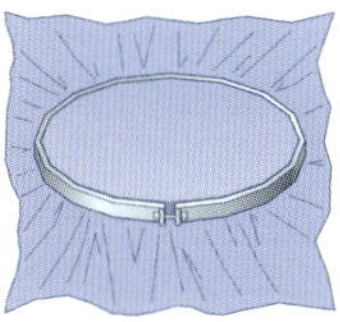

1 *Die Arbeit straff in einen Stickrahmen spannen.*

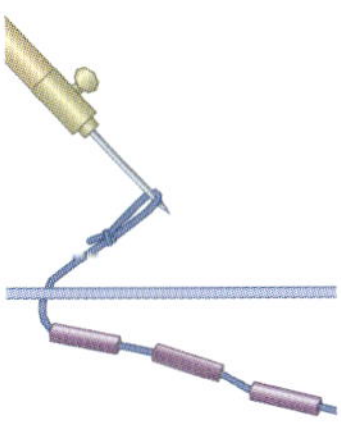

2 *Von der linken Stoffseite her arbeiten. Den Haken durch den Stoff stechen. Den Faden vor der ersten Perle fassen, den Faden durchziehen und eine Schlaufe formen.*

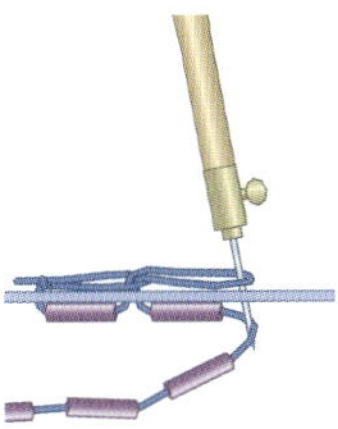

3 *Den Haken wieder durch den Stoff nach unten stechen und den Faden auf der anderen Seite der ersten Perle fassen. Den Faden wieder durch den Stoff nach oben und durch die um die Nadel liegende Schlaufe ziehen. Wiederholen.*

MIT DER MASCHINE

Eine Perlenreihe kann mithilfe des Perlenfußes befestigt werden, ebenso können Sie Pailletten mithilfe eines Pailletten- oder Bändchenfußes aufnähen. Die Perlen- oder Paillettenfäden werden duch eine Aussparung geführt, während die Maschine die Reihe mit Zickzackstichen übernäht.

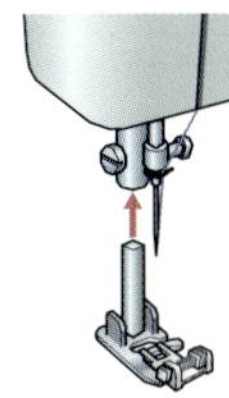

1 *Den Perlen- oder den Paillettenfuß einsetzen und den Zickzackstich einstellen.*

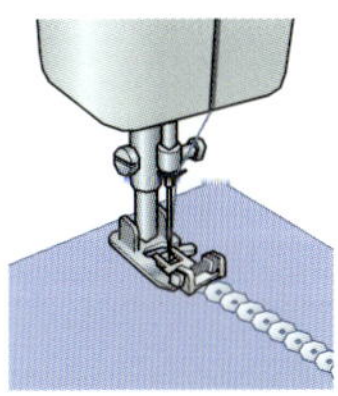

2 *Am Anfang der Naht beginnen, der Nähfuß ist angehoben. Die aufgefädelten Perlen oder die Pailletten unter den Nähfuß schieben und langsam nähen. Den Stoff entlang der Nählinie unter den Fuß schieben.*

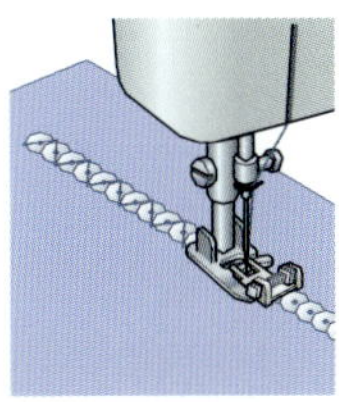

3 *Das Fadenende am Schluss der Naht sichern und überhängende Perlen oder Pailletten abschneiden.*

Verbindungsstiche

Mit Verbindungsstichen werden zwei Stoffkanten zusammengehalten und gleichzeitig eine durchbrochene Wirkung erzielt. Man nennt dies auch „Einsätze".

KLEIDUNGSSTÜCK/PROJEKT

Wenden Sie Verbindungsstiche an auf Unterwäsche, Bettwäsche, Vorhänge, beim Annähen von Spitzen, an Kleidersäumen und als dekorative Naht.

STOFF

Anzuwenden bei leichten bis mittelschweren Stoffen, z. B. Baumwollbatist, Leinen oder Dupionseide.

ZUBEHÖR UND STICHLÄNGE

Arbeiten Sie mit einer spitzen Sticknadel deren Öhr groß genug für Stickgarn ist.

ALTERNATIVEN

Ein Hohlsaum ist solchen Verbindungsstichen ähnlich. Für die Arbeit mit der Nähmaschine verwenden Sie eine Flügelnadel.

BÜGELN UND FERTIGSTELLEN

Bedecken Sie die Arbeit mit einem Bügeltuch.

Vorbereitung

Versäubern Sie beide Stoffkanten mit einem schmalen Saum oder einer Falte. Heften Sie die Kanten auf Karopapier, sodass die Stoffkanten ca. 6 mm auseinanderliegen. Das Karopapier stellt sicher, dass die Stiche gleich groß werden.

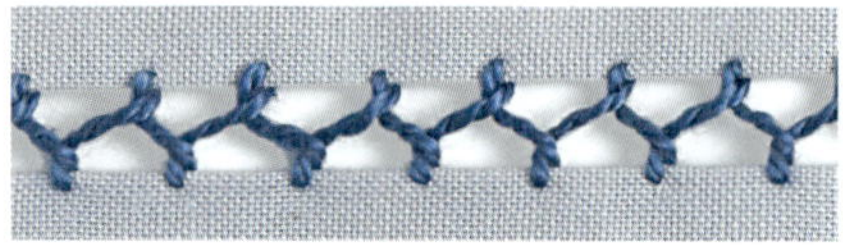

Einfacher Verbindungsstich

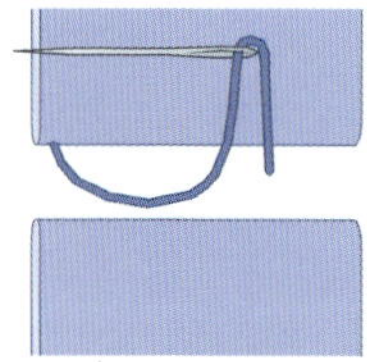

1 *Links an der oberen Kante beginnen. Die Nadel von innen aus der Kante heraus zur Oberfläche bringen.*

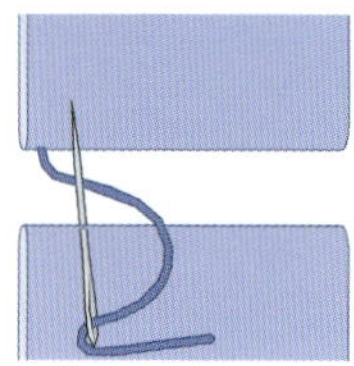

2 *Die Nadel eine Stichlänge weiter rechts von vorn nach hinten durch die untere Stoffkante stechen. Den Faden rechts der Nadel halten.*

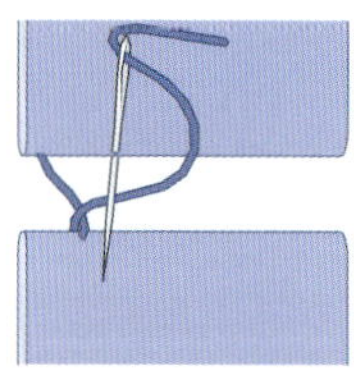

3 *Eine Stichlänge weiter rechts von vorn nach hinten durch die obere Stoffkante stechen und den Faden wieder rechts der Nadel halten.*

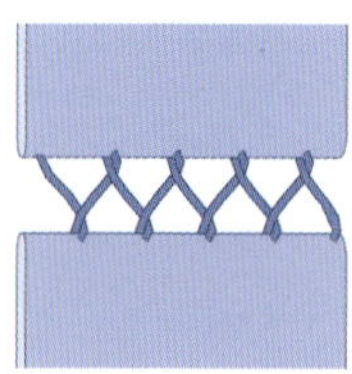

4 *Diese beiden Stiche abwechselnd wiederholen, sodass sich der Stich einmal dreht.*

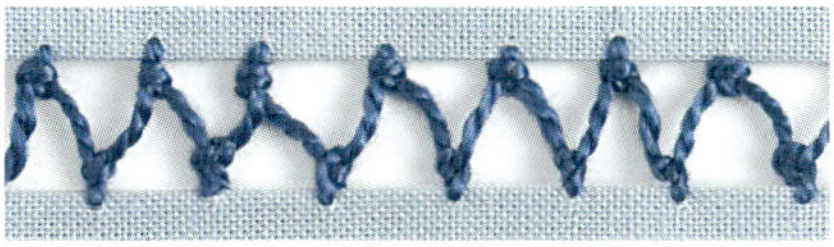

Geknoteter Verbindungsstich

1 *Links an der oberen Kante beginnen und die Nadel von innen aus der Kante heraus zur Oberfläche bringen.*

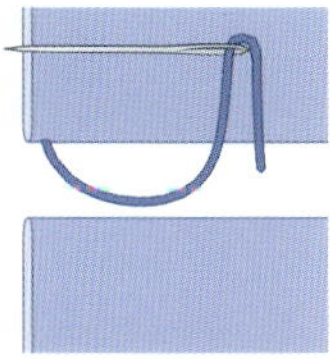

2 *Eine Stichlänge weiter rechts von vorn nach hinten durch die untere Stoffkante stechen. Den Faden rechts der Nadel halten. Die Nadel von rechts nach links unter den Fäden hindurchschieben, eine Schlinge über die Fäden legen und die Nadel durch die Schlinge ziehen.*

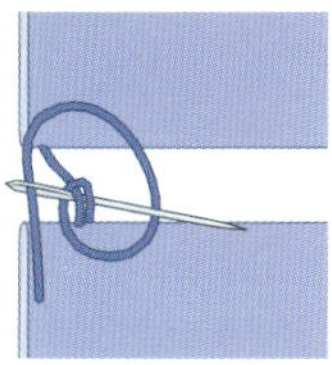

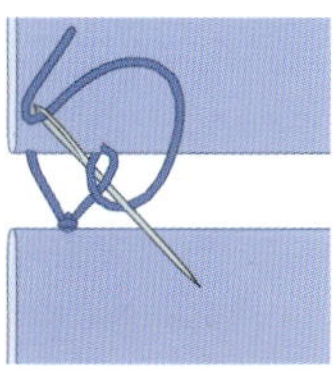

3 *Nun eine Stichlänge weiter von links nach rechts unter den Fäden der Kante hindurchstechen, dort eine Schlinge legen und den Faden durch diese Schlinge ziehen.*

4 *Mit den Stichen fortfahren und an jeder Kante einen Knoten bilden.*

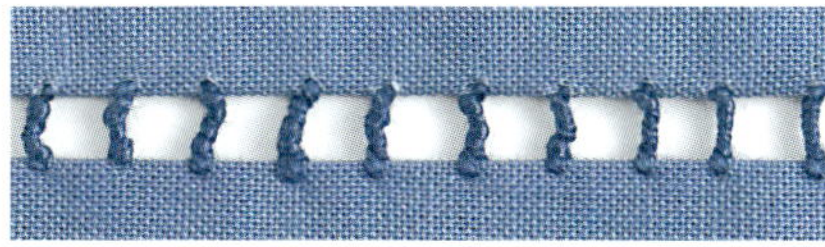

Riegelstich

1 *Rechts an der oberen Kante beginnen. Die Nadel aus der Kante herausführen und direkt unterhalb davon durch die untere Kante stechen.*

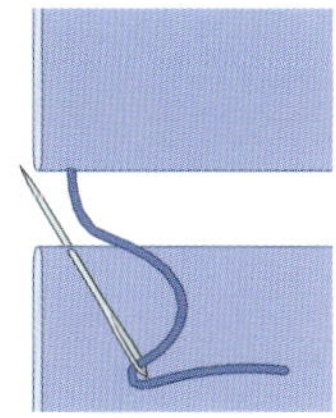

2 *Den Faden mehrmals um den Stich wickeln und die beiden Kanten verbinden. Der Abstand zwischen den beiden Kanten gibt vor, wie oft der Faden um den Stich gewunden wird. Der Riegel ähnelt einer kleinen Schnur.*

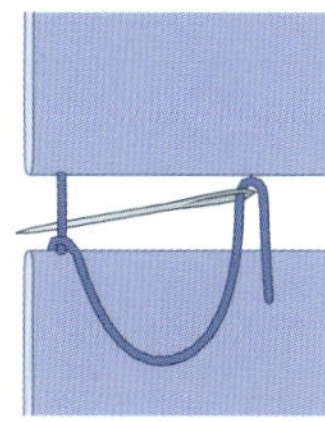

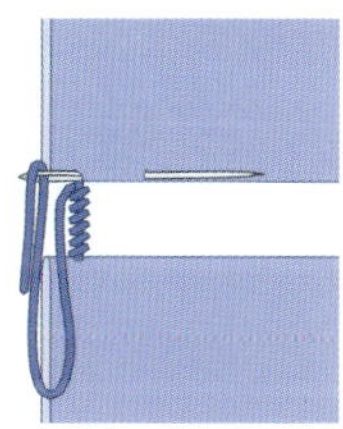

3 *Eine Stichlänge weiter rechts wieder von vorn nach hinten durch die obere Stoffkante stechen.*

4 *Dies wiederholen und Riegel entlang der ganzen Strecke bilden.*

Richelieustickerei

Dies ist eine durchbrochene Stickerei, die stabiler ist als sie aussieht, denn die Knopflochstiche entlang der Stoffkanten verstärken die Arbeit. Das Muster wird erst ausgeschnitten, wenn die Stickerei vollendet ist.

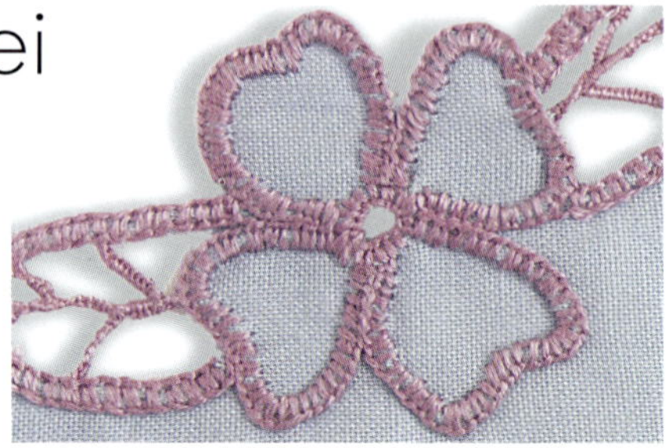

KLEIDUNGSSTÜCK/PROJEKT

Für Damenkleider und -blusen. Verwenden Sie sie auch an Tischdecken, Servietten, Bettwäsche und Kissenhüllen.

STOFF

Wählen Sie dicht gewebte Stoffe, die wenig fransen.

ZUBEHÖR UND STICHLÄNGE

Zum Handnähen arbeiten Sie mit einer spitzen Sticknadel und Sticktwist oder Perlgarn. Arbeiten Sie die Knopflochstiche an den Kanten dicht an dicht, oder leicht auseinanderliegend beim doppelten Knopflochstich. Beim Maschinennähen wählen Sie eine Maschinensticknadel und Maschinenstickgarn. Stellen Sie einen dichten Zickzackstich ein.

ALTERNATIVEN

Nähen Sie von Hand oder mit der Maschine.

BÜGELN UND FERTIGSTELLEN

Nach der Fertigstellung vorsichtig von links bügeln.

RICHELIEUSTICKEREI VON HAND

Ausgeschnittene Bereiche

1 *Das Muster auf den Stoff übertragen und die Umrisse, die später herausgeschnitten werden sollen, mit Vorstich umnähen (siehe Seite 28).*

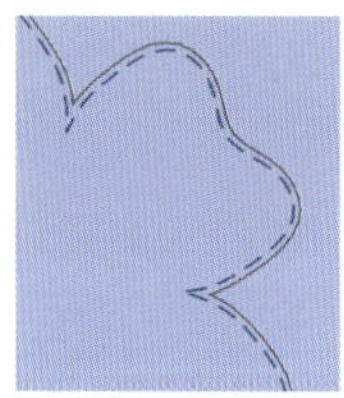

2 *Über die Vorstichreihe einen Knopflochstich arbeiten, der später die Kanten der ausgeschnittenen Bereiche bedeckt.*

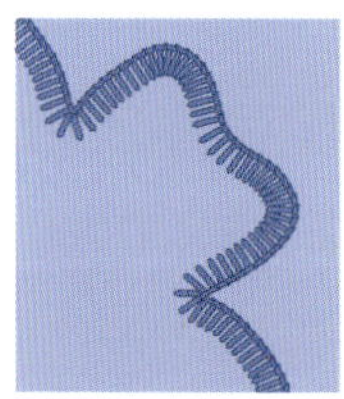

3 *Mit einer feinen Stickschere den überstehenden Stoff bis dicht an die Knopflochstiche heran wegschneiden.*

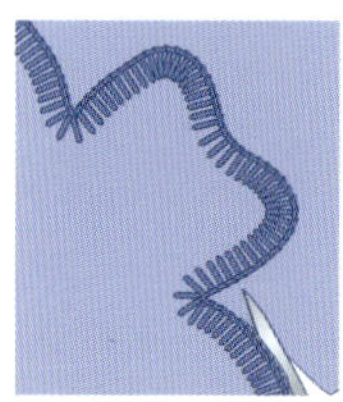

Richelieu-Steg

1 *Drei oder vier Spannstiche in passender Länge über die entsprechende Stelle des Motivs arbeiten.*

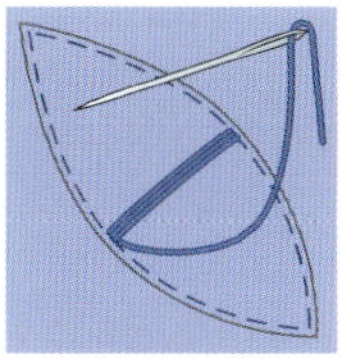

2 *An einem Ende beginnen und Knopflochstiche über die Fadenstränge arbeiten, bis der ganze Steg bedeckt ist. Fadenenden sichern.*

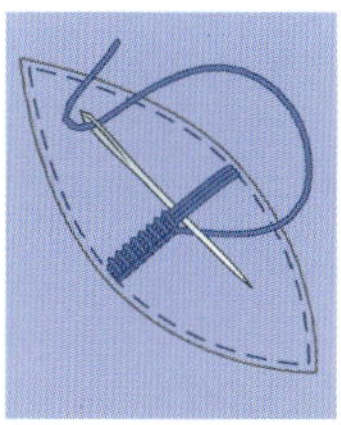

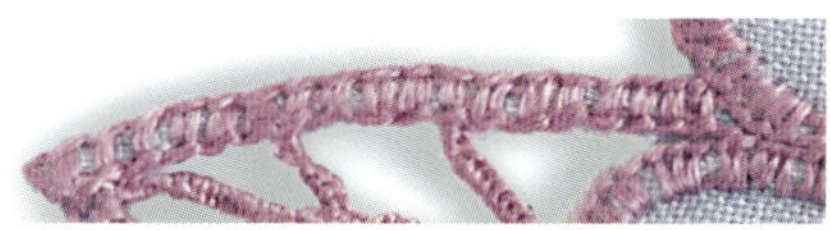

Doppelter Knopflochstich

1 *Das Fadenende am Beginn der Nählinie sichern und eine Reihe von Knopflochstichen entlang der Motivkante arbeiten.*

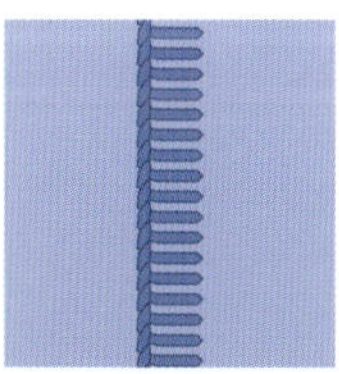

2 *Nun eine zweite Reihe von der anderen Seite her nähen, dabei in die Lücken zwischen den Stichen der ersten Reihe stechen.*

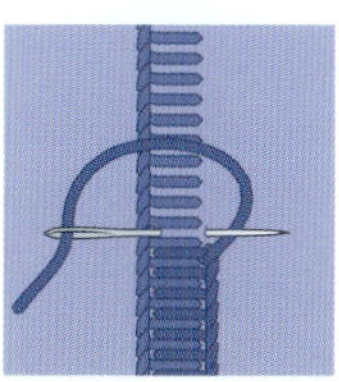

RICHELIEUSTICKEREI MIT MASCHINE

Sehr ähnlich aussehend, aber viel schneller, kann diese Stickerei mit dem maschinengenähten Satin-Zickzackstich gearbeitet werden.

1 *Ausreißbares Stickvlies auf die linke Stoffseite legen und das Muster auf den Stoff übertragen.*

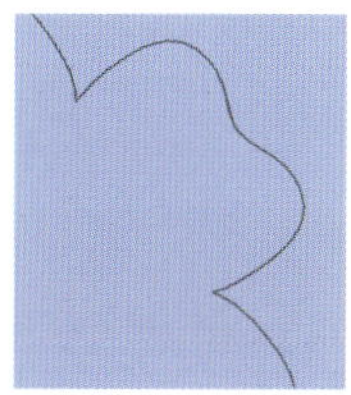

2 *Zuerst mit kurzen Geradstichen und mit farbgleichem Faden um die Konturen nähen.*

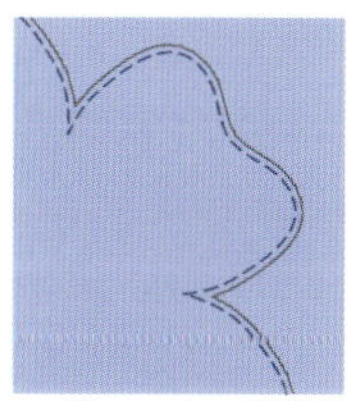

3 *Für den Satinstich einen kurzen Zickzackstich einstellen. Mit diesem entlang der Geradstichlinien nähen. Mit einer scharfen, spitzen Schere überstehenden Stoff abschneiden. Das Stickvlies entfernen, doch nicht aus den Zickzacknähten.*

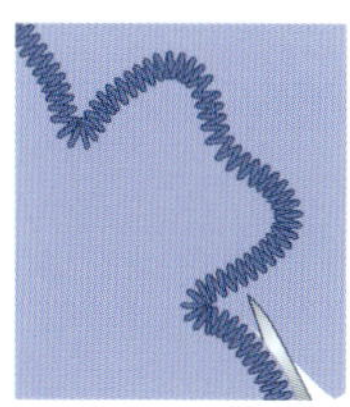

Bändchenstickerei

Die Stickerei mit Bändchengarn geht schnell und ergibt ein dreidimensionales Muster. Sie eignet sich besonders gut für florale Motive wie Blüten und Blätter.

KLEIDUNGSSTÜCK/PROJEKT

Bändchenstickerei eignet sich für vielerlei Projekte, von fertigen T-Shirts bis zu gestrickten Jacken. Sie können auch Hüte, Taschen und Kissen damit verzieren.

STOFF

Die meisten Stoffe eignen sich zum Besticken mit Bändchen, doch werden dicht gewebte Stoffe den Bändchen schaden, sobald sie durchgezogen werden. Die besten Bändchen sind weiche Seidenbändchen ohne feste Kanten.

ZUBEHÖR UND STICHLÄNGE

Eine kräftige Sticknadel bohrt ein ausreichend großes Loch in den Stoff, um das Bändchengarn durchziehen zu können und das große Öhr nimmt das Band gut auf. Arbeiten Sie mit kurzen Stücken, damit das Band beim Durchziehen nicht zu schnell verschleißt.

ALTERNATIVEN

Die Bändchenstickerei kann auch mit der Nähmaschine durchgeführt werden. Verwenden Sie dafür einen Spezialfuß. Das Ergebnis ist aber nicht dreidimensional.

BÜGELN UND FERTIGSTELLEN

Bändchenstickerei nicht bügeln, da die Motive flach würden.

Vorbereitung

Spannen Sie den Stoff in einen Stickrahmen. Fädeln Sie ein kurzes Stück Bändchengarn in eine Sticknadel ein und machen Sie am Anfang einen Knoten. Nähen Sie jeden Stich mit dem Bändchen, doch lassen Sie ihn locker. Am Ende führen Sie das Bändchen zur linken Stoffseite und schneiden es ab. Fädeln Sie nun eine feine Nadel mit Baumwoll- oder Seidenfaden ein und nähen Sie das Ende des Bändchens damit fest.

Gefüllter Geradstich

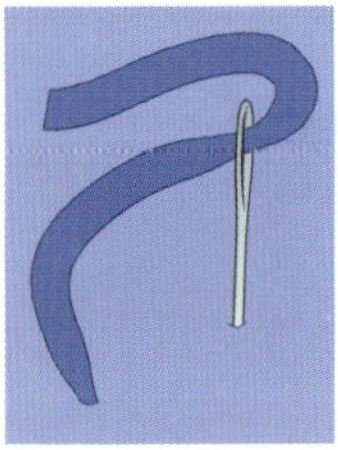

1 *Das Bändchengarn einfädeln und die Nadel am Beginn des Stiches auf die Stoffoberfläche bringen. Am Ende des Stiches nach unten stechen, das Bändchen als lockeren Stich liegen lassen.*

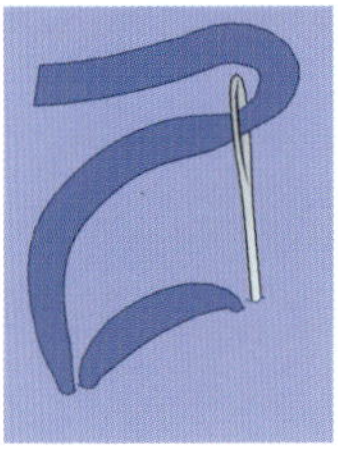

2 *Einen zweiten Stich direkt über den ersten setzen. Das Bändchen nicht anziehen, sondern locker über den ersten Stich legen. Auf der linken Stoffseite enden und die Enden mit normalem Faden festnähen wie oben beschrieben.*

Bändchenstich

1 *Bändchengarn einfädeln und die Nadel am Beginn des Stiches auf die Stoffoberfläche bringen. Das Band locker und flach ausgebreitet auf die Oberfläche legen und am Ende des Stiches durch das Band hindurch nach unten stechen.*

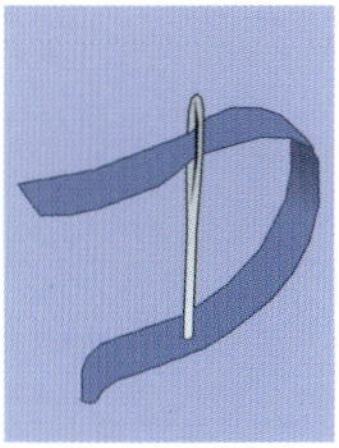

2 *Das Garn fast ganz durchziehen und eine lockere Schlaufe am Ende stehen lassen, die wie ein gerolltes Blatt oder Blütenblatt aussieht. Auf der linken Stoffseite enden und mit normalem Faden festnähen, wie oben beschrieben.*

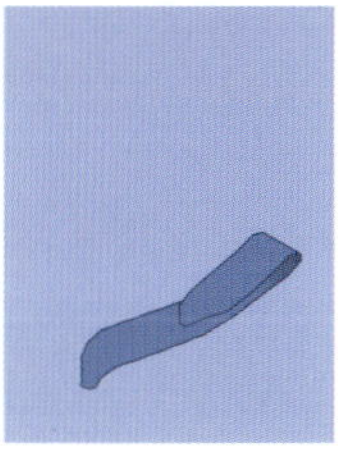

Gerafftes Bändchen

1 *Ein kurzes Stück Bändchengarn abschneiden und Vorstiche entlang einer Kante nähen. Das Band zu einer Rüsche raffen und den Faden vernähen.*

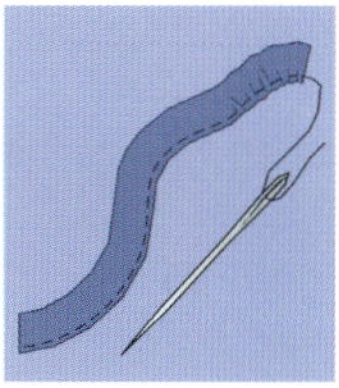

2 *Mit einem zweiten Faden in der gleichen Farbe das geraffte Bändchen mit kleinen Stichen kreisförmig auf den Stoff aufnähen. So entsteht eine kleine Rosenblüte.*

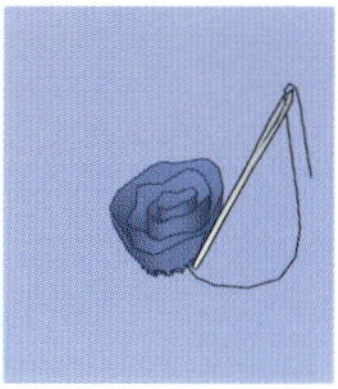

Kordonnieren

Beim Kordonnieren wird Garn oder eine Kordel mit einem Faden überstochen und in Position gehalten. Man verwendet es bei der Darstellung von Blumenstängeln, doch können dicht nebeneinanderliegende Reihen auch ganze Flächen füllen. Steife Metallgarne werden ebenso mit dieser Technik aufgenäht.

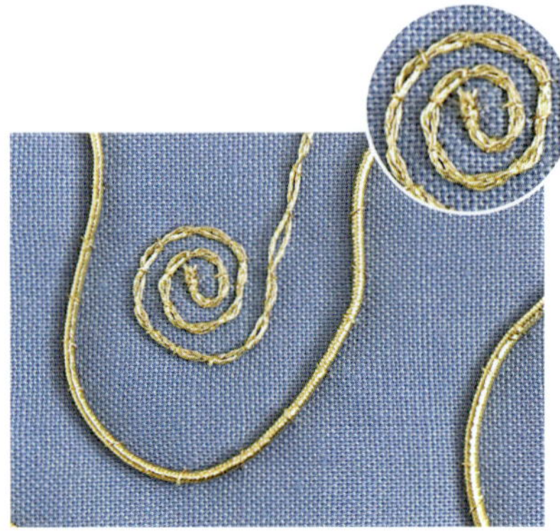

1 *Den Faden auf der Rückseite der Arbeit sichern und die Nadel am Beginn der Nählinie auf die Oberfläche bringen. Das Garn oder die Kordel an der Nählinie entlang legen. Mit der Nadel darüberstechen und auf der anderen Seite wieder in den Stoff führen.*

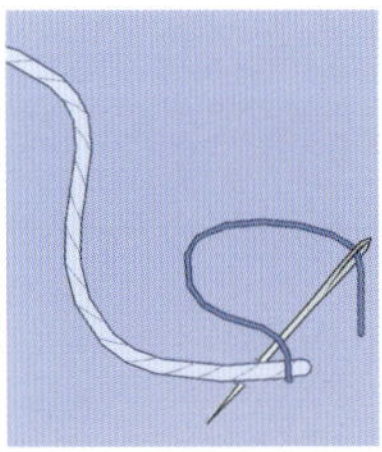

2 *Weitere Überwendlichstiche über das aufgelegte Garn arbeiten und dieses damit auf dem Stoff befestigen. Wenn die Kordel eine deutliche Zwirnung aufweist, die Kordonnierstiche in der gleichen Richtung ausrichten wie die Zwirndrehung, sodass sie optisch verschwinden.*

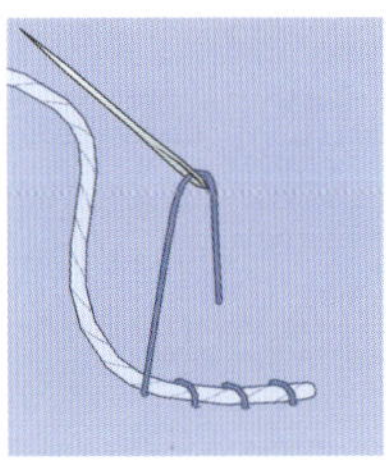

KLEIDUNGSSTÜCK/PROJEKT

Für das Aufnähen von Blumenstängeln, weichen Kurvenlinien, Metallgarnen und Flachdraht. Auch als dichter Füllstich wirkt der Stich gut.

STOFF

Anzuwenden auf allen Arten von Stoff.

ZUBEHÖR UND STICHLÄNGE

Arbeiten Sie mit einer feinen Nähnadel und Baumwoll- oder Seidengarn. Machen Sie gerade oder diagonal liegende Stiche, je nach Garn.

ALTERNATIVEN

Mit der Maschine lässt sich mit Zickzackstich mühelos kordonnieren. Verwenden Sie den Kordonnierfuß, der auf seiner Unterseite den aufgelegten Faden führt und ihn auf der Nählinie hält.

BÜGELN UND FERTIGSTELLEN

Wenn nötig, von links auf einer dicken, weichen Unterlage bügeln.

Kretischer Stich

Er wird wie der Hexenstich gearbeitet und eignet sich sowohl als offener Zierstich als auch als dichter Füllstich. Er wird auch als Verbindungsstich von zwei Stoffkanten benutzt.

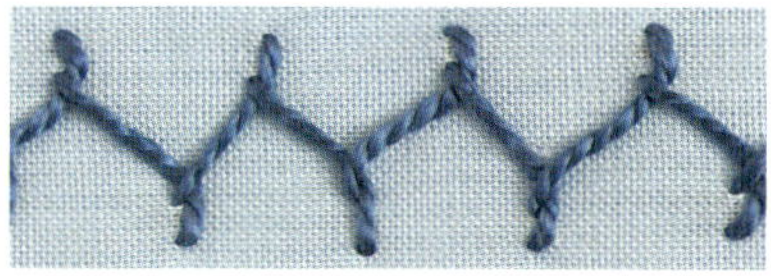

Offener Kretischer Stich

Geschlossener Kretischer Stich

OFFENER KRETISCHER STICH

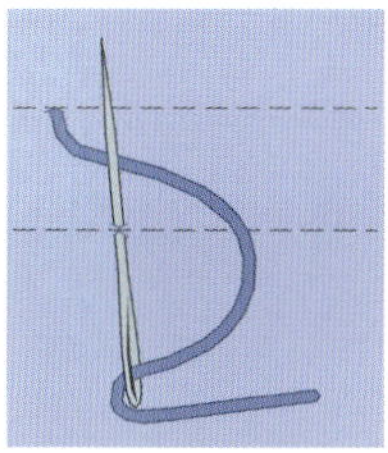

1 *Von links nach rechts arbeiten. Die Nadel in der Mitte zwischen den Hilfslinien zur Oberfläche bringen und dann auf der unteren Hilfslinie eine Stichlänge weiter rechts einstechen. Den Faden oberhalb der Nadel halten und diese direkt oberhalb der Linie wieder nach oben führen.*

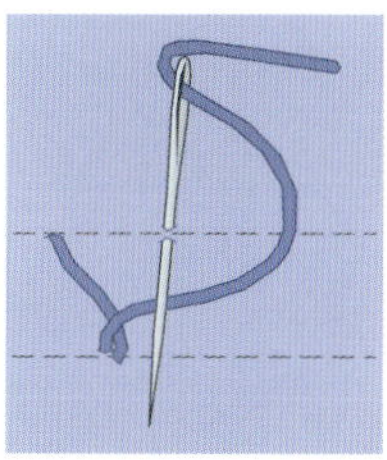

2 *Den Faden unterhalb der Nadel halten und diese unter dem Stoff hindurch bis zur oberen Hilfslinie stechen. Die Nadel direkt darunter zur Oberfläche bringen.*

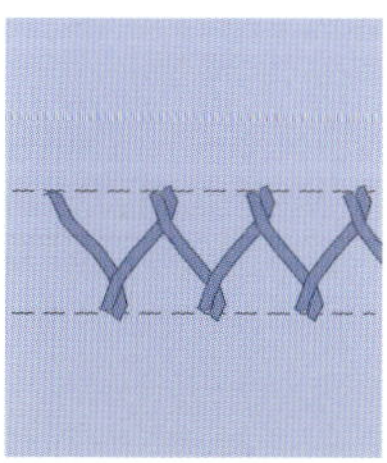

3 *So fortfahren.*

Geschlossener Kretischer Stich

Der Stich wird wie der offene Kretische Stich gearbeitet, doch wird bei jedem Stich mehr Stoff gegriffen und jeder Stich dichter an den vorherigen gesetzt.

KLEIDUNGSSTÜCK/PROJEKT

Arbeiten Sie den Kretischen Stich als Darstellung von Gras (offen) und Blättern (geschlossen). Er wirkt auch als Bordüre und als Verbindungsstich gut.

STOFF

Anwendbar auf allen Arten von Stoff.

ZUBEHÖR UND STICHLÄNGE

Arbeiten Sie mit einer Sticknadel, die der Stärke des Stoffes angemessen ist und deren Öhr groß genug ist.

ALTERNATIVEN

Anstelle des offenen Kretischen Stiches können Sie den Fliegenstich und den Hexenstich benutzen; anstelle des geschlossenen Kretischen Stiches den Satinstich.

BÜGELN UND FERTIGSTELLEN

Bügeln Sie die Stickstiche nicht platt.

Maschinenstickerei

Die modernen Nähmaschinen bieten eine große Auswahl an programmierten Zierstichen (siehe unten), die in verschiedenster Weise benutzt werden können. Arbeiten Sie die Stiche mit Stickgarn oder mit Metallgarnen und zusammen mit Bändchen und Kordeln. Auch das freie Maschinensticken (siehe Seite gegenüber) ist eine Vorgehensweise und eröffnet zahlreiche kreative Entfaltungsmöglichkeiten.

für das Smoken

mit Flügelnadel genäht

dekorative Kanten

für das Smoken

dekoratives Stickmuster

über ein Band genäht

1 Die Nähmaschine vorbereiten: Stofftransport versenken oder die Transportzähne bedecken und den normalen Nähfuß durch einen Stopffuß ersetzen. Das Handbuch zu Rate ziehen.

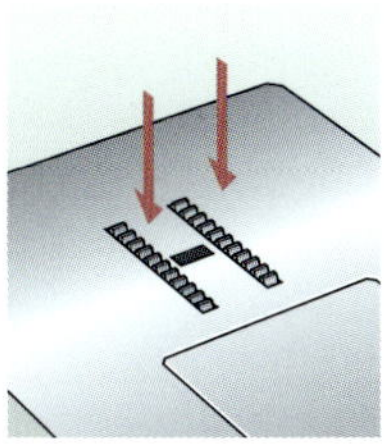

2 Maschinenstickgarn in Nadel und Spule einlegen und die Stichlänge auf Null stellen. Den Stoff straff in einen Stickrahmen spannen.

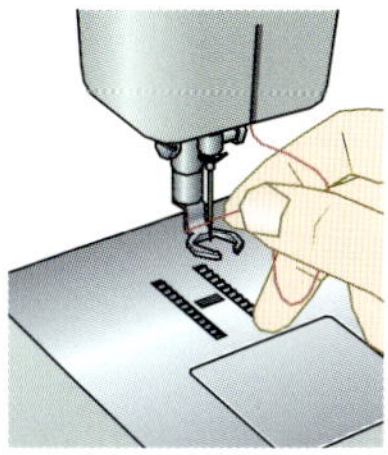

3 Den Stoff im Stickrahmen unter die Nadel legen. Die offenen Stoffkanten sollten nach oben weisen und der glatte Stickrahmen nach unten. Am Anfang der Nählinie beginnen.

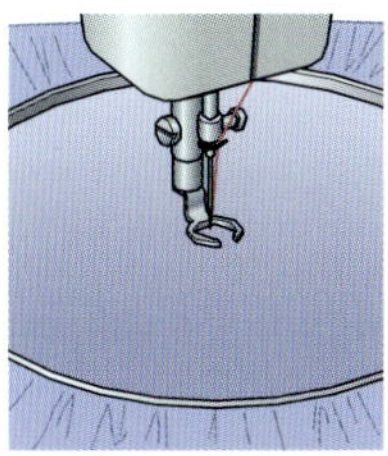

4 Das Handrad drehen, bis die Nadel den Unterfaden greift und diesen zur Oberfläche ziehen. Fadenenden festhalten. Nähfuß senken und gleichmäßig nähen, dabei den Stickrahmen langsam bewegen. Kleine Stiche arbeiten. Die Stickerei kann entweder völlig frei komponiert werden oder Musterlinien folgen, die mit wasserlöslichem Stift vorgezeichnet wurden.

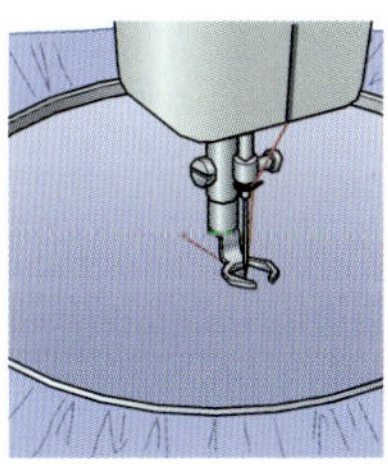

KLEIDUNGSSTÜCK/PROJEKT

Ein zugeschnittenes Kleidungsteil wie z. B. ein Vorderteil oder eine Passe, kann vor dem weiteren Nähen mit freier Stickerei verziert werden. Sie können programmierte Stiche für Kissen, Bettwäsche und andere Heimtextilien verwenden.

STOFF

Nehmen Sie mittelschweren Stoff wie Baumwollstoff oder Nessel. Bei dünnen Stoffen kann man ausreißbares oder wasserlösliches Stickvlies unterlegen.

ZUBEHÖR UND STICHLÄNGE

Nehmen Sie Maschinenstickgarn in die Unterfadenspule bei der Arbeit mit programmierbaren Stichen. Bei allen Sticktechniken setzen Sie eine Nadel Stärke 14 ein. Verwenden Sie eine Metallicnadel für Metallicgarne, da das größere Öhr den Faden weniger aufreibt. Die Stichlänge und -breite sollte auf „0" stehen. Wird der Stickrahmen langsam bewegt, ergeben sich kleinere Stiche, eine schnelle Bewegung führt zu längeren Stichen. Je nach Stickbild die Nadelspannung lockern.

ALTERNATIVEN

Sticken Sie von Hand oder benutzen Sie computergesteuerte Stickmotive an der Nähmaschine.

BÜGELN UND FERTIGSTELLEN

Entfernen Sie nach Möglichkeit das Stickvlies unter dem Stoff. Bügeln Sie nur wenn nötig, und von links.

Stielstich

Wenden Sie den Stielstich bei Kurven und geraden Linien an. Er eignet sich zur Darstellung von Blumenstängeln und Konturen, sowie als Füllstich, wenn er in dichten Reihen gearbeitet wird.

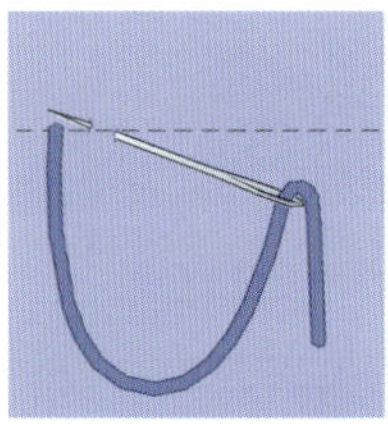

1 *Von links nach rechts arbeiten. Die Nadel am Beginn der Nählinie zur Stoffoberfläche bringen. Eine Stichlänge weiter links nach unten stechen und die Nadel auf der halben Strecke und oberhalb des ersten Stiches wieder nach oben bringen.*

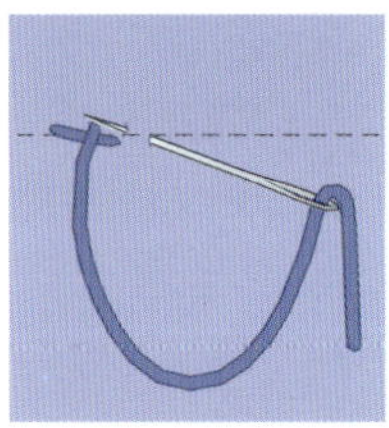

2 *Einen weiteren Stich nach rechts machen und die Nadel wieder auf der halben Strecke oberhalb des vorigen Stiches nach oben bringen.*

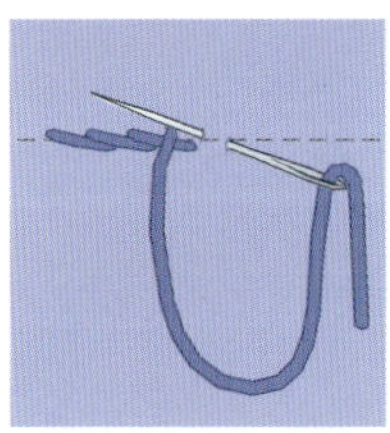

3 *Alle Stiche in dieser Weise arbeiten.*

KLEIDUNGSSTÜCK/PROJEKT

Zu benutzen als Stickerei oder zur Verzierung von Kleidungsstücken.

STOFF

Der Stielstich kann auf allen Stoffarten genäht werden.

ZUBEHÖR UND STICHLÄNGE

Arbeiten Sie mit einer Sticknadel, die der Stoffstärke angemessen ist und deren Öhr groß genug ist. Machen Sie an engen Kurven kürzere Stiche, damit die Linie glatt wird.

ALTERNATIVEN

Nähen Sie alternativ den Rückstich, den Kettenstich, den Spaltstich oder den umstochenen Vorstich. Mit der Nähmaschine nähen Sie den Zickzackstich oder Kordonnierstich.

BÜGELN UND FERTIGSTELLEN

Bügeln Sie die Stickstiche nicht mit dem Bügeleisen platt. Wenn nötig, bügeln Sie von links auf einer dicken, weichen Unterlage.

Kabelstich

Der Kabelstich ist ein Stickstich für Umrisslinien. Er bildet eine dichte Linie und wird auch für das Smoken benutzt.

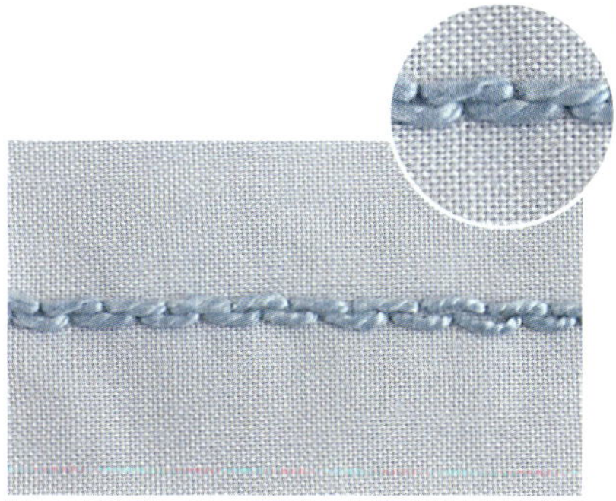

1 *Von links nach rechts arbeiten. Die Nadel am Beginn der Nählinie auf die Oberfläche bringen. Die Nadel nach unten stechen, eine Stichlänge nach rechts führen und auf halber Höhe und oberhalb des vorigen Stiches nach oben bringen.*

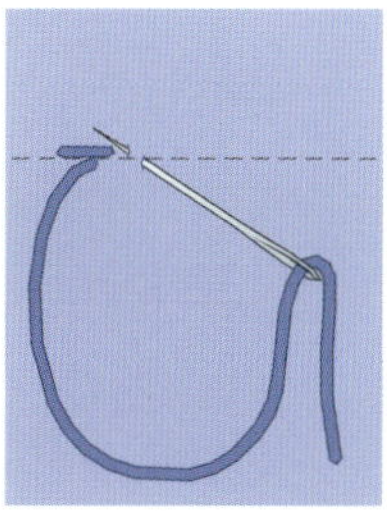

2 *Den nächsten Stich nach rechts machen und die Nadel wieder auf halber Höhe, aber unterhalb des vorigen Stiches, nach oben führen. So weiterarbeiten und immer den oberen und unteren Stich abwechseln, sodass sich zwei nebeneinanderliegende Stichlinien bilden.*

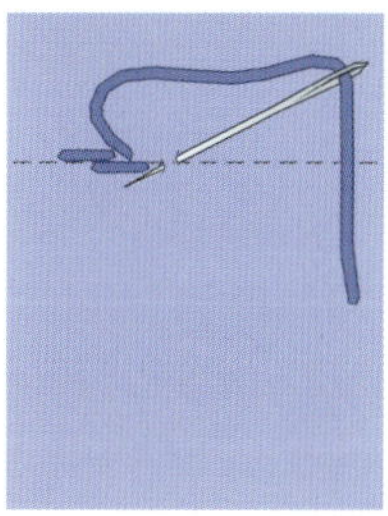

KLEIDUNGSSTÜCK/PROJEKT

Benutzen Sie den Kabelstich beim Smoken und für dekorative Stickerei auf Kleidungsstücken.

STOFF

Der Kabelstich kann auf allen Stoffarten genäht werden.

ZUBEHÖR UND STICHLÄNGE

Arbeiten Sie mit einer Sticknadel, die der Stoffstärke angemessen ist und deren Öhr groß genug ist.

ALTERNATIVEN

Nähen Sie alternativ den Rück-, Ketten-, Spalt- oder umstochenen Vorstich. Mit der Nähmaschine nähen Sie den Zickzack- oder Kordonnierstich.

BÜGELN UND FERTIGSTELLEN

Bügeln Sie die Stickstiche nicht mit dem Bügeleisen platt. Wenn nötig, bügeln Sie von links auf einer dicken, weichen Unterlage.

Kettenstich

Für Linien in Stickmotiven eignet sich der Kettenstich gut. Er geht schnell und lässt sich auf geraden und auf geschwungenen Linien sticken. Der Kettenstich kann auch als Unterpolsterung für einen Satinstich dienen.

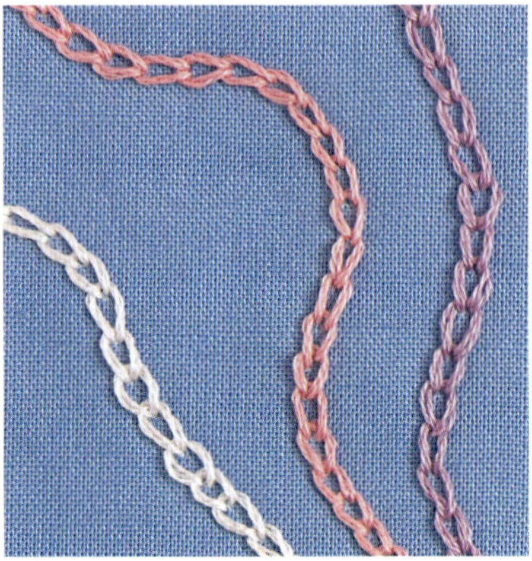

1 *Den Faden am Anfang der Nählinie zur Oberfläche bringen. Die Nadel sehr nahe der Ausstichsöffnung wieder nach unten stechen und die Nadelspitze eine Stichlänge weiter vorn nach oben bringen. Den Faden unter der Nadelspitze zu einer Schlinge legen und erst jetzt den Faden durchziehen.*

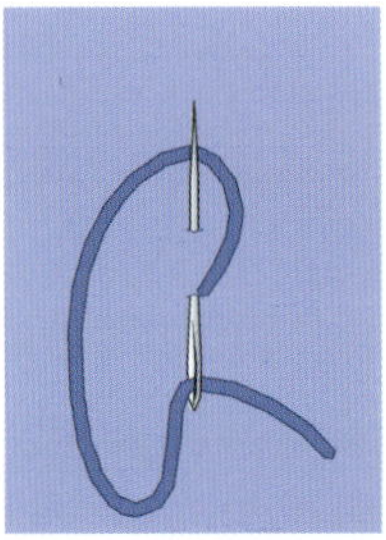

2 *Wieder nahe des Ausstichslochs nach unten stechen, dort wo der Faden in der Schlinge auftaucht, die Nadelspitze eine Stichlänge nach vorn schieben. Eine neue Schlinge formen und unter die Nadelspitze legen und dann den Faden wieder durchziehen.*

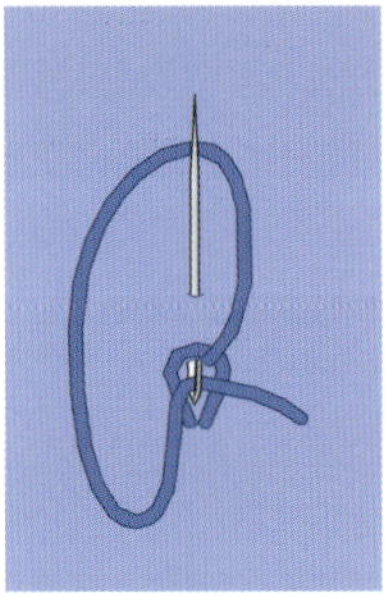

3 *Diese Stiche wiederholen. Mit einem kleinen Überfangstich auf dem letzten Kettenglied enden, damit sich die Kettstichreihe nicht auflösen kann.*

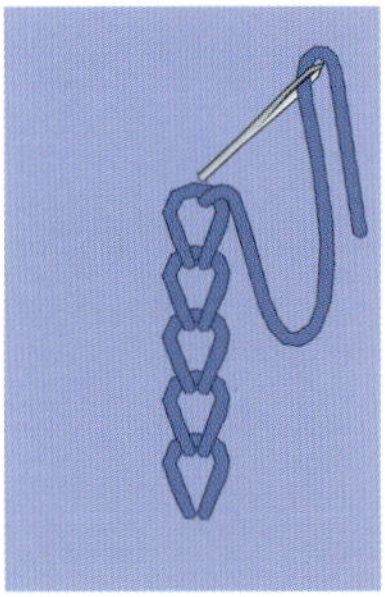

KLEIDUNGSSTÜCK/PROJEKT

Wenden Sie den Kettenstich für Stickerei an oder als Verzierung auf Kleidungsstücken.

STOFF

Der Kettenstich kann auf allen Stoffarten genäht werden.

ZUBEHÖR UND STICHLÄNGE

Arbeiten Sie mit einer Sticknadel, die der Stoffstärke angemessen ist und deren Öhr groß genug ist.

ALTERNATIVEN

Nähen Sie alternativ den Rückstich, den Stielstich oder den umstochenen Vorstich. Andere Kettenstiche sind der gedrehte und der offene Kettenstich.

BÜGELN UND FERTIGSTELLEN

Bügeln Sie die Stickstiche nicht mit dem Bügeleisen platt. Wenn nötig, bügeln Sie von links auf einer dicken, weichen Unterlage.

Margeritenstich

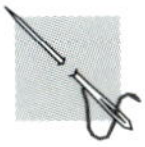

Der Margeritenstich, auch einzelner Kettenstich genannt, ist eine Variation des Kettenstiches, bei dem jeder Stich bzw. jede Schlinge ein einzelnes Blütenblatt formt.

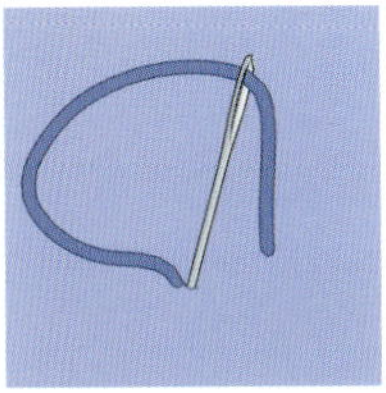

1 *Die Nadel am Startpunkt zur Oberfläche bringen und sehr nahe an diesem Punkt wieder nach unten stechen.*

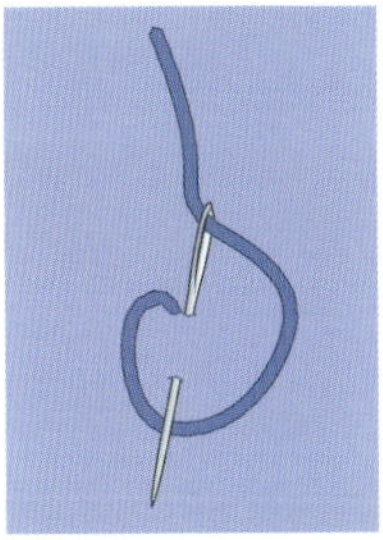

2 *Die Nadelspitze eine Stichlänge weiter vorn nach oben schieben. Den Faden unter der Spitze zu einer Schlinge legen und dann erst die Nadel durchziehen. Eine schöne Schlinge formen und an ihrem Ende einen kleinen Überfangstich setzen, um sie zu befestigen.*

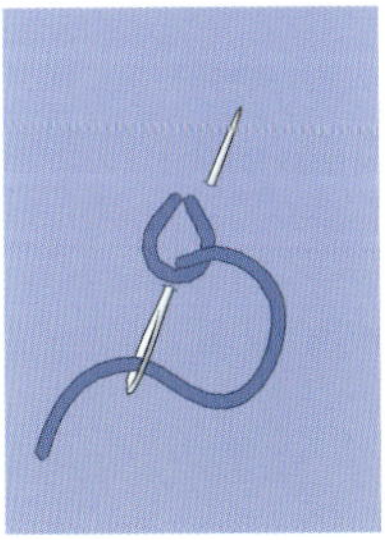

3 *Einzeln verstreute Stiche arbeiten oder im Kreis zu einer Blüte anordnen.*

KLEIDUNGSSTÜCK/PROJEKT

Wenden Sie den Margeritenstich für das Sticken von Blüten an und für dekorative Stickerei auf Kleidungsstücken.

STOFF

Der Margeritenstich kann auf allen Stoffarten genäht werden.

ZUBEHÖR UND STICHLÄNGE

Arbeiten Sie mit einer Sticknadel, die der Stoffstärke angepasst ist und deren Öhr groß genug für das Garn ist.

ALTERNATIVEN

Sie können den Satinstich benutzen, manche Nähmaschinen bieten programmierbare Stiche dafür an.

BÜGELN UND FERTIGSTELLEN

Bügeln Sie die Stickstiche nicht platt. Wenn nötig, bügeln Sie von links auf einer dicken, weichen Unterlage.

Satinstich

Der Satinstich besteht aus dicht nebeneinanderliegenden Spannstichen. Er ist ein Füllstich, mit dem man oft Blüten und Blätter stickt. Er kann allein gestickt werden oder mit unterlegten Polsterstichen.

1 *An einer Seite der zu bestickenden Fläche beginnen und dort die Nadel zur Oberfläche bringen. Einen geraden Stich zum anderen Ende der Fläche machen.*

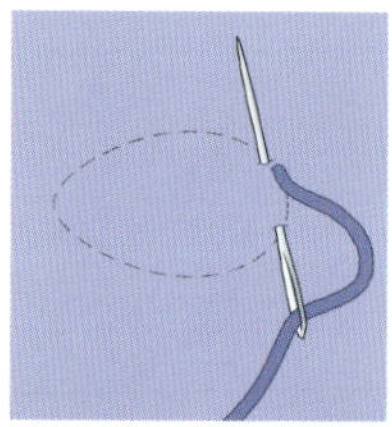

2 *Die Nadel wieder zurück zur ersten Linie führen, dicht neben dem ersten Stich. Einen zweiten Stich arbeiten, der dicht neben dem ersten liegt.*

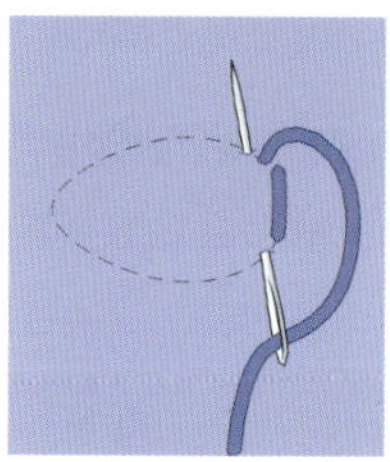

3 *So weiternähen und die Stichlänge immer der zu bestickenden Fläche anpassen.*

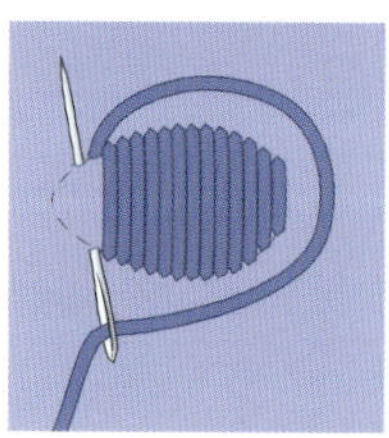

Tipp

Die Stiche müssen parallel liegen, können aber waagerecht, senkrecht oder schräg gearbeitet werden.

KLEIDUNGSSTÜCK/PROJEKT

Wenden Sie den Satinstich bei Stickereien an und zur Dekoration von Kleidungsstücken.

STOFF

Der Satinstich kann auf allen Stoffarten genäht werden.

ZUBEHÖR UND STICHLÄNGE

Arbeiten Sie mit einer Sticknadel, die der Stoffstärke angemessen ist und deren Öhr groß genug ist.

ALTERNATIVEN

Sticken Sie einen alternativen Füllstich, wie z. B. Nadelmalerei mit langen und kurzen Stichen, oder für Blumen den Margeritenstich. Mit Maschine nähen Sie einen dichten Zickzackstich.

BÜGELN UND FERTIGSTELLEN

Bügeln Sie die Stickstiche nicht platt. Wenn nötig, bügeln Sie von links auf einer dicken, weichen Unterlage.

Einzelner Spannstich

Der einzelne Spannstich oder Geradstich kann in jeglicher Richtung gearbeitet werden, in Gruppen oder einzeln, je nach Motiv. Die Stiche können unterschiedlich lang sein und sowohl regelmäßig als auch verstreut gestickt werden.

1 *Die Nadel am Startpunkt des Stiches zur Oberfläche bringen. Am Endpunkt des Stiches nach unten stechen.*

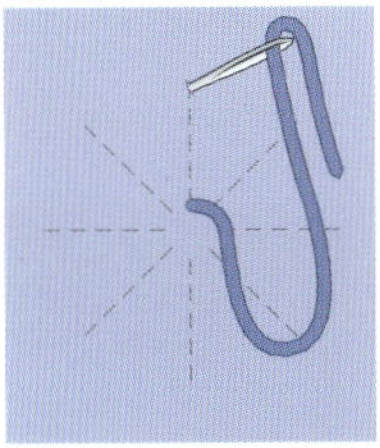

2 *Wenn der nächste Stich sehr nahe liegt, die Nadel am Startpunkt dieses Stiches wieder nach oben führen und fortfahren. Wenn nicht, den Stich auf der linken Stoffseite vernähen.*

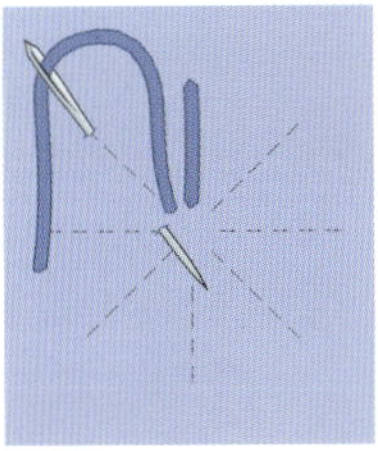

Tipp

Die Stiche sollten weder zu lang noch zu locker sein.

KLEIDUNGSSTÜCK/PROJEKT

Benutzen Sie den einzelnen Spannstich für die Darstellung von Blütenblättern, kleinen Stängeln und für Gras.

STOFF

Der Stielstich kann auf allen Stoffarten genäht werden.

ZUBEHÖR UND STICHLÄNGE

Arbeiten Sie mit einer Sticknadel, die der Stoffstärke angepasst ist und deren Öhr groß genug ist.

ALTERNATIVEN

Nähen Sie alternativ den Margeritenstich als Blüte.

BÜGELN UND FERTIGSTELLEN

Bügeln Sie die Stickstiche nicht platt. Wenn nötig, bügeln Sie von links auf einer dicken, weichen Unterlage.

Spaltstich

Ähnlich wie der Stielstich ist auch der Spaltstich ideal für gestickte Linien. Ob gerade oder gekurvt, er formt Blumenstängel und Umrisslinien und eignet sich, reihenweise dicht an dicht gestickt, sogar als Füllstich für eine glatte Oberfläche.

1 *Von links nach rechts arbeiten. Die Nadel am Beginn der Linie zur Oberfläche bringen. Eine Stichlänge weiter rechts nach unten stechen und die Nadelspitze auf halber Strecke wieder nach oben schieben, dabei den Fader. des vorigen Stiches durchstechen.*

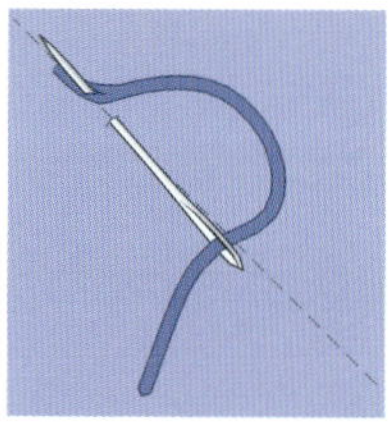

2 *Einen weiteren Stich nach rechts machen und die Nadel wieder auf halber Strecke durch den Faden des vorigen Stiches nach oben bringen. So fortfahren.*

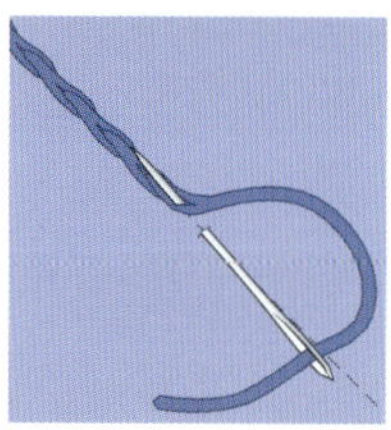

KLEIDUNGSSTÜCK/PROJEKT

Zur Dekoration von Kleidungsstücken, sobald eine durchgehend gerade oder gebogene Linie gewünscht ist.

STOFF

Der Spaltstich kann auf allen Stoffarten genäht werden.

ZUBEHÖR UND STICHLÄNGE

Arbeiten Sie mit einer Sticknadel, die der Stoffstärke angepasst ist und deren Öhr groß genug für das Stickgarn ist.

ALTERNATIVEN

Nähen Sie alternativ den Rückstich, den Kettenstich, den Stielstich oder den umstochenen Vorstich. An der Nähmaschine wählen Sie den Kordonnierstich.

BÜGELN UND FERTIGSTELLEN

Bügeln Sie die Stickstiche nicht mit dem Bügeleisen platt. Wenn nötig, bügeln Sie von links auf einer dicken, weichen Unterlage.

Umstochener Vorstich

Der umstochene Vorstich wirkt sehr dicht und kann in der gleichen Fadenfarbe oder zweifarbig gearbeitet werden. Verwenden Sie ihn für Kanten und Bordüren.

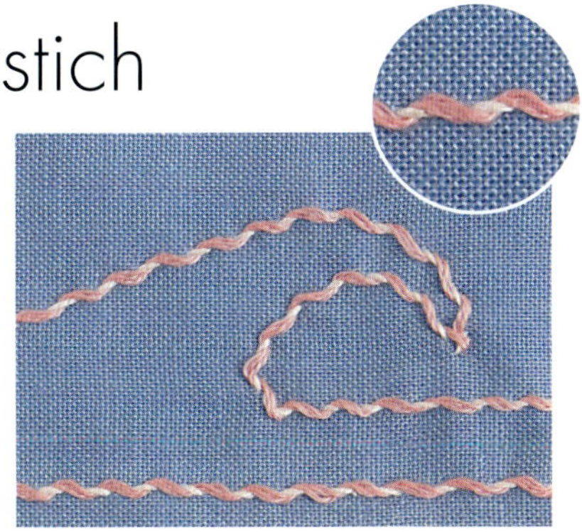

1 *Eine Reihe von Vorstichen als Grundlage nähen.*

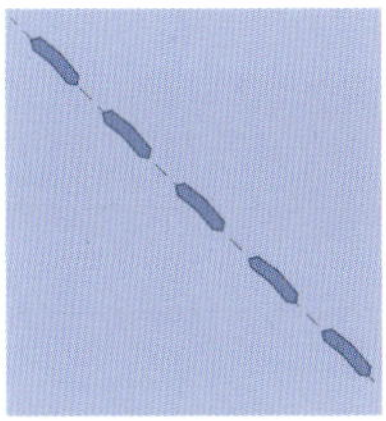

2 *An einem Ende der Reihe beginnen und ab jetzt die Nadel mit dem Öhr voranschieben oder eine stumpfe Sticknadel benutzen. Den Faden unter den Vorstichen hindurchschlingen (eine spitze Nadel könnte den Stoff fassen oder den Stickfaden spalten).*

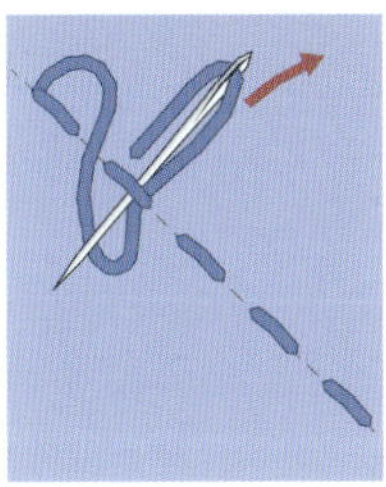

KLEIDUNGSSTÜCK/PROJEKT

Wenden Sie diesen Stich für die Dekoration von Kleidungsstücken an, wenn Sie gerade oder gebogene Linien wünschen oder eine Bordüre arbeiten.

STOFF

Der umstochene Vorstich kann auf allen Stoffarten genäht werden.

ZUBEHÖR UND STICHLÄNGE

Arbeiten Sie den Vorstich mit einer Sticknadel, die der Stoffstärke angepasst ist. Umstechen Sie entweder mit der gleichen Nadel, die Sie mit dem Öhr voran durchschieben, oder benutzen Sie eine stumpfe Sticknadel.

ALTERNATIVEN

Nähen Sie alternativ den Rückstich, den Kettenstich oder den Stielstich. An der Nähmaschine wählen Sie den Zickzackstich oder den Kordonnierstich.

BÜGELN UND FERTIGSTELLEN

Bügeln Sie die Stickstiche nicht platt. Wenn nötig, bügeln Sie von links auf einer dicken, weichen Unterlage.

Pekingstich

Ähnlich wie der umstochene Vorstich ist der Pekingstich die Erweiterung eines einfacheren Stiches. Er wird auf eine Rückstichreihe gearbeitet und schlingt sich um jeden Stich. Er kann in der gleichen Farbe wie die Rückstiche oder in einer zweiten Farbe gearbeitet werden.

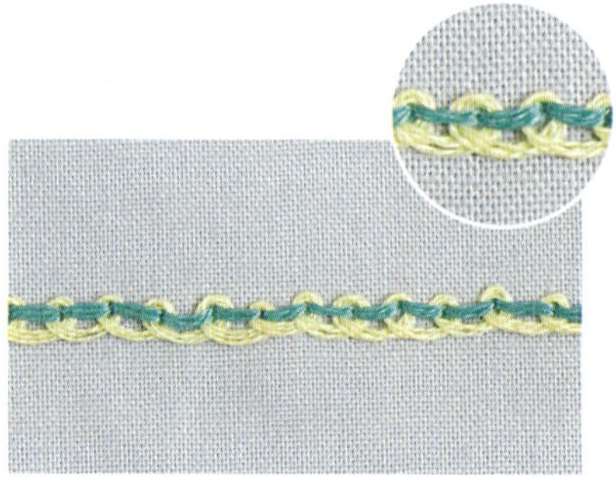

1 *Eine Reihe von Rückstichen arbeiten.*

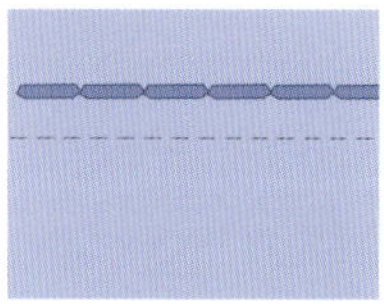

2 *Links beginnen und die Nadel mit dem Öhr voranschieben bzw. eine stumpfe Sticknadel benutzen. Die Nadel unter dem ersten Stich nach unten, unter dem zweiten Stich nach oben führen und wieder unter dem ersten Stich nach unten.*

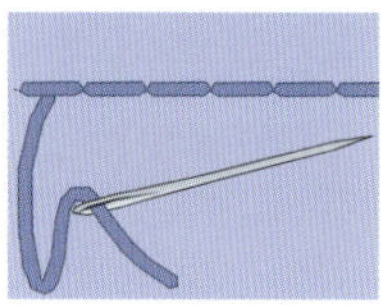

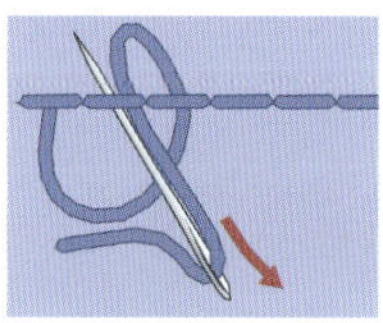

3 *Den Faden nach oben unter dem dritten Stich hindurchziehen, dann nach unten unter dem zweiten Stich zurückführen.*

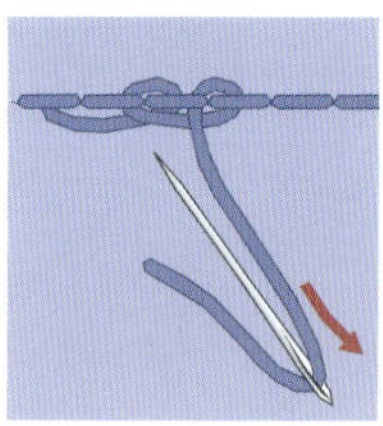

4 *Den Faden nach oben unter dem vierten Stich hindurch-, dann unter dem dritten Stich nach unten zurückschieben. So fortfahren.*

KLEIDUNGSSTÜCK/PROJEKT

Für dekorative Stickerei auf Kleidungsstücken, sobald eine geschlossene gerade oder gebogene Linie gewünscht ist, oder für eine Bordüre.

STOFF

Der Pekingstich kann auf allen Stoffarten genäht werden.

ZUBEHÖR UND STICHLÄNGE

Arbeiten Sie mit einer Sticknadel, die der Stoffstärke angepasst ist und deren Öhr groß genug ist. Das Umstechen geschieht mit der gleichen Nadel, die Sie mit dem Öhr voran durchschieben oder mit einer stumpfen Sticknadel.

ALTERNATIVEN

Nähen Sie eine geschlossene Linie alternativ mit dem umstochenen Vorstich, dem Kettenstich oder dem Stielstich. An der Nähmaschine wählen Sie den Kordonnierstich.

BÜGELN UND FERTIGSTELLEN

Bügeln Sie die Stickstiche nicht mit dem Bügeleisen platt. Wenn nötig, bügeln Sie von links auf einer dicken, weichen Unterlage.

Raupenstich

Der Raupenstich zählt zu den umstochenen Stichen (siehe Seite 98), bei dem sehr dicht gearbeitete Stiche einen darunterliegenden Faden bedecken. Das Ergebnis ist ein sehr plastischer Stich, der als dicke Linie auf dem Stoff liegt.

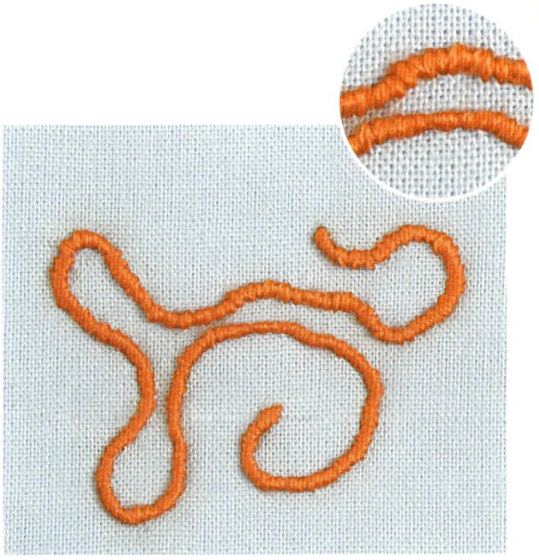

1 *Den Unterlegfaden an der Nählinie entlang legen. Von links nach rechts arbeiten.*

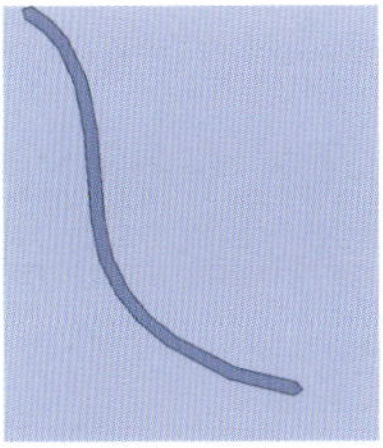

2 *Die Nadel am Ende, unterhalb des Unterlegfadens zur Oberfläche bringen. Den Stickfaden über den Unterlegfaden legen und beim Zurückstechen einige darunterliegende Webfäden fassen.*

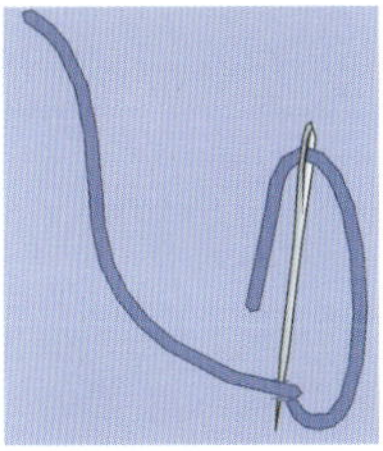

3 *Den zweiten Stich dicht neben den ersten setzen, damit der Unterlegfaden bedeckt wird. Auf diese Weise den ganzen Unterlegfaden übersticken.*

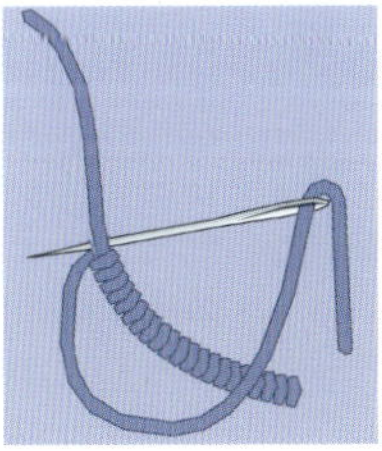

KLEIDUNGSSTÜCK/PROJEKT

Für dekorative Stickerei auf Kleidungsstücken, wenn eine geschlossene, erhabene Linie gewünscht ist.

STOFF

Der Raupenstich kann auf allen Stoffarten genäht werden.

ZUBEHÖR UND STICHLÄNGE

Arbeiten Sie mit einer Sticknadel, die der Stoffstärke angemessen ist und deren Öhr groß genug ist.

ALTERNATIVEN

Für eine geschlossene Linie kann jeder Stickstich benutzt werden, doch nur der Raupenstich hat diese Dicke. Wenn mit der Nähmaschine ein dichter Zickzackstich über eine Kordel genäht wird, ergibt sich ein ähnlicher Effekt.

BÜGELN UND FERTIGSTELLEN

Bügeln Sie die Stickstiche nicht mit dem Bügeleisen platt. Wenn nötig, bügeln Sie von links auf einer dicken, weichen Unterlage.

Florentiner Stickerei

Die Florentiner Stickerei wird auf einfädigem Zählleinen gearbeitet. Die senkrechten, parallelen Stiche bilden ein farblich abgestuftes Wellenmuster oder eine Zickzacklinie quer über den Stoff.

1 *Von links nach rechts arbeiten. Die Nadel am Startpunkt des ersten Stiches zur Oberfläche bringen und am Endpunkt des ersten Stiches wieder hinabstechen.*

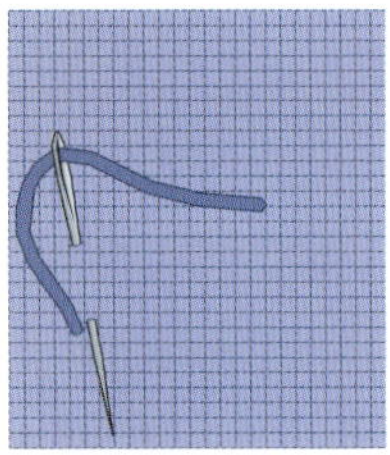

2 *Die Nadel nahe des Startpunktes des ersten Stiches wieder nach oben führen, vielleicht ein Fadenkreuz höher als der erste Stich. Am Endpunkt des zweiten Stiches wieder hinabstechen, um gleichviel nach oben versetzt wie der Startpunkt.*

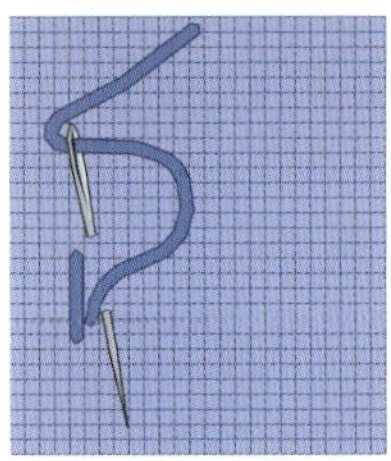

3 *Weitere senkrechte Stiche arbeiten und dabei einer Zickzack- oder Wellenlinie folgen.*

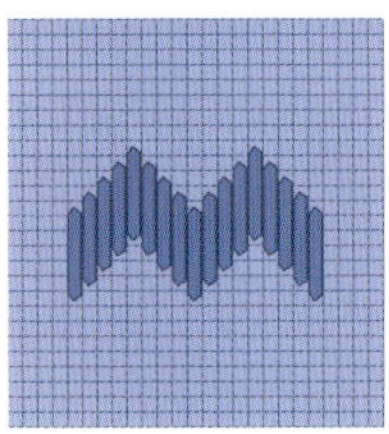

Tipp

Das Muster kann sich im Vorwärtsarbeiten entwickeln, doch wird oft nach einer Mustervorlage gearbeitet.

KLEIDUNGSSTÜCK/PROJEKT

Die Florentiner Stickerei wird üblicherweise nicht für Kleidung benutzt, sondern für Kissen und Taschen.

STOFF

Diese Stickerei wird auf einfädigem Siebleinen gearbeitet.

ZUBEHÖR UND STICHLÄNGE

Arbeiten Sie mit einer stumpfen Sticknadel, und machen Sie die Stiche stets gleich lang.

ALTERNATIVEN

Bei kleiner Fläche den Satinstich anwenden. Mit der Maschine arbeiten Sie einen kurzen, breiten Zickzackstich.

BÜGELN UND FERTIGSTELLEN

Bügeln Sie die Stickstiche nicht mit dem Bügeleisen platt. Wenn nötig, bügeln Sie von links auf einer dicken, weichen Unterlage.

Nadelmalerei

Die Nadelmalerei mit Plattstich ist dem Satinstich ähnlich, doch sind die Stiche unterschiedlich lang. Sie wird für größere Flächen benutzt, für die der Satinstich nicht geeignet ist und wo weiche Farbübergänge gewünscht sind.

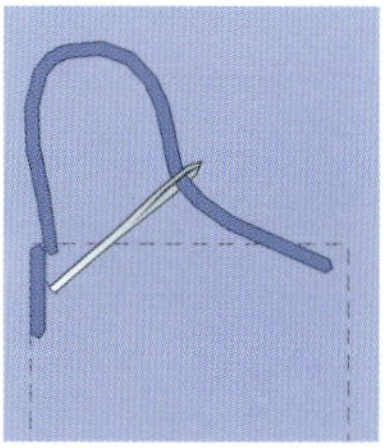

1 *An einer Seite der zu füllenden Fläche beginnen. Die Nadel an der Motivkante zur Oberfläche bringen. Einen geraden, senkrechten Stich arbeiten, nach unten stechen und knapp neben der Austrittsstelle des ersten Stiches wieder auftauchen.*

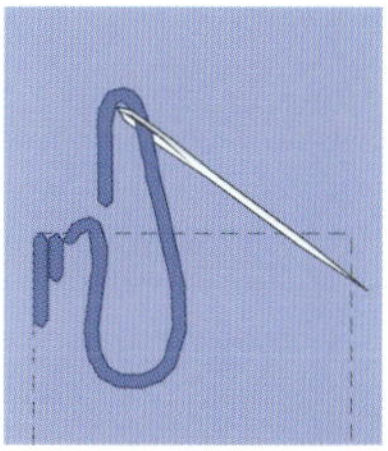

2 *Die Nadel parallel zum ersten Stich wieder einstechen, diesmal aber nur in halber Stichlänge. Unter der Stoffoberseite zurück, knapp neben dem zweiten Stichbeginn wieder zur Oberfläche stechen.*

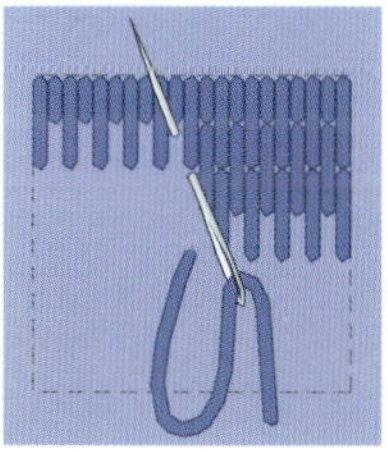

3 *Diese abwechselnd langen und kurzen Stiche quer über die zu bestickende Fläche arbeiten. Nachfolgend weitere Reihen sticken, bis die Fläche gefüllt ist.*

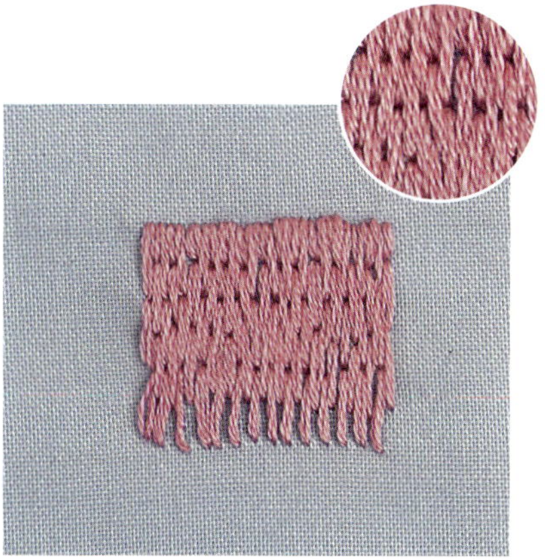

KLEIDUNGSSTÜCK/PROJEKT

Nadelmalerei als Verzierung von Kleidungsstücken arbeiten.

STOFF

Nadelmalerei kann auf allen Arten von Stoff gestickt werden.

ZUBEHÖR UND STICHLÄNGE

Arbeiten Sie mit einer Sticknadel, die der Stoffstärke angepasst ist und deren Öhr groß genug ist.

ALTERNATIVEN

Verwenden Sie den Satinstich als Füllstich, sofern die Fläche klein genug ist. Mit der Nähmaschine arbeiten Sie einen kurzen, breiten Zickzackstich.

BÜGELN UND FERTIGSTELLEN

Bügeln Sie die Stickstiche nicht mit dem Bügeleisen platt. Wenn nötig, bügeln Sie von links auf einer dicken, weichen Unterlage.

Federstich

Der Federstich ist ein Stickstich, der – wie der Name sagt – einen gefiederten Eindruck macht. Er entsteht wie der Knopflochstich oder der Kettenstich, ist aber offener.

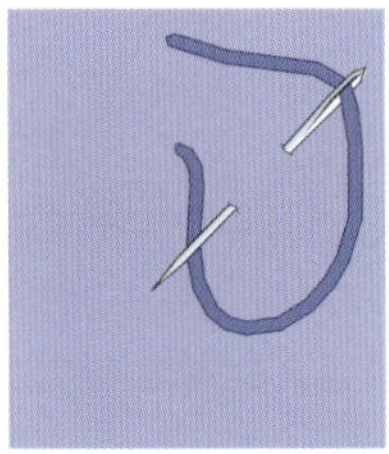

1 *Von oben nach unten arbeiten und in der Mitte beginnen. Die Nadel zur Oberfläche bringen und nach rechts unten durch den Stoff stechen. Eine halbe Stichlänge weiter unten, zwischen den beiden vorherigen Nadelpositionen wieder aus dem Stoff herauskommen. Den Faden unter die Nadelspitze legen und die Nadel durchziehen, dabei die Schlinge bilden.*

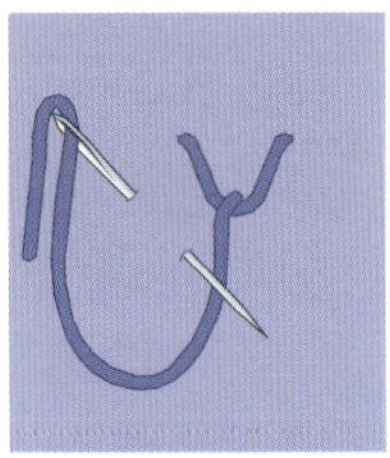

2 *Den nächsten Stich nach links unten führen und die Nadelspitze auf halber Strecke zwischen den beiden vorigen Nadelpositionen wieder zur Oberfläche bringen. Den Faden unter die Nadelspitze legen und die Nadel durchziehen, dabei die Schlinge bilden.*

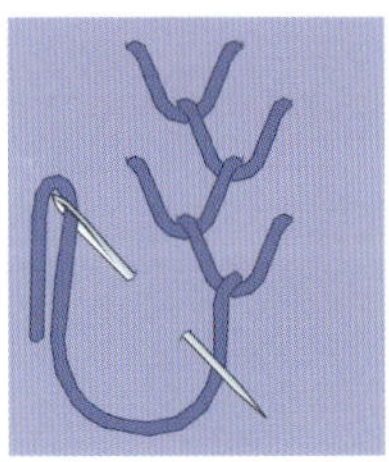

3 *So fortfahren und abwechselnd Stiche nach rechts und links sticken.*

Tipp

Ziehen Sie zwei parallele Hilfslinien auf dem Stoff, damit die Stiche gleichmäßig werden.

KLEIDUNGSSTÜCK/PROJEKT

Verzieren Sie mit Federstich Kleidungsstücke oder verwenden Sie ihn als Stickstich.

STOFF

Der Federstich kann auf allen Stoffarten genäht werden.

ZUBEHÖR UND STICHLÄNGE

Arbeiten Sie mit einer Sticknadel, die der Stoffstärke angemessen ist und deren Öhr groß genug ist.

ALTERNATIVEN

Ein doppelter Federstich entsteht, wenn jeweils zwei Stiche in jede Richtung gestickt werden. Auch der Fliegenstich und der Knopflochstich sehen ähnlich aus. Manche Nähmaschinen bieten programmierbare Zierstiche an, die dem Federstich gleichen.

BÜGELN UND FERTIGSTELLEN

Bügeln Sie die Stickstiche nicht platt. Wenn nötig, bügeln Sie von links auf einer dicken, weichen Unterlage.

Fliegenstich

Der Fliegenstich ist ein Stickstich, der einzeln oder als Reihe gearbeitet werden kann.

1 *Von oben nach unten arbeiten. Die Nadel zur Oberfläche bringen und nach rechts unten durch den Stoff stechen. Die Spitze tritt auf halber Strecke unterhalb der ersten beiden Nadelpositionen wieder aus. Den Faden unter die Nadelspitze legen und dann die Nadel durchziehen, wobei der Faden gehalten wird.*

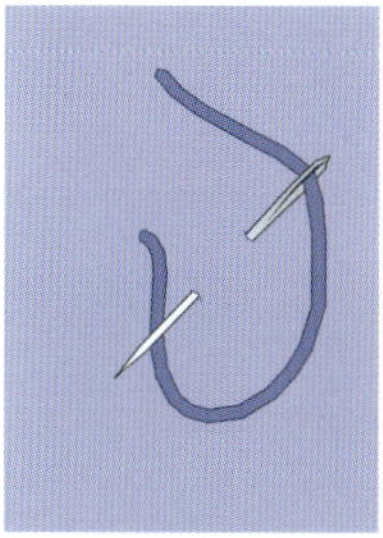

2 *Die Nadel über den Faden und gerade in den Stoff hineinführen, sodass sich die Form eines „Y" bildet.*

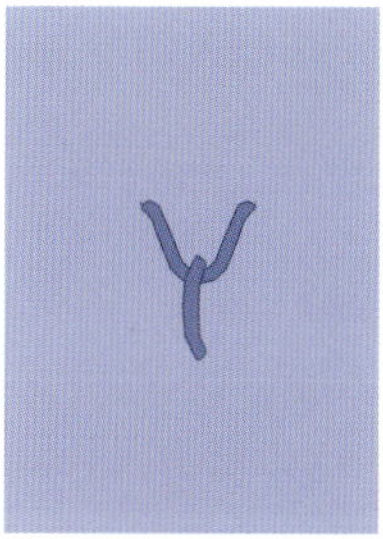

3 *. Einen zweiten Stich direkt unter dem ersten machen und so fortfahren, bis sich eine Reihe von „Ys" bildet. Für einzelne Fliegenstiche jeden Stich mit einem kleinen Überfangstich beenden, der das „Y" befestigt.*

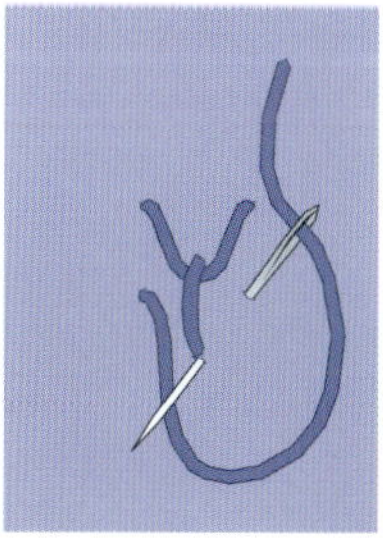

KLEIDUNGSSTÜCK/PROJEKT

Fliegenstich zur Stickerei oder zur Dekoration eines Kleidungsstücks verwenden.

STOFF

Der Fliegenstich kann auf allen Stoffarten genäht werden.

ZUBEHÖR UND STICHLÄNGE

Arbeiten Sie mit einer Sticknadel, die der Stoffstärke angemessen ist und deren Öhr groß genug ist.

ALTERNATIVEN

Auch der Federstich oder Knopflochstich ist passend. Manche Nähmaschinen bieten Zierstiche an, die einer Reihe von Fliegenstichen gleichen.

BÜGELN UND FERTIGSTELLEN

Bügeln Sie die Stickstiche nicht platt. Wenn nötig, bügeln Sie von links auf einer dicken, weichen Unterlage.

Gedrehter Kettenstich

Auch der gedrehte Kettenstich eignet sich zur Darstellung von Linien. Er geht schnell und bildet eine durchgehende gerade oder geschwungene Linie mit leicht plastischem Eindruck.

1 *Die Nadel am Startpunkt der Nählinie zur Oberfläche bringen. Knapp unterhalb der Austrittsstelle, leicht nach links verschoben, wieder nach unten stechen. Die Nadelspitze am Endpunkt des ersten Stiches nach oben schieben und den Faden in eine Schlaufe unter die Nadel legen. Dann die Nadel durchziehen und das Kettenglied ordentlich ausrichten.*

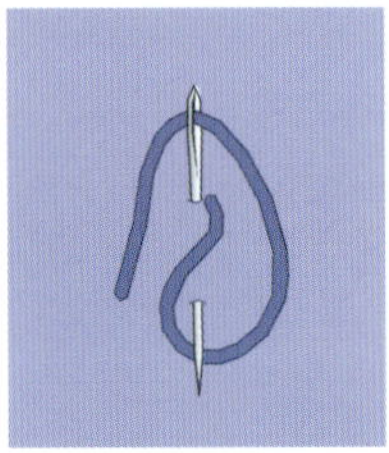

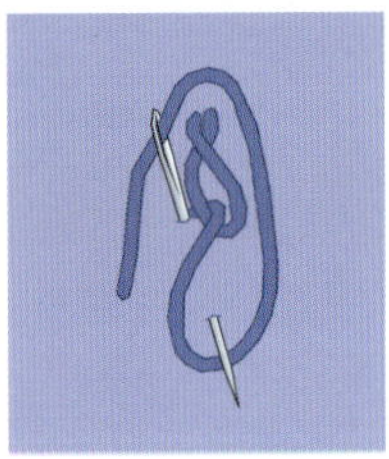

2 *Etwas links außerhalb des letzten Kettenstiches wieder nach unten stechen. Die Nadelspitze am Endpunkt des nächsten Stiches nach oben schieben. Den Faden unter die Nadel legen. Die Nadel durchziehen und das Kettenglied ordnen.*

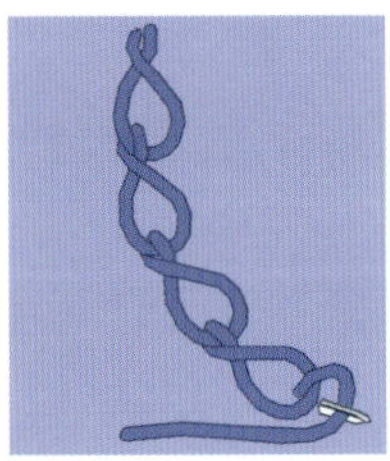

3 *So fortfahren, bis eine Reihe von Kettengliedern gebildet ist. Mit einem kleinen Überfangstich auf dem letzten Kettenglied enden, um dieses zu befestigen.*

KLEIDUNGSSTÜCK/PROJEKT

Bei Stickereien oder zur Dekoration eines Kleidungsstücks.

STOFF

Der gedrehte Kettenstich kann auf allen Stoffarten genäht werden.

ZUBEHÖR UND STICHLÄNGE

Arbeiten Sie mit einer Sticknadel, die der Stoffstärke angemessen ist und deren Öhr groß genug ist.

ALTERNATIVEN

Sie können auch den einfachen Kettenstich, den Pekingstich, den Stielstich oder den umstochenen Vorstich benutzen.

BÜGELN UND FERTIGSTELLEN

Bügeln Sie die Stickstiche nicht platt. Wenn nötig, bügeln Sie von links auf einer dicken, weichen Unterlage.

Doppelkettenstich

Der Doppelkettenstich ist ein besonders auffallender Kettenstich für kräftige, deutliche Sticklinien.

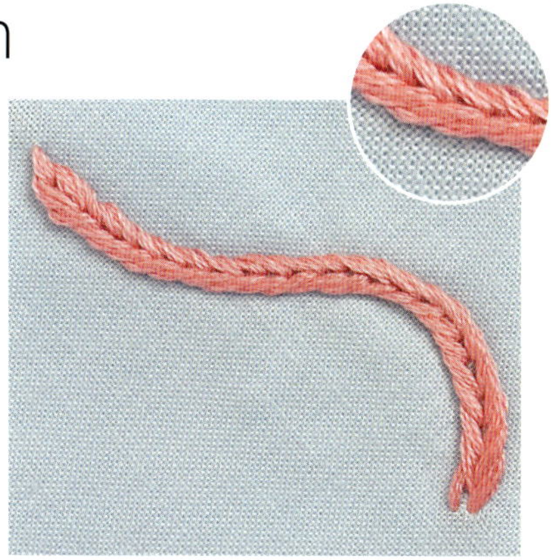

1 *Die Nadel am Startpunkt zur Oberfläche bringen, einen kurzen Stich auf der Nählinie machen und zur Rückseite durchstechen.*

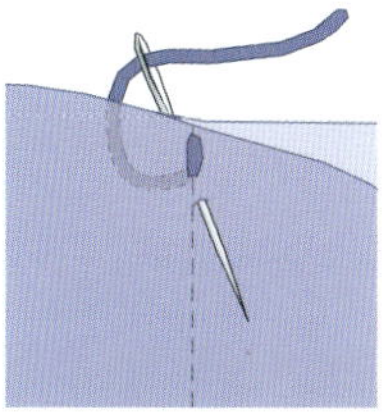

2 *Die Nadel eine Stichlänge weiter vorn nach oben bringen und unter dem ersten Stich hindurchnähen, ohne die Webfäden zu fassen. Dann die Nadel an der gleichen Stelle nach unten stechen, wo sie nach oben kam.*

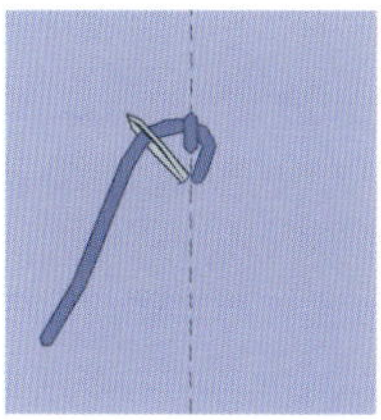

3 *Eine Stichlänge weiter vorn auf der Nählinie nach oben stechen und wieder unter dem ersten Stich hindurch, sodass der Faden das letzte Kettenglied umschlingt.*

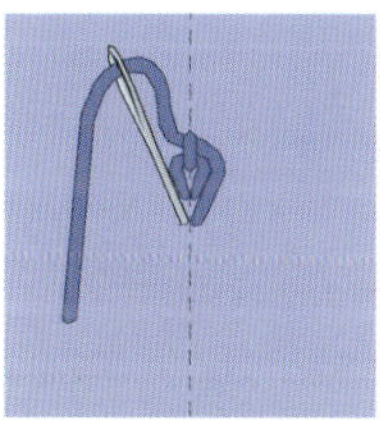

4 *Die Nadel wieder eine Stichlänge weiter vorn nach oben bringen und Kettenstiche bilden, bei denen der Faden jeweils unter den letzten beiden hindurchgeschlungen wird.*

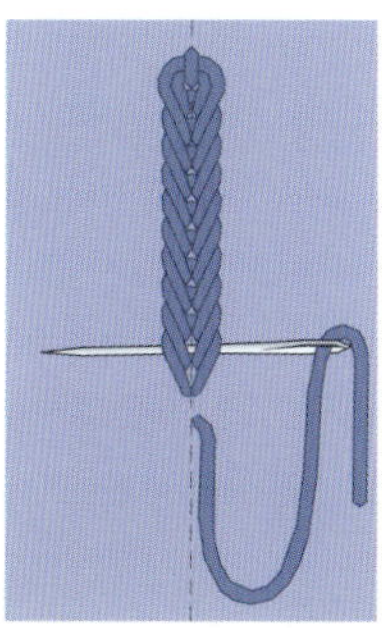

KLEIDUNGSSTÜCK/PROJEKT

Verwenden Sie den Doppelkettenstich für kräftige Linien bei Stickereien oder zur Dekoration eines Kleidungsstücks.

STOFF

Der Doppelkettenstich kann auf allen Stoffarten genäht werden.

ZUBEHÖR UND STICHLÄNGE

Arbeiten Sie mit einer Sticknadel, die der Stoffstärke angemessen ist und deren Öhr groß genug ist. Schieben Sie die Nadel mit dem Öhr voran unter den Kettengliedern hindurch, um keine Gewebefäden zu fassen.

ALTERNATIVEN

Verwenden Sie alternativ den einfachen Kettenstich, den Pekingstich oder den Stielstich als Linienstich.

BÜGELN UND FERTIGSTELLEN

Bügeln Sie die Stickstiche nicht mit dem Bügeleisen platt. Wenn nötig, bügeln Sie von links auf einer dicken, weichen Unterlage.

Knötchenstich

Der französische Knötchenstich ist ein Einzelstich der, allein oder in Gruppen, zu einem Muster angeordnet oder beliebig verstreut über eine Fläche gearbeitet werden kann. Er wird gern benutzt, um Blütenmitten oder Staubgefäße darzustellen.

1 *Die Nadel am gewünschten Punkt zur Stoffoberfläche bringen. Den Faden zweimal um die Nadelspitze wickeln und diese am Austrittspunkt wieder in den Stoff zurückschieben.*

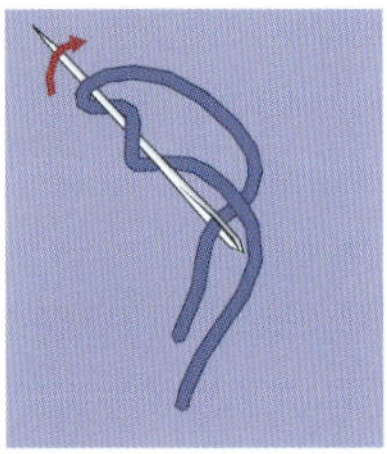

2 *Den Knoten mit dem Daumen auf der Stoffoberfläche festhalten und die Nadel durchziehen. Das Fadenende auf der linken Stoffseite vernähen oder die Nadel für den nächsten Knoten an der gewünschten Stelle wieder auf die Oberseite zurückführen.*

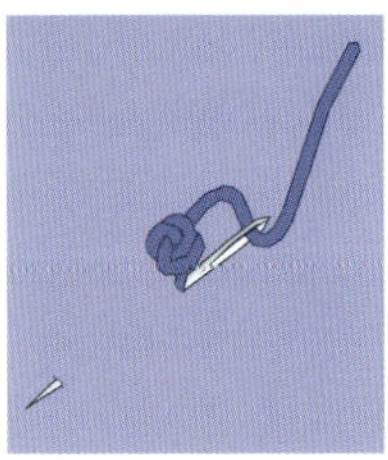

KLEIDUNGSSTÜCK/PROJEKT

Französische Knötchenstiche werden für Stickereien benutzt und verzieren Kissen, Taschen und Kleidungsstücke.

STOFF

Der Knötchenstich kann auf allen Stoffarten genäht werden.

ZUBEHÖR UND STICHLÄNGE

Arbeiten Sie mit einer Sticknadel, die der Stoffstärke angemessen ist und deren Öhr groß genug ist.

ALTERNATIVEN

Alternativen sind einzelne Kettenstiche (Margeritenstiche), Boullionstiche oder Satinstiche.

BÜGELN UND FERTIGSTELLEN

Bügeln Sie die Stickstiche nicht mit dem Bügeleisen platt. Wenn nötig, bügeln Sie von links auf einer dicken, weichen Unterlage.

Boullionstich

Er ist größer als der Knötchenstich. Seine länglichen Einzelstiche entstehen, indem der Faden um die Nadel gewickelt wird.

1 *Die Nadel am Anfang des Stiches zur Oberfläche bringen, einen kurzen Rückstich machen und wieder in den Stoff zurückstechen.*

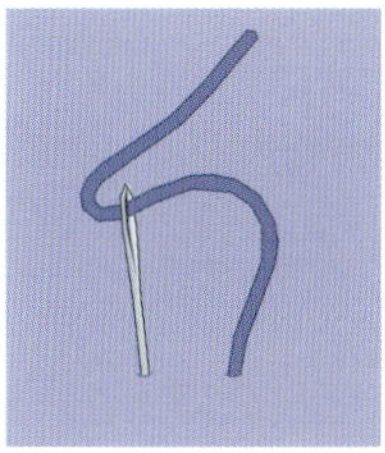

2 *Wieder am Stichbeginn nach oben kommen und den Faden mehrmals um die Nadelspitze wickeln. Die Nadel durch den umwickelten Faden ziehen, diesen dabei mit dem Daumen festhalten.*

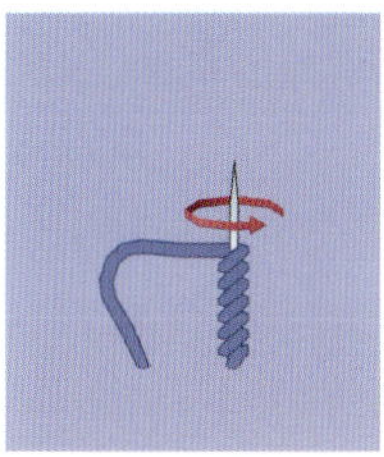

3 *Die Nadel am Endpunkt des Stiches durch den Stoff nach unten schieben, der Fadenkokon bleibt auf der Stoffoberfläche. Den Faden auf der Rückseite sichern.*

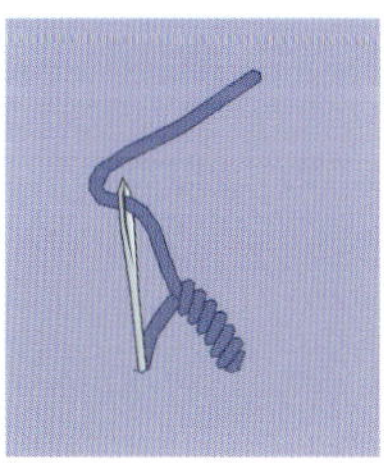

KLEIDUNGSSTÜCK/PROJEKT

Boullionknötchen eignen sich für plastische Stickarbeiten und werden gerne zur Darstellung von Blüten oder Blättern angewendet. Sie verzieren Kissen, Taschen und Kleidungsstücke.

STOFF

Boullionknötchen können auf allen Stoffarten genäht werden.

ZUBEHÖR UND STICHLÄNGE

Arbeiten Sie mit einer Sticknadel, die der Stoffstärke angemessen ist und deren Öhr groß genug ist.

ALTERNATIVEN

Alternativen sind einzelne Kettenstiche (Margeritenstich), der französische Knötchenstich oder der Satinstich.

BÜGELN UND FERTIGSTELLEN

Bügeln Sie die Stickstiche nicht platt. Wenn nötig, bügeln Sie von links auf einer dicken, weichen Unterlage.

Nähtechniken

Ob Sie Säume oder Nähte nähen, Reißverschlüsse einsetzen oder Knöpfe annähen, Sie möchten immer das bestmögliche Ergebnis erzielen. Studieren Sie die folgenden Seiten, auf denen Sie die Grundkenntnisse der Nähtechniken auf einfache Weise erlernen.

Nähte, Säume, Kanten und Verschlüsse

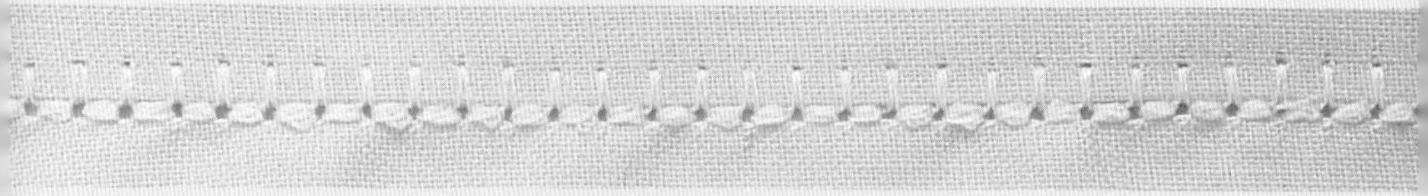

Es gibt viele Möglichkeiten, Stoffstücke aneinanderzusetzen oder eine Kante oder einen Saum zu befestigen. Wichtig ist, dass Sie die geeignete Technik anwenden, je nach Stoffart und Projekt. Sie brauchen auch die passende Nadel und den richtigen Faden. Hier finden Sie die nötigen Anweisungen. Und wenn Sie Ihre Säume, Nähte oder Kanten noch ganz besonders gestalten möchten, experimentieren Sie ein wenig mit den zusätzlich angebotenen Ideen.

Einfache Naht

Die einfache Naht ist die leichteste und vielseitigste Art, zwei Stoffstücke aneinanderzusetzen.

1 *Die Stoffe rechts auf rechts legen. Mit Stecknadeln entlang der Nählinie befestigen, die im Abstand von 1,5 cm zur Stoffkante verläuft.*

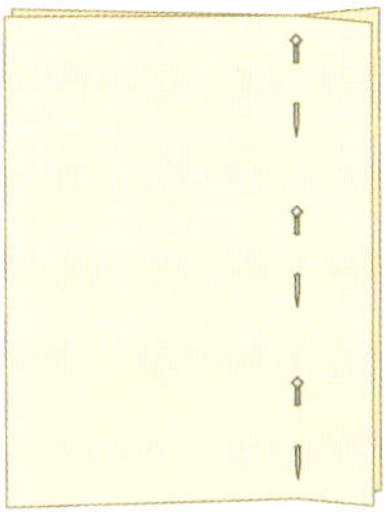

2 *Den Geradstich an der Nähmaschine einstellen und auf der Nählinie entlangnähen. Während des Nähens die Stecknadeln entfernen.*

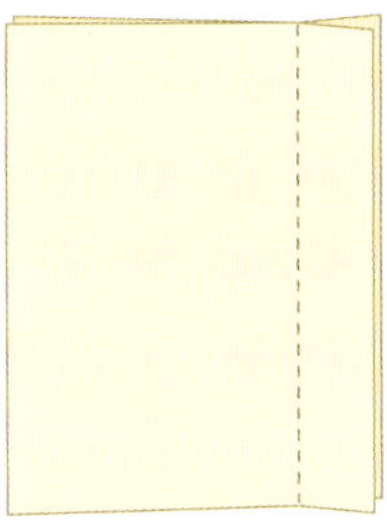

3 *Anschließend die Nahtzugabe auseinanderbügeln.*

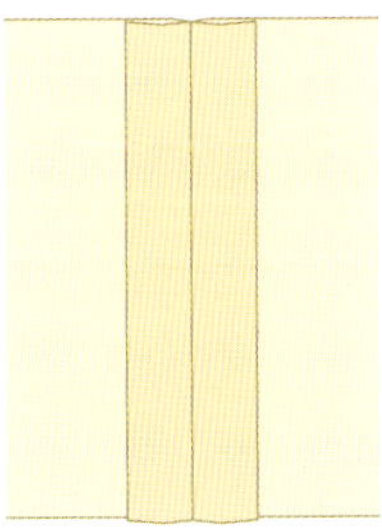

Tipp

Die offenen Stoffkanten können mit einer Overlock versäubert werden oder mit dem Zickzackstich der Nähmaschine.

KLEIDUNGSSTÜCK/PROJEKT

Verwenden Sie die einfache Naht immer dann, wenn Sie zwei Stoffstücke aneinandernähen müssen.

STOFF

Anwendbar auf allen Stoffarten.

ZUBEHÖR UND STICHLÄNGE

Arbeiten Sie mit einer Nadel der Stärke 11, es sei denn, Sie nähen einen sehr feinen oder einen sehr dicken Stoff (siehe Seite 14). Auch die Stichlänge hängt vom Stoff ab. Strickstoffe nähen Sie mit Stretchstich und -nadel.

ALTERNATIVEN

Anstatt die Nahtzugaben auseinanderzubügeln, können Sie sie auch zusammen nach einer Seite hin bügeln und von rechts darüber steppen.

BÜGELN UND FERTIGSTELLEN

Bügeln Sie zuerst die Stiche flach, öffnen Sie die Nahtzugabe und bügeln Sie sie auseinander. Bügeln Sie die Nahtzugaben von der linken Seite. Benutzen Sie dafür die Spitze des Bügeleisens. Drehen Sie den Stoff und halten Sie das Bügeleisen schwebend dicht über der Naht oder dem Saum. Schützen Sie feine Stoffe durch ein Bügeltuch.

Doppelnaht

Die Doppelnaht sieht von der rechten Seite wie eine einfache Naht aus, von links sieht man eine Falte. Es ist eine praktische Technik, um eine Naht ohne Overlockmaschine zu versäubern. Sie eignet sich nicht für gebogene Nähte.

1 *Die Stoffe links auf links legen und im Abstand von 0,6 cm zur Stoffkante mit Geradstich entlangnähen.*

2 *Die Nahtzugaben auseinanderbügeln und die Stoffkanten auf ca. 0,3 cm zurückschneiden.*

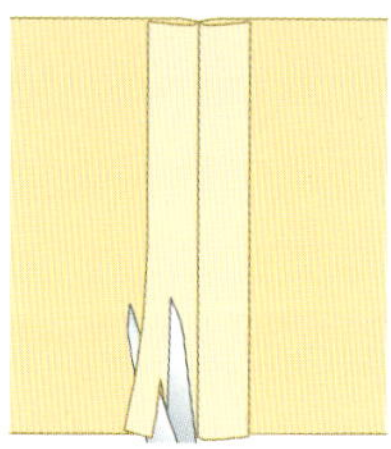

3 *Die Naht umfalten, sodass die Stoffe rechts auf rechts liegen und die Naht an der Außenkante liegt. Nun im Abstand von 0,6 cm entlangnähen und bügeln. Alle offenen Stoffkanten sind in der Naht verborgen.*

KLEIDUNGSSTÜCK/PROJEKT

Die Doppelnaht wird oft bei Kinderkleidung, Blusen, Röcken und leichten Kleidern angewendet.

STOFF

Ideal für leichte, durchsichtige und feine Stoffe, da hier die Naht oft durchscheint und auf diese Weise sauber aussieht.

ZUBEHÖR UND STICHLÄNGE

Arbeiten Sie mit einer feinen Nadel in Stärke 9 oder je nach gewählter Stoffart. Bei Stretchstoffen verwenden Sie eine Jerseynadel mit Kugelspitze.

ALTERNATIVEN

Sie können auch eine Haar- (siehe Seite 125) oder falsche Doppelnaht benutzen. Für Letztere Stoffe rechts auf rechts legen und mit 1,5 cm Nahtzugabe entlangnähen. Die offenen Stoffkanten nach innen falten und die Kanten aufeinandersteppen.

BÜGELN UND FERTIGSTELLEN

Bügeln Sie die fertige Doppelnaht nach rechts oder links, aber halten Sie innerhalb eines Projekts immer die gleiche Richtung ein. Waagerecht verlaufende Nähte nach unten bügeln.

Haarnaht

Eine Haarnaht ist schmaler als die Doppelnaht und besonders gut geeignet für transparente Stoffe, bei denen eine normale Naht durchscheinen würde. Sie hat nicht die Haltbarkeit anderer Nähten.

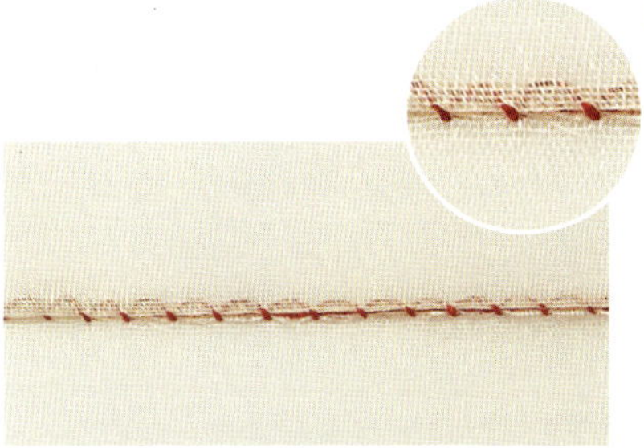

1 *Die Stoffe links auf links legen und eine normale Naht mit 1,2 cm Nahtzugabe nähen.*

2 *Dicht daneben eine zweite Naht nähen und dann die Nahtzugaben bis dicht an die beiden Nählinien abschneiden.*

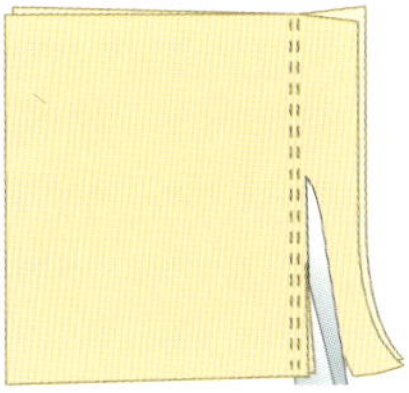

3 *Die Naht flach bügeln und den Stoff wenden. Nun liegen die rechten Seiten aufeinander und die Naht verläuft entlang der Kante.*

4 *Mit einem schmalen Zickzackstich von ca. 1 mm Breite über die Kante nähen und die offenen Stoffkanten bedecken.*

KLEIDUNGSSTÜCK/PROJEKT

Die Haarnaht eignet sich für die langen Nähte eines Kleides oder Rockes aus transparenten Stoffen, die keiner Belastung ausgesetzt sind, z. B. ein Organza-Überkleid oder eine Chiffonbluse.

STOFF

Wenden Sie diese Naht bei Chiffon oder Organza an. Sie eignet sich für alle feinen und durchsichtigen Stoffe.

ZUBEHÖR UND STICHLÄNGE

Hier ist eine sehr feine Nähnadel wichtig. Eine dicke oder stumpfe Nadel wird an den Webfäden zerren und den Stoff ruinieren. Nadelstärke 9, Stichlänge 1 mm, Stichbreite 1 mm.

ALTERNATIVEN

Sie können auch eine Doppelnaht anwenden oder einen Rollsaum mit der Overlockmaschine arbeiten.

BÜGELN UND FERTIGSTELLEN

Diese Naht kann flach gebügelt werden, da sie so fein ist. Schützen Sie den Stoff durch ein aufgelegtes Bügeltuch.

Rechts-Links-Flachnaht

Bei der Rechts-Links-Flachnaht werden die Nahtzugaben untergeschlagen und mit einer zweiten Naht festgenäht. Sie eignet sich für Wende-, Sport- und Herrenbekleidung und wo immer besonders kräftige Nähte benötigt werden.

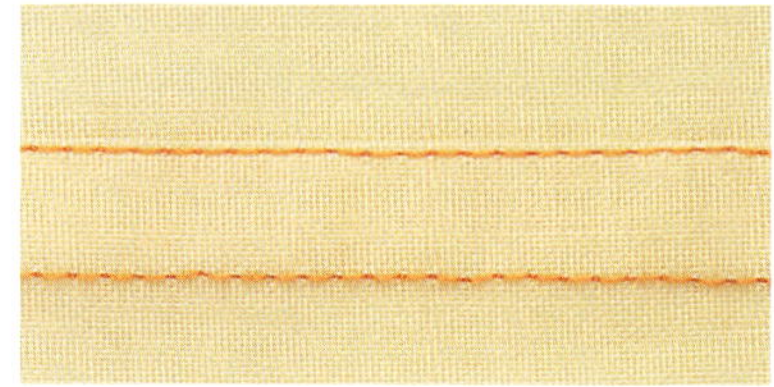

1 *Die Stoffe links auf links legen und mit 1,5 cm Nahtzugabe entlangnähen.*

2 *Die Nahtzugaben nach einer Seite hin bügeln und die unten liegende Kante auf 0,3 cm zurückschneiden.*

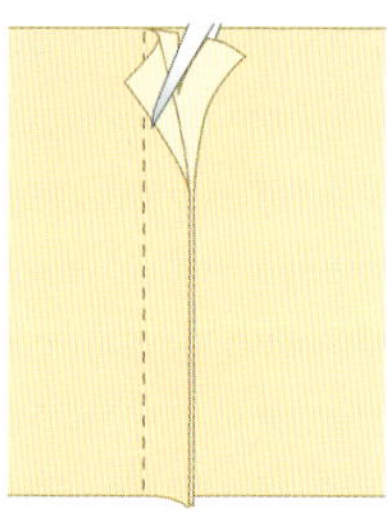

3 *Die Kante der oben liegenden Nahtzugabe 0,6 cm nach unten umschlagen und bügeln. Knapp an der Kante entlang durch alle Stofflagen steppen.*

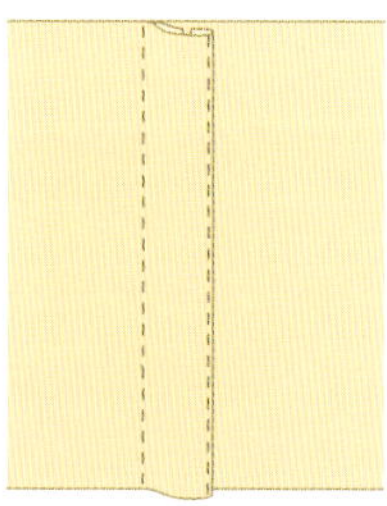

KLEIDUNGSSTÜCK/PROJEKT

Diese kräftige Naht eignet sich für Jeans, Sport-, Herren- und Kinderkleidung, für Nähte, die großer Belastung ausgesetzt sind, und für Kleidung, die oft gewaschen wird. Sie eignet sich auch für Wendekleidung, da sie auf beiden Seiten gut aussieht.

STOFF

Geeignet für die meisten Stoffarten, außer bei sehr dicken.

ZUBEHÖR UND STICHLÄNGE

Arbeiten Sie mit einer Nadel, die der Stoffstärke entspricht (siehe Seite 14). Arbeiten Sie die Nähte mit Geradstich. Wählen Sie längere Stiche bei dickeren Stoffen und kürzere bei feinen Stoffen.

ALTERNATIVEN

Eine normale Naht, bei der die Nahtzugaben nach einer Seite gebügelt und die von der rechten Seite abgesteppt wurde, sieht genau so aus wie eine Flachnaht. Auch eine Kappnaht oder überlappte Naht eignet sich als Ersatz.

BÜGELN UND FERTIGSTELLEN

Bügeln Sie die erste Naht, um den Stoff gut bearbeiten zu können, und die fertige Naht, um sie zu glätten. Legen Sie notfalls ein Bügeltuch auf.

Kappnaht

Die Kappnaht sieht einer Rechts-Links-Flachnaht ähnlich, ist aber weniger dick und dadurch für starke oder schwerere Stoffe geeignet.

1

Die Stoffe rechts auf rechts legen und mit 1,5 cm Nahtzugabe nähen.

2

Die Nahtzugaben nach einer Seite hin bügeln und die unten liegende Kante auf 0,6 cm zurückschneiden.

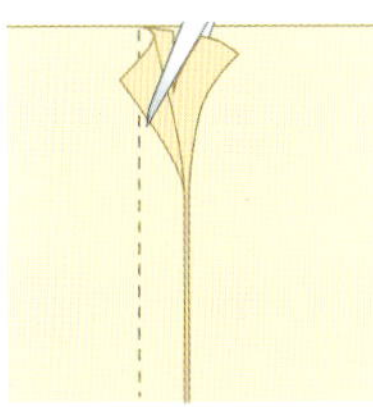

3

Die oben liegende Nahtzugabe von 1,5 cm Breite durch alle Lagen festheften.

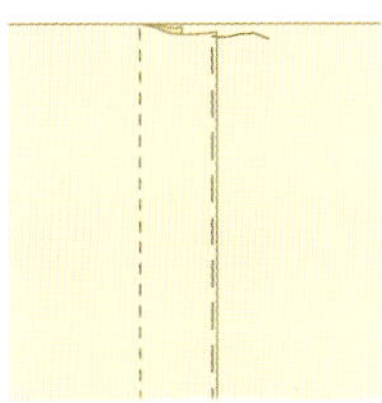

4

Von der rechten Stoffseite her im Abstand von 0,6 cm zur Naht durch alle Lagen steppen.

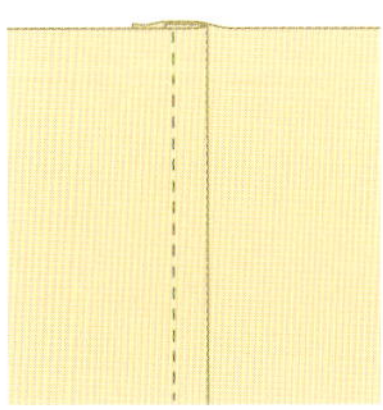

Tipp

Eine doppelte Kappnaht weist eine zweite Stepplinie neben der Nahtlinie auf.

KLEIDUNGSSTÜCK/PROJEKT

Die Kappnaht oder überlappte Naht eignet sich für Jeans und Kleidung aus dicken, schweren Stoffen.

STOFF

Anzuwenden bei dicken, schweren Stoffen, die nicht stark fransen. Ideal für Wildleder und Leder.

ZUBEHÖR UND STICHLÄNGE

Da Kappnähte bei dicken Stoffen angewendet werden, benötigen Sie Nadeln der Stärke 14 oder 16. Arbeiten Sie mit längeren Geradstichen. Verwenden Sie kräftiges Garn in guter Qualität.

ALTERNATIVEN

Eine überlappte Naht ist eine gute Alternative. Auch eine normale Naht, deren Nahtzugaben in eine Richtung gebügelt wurden, ist geeignet.

BÜGELN UND FERTIGSTELLEN

Bügeln Sie die fertige Kappnaht. Legen Sie, wenn nötig, ein Bügeltuch zum Schutz auf.

Überlappte Naht

Überlappte Nähte eignen sich für Stoffe, die nicht fransen, wie Wildleder und Leder. Sie eignen sich auch für Passen und kleine Bereiche von gewebten und gestrickten Stoffen.

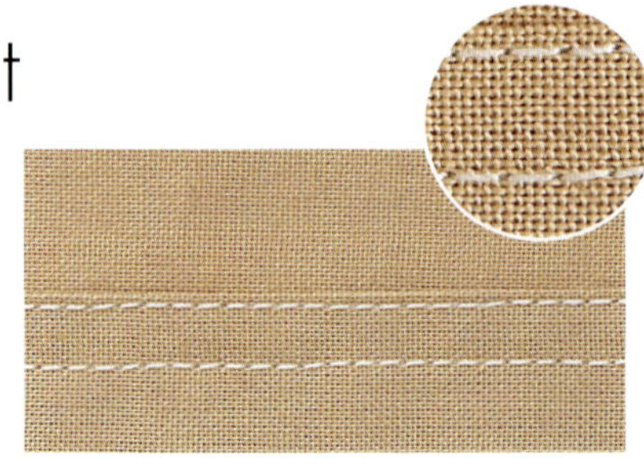

1 *Bei Wildleder und Leder (und nicht fransenden Stoffen) am oben liegenden Teil die Nahtzugaben abschneiden. Bei gewebten und gestrickten Stoffen die Kante bis an die Nählinie zurückfalten.*

2 *Die geschnittene oder gefaltete Kante entlang der Nählinie auf den anderen Stoff legen. Die Lagen mit Stecknadeln, Heftstichen oder – bei Leder – mit aufbügelbarem Klebestreifen oder Klebstoff aufeinander befestigen.*

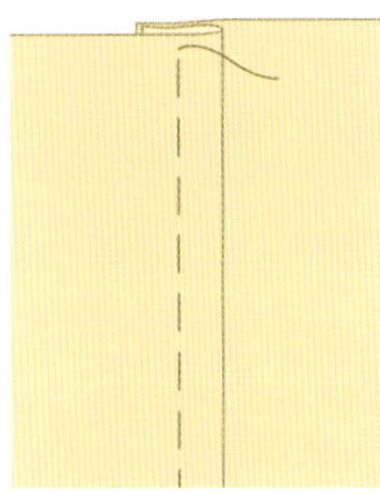

3 *Knappkantig entlang der oben liegenden Kante steppen. Ist eine zweite Naht gewünscht, im Abstand von 0,6 cm innerhalb der ersten Naht noch einmal entlangsteppen.*

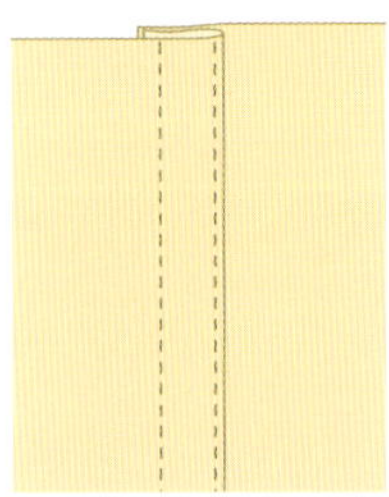

KLEIDUNGSSTÜCK/PROJEKT

Wenden Sie die überlappte Naht an bei Wildleder oder Leder und an den Passen von Kleidern und Hemden.

STOFF

Anzuwenden bei Leder, Wild- und Kunstleder sowie bei leichten Stoffen an Bereichen, bei denen die Nähte wenig Belastung ausgesetzt sind.

ZUBEHÖR UND STICHLÄNGE

Für Leder und Wildleder verwenden Sie eine Ledernadel, einen etwas längeren Stich und Polyestergarn. Anstatt zu heften halten Sie die Teile mit Textilkleber zusammen. Setzen Sie einen Rollfuß oder einen Oberstofftransport ein, denn diese bleiben nicht am Leder haften. Für gewebte oder gestrickte Stoffe wählen Sie eine zur Stoffstärke passende Nadel.

ALTERNATIVEN

Bei leichten Stoffen kann auch eine normale Steppnaht gearbeitet werden.

BÜGELN UND FERTIGSTELLEN

Leder und Wildleder bügeln Sie durch schützendes braunes Packpapier und mit einem trockenen Bügeleisen. Die meisten Kleiderstoffe können Sie mit Dampf bügeln.

Bandnaht

Manchmal muss in eine Naht ein Band mit eingenäht werden, damit sie sich nicht dehnt. Schulternähte, Halsausschnitte und Taillennähte benötigen dies, sobald man mit Strickstoffen, leichten Stoffen oder schräg geschnittenen Stoffen arbeitet.

1 *Die zu verstärkende Naht zuerst ganz normal nähen und die Nahtzugaben gemeinsam zur Seite bügeln.*

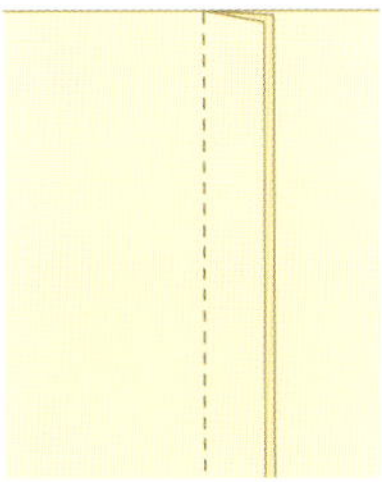

2 *Das Band auf die Seite der Nahtzugabe legen, die der Stoffoberfläche am weitesten entfernt liegt. Die Bandkante verläuft auf der Nahtlinie. Das Band durch die Nahtzugabe festnähen, knappkantig und direkt neben der Naht.*

Tipp

Obwohl man gerne das Band gleichzeitig mit der Naht festnäht, bedeutet dies, dass es nach der Fertigstellung mit der Nahtzugabe umgefaltet wird. Durch das doppelt liegende Band wird die Naht aber dicker und kann Beulen bekommen.

KLEIDUNGSSTÜCK/PROJEKT

Wenden Sie die Bandnaht bei Nähten an, die stabil sein müssen, wie an Schultern oder Halsausschnitten, z. B. bei Babykleidung und T-Shirts.

STOFF

Anzuwenden an Schulternähten von Strickstoffen und dehnbaren Stoffen.

ZUBEHÖR UND STICHLÄNGE

Für Strickstoffe benötigen Sie eine Jerseynadel mit Kugelspitze oder eine Stretchnadel in einer Stärke, die dem Stoff angemessen ist. Wählen Sie Baumwollband von 0,6 cm Breite oder Polyesterband zur Verstärkung der Nähte.

ALTERNATIVEN

Nähen Sie das Band nur dann in einem Arbeitsgang direkt mit der ersten Naht (siehe TIPP) fest, wenn das Band anschließend nicht umgefaltet wird.

BÜGELN UND FERTIGSTELLEN

Bügeln Sie die fertige Naht von links flach, dann von rechts. Legen Sie ein Bügeltuch auf, sobald Sie von der rechten Seite her bügeln.

Korsettnaht

Eingeschobene Stäbchen (aus Plastik oder überzogenem Metall) verstärken die Nähte eines figurnahen Kleidungsstücks und halten es steif, ohne dass geschnürt werden muss. So werden auch Fältchen aus den Nähten gestreckt.

KLEIDUNGSSTÜCK/PROJEKT

Wenden Sie die Korsettnaht an bei Brautkleidern und Abendgarderobe mit eng sitzender Korsage. Fältchen in der Naht werden durch die Stäbchen gestreckt.

STOFF

Korsettnähte können auf allen Stoffen angewendet werden, auch bei Schmuckstoffen mit aufgenähten Perlen und Stickerei, bei Samt, Spitze (wenn gefüttert) und Seide.

ZUBEHÖR UND STICHLÄNGE

Arbeiten Sie mit einer Nadel, die dem Stoff angepasst ist, und mit Geradstich. Ist der Stoff sehr dünn, verkürzen Sie die Stichlänge. Verwenden Sie 1,8 cm breite Satin-Schrägstreifen, damit die Stäbchen leicht durch die Stofftunnel gleiten können.

ALTERNATIVEN

Die Tunnels können auch von Hand mit Überwendlichstichen genäht werden (siehe Seite 37). Manche Stäbchen werden in fertigen Stofftunneln angeboten. Andere haben eine Stoffkante, die direkt auf die Nahtzugabe genäht werden kann.

BÜGELN UND FERTIGSTELLEN

Nicht mehr bügeln, sobald die Stäbchen eingeschoben sind.

1 *Die Stoffe rechts auf rechts legen und eine normale Naht mit 1,5 cm Nahtzugabe nähen.*

2 *Nahtzugaben auseinanderbügeln. Ist die Naht gebogen, die Nahtzugaben mehrmals einschneiden.*

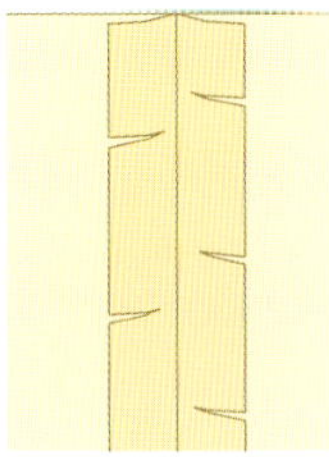

3 *Von der linken Seite her ein Stück eines 1,8 cm breiten Satin-Schrägstreifens längs auf die Nahtzugaben legen, mittig ausrichten, die linke Seite nach unten weisend. Die Kanten des Bandes auf den darunterliegenden Nahtzugaben feststecken oder -heften.*

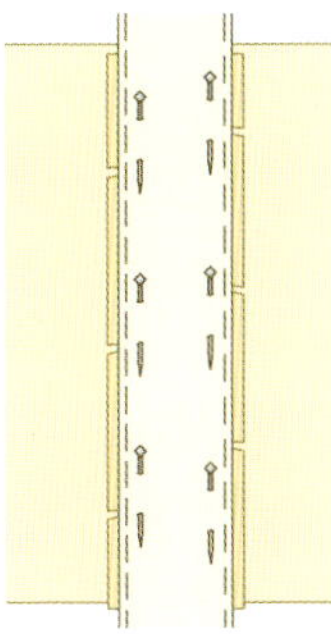

4 *Den Streifen knappkantig an beiden Seiten aufnähen. So entsteht ein Tunnel für das Stäbchen.*

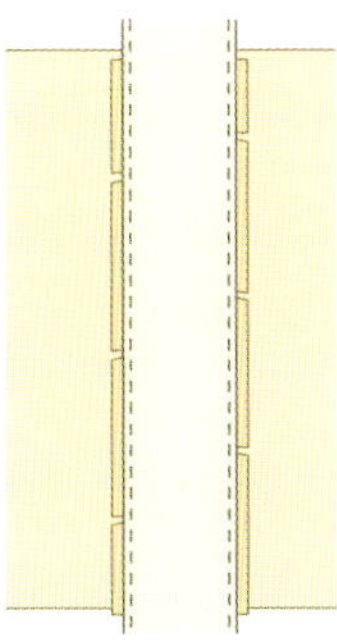

5 *Quer über die Oberkante nähen, um den Tunnel zu schließen.*

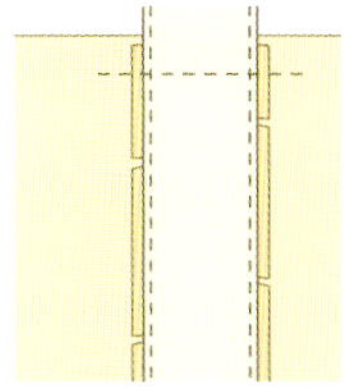

6 *Das Stäbchen bis ganz an die Oberkante des Tunnels einschieben. Die gewünschte Länge markieren und das Stäbchen entsprechend abschneiden.*

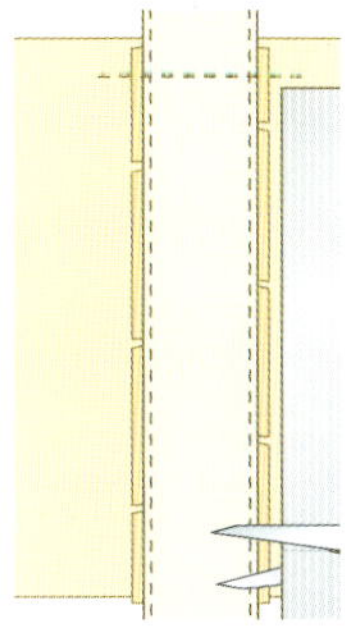

7 *Nun das Stäbchen wieder in den Tunnel schieben und quer über die Unterkante nähen, um das Stäbchen im Tunnel zu halten.*

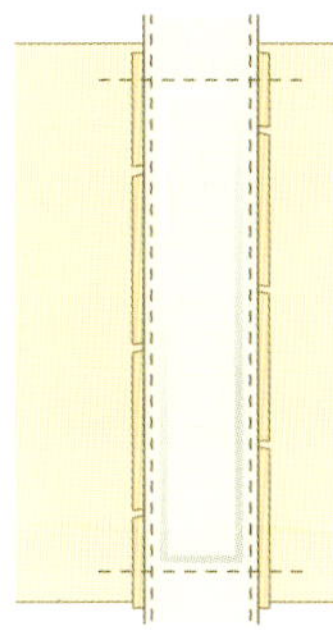

Tipp

Wenn Sie das Stäbchen kürzen, sollten Sie die Ecken abrunden, damit sie sich nicht durch den Stoff von Tunnel und Kleid bohren können.

Offene Nahtkanten

Manche Designer arbeiten die Nähte mit den Nahtzugaben auf der rechten Stoffseite, sodass sie sichtbar sind. Diese Nahtzugaben werden manchmal mit der Overlock zusätzlich bearbeitet oder absichtlich gedehnt, damit sie besonders fransig aussehen.

1 *Die Stoffe links auf links legen und mit 1,5 cm Nahtzugabe nähen.*

2 *Den Stoff zu einer Rolle formen, die Nahtzugaben liegen an einem Ende davon. Nun mit einer Zahnbürste kräftig darüber bürsten, um den Stoff extra auszufransen.*

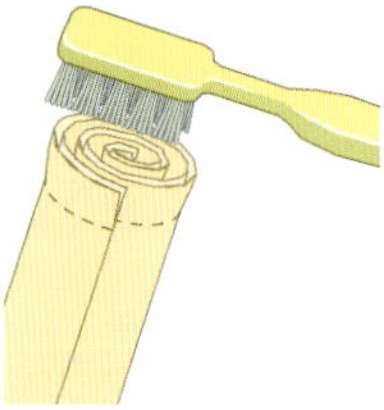

3 *Stoff entrollen und bis an die Naht heran bügeln. Die Nahtzugaben mit den Fingern auseinanderdrücken.*

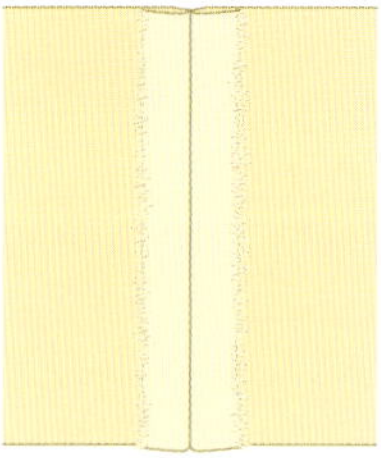

KLEIDUNGSSTÜCK/PROJEKT

Kleidung mit oben liegenden, offenen Nahtkanten wirkt sehr modern.

STOFF

Wolltweed, weicher Jeansstoff und locker gewebte Baumwollstoffe sind geeignet, besonders gut für Stoffe, die im Schrägfadenlauf geschnitten wurden.

ZUBEHÖR UND STICHLÄNGE

Nadel verwenden, die zur Stoffqualität passt, und mit Geradstich arbeiten.

ALTERNATIVEN

Schneiden Sie einen Schrägstreifen in der Länge der Naht zu und falten Sie ihn längs zur Hälfte. Legen Sie die Stoffteile rechts auf rechts und schieben Sie den gefalteten Schrägstreifen dazwischen. Nach dem Nähen liegen seine offenen Kanten außen. Dehnen Sie die Kanten des Schrägstreifens.

BÜGELN UND FERTIGSTELLEN

Bügeln Sie den Stoff nur bis an die Naht. Bügeln Sie nicht die absichtlich ausgeleierten Kanten. Diese nur mit dem Fingernagel flach drücken.

Saum mit Saumstichen

Die Stoffkante eines Saums kann auf verschiedene Art und Weise angenäht werden. Manche Methoden sind vielseitiger als andere. Ein doppelt gefalteter Saum, mit Saumstichen befestigt, ist sicher festgenäht.

1 *Die fertige Länge mit einer Kreidelinie oder mit Stecknadeln markieren.*

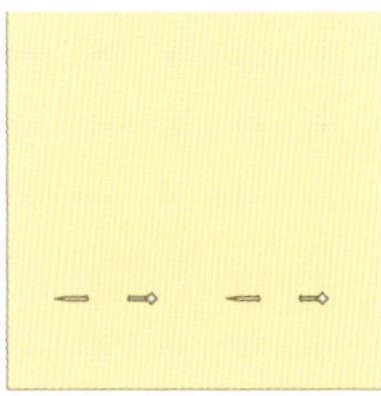

2 *Den Stoff entlang dieser Linie nach oben falten und heften. Überflüssigen Stoff zurückschneiden und den eingeschlagenen Saum auf ca. 2,5–3 cm kürzen.*

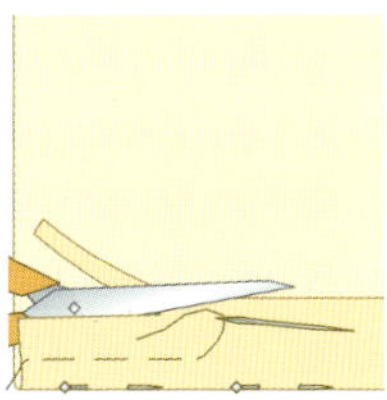

3 *Die offene Stoffkante ca. 0,6–1,2 cm weit nach innen umschlagen.*

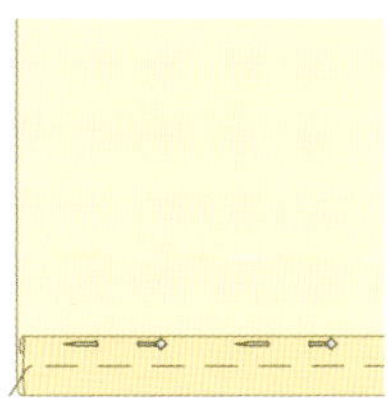

4 *Fadenanfang von links sichern, leicht schrägen Stich machen. Dabei ein oder zwei Gewebefäden fassen. Mit der Nadelspitze einige Fäden der umgeschlagenen Kante greifen, die Nadel durchziehen. Kleine, schräge und gleichmäßige Stiche machen.*

KLEIDUNGSSTÜCK/PROJEKT

Befestigen Sie auf diese Weise die Säume von Röcken, Hosen und Ärmeln.

STOFF

Wenden Sie den Saumstich auf festeren Stoffen an, bei denen die Stiche im Stoff versinken. Bei dünnen Stoffen werden sie auf der rechten Stoffseite sichtbar sein. Nähen Sie so auch Hosen- und Rock-Bundbänder ein.

ZUBEHÖR UND STICHLÄNGE

Arbeiten Sie mit einer feinen Nadel, die keine Löcher im Stoff hinterlässt. Wählen Sie eine Fadenfarbe, die der Stofffarbe gleicht oder etwas dunkler ist als diese, denn dies macht die Stiche weniger sichtbar, falls sie auf die Oberseite treten.

ALTERNATIVEN

Der Blindstich und der befestigte Saumstich sind gute handgenähte Alternativen zum Saumstich. An der Nähmaschine stellen Sie den Blindstich ein und verwenden dazu den Saumfuß.

BÜGELN UND FERTIGSTELLEN

Bügeln Sie sanft von der linken Seite und auf einer gepolsterten Unterlage, damit sich die Saumkante nicht zur Vorderseite durchdrückt.

Blindstichsaum

Die Stoffkante eines Saums kann auf verschiedene Art und Weise genäht werden. Manche Methoden sind vielseitiger als andere. Ein doppelt gefalteter Saum, mit Blindstichen befestigt, ist nahezu unsichtbar, auch auf feinen Stoffen.

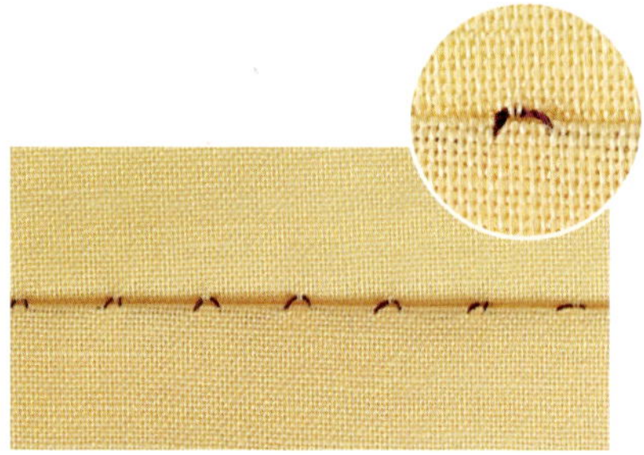

1 *Die Saumlinie mit Kreide oder Stecknadeln markieren.*

2 *Den Saum entlang dieser Kante hochfalten und heften. Überschüssigen Stoff abschneiden und den Saum auf ca. 2,5–3 cm kürzen.*

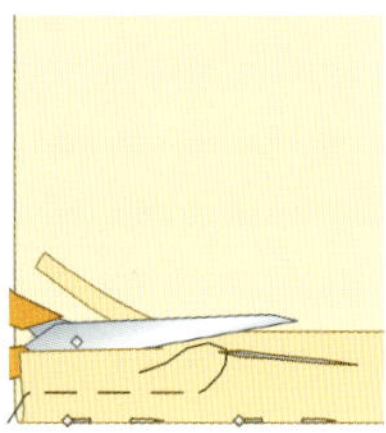

3 *Dic Stoffkante ca. 0,6–1,2 cm weit nach hinten umschlagen.*

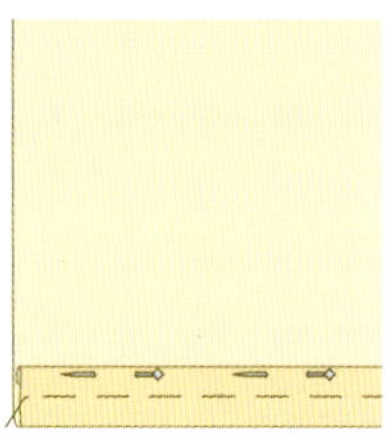

4 *Den Fadenanfang rechts im Saum befestigen. Ein oder zwei Gewebefäden mit der Nadelspitze fassen. Dann die Nadel durch die gefaltete Kante schieben und 0,6 cm weiter vorn wieder hervorstechen. Dies entlang des gesamten Saumes wiederholen.*

KLEIDUNGSSTÜCK/PROJEKT

Säumen Sie mit diesem Blindstich Kleidungsstücke aus feinen Stoffen, bei denen der Saumstich nicht geeignet wäre. Befestigen Sie mit dieser Technik Futterstoffe in Kleidern und Taschen.

STOFF

Anzuwenden zum Säumen von feinen Stoffen.

ZUBEHÖR UND STICHLÄNGE

Arbeiten Sie mit einer feinen Nadel und machen Sie kleine Stiche, damit der Saum gut hält. Kleinere Stücke Seidengarn verknoten und kringeln kaum.

ALTERNATIVEN

Verwenden Sie den Saumstich, den befestigen Saumstich oder den Hexenstich als alternative Handstiche oder den Blindstich der Nähmaschine, in Verbindung mit dem Blindstichfuß.

BÜGELN UND FERTIGSTELLEN

Bügeln Sie sanft von der linken Seite und auf einer gepolsterten Unterlage, damit sich die Saumkante nicht zur Vorderseite durchdrückt.

Saum mit befestigten Stichen

Verwenden Sie diesen Stich für Säume von Kleidung und Vorhängen. Er hält, auch wenn der Faden reißt, denn jeder Stich ist unabhängig vom anderen und der Saum hängt nicht auf einer langen Strecke herab.

1 *Den Saum nach oben falten und die Kante, wenn nötig, versäubern.*

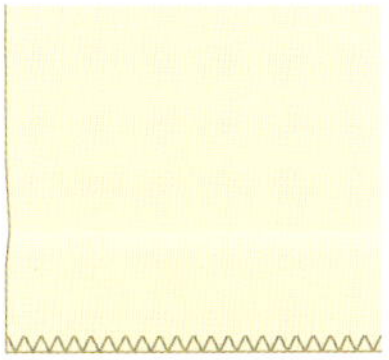

2 *Die versäuberte Kante etwa 0,3 cm weit nach hinten umschlagen und den Fadenanfang darin vernähen. Einen oder zwei Fäden des Gewebes entlang der Nählinie und gleichzeitig die daneben liegenden Fäden der Saumkante fassen.*

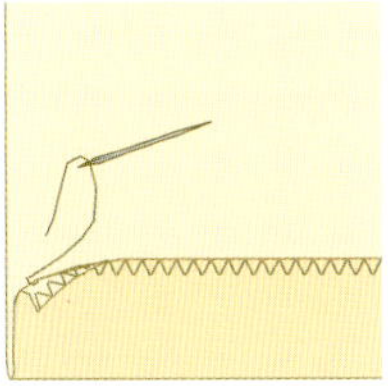

3 *Den Faden fast durchziehen, dann die Nadel durch die entstandene Fadenschlinge schieben. Vorsichtig anziehen, um den Stich zu vervollständigen. Weitere Stiche in Abständen von ca. 1,2 cm arbeiten (siehe Seite 36).*

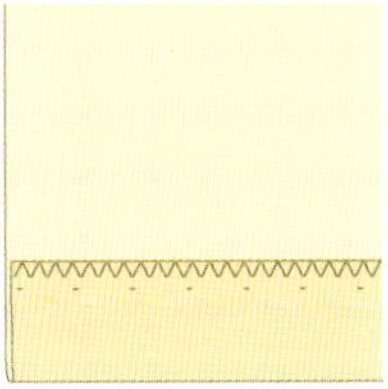

Tipp

Bei einem doppelt gefalteten Saum durch beide Stofflagen stechen.

KLEIDUNGSSTÜCK/PROJEKT

Wenden Sie den befestigten Saumstich bei allen Kleidungsstücken an, die eine unsichtbare Saumkante benötigen.

STOFF

Anzuwenden bei allen Stoffarten, besonders bei dehnbaren Stoffen.

ZUBEHÖR UND STICHLÄNGE

Arbeiten Sie mit einer feinen Nadel, die im Stoff keine Löcher hinterlässt. Halten Sie die Stiche lang und gleichmäßig, sodass sie von der Vorderseite nicht zu sehen sind. Arbeiten Sie mit Seidengarn, das knotet und kringelt kaum.

ALTERNATIVEN

Wie der befestigte Saumstich ist auch der Hexenstich leicht dehnbar. Manche Nähmaschinen bieten einen Blindstich an, der sich für Stretchstoffe eignet.

BÜGELN UND FERTIGSTELLEN

Wie bei allen Säumen bügeln Sie leicht von links, damit sich die Saumkante nicht zur Vorderseite durchdrückt.

Hongkong-Abschluss

Ein Hongkong-Abschluss ist ideal für saubere Nähte und Säume. Schmale Schrägstreifen aus Habotai-Seide oder Futterstoff, um die offenen Stoffkanten gepaspelt, verhindern das Ausfransen. Verwenden Sie diese Methode auch an Jackentaschen.

Saum abschließen

Kante versäubern

KLEIDUNGSSTÜCK/PROJEKT

Versäubern Sie offene Kanten an den Säumen von Röcken, Hosen und Jacken. Es ist ein sauberer Kantenabschluss in ungefütterten Jacken, Hosen oder Röcken. Auch als dekorativer Abschluss von Jackentaschen.

STOFF

Geeignet für mittlere und dicke Stoffen (Krepp, Wolle, Tweed). Verwenden Sie Seide und Futterstoff für die Schrägstreifen.

ZUBEHÖR UND STICHLÄNGE

Arbeiten Sie mit Nadeln der Stärke 12 und einem Geradstich in Länge 1. Ein Rollschneider (plus selbstheilende Schneidematte) ist für das Zuschneiden der 3,2 cm breiten Schrägstreifen sehr nützlich.

ALTERNATIVEN

Kanten, die mit vorgefertigten Schrägsteifen eingepaspelt wurden, sehen dem Hongkong-Abschluss ähnlich. Benutzen Sie ein Band zum Versäubern von Kanten. Ziehen Sie es leicht an und es legt sich weich um die Kante. Nähen Sie es mit der Maschine mit Gerad- oder schmalem Zickzackstich fest.

BÜGELN UND FERTIGSTELLEN

Bügeln Sie die Arbeit in allen Stadien. Achten Sie darauf, dass die eingefasste Kante keinen Abdruck auf dem fertigen Kleidungsstück hinterlässt.

1 *Aus weicher Seide oder Futterstoff Schrägstreifen von 3,2 cm zuschneiden, entweder in der gleichen Farbe oder in einer Kontrastfarbe zum Kleidungsstück.*

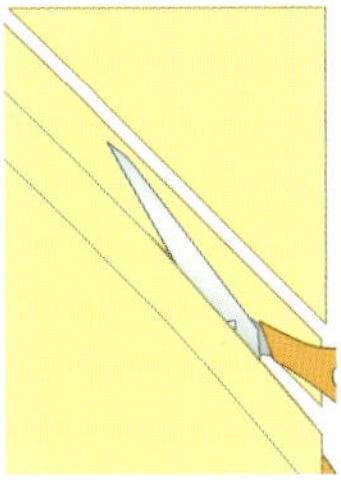

2 *Den Schrägstreifen mit der rechten Seite nach unten entlang der Naht oder der Saumkante legen, die offenen Kanten genau aufeinanderliegend. Das Band feststecken und mit 0,6 cm Nahtzugabe festnähen.*

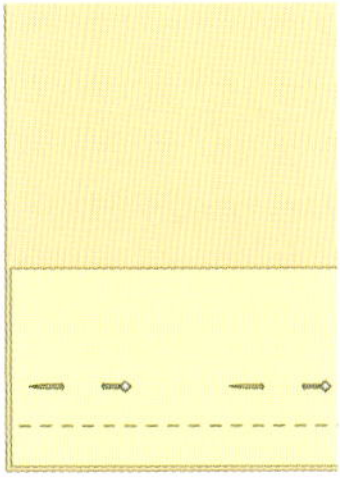

3 *Nahtzugabe auf 0,3 cm zurückschneiden und den Schrägstreifen über die Kante und unter die Nahtzugabe falten*

4 *In der Naht feststecken, dort wo der Streifen auf den Stoff trifft. Alle Stofflagen aus dem Weg halten und im Schatten der Naht an der gesamten Kante entlangnähen.*

5 *Überstehenden Stoff abschneiden und flach bügeln. Da der Streifen im Schrägfadenlauf zugeschnitten wurde, kann er bis nahe an die Kante weggeschnitten werden – er wird nicht fransen.*

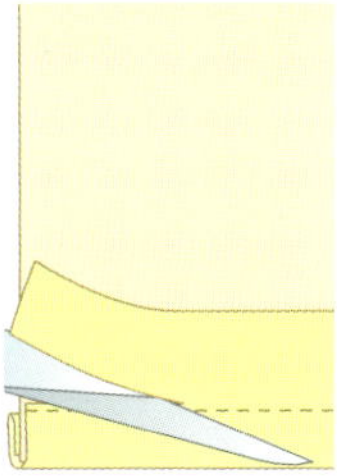

Tipp

Zur Versäuberung von Nahtkanten arbeiten Sie eine normale Naht in 1,5–2,5 cm Breite und bügeln Sie die Nahtzugaben auseinander. Bei einem Saum versäubern Sie die Kante zuerst mit der Hongkong-Technik und schlagen ihn dann nach oben, um ihn mit befestigten Saumstichen anzunähen.

Besetzter oder falscher Saum

Wenn an einem weiten, ausgestellten Rock ein breiter Saum benötigt wird, wird ein nach oben geschlagener Stoff Falten und Wellen schlagen. Eine bessere Methode ist, einen Besatz einzunähen. Der überschüssige Stoff des Saums wird abgeschnitten, in der Form der Rockunterkante zugeschnitten und auf der Innenseite angenäht. So entsteht ein flacher Saum ohne Beulen.

KLEIDUNGSSTÜCK/PROJEKT

Einen besetzten Saum nähen Sie an weiten, ausgestellten Röcken und Kleidern.

STOFF

Anzuwenden bei allen Arten von Stoff.

ZUBEHÖR UND STICHLÄNGE

Arbeiten Sie mit einer Maschinennadel, die der Stoffqualität angepasst ist und einer feinen Nadel zum Handnähen. Verwenden Sie Seidengarn zum Handnähen, denn das verknotet und kringelt kaum. Ein 15-cm-Lineal ist ein praktisches Hilfsmittel.

ALTERNATIVEN

Ein schmaler Saum an einem ausgestellten Rock neigt weniger zu Beulen als ein breiter, doch ist der breite Saum schwerer und lässt den Rock besser fallen.

BÜGELN UND FERTIGSTELLEN

Bügeln Sie die Arbeit in allen Stadien, doch achten Sie darauf, dass sich der fertige Saum nicht auf die Oberseite durchdrückt. Bügeln Sie vorsichtig und legen Sie ein Bügeltuch darüber, um die Stoffoberseite zu schützen.

1 *Saumbreite ermitteln und 1,5 cm dazu rechnen. Den überstehenden Stoff abschneiden.*

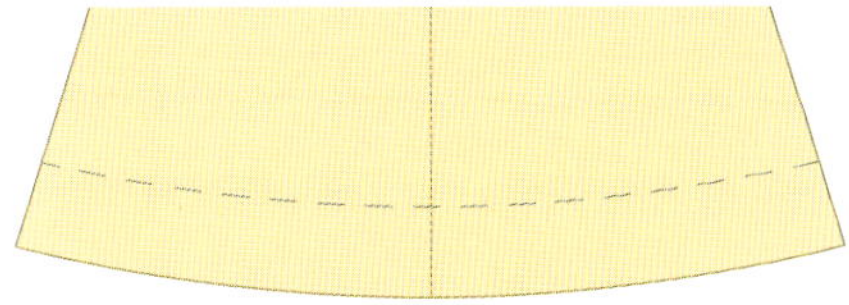

2 *Die Besätze für jede Rockbahn in der gleichen Form wie die Rockunterkante zuschneiden (inklusive der Nahtzugabe). Bei einem kurzen Rock können die Besätze 5 cm breit sein, bei einem Brautkleid oder einem Abendkleid ist der Besatz etwa 9 cm breit.*

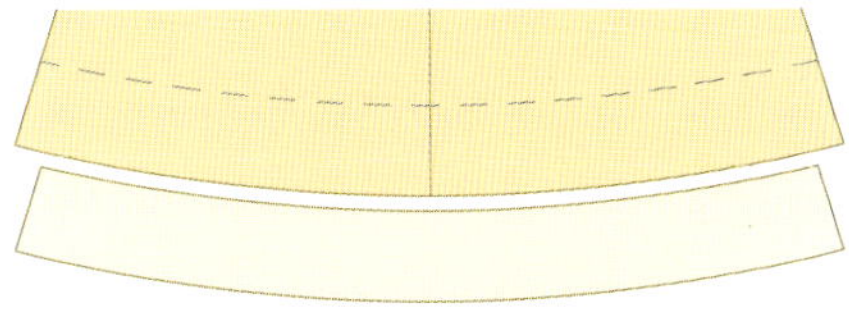

3 *Jeden Besatz rechts auf rechts auf die Rockkante legen, die Unterkanten genau aufeinandertreffend. Um Beulen zu vermeiden, liegen die Seitennähte aufeinander, die Nahtzugaben sind auseinandergebügelt. Den Besatz feststecken und im Abstand von 1,5 cm entlangnähen. Über alle Nähte und Nahtzugaben hinweg nähen. Am Schluss die Nahtzugabe etwas zurückschneiden.*

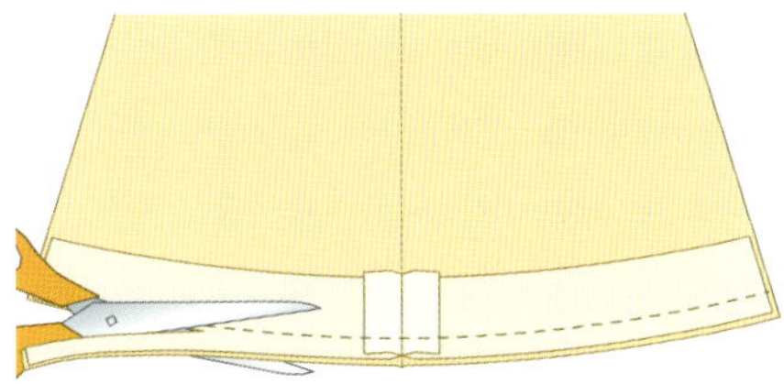

4 *Die Besätze nach innen falten und bügeln, sodass die Naht knapp innerhalb des Rockes liegt. Die Seitennähte und Nahtzugaben von Rock und Besatz genau aufeinanderpassen und Lücken der Seitennähte mit Leiterstich schließen (siehe Seite 35).*

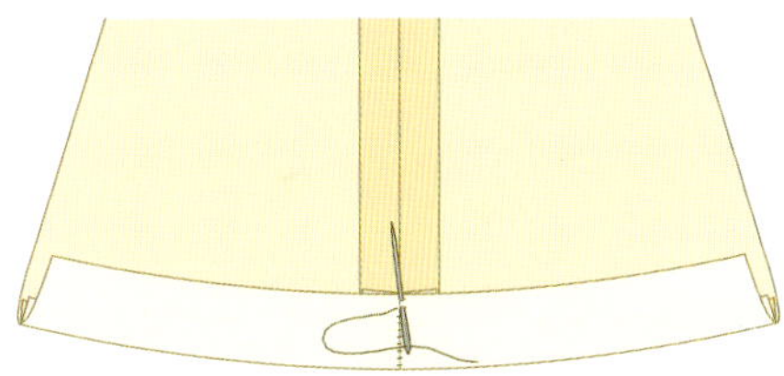

5 *Die Oberkante des Besatzes einschneiden und nach innen umschlagen. Mit befestigtem Saumstich oder mit Blindstich am Rock festnähen.*

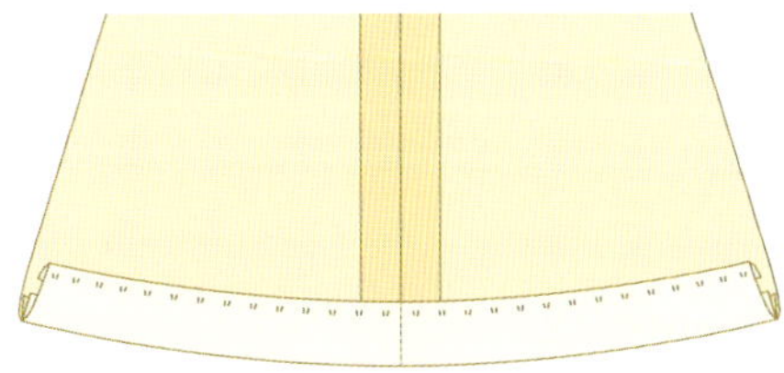

Unterlegter Saum

Für einen weichen, maßgeschneiderten Saum wird ein Schrägstreifen aus Einlagestoff in die Falte der Saumoberkante eingearbeitet. Dafür kann auch eine aufbügelbare Einlage verwendet werden.

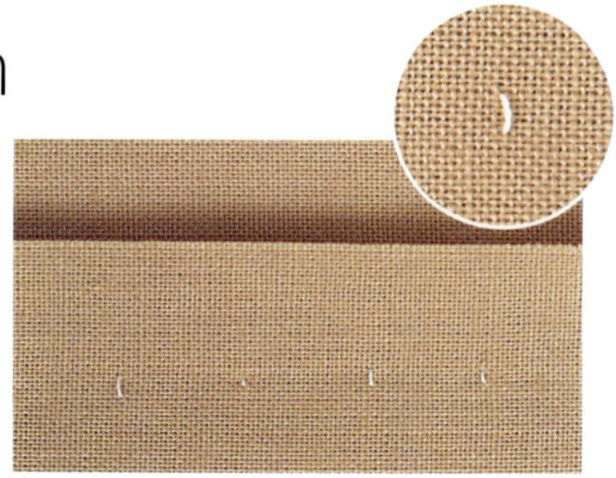

1 *Fertigen Saum mit Heftgarn markieren, Schrägstreifen mit 0,6 cm Nahtzugabe aus Seide oder Organza zuschneiden. 1,5 cm von der Kante einen Falz einbügeln.*

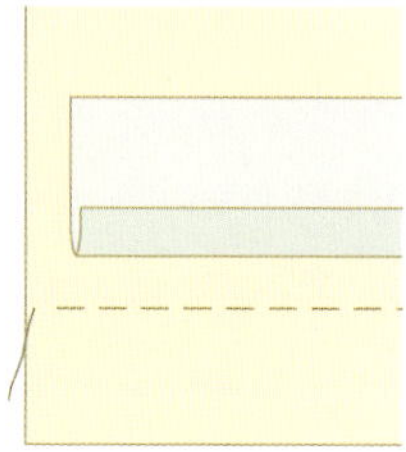

2 *Den Falz des Schrägstreifens entlang der oberen Saumkante auflegen, der restliche Teil des Schrägstreifens weist zum größeren Rockstoff hin. Den Organzastreifen mit großen Saumstichen am Stoff befestigen. Die Stiche sollten von rechts nicht zu sehen sein.*

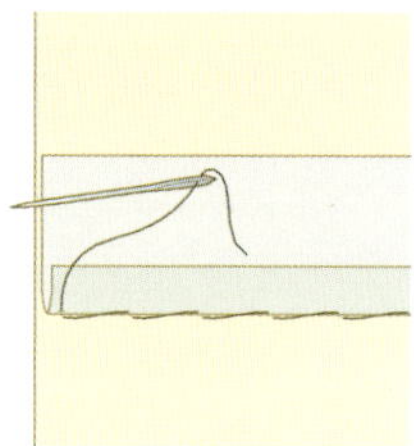

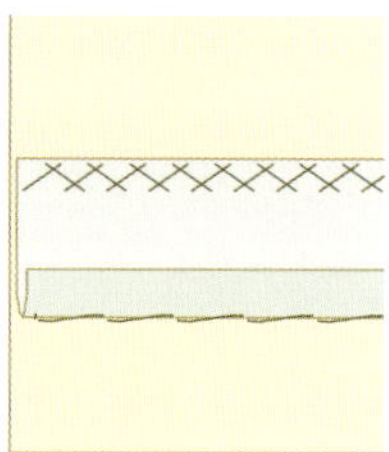

3 *Mit einem Hexenstich die Oberkante des Organza-Einlagestreifens an den Stoff nähen. Die Stiche sollen auf der rechten Stoffseite nicht zu sehen sein.*

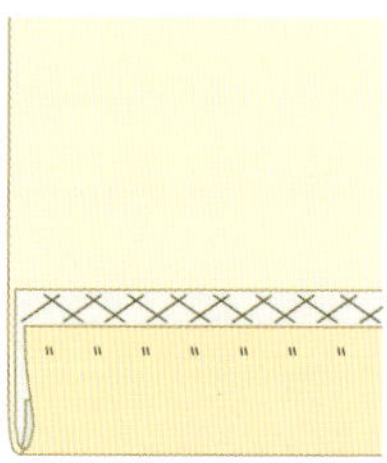

4 *Den Saum mit befestigten Saumstichen am Organzastreifen festnähen.*

KLEIDUNGSSTÜCK/PROJEKT

Geeignet für Designerkleidung und für die Säume an Ärmeln und in Jacken, die gefüttert werden müssen.

STOFF

Anzuwenden bei Seide und Wolltweed, feinen Kammgarnstoffen und Crêpe. Ein zu Schrägstreifen geschnittener Seidenorganza ist besser geeignet als aufbügelbarer Einlagestoff.

ZUBEHÖR UND STICHLÄNGE

Nähen Sie die Handstiche mit einer feinen, kurzen Nadel und mit Seidenfaden. Schneiden Sie die Schrägstreifen mit Rollschneider/Schneidematte oder Schneiderschere zu.

ALTERNATIVEN

Schneiden Sie einen gewebten, aufbügelbaren Einlagestoff in Schrägstreifen. Legen Sie den Streifen an die Saumkante, sodass er 1,5 cm weit in den Rockstoff ragt. Nähen Sie die Kante mit befestigten Saumstichen am aufgebügelten Streifen fest.

BÜGELN UND FERTIGSTELLEN

Bügeln Sie vorsichtig und legen Sie ein schützendes Bügeltuch darüber.

Saum mit Rosshaarband

Ein Saum, der mit einem leichten „Rosshaarband“ aus Nylon versäubert wurde, ist etwas steif und wirkt an halblangen und bodenlangen Röcken besonders schön. Es gibt breite und schmalere Rosshaarbänder, die mit der Maschine aufgesteppt oder von Hand angenäht werden.

1 *Die fertige Saumlänge markieren. Die Breite des Bandes plus 0,6 cm Nahtzugabe nach unten dazu rechnen und den Stoff abschneiden.*

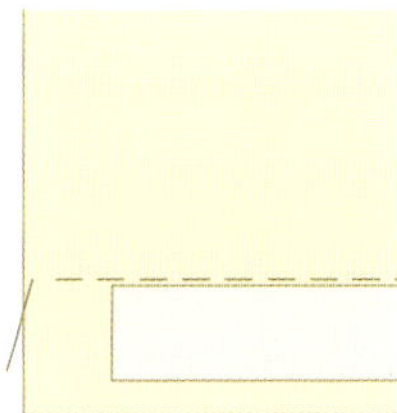

2 *Das Band auf die linke Seite des Stoffes entlang der Saumkante legen, sodass es 0,6 cm weit überlappt. Nahe der Kante durch Saum und Band mit Heftstich festnähen.*

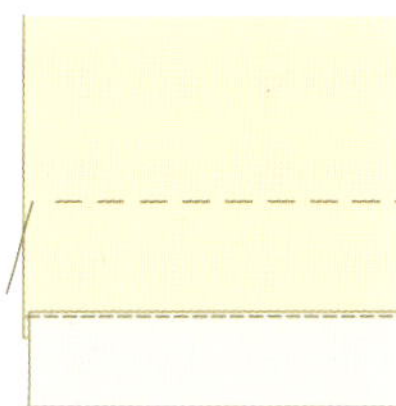

3 *Das Band nach innen falten und den Rocksaum noch einmal nach oben falten, sodass das Band nicht mehr zu sehen ist. Ein schmales Band von der rechten Rockseite her aufsteppen. Ein breiteres Band von Hand mit Blindstich oder befestigtem Saumstich annähen oder mit der Maschine aufsteppen.*

KLEIDUNGSSTÜCK/PROJEKT

Ausladende Röcke von schweren Brautkleidern und Abendgarderobe werden mit diesem Saum steif und elegant.

STOFF

Anzuwenden bei schwerem Satin, Seidenbrokat, Samt und anderen edlen Stoffen.

ZUBEHÖR UND STICHLÄNGE

Arbeiten Sie mit Nadelstärke 11, es sei denn, der Stoff ist extrem dick, dann ist Nadelstärke 14 erforderlich.

ALTERNATIVEN

Das Rosshaarband muss nicht verdeckt werden und wird nur einmal nach oben geschlagen. Das grobe Gewebe kann an Leggins oder Strumpfhosen hängen bleiben. Bei ausgestellten Rocksäumen ist auch ein Besatzsaum möglich.

BÜGELN UND FERTIGSTELLEN

Bügeln Sie nur die untere Saumkante und legen Sie ein Bügeltuch darüber. Seidenstoff nur trocken bügeln, damit es keine Wasserflecken gibt.

Zwillingsnadelsaum

Säume, die mithilfe der Flügelnadel genäht werden, sehen an Tischdecken und Bettwäsche sehr schön aus. Die breite Flügelnadel hinterlässt bei jedem Einstich ein Loch, das wie Hohlsaumstickerei wirkt. Das beste Ergebnis liefert die Flügelnadel in Kombination mit dem programmierbaren Festonstich.

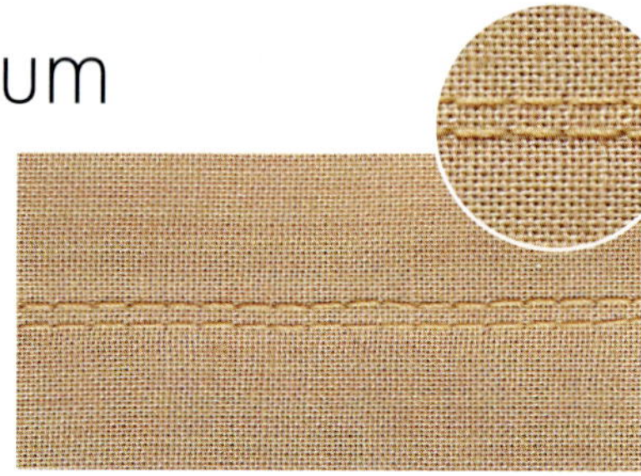

1 *Die Stoffkante zuerst mit Zickzackstich, Überwendlichstich oder Overlockstich versäubern.*

2 *Den Saum umschlagen und auf der rechten Stoffseite mit Stecknadeln befestigen.*

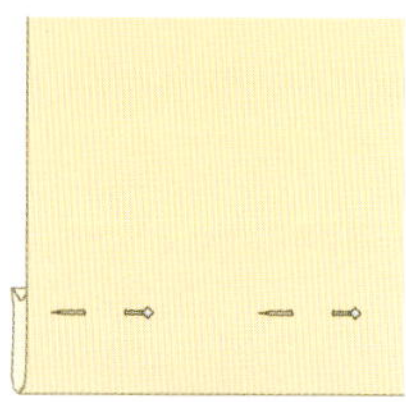

3 *Eine Zwillingsnadel in die Nähmaschine einsetzen, dabei zwei Garnrollen als Oberfaden verwenden. Die Unterfadenspule, mit passendem Faden gefüllt, in die Kapsel einlegen.*

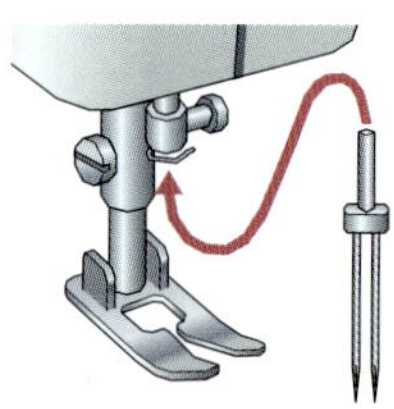

4 *Den Saum durch die Nähmaschine schieben und festnähen, dabei liegt die rechte Stoffseite zuoberst.*

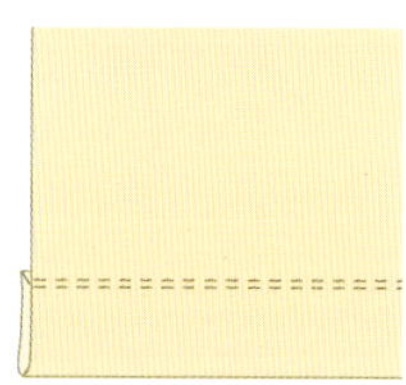

KLEIDUNGSSTÜCK/PROJEKT

Wenden Sie die Zwillingsnaht bei Stretchstoffen an (z. B. bei T-Shirts).

STOFF

Anzuwenden bei Strickstoffen und anderen Stoffen, die sich dehnen. Extrem dehnbare Stoffe mit Lycra müssen mit der Overlockmaschine gesäumt werden, die größere Stiche nähen kann.

ZUBEHÖR UND STICHLÄNGE

Nähen Sie mit einer Zwillingsnadel Stärke 11 oder 14. Der Abstand zwischen den Nadeln ist unterschiedlich, doch ist ein breiterer Nadelabstand für das Säumen besser geeignet. Verwenden Sie Nylongarn. Auch der Obertofftransport hilft beim Nähen mit der Zwillingsnadel auf Stretchstoffen und der Saum wird glatter. Ein normaler Nähfuß kann Beulen verursachen.

ALTERNATIVEN

Arbeiten Sie mit vorprogrammiertem Stretchstich oder geradem Quiltstich, den Sie mit einfacher Nadel nähen, aber in zwei parallelen Reihen.

BÜGELN UND FERTIGSTELLEN

Bügeln Sie von der Saumkante her in den Stoff hinein. Das Bügeln entlang des Saumes kann ihn verziehen.

Flügelnadel und Festonstichsaum

Säume, die mithilfe der Flügelnadel genäht werden, sehen an Tischdecken und Bettwäsche sehr schön aus. Die breite Flügelnadel hinterlässt bei jedem Einstich ein Loch, das wie Hohlsaumstickerei wirkt. Das beste Ergebnis liefert die Flügelnadel in Kombination mit dem programmierbaren Festonstich.

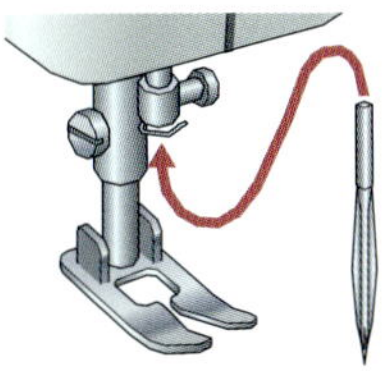

1 *Den längsten und breitesten Festonstich an der Nähmaschine einstellen und die Flügelnadel einsetzen.*

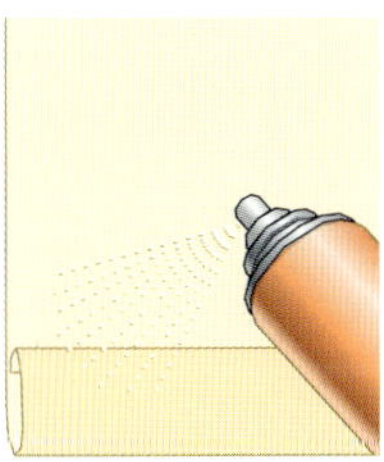

2 *Den Saum nach oben falten und mit Sprühstärke einsprühen. Dies stabilisiert den Stoff.*

3 *Die gefaltete Saumkante unter die Nähmaschine legen, sodass der Kantenstich auf die einfache Stofflage trifft und der seitliche Stich auf den Saum sticht.*

KLEIDUNGSSTÜCK/PROJEKT

Verwenden Sie diese Saumtechnik für Tischdecken, Tischläufer, Servietten, Laken und Kissenbezüge, die ein antikes Aussehen bekommen, sowie an Baumwollblusen und Kinderkleidchen.

STOFF

Am besten wirken diese Säume auf Naturfaser, also 100 %iger Baumwolle, Bettwäschestoff, Leinen oder Seidenorganza. Stoffe mit Kunstfaseranteil sind zu sehr elastisch, wodurch die gestochenen Löcher nicht erhalten bleiben.

ZUBEHÖR UND STICHLÄNGE

Benutzen Sie eine Flügelnadel und Baumwollgarn. Elastisches Polyestergarn hält die gestochenen Löcher nicht offen. Sprühstärke stabilisiert den Stoff vor dem Nähen. Oder legen Sie ausreißbares Stickvlies unter die Naht.

ALTERNATIVEN

Arbeiten Sie einen handgenähten Hohlsaum im gezogenen Faden (Seiten 77–78) als traditionelle Alternative.

BÜGELN UND FERTIGSTELLEN

Sanft bügeln.

Geklebter Saum

Bei einem schwierig zu verarbeitenden Stoff kann man den Saum festkleben oder klebebügeln (mit Stoffkleber oder aufbügelbarem Klebeband). Dies eignet sich bei Leder, Kunstleder und bei Plastikmaterial, bei denen eine Naht Löcher hinterlassen und den Stoff und seine wasserabweisende Eigenschaft zerstört.

1 *Einen 2,5–5 cm breiten Saum umschlagen. Leder oder beschichtetes, Material direkt abschneiden, bei gewebten Stoffen die Kante versäubern.*

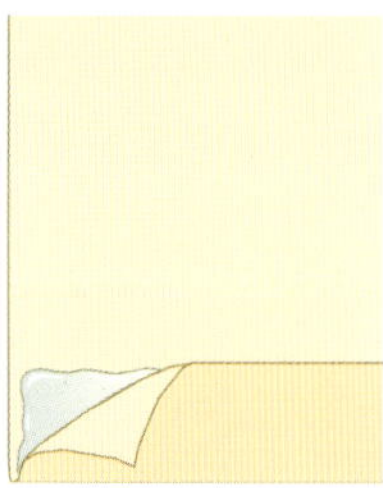

2 *Textilkleber nur bei Leder und Vinyl benutzen, damit er nicht auf die Vorderseite dringt und die Farbe verändert. Den Saum mit Gewichten beschweren, bis der Kleber trocken ist. Ein Kantenstich an Ledersäumen kann dekorativ sein.*

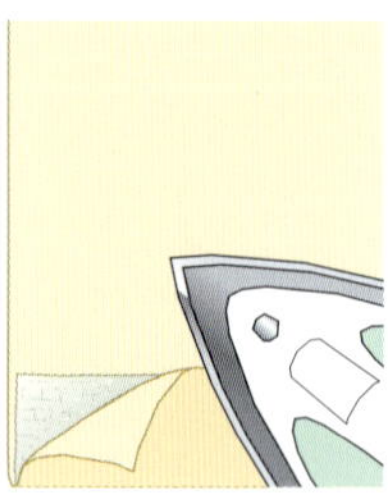

3 *Alternativ ist ein aufbügelbarer Streifen, meist mit Papierschutzschicht, für gewebte Stoffe geeignet. Die Klebeseite auf der Innenseite des Saumes aufbügeln, dann die Papierschicht abziehen. Den Saum nach oben schlagen und festbügeln.*

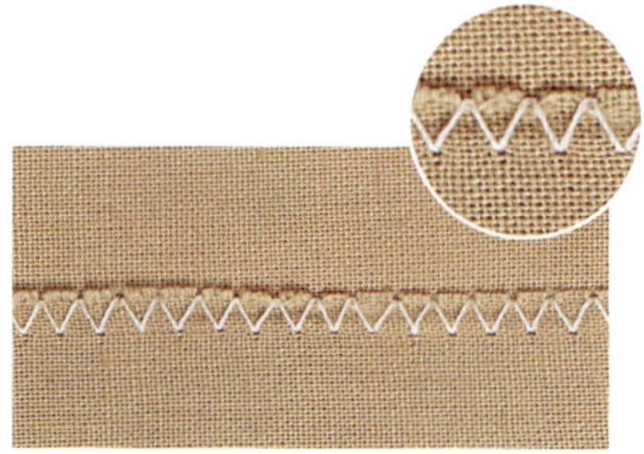

KLEIDUNGSSTÜCK/PROJEKT

Kleben Sie die Säume von Lederjacken, Mänteln und Taschen mit Innenfutter sowie von wasserabweisenden Plastikstoffen. Gelegentlich können auch Hosen- und Jackensäume mit aufbügelbarem Klebestreifen befestigt werden.

STOFF

Anzuwenden bei Leder, Wildleder, Kunstleder und anderen wasserabweisenden Materialien. Benutzen Sie Textilkleber nicht auf Strickstoffen.

ZUBEHÖR UND STICHLÄNGE

Wählen Sie Textilkleber auf Gummibasis oder PVA-Textilkleber für Leder. Wenn Sie eine lederne Kante versäubern möchten, sollten Sie eine Ledernadel benutzen. Gewebte Stoffe säumen Sie mit einem aufbügelbaren Band.

ALTERNATIVEN

Nähen Sie die Säume mit Steppstich nach oben anstatt sie zu kleben.

BÜGELN UND FERTIGSTELLEN

Leder und Kunstleder nicht bügeln. Klebestreifen mit einem Bügeltuch aufbügeln.

Blindstichsaum

Mithilfe eines Blindstichfußes und dem programmierbaren Blindstich der Nähmaschine können Sie Vorhänge und Kleidung nahezu unsichtbar säumen. Der Fuß hilft, den Stoff sicher zu führen und macht das Nähen kinderleicht.

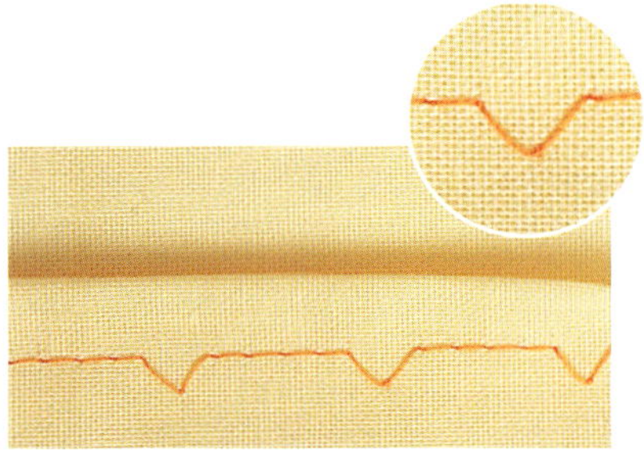

1 *Den Saum zweimal nach oben falten.*

2 *Die obere Saumkante wieder zurückfalten, sodass 0,6 cm hervorschauen. Diese Kante für das Maschinennähen festheften oder mit Stecknadeln feststecken.*

3 *Den Blindstich der Maschine einstellen und einen Blindstichfuß einsetzen.*

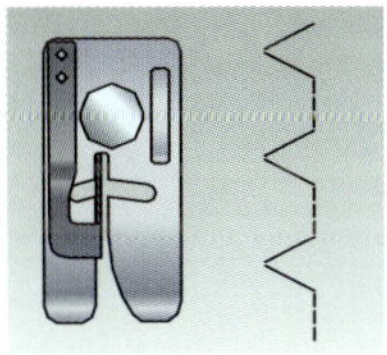

4 *Den Fuß als Führung benutzen und den gefalteten Saum in der richtigen Lage darunter hindurchschieben. Dabei werden auf der Vorderseite des Saumes nahezu unsichtbare Stiche genäht.*

KLEIDUNGSSTÜCK/PROJEKT

Wenden Sie den Blindstich an Vorhangsäumen an. Auch bei Röcken und Hosen anwendbar.

STOFF

Anzuwenden bei mitteldicken bis dicken Stoffen. Bei feinen Stoffen sind die Stiche auf der rechten Seite sichtbar.

ZUBEHÖR UND STICHLÄNGE

Arbeiten Sie mit einer Nadelstärke, die der Stoffstärke angepasst ist und wählen Sie den geeigneten Blindstich. Manche arbeiten mit Zickzackstich, der sich leicht dehnt, andere lieber mit Geradstich für gewebte, feste Stoffe. Je länger die Stichlänge und je weiter die Stiche auf dem Saum auseinanderliegen, desto weniger sind sie auf der rechten Seite sichtbar.

ALTERNATIVEN

Ein handgenähter, befestigter Saum ist eine gute Alternative.

BÜGELN UND FERTIGSTELLEN

Bügeln Sie den fertigen Saum von links, entlang der Stoffseite und unter der „Lippe" der oberen Saumkante. So kann sich der Saum nicht zur Vorderseite durchdrücken.

Rollsaum

Der Rollsaum ist ein schöner Abschluss bei leichten oder durchsichtigen Stoffen. Traditionell wird der Rollsaum von Hand gearbeitet, doch mithilfe eines Rollsaumfußes ist er auch mit der Nähmaschine nähbar.

1 *Im Abstand von 0,6 cm zur Kante eine Geradstichreihe arbeiten. Die Nahtzugabe bis dicht an die Stiche zurückschneiden.*

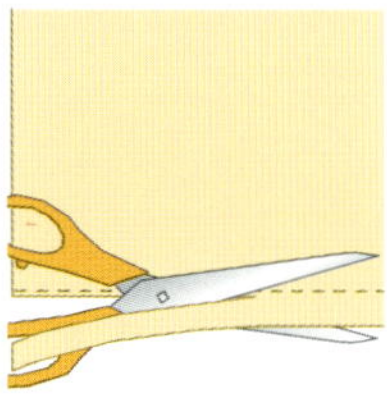

von Hand:

2 *Die Kante mit Daumen und Zeigefinger einrollen und mit kleinen Saumstichen befestigen.*

mit Maschine:

2 *Den Rollsaumfuß einsetzen und den Geradstich einstellen. Die ersten 2,5 cm einrollen und dann in den Nähfuß legen.*

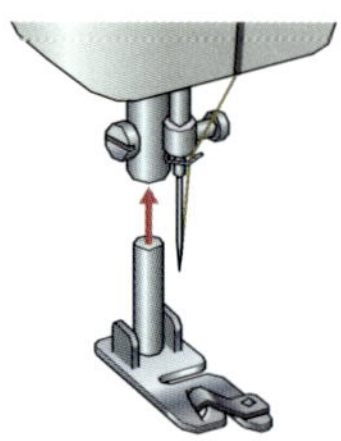

3 *Die Stoffkante vor der Nadel in den Rollsaumfuß führen und weiternähen.*

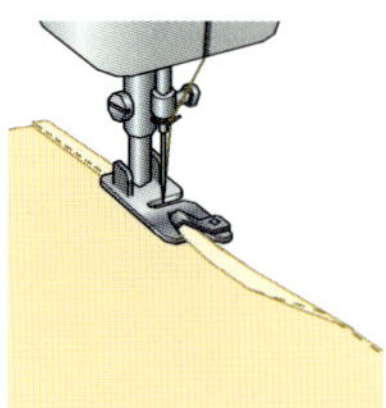

von Hand genäht

mit Maschine genäht

KLEIDUNGSSTÜCK/PROJEKT

Verwenden Sie einen Rollsaum bei Schals, Blusen und Rocksäumen aus transparenten und zarten Stoffen, für Rüschen und Babybekleidung.

STOFF

Anzuwenden bei feinen Seidenstoffen, Baumwolle und dünnem Polyester. Für durchsichtige Stoffe geeignet.

ZUBEHÖR UND STICHLÄNGE

Arbeiten Sie mit einer feinen, kurzen Nadel und Seidengarn. Bei der Nähmaschine arbeiten Sie mit Nadelstärke 9 oder 11 und Rollsaumfuß.

ALTERNATIVEN

Eine dem Rollsaum ähnliche Kante entsteht, wenn Sie mit einem schmalen Zickzackstich an der Kante entlangnähen. Oder Sie arbeiten einen feinen Rollsaum mit der Overlock.

BÜGELN UND FERTIGSTELLEN

Bügeln Sie den fertigen Rollsaum flach. Wenn sich die Kante wellt, kann dies mithilfe von Sprühstärke weggebügelt werden.

Angelschnursaum

Diese Art von Kantenabschluss wird in der Regel zusammen mit einem Overlock-Rollsaum angewendet (siehe Seite 69). Eine Nylonschnur wird in die Kante gelegt und ergibt einen steifen, welligen Saum. So bekommen die Kanten von Rüschen aus zarten Stoffen Halt, z. B. an Tanzkleidern und Abendgarderobe.

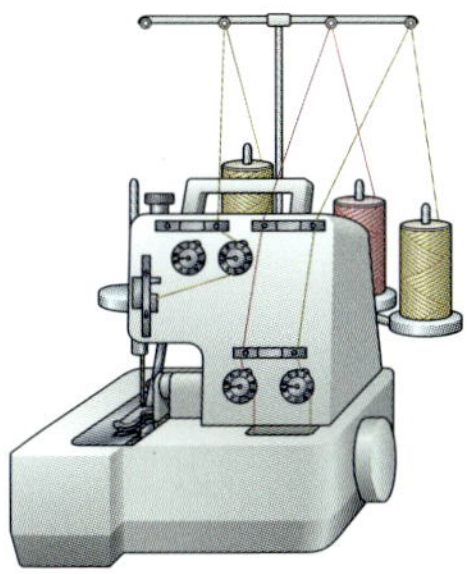

1 *Die Overlockmaschine auf Rollsaum einstellen.*

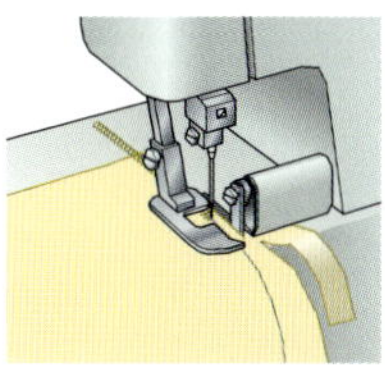

2 *Eine Angelschnur (Tragkraft ca. 8 kg) unter die Nadel legen und mindestens 2,5 cm weit übernähen, um den Anfang der Schnur zu fixieren.*

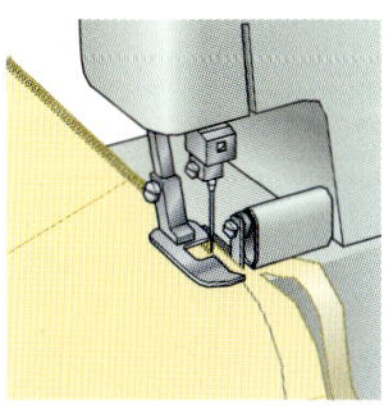

3 *Die Stoffkante unter die Angelschnur legen und Overlockstiche über Schnur und Stoffkante arbeiten. Beides sorgfältig unter dem Nähfuß und der Nadel hindurchschieben.*

4 *Danach die Kante mit der eingenähten Schnur nach innen legen und noch einmal übernähen, damit sich eine steife, gewellte Kante bildet.*

KLEIDUNGSSTÜCK/PROJEKT

Verwenden Sie den Angelschnur-Rollsaum für steife, fließende Wellenkanten.

STOFF

Anzuwenden bei zarten Stoffen, bei denen er eine Wellenkante formt, sowie für steife Rüschenkanten.

ZUBEHÖR UND STICHLÄNGE

Arbeiten Sie an der Overlock mit Nadelstärke 9 oder 11 und einem Unterfaden in der gleichen Farbe wie der Stoff. Der Oberfaden kann in Kontrastfarbe oder ein Dekorfaden sein wie Metallic, Bauschgarn oder Maschinenstickgarn. Dies fügt der Kante ein spezielles Detail zu. Wählen Sie eine kurze Stichlänge, damit die Schnur dicht bedeckt ist.

ALTERNATIVEN

Eine Overlock-Wellenkante ist ein ebenso dekorativer Saum, hat aber nicht die Festigkeit eines Angelschnur-Rollsaums. Sie können auch an der normalen Nähmaschine einen Rollsaum arbeiten und dabei eine Angelschnur einlegen.

BÜGELN UND FERTIGSTELLEN

Bügeln Sie die Stoffkante, bevor Sie die Angelschnur einnähen. Danach brauchen Sie nicht mehr zu bügeln.

Spitzenstoff zusammensetzen

Wenn Sie Spitzenstoffe aneinandersetzen, wäre es schade, dies nur mit einer geraden Naht zu tun. Legen Sie beide Lagen überlappend aufeinander und folgen Sie beim Nähen dem Muster der Spitze. Schneiden Sie den Stoff hinter der Spitze zurück.

1 *Spitzenstoffe überlappend legen, beide mit der rechten Seite nach oben. Beide Lagen aufeinander feststecken.*

2 *Sorgfältig das Muster studieren und einer deutlichen Umrisslinie des Spitzenstoffes folgen. Mit Heftstich entlangnähen.*

3 *Einen schmalen Zickzackstich einstellen und einen Faden in der Farbe der Spitze wählen. Entlang der Musterlinie nähen. Diese Linie folgt einem Dekor und verläuft nicht gerade.*

4 *Mit einer scharfen Schere den oben liegenden Stoff unterhalb der Naht, den unten liegenden Stoff oberhalb der Naht bis an die Zickzackstiche wegschneiden.*

KLEIDUNGSSTÜCK/PROJEKT

Verwenden Sie diese Technik bei Korsagen, Röcken und an den Nähten von Brautkleidern, Abendgarderobe, Taufkleidchen und Kinderkleidern. Diese Methode eignet sich nicht bei Nähten, die starker Belastung ausgesetzt sind.

STOFF

Nähen Sie auf diese Weise Spitzenstoffe aller Art zusammen: Baumwolle, Seide und Stretchstoffe. Setzen Sie Spitzenbordüren und Brautspitzen aneinander. Verwenden Sie diese Technik auch, um einen Spitzenstoff an den Saum eines Unterrocks oder Halbrocks aus Synthetikstoff anzusetzen.

ZUBEHÖR UND STICHLÄNGE

Stellen Sie den Zickzackstich auf ca. 3 mm Länge und Breite ein. Testen Sie den Stich zuerst auf einem Probestück.

ALTERNATIVEN

Ein Haarsaum ist eine Alternative.

BÜGELN UND FERTIGSTELLEN

Bügeln Sie vorsichtig und schützen Sie die Spitze mit einem aufgelegten Bügeltuch.

Besätze

Ein Besatz ist eine Möglichkeit, eine Vorderkante oder einen Halsausschnitt ordentlich und glatt zu versäubern. Alle Nahtzugaben sind verborgen und die Kante wird durch die zusätzliche Stoffschicht verstärkt, um Knopflöcher, Knöpfe und andere Verschlüsse zu tragen.

1 *Den Besatz in der gleichen Form zuschneiden wie die zu versäubernde Kante. Die Stoffkante des Besatzes mit der Overlock oder der Nähmaschine einfassen.*

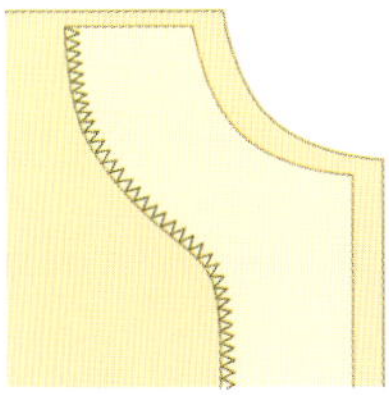

2 *Den Besatz rechts auf rechts auf das Kleidungsstück legen und feststecken, notfalls auch heften.*

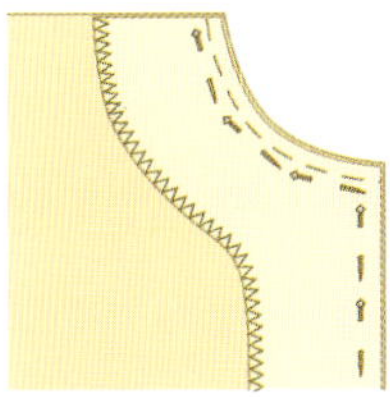

3 *Mit dem Geradstich der Nähmaschine auf der Nählinie nähen und den Besatz auf dem Kleidungsstück festnähen. Die Nahtzugaben kürzen und einschneiden, um Beulen zu vermeiden.*

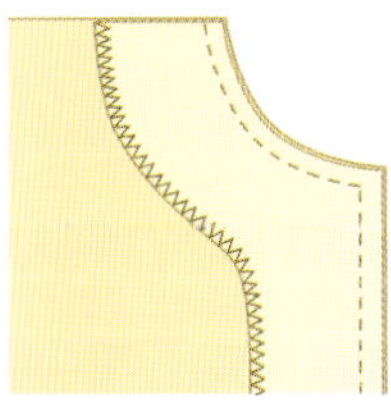

4 *Die Stiche flach bügeln und die Arbeit wenden. Die gewendete Kante wieder bügeln.*

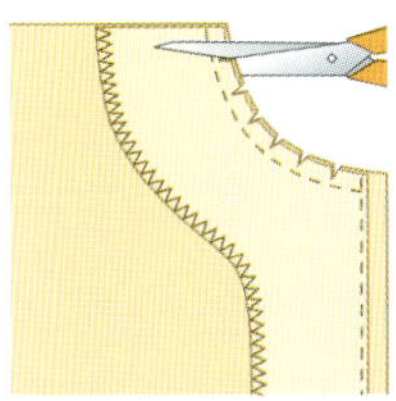

KLEIDUNGSSTÜCK/PROJEKT

Nähen Sie Besätze an Kanten von Halsausschnitten, Armlöchern und Jacken. Auch für „Briefschlitzöffnung“ zum Reißverschluss-Einsetzen geeignet.

STOFF

Anzuwenden an allen Arten von Stoff. Ist eine Elastizität gewünscht, ist bei Kleidung aus Strickstoff davon abzuraten. Bei sehr schweren Stoffen kann, um Beulen zu vermeiden, der Besatz aus dünnerem Stoff gearbeitet werden.

ZUBEHÖR UND STICHLÄNGE

Sie können den Besatz mit aufbügelbarer Einlage verstärken, bevor Sie ihn annähen. Befestigen Sie den Besatz mit mittellangen Geradstichen.

ALTERNATIVEN

Versäubern Sie eine Kante mit Schrägstreifen oder mit einem Hongkong-Abschluss. Dekorativ: den Besatz auf der linken Stoffseite festnähen und dann zur Oberseite falten.

BÜGELN UND FERTIGSTELLEN

Bügeln Sie den Besatz von links und schieben Sie die Naht nach innen. Sichern Sie die Kante mit Handstichen, um die Nähte in Form zu halten.

Gummiband annähen

Traditionell wurde für Kleidungsstücke ein Gummiband durch einen Stofftunnel gezogen. Die Textilindustrie befestigt heutzutage ein Gummiband direkt am Stoff, beispielsweise bei Unterwäsche. Das Band wird mit der sogenannten „Viertel-Strecken"-Technik auf die umgefaltete Stoffkante genäht. Das Ergebnis ist glatt und ohne Beulen.

Tunnelzug

aufgenähtes Gummiband

KLEIDUNGSSTÜCK/PROJEKT

Verwenden Sie durch einen Tunnel gezogenes Gummiband an Röcken und als Gummizug an Kinderhosen und -röcken. Mit dieser Technik aufgenähte Gummibänder eignen sich für BHs, Boxershorts und Röcke aus zarten Stoffen.

STOFF

Nähen Sie einen Tunnelzug in leichte bis mittlere Stoffe. Befestigen Sie Gummibänder mit der „Viertel-Strecken"-Technik auf dünner Seide, Satinstoffen, Strickwaren und Trikotstoffen.

ZUBEHÖR UND STICHLÄNGE

Arbeiten Sie mit einer Jersey-Stretchnadel und einem mittleren bis langen dreistufigen Zickzackstich. Die Stiche müssen lang sein, da sie auf gedehntes Gummiband genäht werden und sich verkürzen, sobald der Zug nachlässt. Testen Sie den Stich zuerst auf einem Probestoff.

ALTERNATIVEN

Arbeiten Sie entweder einen Tunnelzug oder nähen Sie das Gummiband mit der „Viertel-Strecken"-Technik auf den Stoff.

BÜGELN UND FERTIGSTELLEN

Bügeln Sie nur bis an das Gummiband heran, nicht darüber.

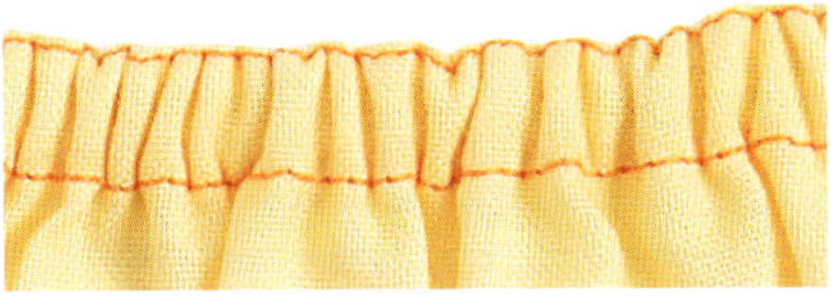

Gummi-Tunnelzug

1 *Die Kante des Stoffes 1 cm breit umschlagen und noch einmal um die gleiche Breite umschlagen. Feststecken und, wenn nötig, heften. Dann knapp entlang der umgeschlagenen Kante steppen.*

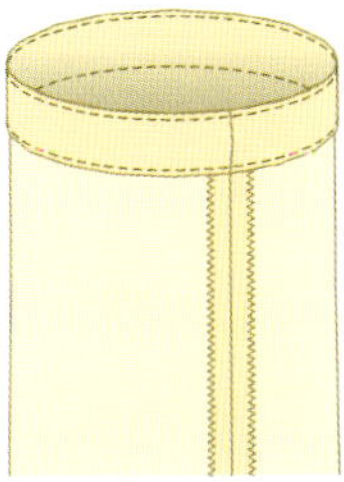

2 *Einige Stiche in der seitlichen Naht des Tunnels auftrennen. Das Gummiband mithilfe einer Sicherheitsnadel oder einer Webnadel einziehen. Die Enden überlappen und fest aufeinandernähen.*

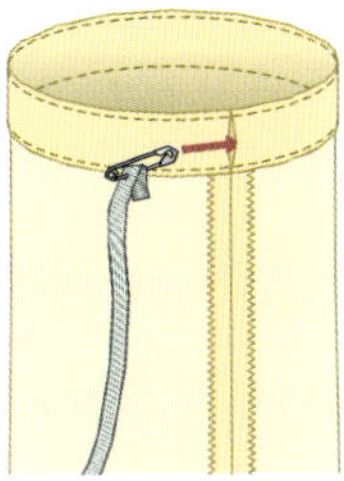

3 *Das Loch in der seitlichen Naht mit Leiterstich oder Blindstich schließen.*

Gummiband mit der „Viertel-Strecken"-Technik

1 *Das Gummiband abmessen und mit Stecknadeln die Viertelstrecken markieren. Den Stoff entlang der Kante vierteln.*

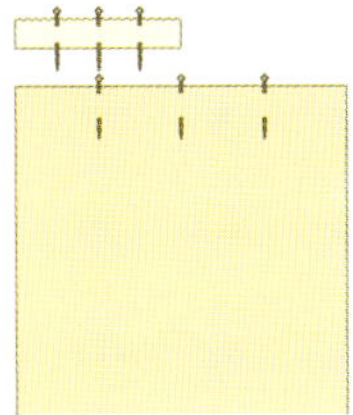

2 *Die Markierungsnadeln von Gummiband und Stoff aufeinanderbringen. Die linke Seite des Gummibandes liegt auf der rechten Seite des Stoffes.*

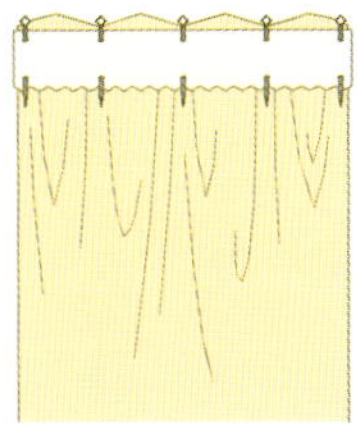

3 *Den dreistufigen Zickzackstich einstellen und das Gummiband aufnähen. Dieses während des Nähens ziehen. Immer jeweils ein Viertel nähen.*

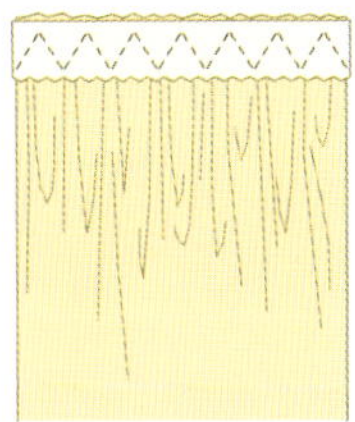

4 *Die Seite mit dem aufgenähten Gummiband zur linken Stoffseite falten. Eine zweite Reihe von dreistufigen Zickzackstichen über das nach innen gelegte Gummiband nähen.*

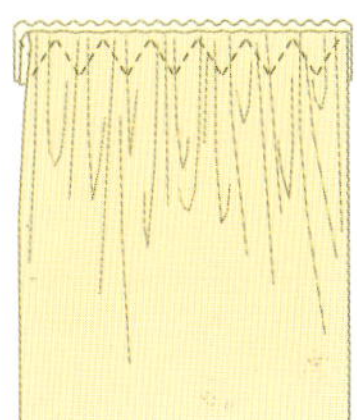

Schrägbandkante

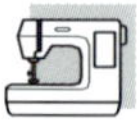

Stoffe können auch mit Schrägband eingepaspelt werden, wodurch sich eine feste und saubere Kante ergibt. So versäuberte Kanten sind ein schöner Saum. Sie können innerhalb eines Kleidungsstückes liegen oder sichtbar sein (z. B. Kragen). Die Farbe kann die gleiche sein wie der Stoff oder eine Kontrastfarbe. Da das Band im schrägen Fadenlauf zugeschnitten wird, legt es sich um alle Kurven.

Verschiedene Kanteneinfassungen mit Schrägstreifen

KLEIDUNGSSTÜCK/PROJEKT

Schrägbänder versäubern Stoffkanten, Taschenklappen, Kragen, Jackenkanten und Armlöcher. Verwenden Sie Schrägstreifen zum Einfassen von Wolldecken, Tischdecken und Servietten sowie von Tragetaschen.

STOFF

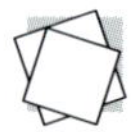

Verwenden Sie als Schrägband leichte bis mittlere Stoffe, die etwas steif sind, auch Kunstwildleder und lederähnliche Stoffe. um sie leichter handhaben zu können. Sie können jede Art von Stoff mit Schrägstreifen einfassen.

ZUBEHÖR UND STICHLÄNGE

Schneiden Sie exakte Schrägstreifen mit dem Rollschneider zu. Nähen Sie mit Polyestergarn und einer Nadelstärke, die der Stoffstärke angepasst ist (siehe Seite 14). Bei der Arbeit mit Leder oder Wildleder setzen Sie einen teflonbeschichteten Nähfuß ein.

ALTERNATIVEN

Zum Versäubern von Nähten können Sie alternativ fertige Streifchen verwenden. Nähen Sie mit Nähmaschine mit Geradstich oder einem schmalen Zickzackstich um die Stoffkante. Auch der Hongkong-Abschluss ist eine saubere Einfassung. Er sieht genauso aus, ist aber weniger dick.

BÜGELN UND FERTIGSTELLEN

Legen Sie beim Bügeln ein schützendes Bügeltuch über die Stoffe.

SCHRÄGSTREIFEN FÜR DIE EINFASSUNG HERSTELLEN

Es gibt fertig gefalzte Schrägstreifen zu kaufen, doch können diese in jeglicher Breite selbst hergestellt werden. Weiche Stoffe sind etwas schwierig zu handhaben, deshalb sollten Sie festere Stoffe wählen oder die weichen Stoffe mit Sprühstärke behandeln.

1 *Den Stoff so falten, dass die Schnittkante entlang der Webkante verläuft (der Stoffbruch liegt dadurch im diagonalen Fadenlauf). Die schräge Kante markieren und von da aus parallel verlaufende Linien in der gewünschten Breite ziehen.*

2 *Wenn möglich, die Schrägstreifen so lang zuschneiden, dass sie die ganze Strecke ohne Naht bedecken. Manchmal ist eine Naht nötig. In diesem Fall die Enden der Streifen rechts auf rechts legen, die Ecken der Nahtzugaben überstehen lassen und zusammennähen.*

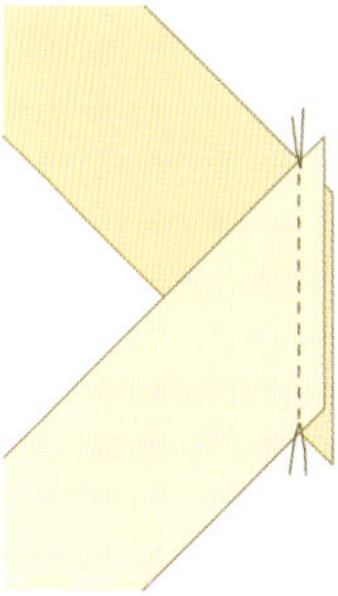

3 *Den Schrägstreifen der Länge nach links auf links falten und danach jede Kante zur Mitte legen.*

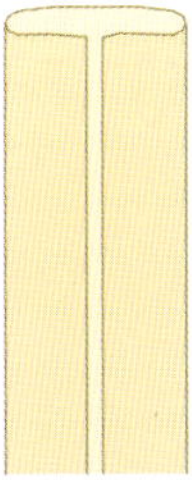

SCHRÄGSTREIFEN ANNÄHEN

Methode 1

1 *Eine der offenen Kanten des Schrägstreifens an der Rückseite der Stoffkante entlanglegen, rechts auf rechts. Schrägstreifen feststecken und nähen.*

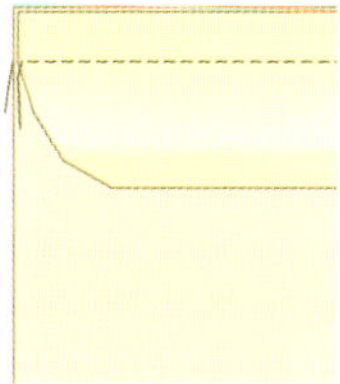

2 *Den Schrägstreifen um die Stoffkante zur Vorderseite legen. Die Nahtzugabe unterschlagen und den Streifen feststecken.*

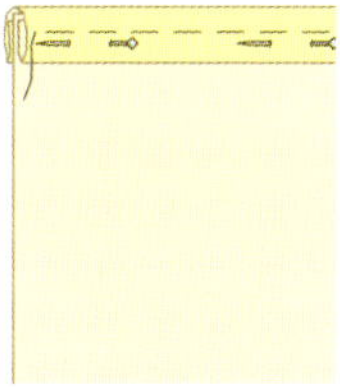

3 *Auf der Vorderseite den Schrägstreifen knappkantig festnähen.*

4 *Die Enden übereinanderlegen, die kurze Kante einschlagen und von Hand festnähen.*

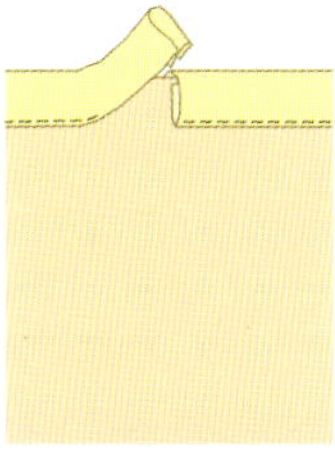

Methode 2

1 *Den Schrägstreifen auffalten und eine Kante rechts auf rechts entlang der Stoffkante legen. Streifen im Falz feststecken und nach Belieben festheften. Mit Geradstich entlang dieser Linie nähen.*

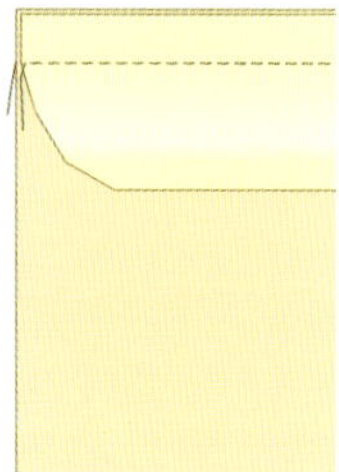

2 *Den Schrägsteifen über die Stoffkante zur Rückseite legen. Nahtzugabe auf der Stoffrückseite unterschlagen und feststecken. Nach Belieben heften.*

3 *Auf der Vorderseite im Schatten der Naht zwischen Schrägband und Stoff steppen, dabei gleichzeitig das Band auf der Rückseite fassen. Alternativ dazu kann die Kante auf der Rückseite von Hand mit Saumstich befestigt werden.*

Methode 3

1 *Den Schrägstreifen gefaltet über die Stoffkante legen und feststecken oder -heften.*

2 *Auf der Vorderseite knappkantig entlang der Schrägstreifenkante steppen und dabei auch die Kante auf der Rückseite mitfassen.*

Methode 4

1 *An der Nähmaschine den Geradstich einstellen und einen Schrägstreifenfuß einsetzen.*

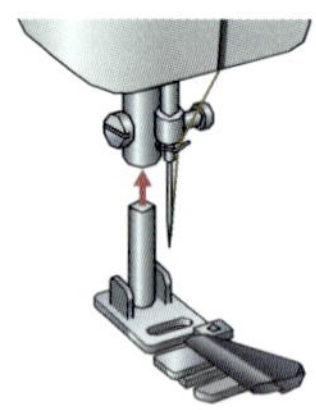

2 *Den gefalteten Schrägstreifen durch die Vorrichtung des Spezialfußes schieben. Die Nadel sticht automatisch durch alle Lagen.*

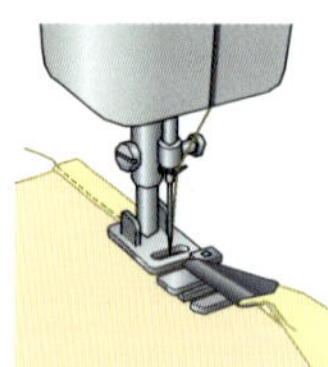

Paspelkante

Eine Paspel ist ein sehr interessanter Abschluss eines Saumes oder einer Kante. Sie besteht aus einem Stoffstreifen, in den, wie in ein Sandwich, eine Schnur eingelegt wurde.

Eingenähte Paspel

Angesetzte Paspel-Enden

Doppelte Paspelkante

KLEIDUNGSSTÜCK/PROJEKT

Nähen Sie Paspelkanten an Kissen, Vorhanghalter und Bettwäsche. Bei Kleidern können Sie Paspeln an Taschenklappen nähen, Säume betonen, die Nähte einer eleganten Abendkorsage hervorheben oder an Ärmelaufschläge und Krägen arbeiten.

STOFF

Verwenden Sie Schrägbänder, die im diagonalen Fadenlauf zugeschnitten wurden oder Paspelbänder aus Strickstoff, die Sie mit leichtem Baumwollstoff unterlegen. Eine glänzende Satinpaspel ist ein attraktiver Kontrast auf seidenen oder wollenen Tweedkleidern.

ZUBEHÖR UND STICHLÄNGE

Arbeiten Sie mit einem Paspel- oder Reißverschlussfuß, um nahe der Paspelkante zu nähen. Nähen Sie mit einer Nadelstärke, die der Stoffstärke angepasst ist. Stellen Sie eine mittlere Stichlänge ein.

ALTERNATIVEN

Stoffkanten können mit einem Einfassstreifen oder mit einer Hongkong-Einfassung (siehe Seiten 136–137) versäubert werden.

BÜGELN UND FERTIGSTELLEN

Bügeln Sie den Saum oder die Kante flach, doch schützen Sie den Stoff bei Bedarf durch ein aufgelegtes Bügeltuch.

Paspel vorbereiten

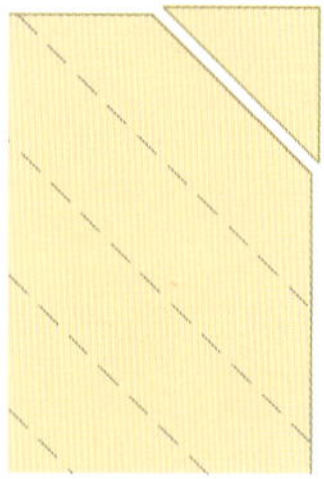

1 *Schrägstreifen zuschneiden, so breit wie der Umfang der einzulegenden Kordel plus 3,2 cm. So wird die Kordel umfasst und es bleiben noch 1,5 cm Nahtzugabe. Die gleichen Schrägstreifen in Baumwollbatist zuschneiden, als Innenfutter des Paspelkanals.*

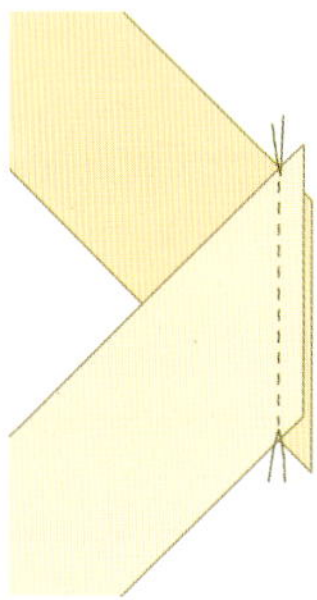

2 *Durchgehenden Schrägstreifen für den Paspelkanal nehmen. Muss der Schrägstreifen zusammengesetzt werden: Die diagonalen Enden rechts auf rechts legen (Ecken der Nahtzugaben stehen seitlich über), und nähen.*

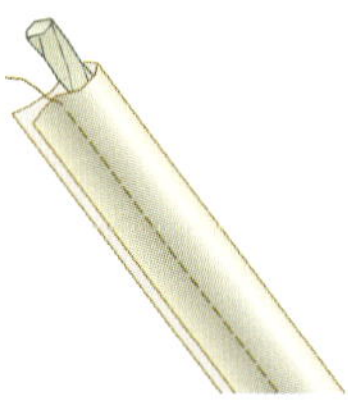

3 *Das Innenfutter über die Paspelschnur legen und festheften.*

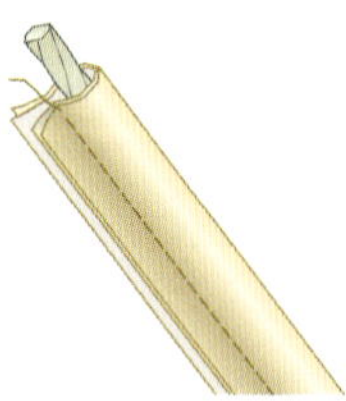

4 *Stoffstreifen über Paspelschnur legen und heften.*

Tipp

Das Innenfutter ist nicht immer nötig.

Paspel an eine Naht oder Kante nähen

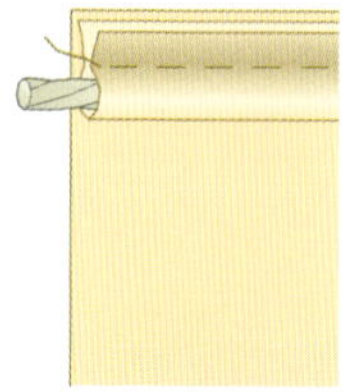

1 *Die offenen Kanten der Paspel auf die Stoffkante legen, die rechte Stoffseite liegt oben, die Kanten aufeinander. Feststecken und heften.*

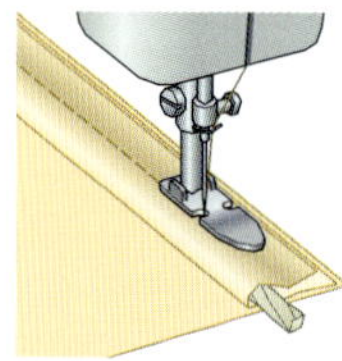

2 *Den Paspelfuß einsetzen und sehr nahe der Paspelschnur nähen.*

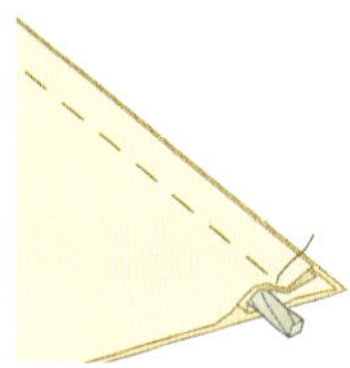

3 *Die zweite Lage Stoff mit der rechten Seite nach unten darüber legen. Durch alle Lagen feststecken und heften.*

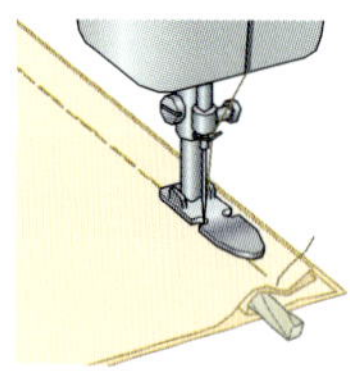

4 *Die zuvor genähte Paspelseite weist nach oben. Jetzt genau entlang der vorigen Naht durch alle Lagen nähen.*

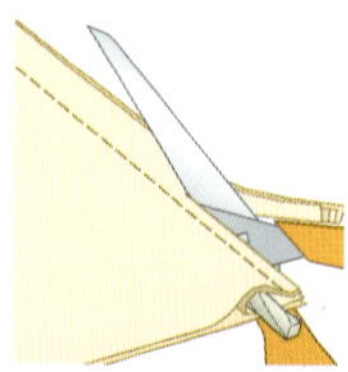

5 *Überstehende Kanten von Nahtzugabe und Stoff zurückschneiden, um Beulen zu verhindern.*

Paspel-Enden ansetzen

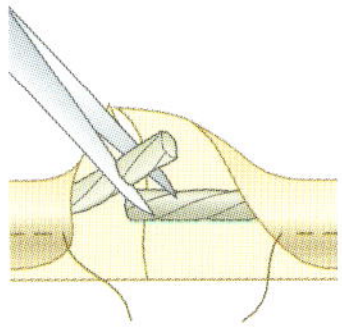

1 *Bei zwei Paspel-Enden zuerst die bedeckende Stoffschicht zurückfalten und die Enden der Schnur schräg abgeschnitten aneinanderlegen.*

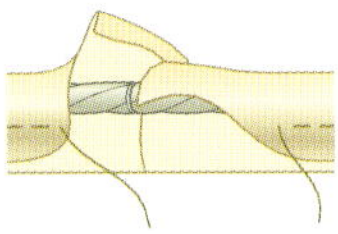

2 *Eine Seite des Paspelstoffs flach über die Schnur legen, das Ende des anderen einschlagen.*

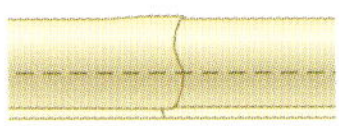

3 *Dieses glatt um die Paspel darunter legen. Paspel festnähen.*

Tipp

Zum Schneiden der Schrägsteifen falten Sie zuerst den Paspelstoff diagonal, sodass die Schnittkante auf die Webkante zu liegen kommt. Der Stoffbruch liegt im Schrägfadenlauf. Markieren Sie diese Linie und zeichnen Sie im gewünschten Abstand weitere Linien parallel zu dieser. Schneiden Sie die Schrägstreifen mit dem Rollschneider oder mit der Schneiderschere sehr genau zu.

Doppelte Paspelkante

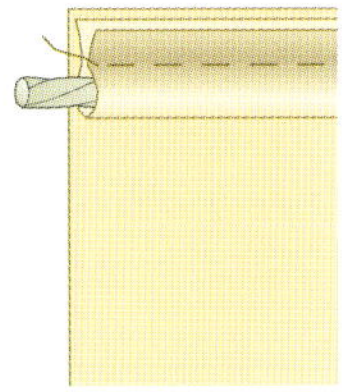

1 *Die offenen Kanten der ersten Paspel auf die rechte Stoffseite legen. Feststecken und durch alle Lagen heften.*

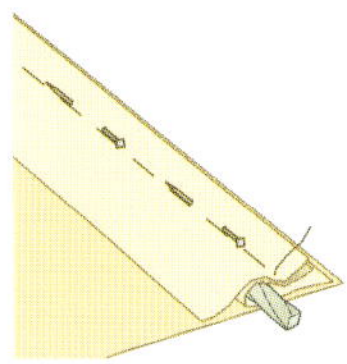

2 *Den zweiten Schrägstreifen offen und ohne eingelegte Schnur mit der rechten Seite nach unten auflegen. Feststecken und durch alle Lagen heften.*

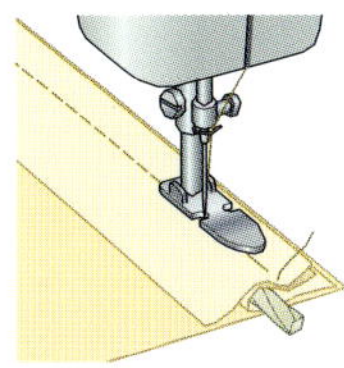

3 *Den Paspelfuß einsetzen und sehr nahe der Paspel entlangnähen.*

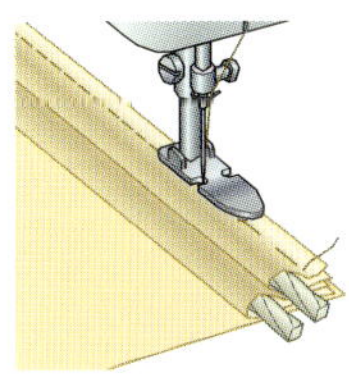

4 *Die zweite Paspelschnur einlegen und den oberen Schrägstreifen darüber falten. Feststecken und heften. Entlang der Paspel nähen.*

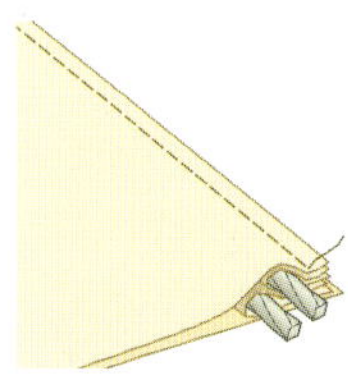

5 *Die zweite Stofflage mit der rechten Seite nach unten auflegen und festnähen.*

Kantenband annähen

Halsausschnitte, Ärmelaufschläge und Säume können mit einem einfachen Band eingefasst werden. Wenden Sie diese Technik an Kleidungsstücken aus gewebten und gestrickten Stoffen an. Für Sweatshirts und Sportbekleidung gibt es fertige Strickbündchen zu kaufen, doch können Sie aus dem gleichen Stoff selbst passende Bänder schneiden.

KLEIDUNGSSTÜCK/PROJEKT

Nähen Sie Kantenbänder an Halsausschnitte, Ärmelbündchen und an die Unterkanten von Sweatshirts und T-Shirts. Verwenden Sie gewebte Bänder an Ärmeln und Säumen.

STOFF

Dies ist eine ausgezeichnete Technik, um die Kanten von Strickstoffen zu versäubern (speziell wenn mit der Overlock genäht wird), z. B. für Baumwolltrikot, Mischfasertrikot, Fleecestoffe und für Sporttextilien mit Lycra-Anteil. Es kann auch an gewebte Stoffe genäht werden.

ZUBEHÖR UND STICHLÄNGE

Zum Nähen von Strickstoffen arbeiten Sie mit einer Stretch- oder Jerseynadel und mit Polyestergarn. Bei der Nähmaschine stellen Sie den Stretchstich ein und aktivieren den Oberstofftransport.

ALTERNATIVEN

Nähen Sie an Halsausschnitte und Vorderkanten Besätze an. Eine zusätzliche Paspelkante in den Nähten von gewebten Bändern wirkt dekorativ.

BÜGELN UND FERTIGSTELLEN

Bügeln Sie die zurückgeschnittenen Nahtzugaben zum Stoff hin flach.

Webstoff

Strickstoff

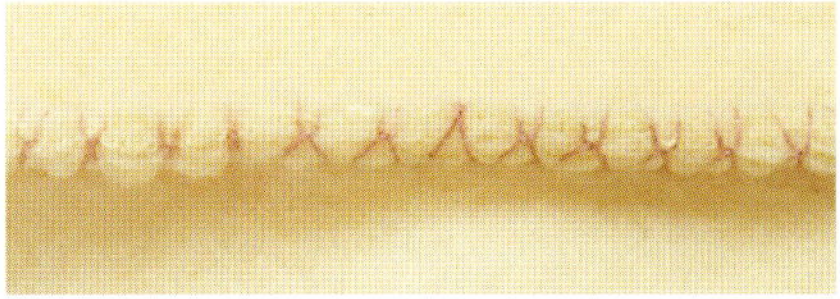

Gewebter Stoff

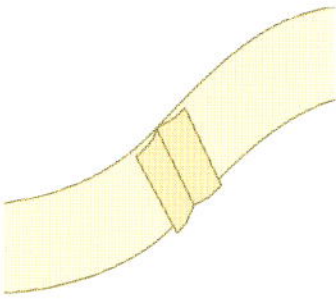

1 *Einen Streifen im geraden oder im schrägen Fadenlauf zuschneiden. Er sollte doppelt so breit sein wie das fertige Band plus zwei Nahtzugaben.*

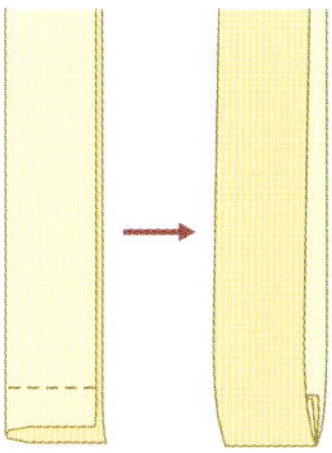

2 *Die Enden rechts auf rechts legen und aufeinander nähen. Nahtzugaben zurückschneiden und wenden. So sind die unteren Saumkanten geschlossen.*

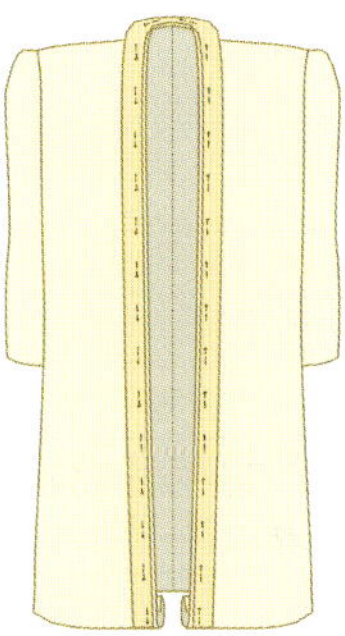

3 *Die Bänder der Länge nach links auf links falten. Mit den offenen Kanten auf die rechte Stoffseite legen, die Kanten verlaufen gleich. Feststecken und durch alle Lagen heften.*

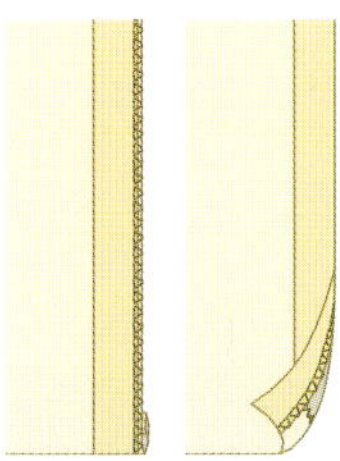

4 *Das Band festnähen und die offenen Kanten mit Zickzackstich oder Überwendlichstich versäubern.*

Strickstoff

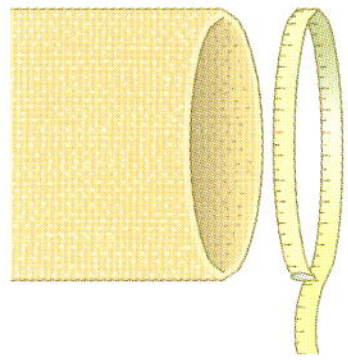

1 *Die Länge der Kante messen, an die das Band genäht wird.*

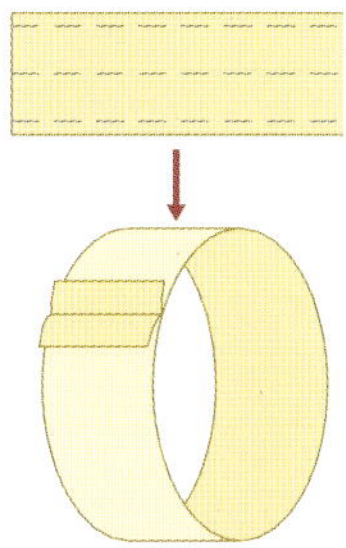

2 *Ein Stück Band zuschneiden, etwas kürzer als die Kante, an die es angenäht werden soll und doppelt so breit wie das fertige Band plus zwei Nahtzugaben. Das Band an den kurzen Enden zum Ring zusammennähen.*

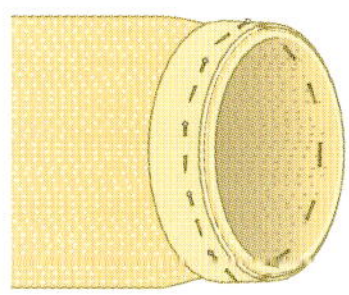

3 *Den links auf links gefalteten Streifen auf die rechte Stoffseite legen (offene Kanten liegen aufeinander). An jedem Viertel der Strecke eine Stecknadel setzen.*

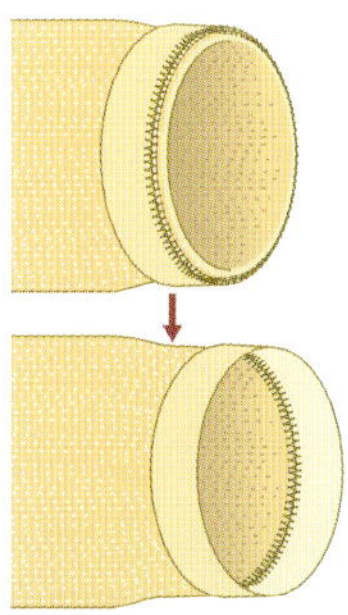

4 *Durch alle Lagen stecken und mit der Overlock nähen bzw. mit Oberstofftransport bei der Nähmaschine.*

Absteppen

Steppnähte sind Nähte, die auf der Oberseite sichtbar sind und die Struktur eines Kleidungsstückes betonen, sowie einzelne Bereiche verstärken. Das breite Absteppen geschieht nahe von Nahtkanten. Schmalkantig nähen bedeutet, direkt entlang einer Kante zu nähen, die dadurch betont und besonders scharf ausgearbeitet wird.

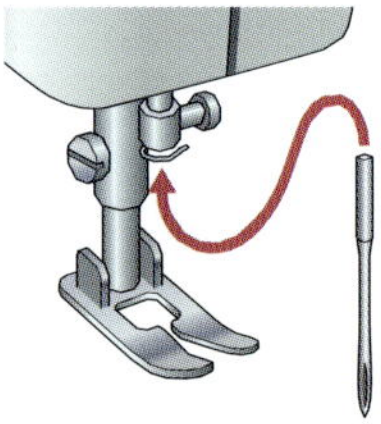

1 *Entweder mit Nähgarn, Knopflochgarn oder mit doppeltem Faden arbeiten. In die Nähmaschine eine Steppnadel einsetzen und einen etwas längeren Stich einstellen.*

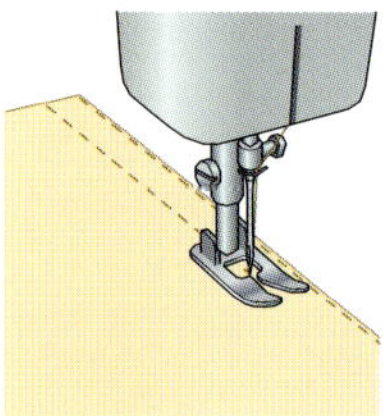

2 *Beim breiteren Absteppen einen gleichmäßigen Abstand von 0,3–1 cm zur Stoffkante einhalten. Ein Kantenstichfuß kann hilfreich sein, um die Nadel sicher an der Kante entlangzuführen.*

3 *Die Fadenenden lang hängen lassen. Diese können später eingefädelt und von Hand zur linken Seite gezogen werden, wo man sie vernähen kann.*

KLEIDUNGSSTÜCK/PROJEKT

Wenden Sie das Absteppen für die Betonung der Säume an Jeans an. Steppen Sie Kragenkanten, Ärmelbündchen und Säume und verstärken Sie Taschenklappen damit. Nähen Sie knappkantig, um die Kanten von Nachthemden zu definieren.

STOFF

Anwendbar auf allen Arten von Stoff.

ZUBEHÖR UND STICHLÄNGE

Verlängern Sie den Stich und arbeiten Sie mit Steppgarn oder Knopflochgarn, damit die Stiche besser sichtbar sind. Setzen Sie eine Steppnadel der Stärke 16 ein, damit die dicken Stofflagen gut durchstochen werden und der Faden nicht aufribbelt. Steppen Sie in der gleichen Fadenfarbe wie die des Stoffes oder arbeiten Sie in Kontrastfarbe.

ALTERNATIVEN

Steppen Sie mit einer Zwillingsnadel zwei Parallellinien oder wählen Sie einen Dekorstich. Von Hand wird an Jacken der Punktstich angewendet.

BÜGELN UND FERTIGSTELLEN

Bügeln Sie die gesteppten Kanten flach. Bedecken Sie, wenn nötig, die Stoffoberseite mit einem Bügeltuch.

In-der-Naht-steppen

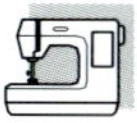

Das Steppen in der Naht ist hilfreich, wenn eine Kante von der rechten Stoffseite her abgesteppt werden muss, ohne dass man die Stiche sieht. Man benutzt diese Technik beim Annähen von Einfassungen und Rockbünden, wo traditionell von der Rückseite her von Hand genäht worden wäre.

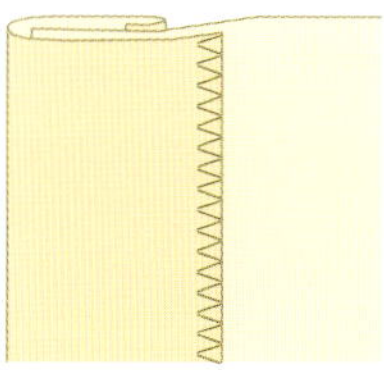

1 *Die Einfassung oder den Bund ganz normal vorbereiten und alle offenen Kanten zur Rückseite legen.*

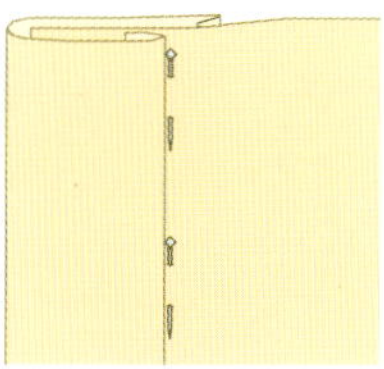

2 *Auf der Vorderseite genau in der Nahtfurche durch alle Lagen stecken.*

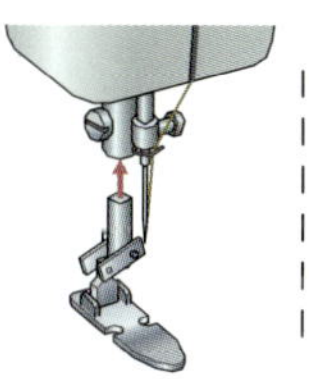

3 *Den Reißverschlussfuß der Nähmaschine einsetzen und den Geradstich einstellen.*

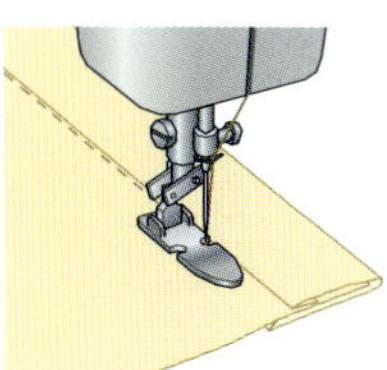

4 *Den Bund oder den Einfassstreifen leicht nach rechts drücken, sodass die Nahtlinie offen liegt. Die Nadel am Handrad nach unten drehen, genau in die Nahtfurche stechen. In der Naht entlangnähen, dabei das Band aus dem Weg halten.*

KLEIDUNGSSTÜCK/PROJEKT

Wenden Sie diese Technik beim Annähen von Bünden an Röcken und Hosen an und für eingefasste Kanten.

STOFF

Anwendbar auf allen Arten von Stoff. Sie können auch dehnbare Stoffe bearbeiten.

ZUBEHÖR UND STICHLÄNGE

Arbeiten Sie mit Nadelstärke 14 und einem farbgleichen Faden.

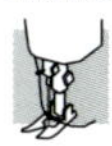

ALTERNATIVEN

Falten Sie die Kante des Streifens zur Rückseite und nähen Sie die Einfassung oder den Bund von Hand fest.

BÜGELN UND FERTIGSTELLEN

Bügeln Sie die Einfassung zur Nahtfurche hin, damit die Stiche nicht mehr zu sehen sind.

Applikation

Das Applizieren ist eine dekorative Technik, bei der ein Motivteil auf die Stoffoberfläche gelegt und festgenäht wird, entweder von Hand oder mit Maschine. Die heute angebotenen Hilfsmittel ermöglichen es, die Motive schnell und einfach aufzubügeln, ohne dass zuerst mühsam geheftet werden muss.

KLEIDUNGSSTÜCK/PROJEKT

Mit Applikationen verzieren Sie Kissen, Taschen, weiche Schlüsselanhänger und Kleidungsstücke, die nach einer auffallenden Verzierung verlangen.

STOFF

Leichte und mittlere Stoffe sind am besten zu bearbeiten, vor allem aber Stoffe aus Naturfaser. Schneiden Sie Applikationsmotive aus Stoffresten zu.

ZUBEHÖR UND STICHLÄNGE

Arbeiten Sie mit Nadelstärke 14 und Maschinenstickgarn, wenn Sie mit dem Satinstich der Maschine applizieren. Setzen Sie entweder den Satinfuß oder den Standardfuß ein. Wählen Sie für das Handnähen eine Nadel mit großem Öhr und dazu passendem Faden. Aufbügelbares Klebevlies mit Papierträgerschicht ersetzt die Vorarbeit des Festheftens.

ALTERNATIVEN

Unterlegen Sie geeignete Applikationsmotive mit Volumenvlies, um sie plastisch und dreidimensional zu machen.

BÜGELN UND FERTIGSTELLEN

Bügeln Sie die fertige Applikation, wenn nötig, durch ein darüber gelegtes Bügeltuch. Gepolsterte Applikationen dürfen Sie nicht bügeln.

Satinstichapplikation

Applikation mit untergeschlagenen Kanten

Satinstichapplikation mit zweiseitigem Klebevlies

1 *Aufbügelbares Klebevlies auf die linke Stoffseite bügeln und das Applikationsmotiv ausschneiden.*

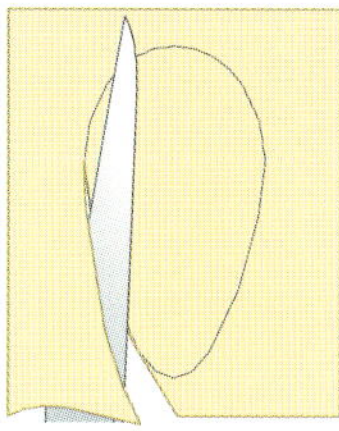

2 *Das Trägerpapier abziehen und die Applikation auf die gewünschte Stelle legen. Mit dem heißen Bügeleisen festbügeln und abkühlen lassen.*

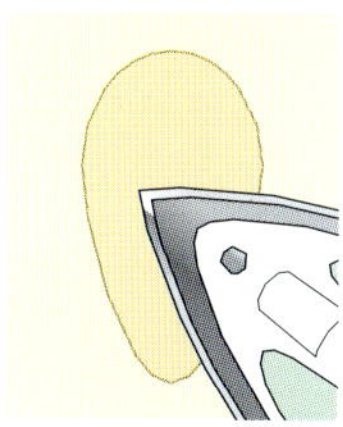

3 *An der Nähmaschine einen kurzen Zickzackstich (Satinstich) einstellen und eine passende Stichbreite wählen, die an der Motivkante eine schöne Randlinie bildet.*

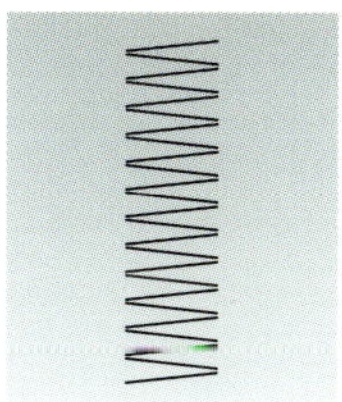

4 *Um den gesamten Umriss eine feste, durchgehende Randlinie nähen.*

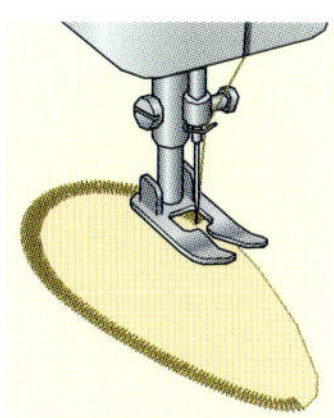

Applikation mit untergeschlagener Kante

1 *Den Umriss einer Motivschablone auf Stoff übertragen und mit rundum 0,6 cm Nahtzugabe ausschneiden.*

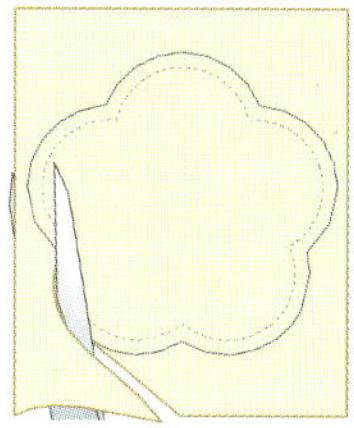

2 *Knapp außerhalb der Nahtzugabe mit kurzen Vorstichen entlangnähen. Die Nahtzugabe einschneiden und zur linken Seite hin falten. Die Nählinie verläuft genau entlang der Außenkante. Bügeln und heften.*

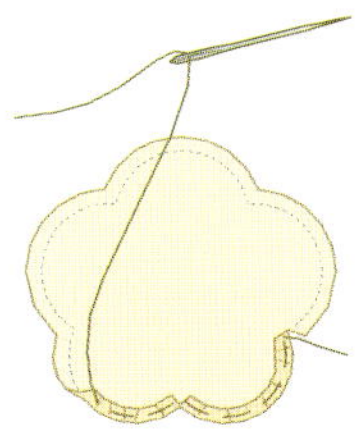

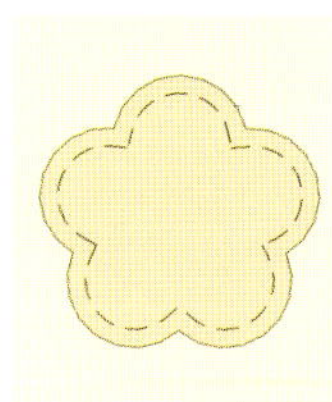

3 *Das Applikationsmotiv mit der rechten Seite nach oben auf die gewünschte Stelle legen und festheften.*

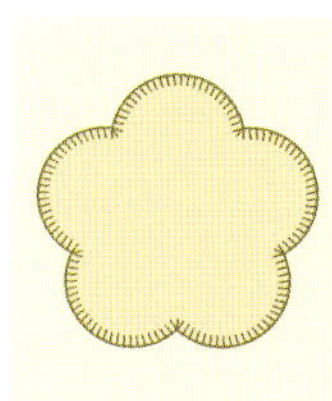

4 *Endgültig festgenäht wird die Applikation entweder mit einem Kantenstich der Nähmaschine oder mit dem Festonstich (oder ähnlichem) von Hand.*

Knöpfe annähen

Sogar Nicht-Näherinnen halten diese Fertigkeit gelegentlich für nützlich. Der Trick dabei ist, die Knöpfe sicher und fest anzunähen. Hier werden Sie Schritt für Schritt in die besten Methoden eingeführt, doch Sie erlernen auch die Geheimnisse der Haute-Couture-Schneiderei, mit überzogenen Druckknöpfen und selbst hergestellten Knöpfen.

Knopf mit zwei Löchern

Wenn Knöpfe auf eine doppelte Stofflage genäht werden, halten sie gut und sicher. Aus diesem Grund wird bei großen Knöpfen oft ein kleiner Knopf auf der Unterseite dagegen genäht. Lassen Sie einen „Hals" stehen, um den Knopf auf Abstand zu halten und arbeiten Sie mit einem festen, doppelt gelegten Faden.

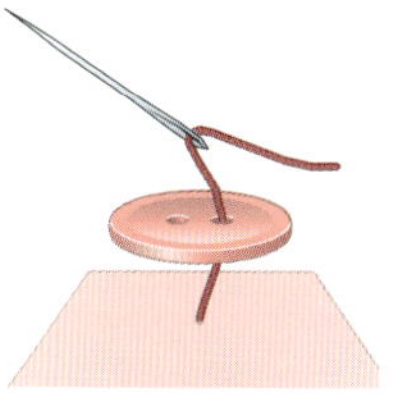

1 *Den Fadenanfang sichern und die Nadel von der Unterseite des Knopfes zur Oberseite hin durch eines der beiden Löcher führen.*

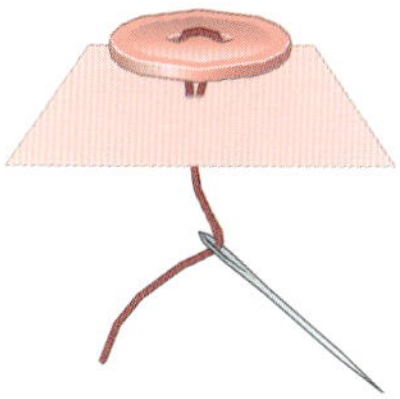

2 *Die Nadel durch das andere Loch nach unten stechen und durch den darunterliegenden Stoff. Eine kleine Lücke zwischen Knopf und Stoff lassen.*

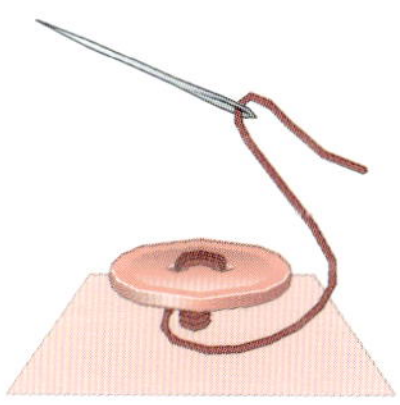

3 *Mehrere Stiche machen. Den Faden um die senkrechten Fäden zwischen Knopf und Stoff wickeln, um den „Hals" zu formen.*

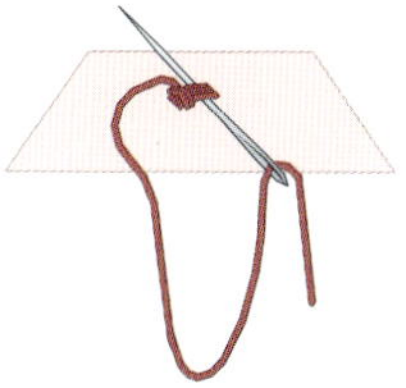

4 *Am Schluss auf der linken Stoffseite die Nadel mehrmals durch die Fäden hin und her stechen, um das Fadenende zu sichern.*

KLEIDUNGSSTÜCK/PROJEKT

Mit dieser Technik nähen Sie alle Arten von Zweiloch-Knöpfen an Kleidungsstücke, Taschen oder Kissen.

STOFF

Knöpfe mit Löchern können Sie auf alle Arten von Stoff nähen. Nähen Sie Knöpfe immer auf eine doppelte Stofflage und verstärken Sie sehr feine Stoffe notfalls mit einer Einlage, z. B. an den Knopfleisten von Hemden.

ZUBEHÖR UND STICHLÄNGE

Nähen Sie mit einem starken, doppelt gelegten Faden. Um den „Hals" zu bilden, legen Sie ein Streichholz quer über die Oberseite des Knopfes und nähen Sie darüber. Nehmen Sie das Streichholz weg und ziehen Sie den Knopf nach oben, bevor Sie den Faden um die Nähfäden zwischen Knopf und Stoff wickeln.

ALTERNATIVEN

Wählen Sie einen Knopf mit vier Löchern oder einen Knopf mit Öse. Man kann auch Druckknöpfe annähen.

BÜGELN UND FERTIGSTELLEN

Bügeln Sie mit der Spitze des Bügeleisens bis unter die Knöpfe. Nicht darüber bügeln!

Knopf mit vier Löchern

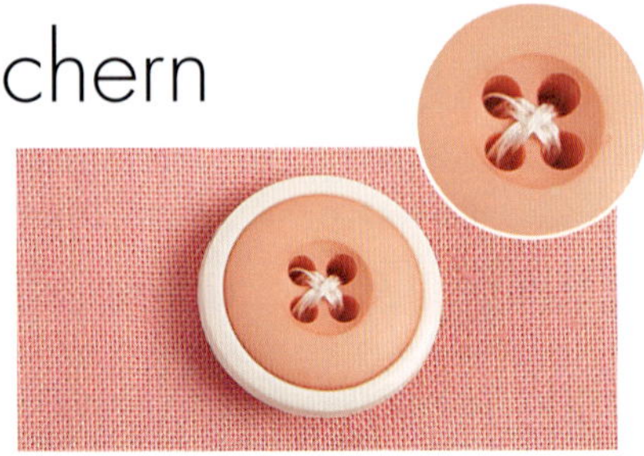

Wenn Knöpfe auf eine doppelte Stofflage genäht werden, halten sie gut und sicher. Aus diesem Grund wird bei großen Knöpfen oft ein kleiner Knopf auf der Unterseite dagegen genäht. Lassen Sie einen „Hals" stehen, um den Knopf auf Abstand zu halten.

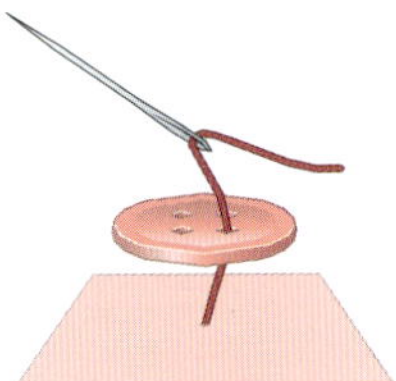

1 *Den Fadenanfang sichern und die Nadel von der Unterseite des Knopfes zur Oberseite hin durch eines der vier Löcher führen.*

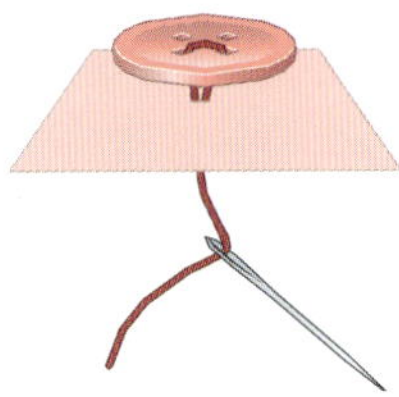

2 *Die Nadel über die Knopfmitte hinweg in eines der anderen Löcher stechen und durch den darunterliegenden Stoff.*

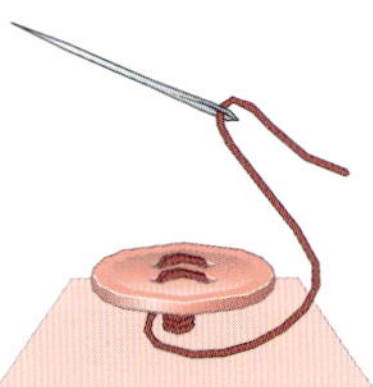

3 *Weitere Stiche durch alle vier Löcher des Knopfes machen. Dabei mit den Fäden eine Kreuzung oder parallele Riegel arbeiten. Den Nähfaden um die Fäden unter dem Knopf wickeln, um den „Hals" zu bilden.*

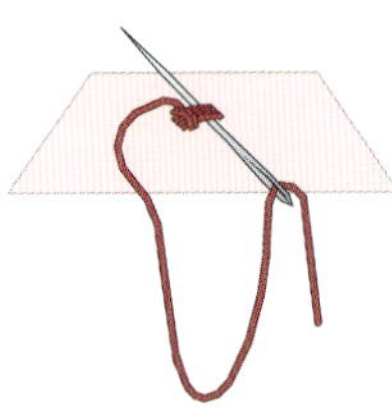

4 *Am Schluss auf der linken Stoffseite mehrmals durch die Fäden stechen, um den Faden zu sichern.*

KLEIDUNGSSTÜCK/PROJEKT

Mit dieser Technik nähen Sie alle Arten von Vierloch-Knöpfen an Kleidungsstücke, Taschen oder Kissen.

STOFF

Knöpfe mit Löchern können Sie auf alle Arten von Stoff nähen. Nähen Sie Knöpfe immer auf eine doppelte Stofflage und verstärken Sie sehr feine Stoffe notfalls mit einer Einlage, z. B. an den Knopfleisten von Hemden.

ZUBEHÖR UND STICHLÄNGE

Nähen Sie mit einem starken, doppelt gelegten Faden. Um den „Hals" zu bilden, legen Sie ein Streichholz quer über die Oberseite des Knopfes und nähen Sie darüber. Nehmen Sie das Streichholz weg und ziehen Sie den Knopf nach oben, bevor Sie den Faden um die Nähfäden zwischen Knopf und Stoff wickeln.

ALTERNATIVEN

Wählen Sie einen Knopf mit zwei Löchern oder einen Knopf mit Öse. Man kann auch Druckknöpfe annähen.

BÜGELN UND FERTIGSTELLEN

Bügeln Sie mit der Spitze des Bügeleisens bis unter die Knöpfe. Nicht darüber bügeln!

Ösenknopf

Nähen Sie Ösenknöpfe auf eine doppelte Stofflage, damit sie gut und sicher halten. Da sich der „Hals“ bereits am Knopf befindet, ist er einfacher anzunähen als ein Knopf mit Löchern.

1 *Das Fadenende mit einem Doppelstich im Stoff befestigen und die Nadel durch die Öse führen. Dann die Nadel nach unten in den Stoff stechen und wieder zurück zur Oberfläche.*

2 *Mehrere Stiche durch die Öse und den Stoff arbeiten.*

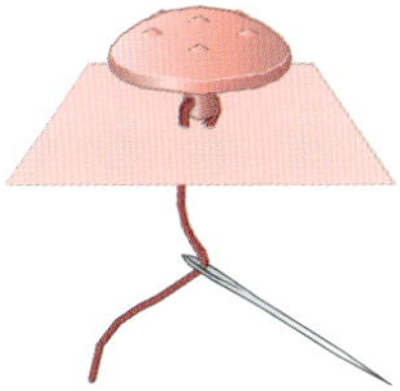

3 *Die Nadel durch den Stoff nach unten stechen, wo nun mehrere Fäden parallel liegen. Mehrmals unter diesen Fäden hindurchnähen und bündeln.*

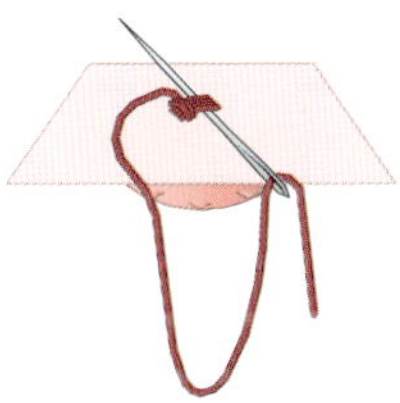

4 *Das Fadenende fest vernähen und abschneiden.*

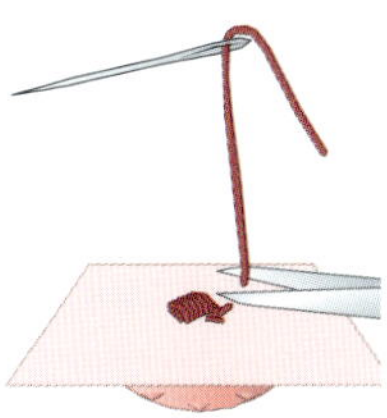

KLEIDUNGSSTÜCK/PROJEKT

Mit dieser Technik nähen Sie alle Arten von Ösenknöpfen an Kleidungsstücke, Taschen oder Kissen.

STOFF

Ösenknöpfe können Sie auf alle Arten von Stoff nähen. Nähen Sie Knöpfe immer auf eine doppelte Stofflage und verstärken Sie sehr feine Stoffe notfalls mit einer Einlage, z. B. an den Knopfleisten von Hemden und Blusen.

ZUBEHÖR UND STICHLÄNGE

Nähen Sie mit einem starken, doppelt gelegten Faden. Fädeln Sie eine Nadel ein, deren Öhr groß genug für den Faden ist, aber fein genug, um leicht durch die Öse des Knopfes zu passen.

ALTERNATIVEN

Wählen Sie Knöpfe mit Löchern. Man kann auch Druckknöpfe annähen.

BÜGELN UND FERTIGSTELLEN

Bügeln Sie mit der Spitze des Bügeleisens bis unter die Knöpfe. Wenn Sie darüber bügeln, können die Knöpfe Schaden nehmen.

Nietendruckknöpfe

Nietendruckknöpfe gibt es in verschiedenen Größen, für Kleidung, Möbelbezüge und für Campingausrüstung. Sie werden mithilfe einer Klemmvorrichtung durch die Stofflagen gedrückt. Die Packung mit den Druckknöpfen enthält in der Regel die nötigen Hilfsmittel und die entsprechende Anleitung.

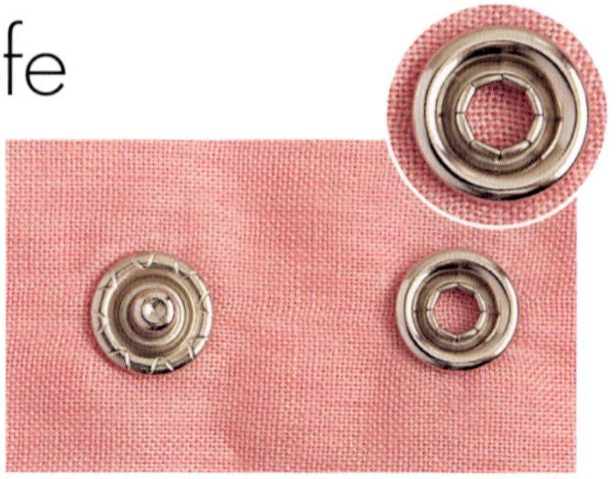

1 *Die Position des Druckknopfs an der linken und der rechten Vorderkante der Jacke kennzeichnen. Diese Stellen zuerst mit dem Spezialnagel durchstechen, das Werkzeug ist oben und die Unterlegplatte darunter. Nun mit einem Hammer das benötigte Loch stanzen.*

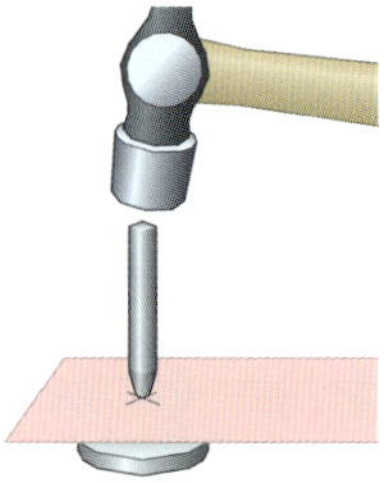

2 *Den Druckknopf in die Klemmvorrichtung aus Plastik einlegen. Mit dem Hammer auf die Klemmvorrichtung schlagen und die Druckknöpfe sitzen fest.*

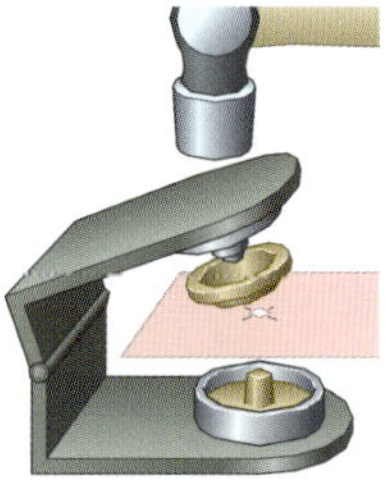

Tipp

Achten Sie sehr darauf, dass die richtige Hälfte der Druckknöpfe auf die rechte bzw. linke Jackenseite kommt (rechts liegt oben bei Mädchenkleidung, links liegt oben bei Jungenkleidung).

KLEIDUNGSSTÜCK/PROJEKT

Benutzen Sie Nietendruckknöpfe für wasserfeste Mäntel und Jacken, Taschen, Campingausrüstung und Jeans.

STOFF

Anzuwenden bei schweren Stoffen wie Jeans, Segeltuch und baumwollbeschichteter PVC-Folie.

ZUBEHÖR UND STICHLÄNGE

Ein Hammer ist alles, was Sie brauchen.

ALTERNATIVEN

Verwenden Sie geeignete Knöpfe oder nähen Sie Druckknöpfe auf.

BÜGELN UND FERTIGSTELLEN

Bügeln Sie bis an die Knöpfe heran, aber nicht darüber.

Bezogener Druckknopf

An Kleidung für besondere Gelegenheiten und an Jacken mit großen Zierknöpfen ist so ein mit Stoff bezogener Druckknopf ein sehr schöner Zusatz. Er fällt nicht auf und wird in der Modeschneiderei gerne benutzt.

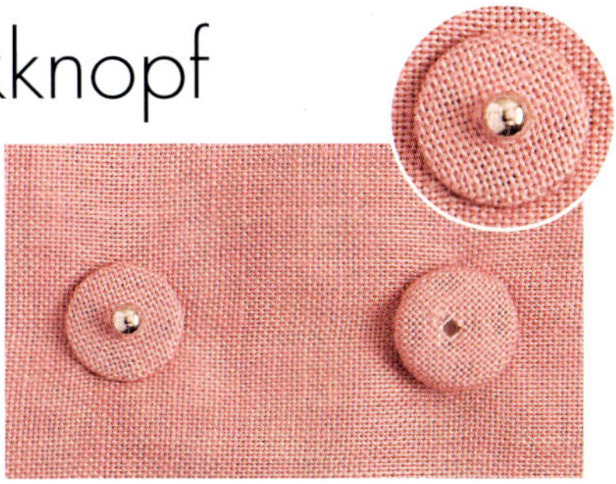

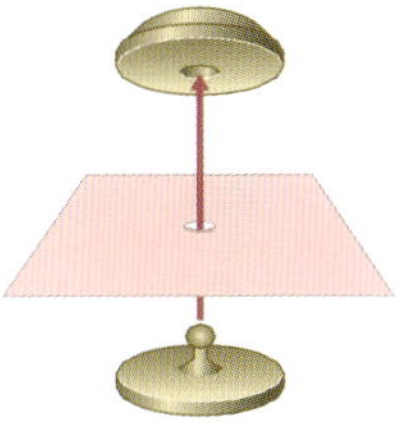

1 *Einen kleinen Schnitt in die Mitte eines Stoffrestes machen und die kugelige Seite des Knopfes durchschieben. Das Gegenstück auf der rechten Seite des Stoffes befestigen.*

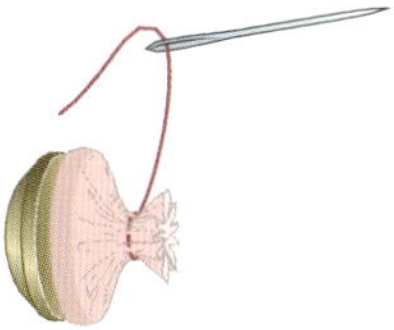

2 *Mit winzigen Vorstichen im Kreis um den Knopf herum nähen und den Stoff raffen.*

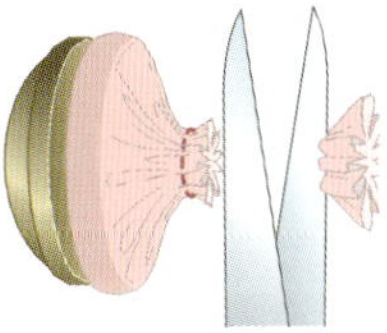

3 *Allen überflüssigen Stoff bis nah an die Stiche heran abschneiden.*

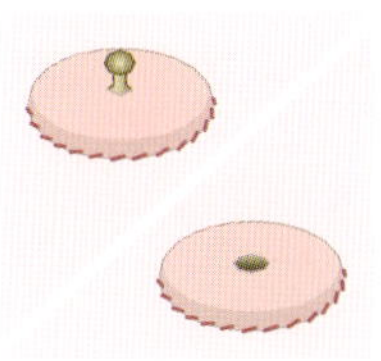

4 *Das Gleiche mit der anderen Hälfte des Druckknopfes machen. Beide Hälften mit winzigen Stichen aufnähen.*

KLEIDUNGSSTÜCK/PROJEKT

Verwenden Sie diese Druckknöpfe zum Befestigen von Bändern an Kleidern. Nähen Sie sie als Verschlussmöglichkeit unter Zierknöpfe an Jacken.

STOFF

Nur feine Stoffe wie Dupionseide und Satin verwenden. Vermeiden Sie Stoffe, die stark fransen.

ZUBEHÖR UND STICHLÄNGE

Arbeiten Sie mit einer feinen, kurzen Nadel und mit Seidenfaden. Wählen Sie die Größe der Druckknöpfe zum Kleidungsstück passend.

ALTERNATIVEN

Sie können auch normale, nicht überzogene Druckknöpfe annähen.

BÜGELN UND FERTIGSTELLEN

Schützen Sie die Stoffoberfläche durch ein aufgelegtes Bügeltuch.

Knöpfe selbst herstellen

Beziehbare Knöpfe bestehen aus zwei Teilen und sind aus Plastik oder aus Metall. Das Oberteil wird mit Stoff bezogen, gegen welches das rückwärtige Teil angedrückt wird. Damit ist der Knopf fertig und die offenen Stoffkanten sind darin verborgen. Man kann auch einen einfachen Vorhangring mit Stoff überziehen und als Knopf benutzen.

KLEIDUNGSSTÜCK/PROJEKT

Verwenden Sie bezogene Knöpfe und Ringe immer dann, wenn eine perfekte Farbgleichheit von Knopf und Kleid erwünscht ist. Verwenden Sie kontrastfarbene Stoffe als auffallenden Effekt.

STOFF

Benutzen Sie leichte bis mittlere Stoffe. Bei dickeren Stoffen sind größere Knöpfe oder Ringe zu empfehlen.

ZUBEHÖR UND STICHLÄNGE

Arbeiten Sie mit einer feinen Nadel und einem Seidenfaden.

ALTERNATIVEN

Malen Sie normale Knöpfe mit Farbe an, damit sie zur Kleidung passen.

BÜGELN UND FERTIGSTELLEN

Bügeln Sie den Stoff mit der Spitze des Bügeleisens bis an die Knöpfe heran, aber nicht darüber.

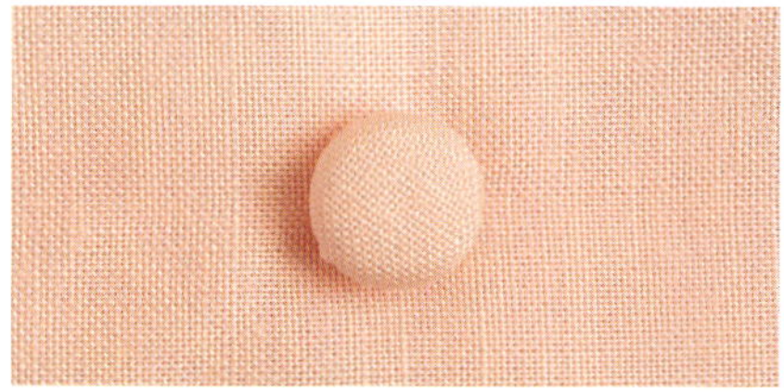

Bezogene Knöpfe

Verwenden Sie kleine Plastikknöpfe für feine Stoffe an Festtagskleidung und Kinderkleidern. Metallknöpfe sind eher für dickere Stoffe geeignet, denn sie sind stärker und leichter zu handhaben.

1 *Dünnes Bügelvlies auf die linke Seite eines feinen Stoffes bügeln. Einen ausreichend großen Kreis ausschneiden.*

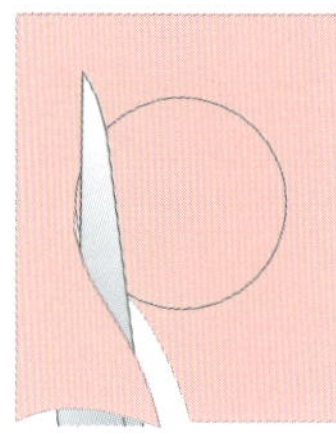

2 *Mit kleinen Vorstichen um die Kante des Kreises nähen (siehe Seite 28), über das Oberteil legen und den Faden anziehen.*

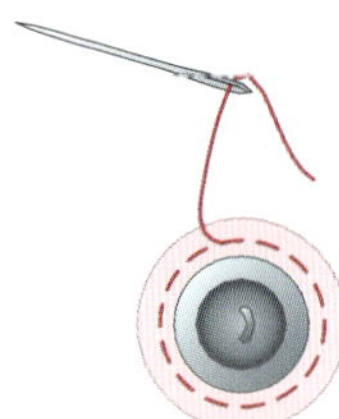

3 *Das Unterteil des Knopfes über die Öse schieben und genau ausrichten. Alle Stoffkanten müssen nach innen gelegt sein. Die beiden Knopfhälften fest aufeinanderdrücken bis sie einrasten.*

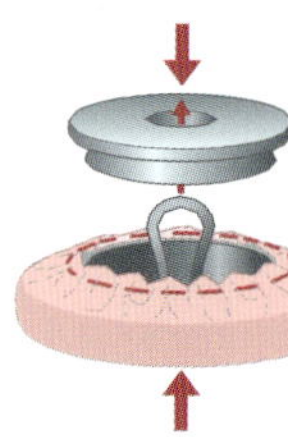

Ringknopf

1 Einen Vorhangring aus Plastik aussuchen, der etwas kleiner ist als der geplante Knopf.

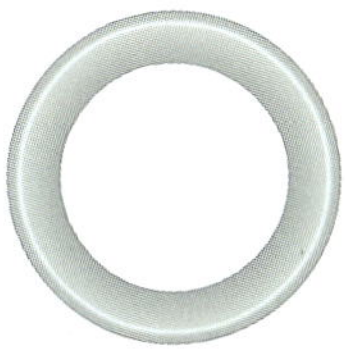

2 Aus dem Bezugsstoff einen Kreis ausschneiden, der zweimal so groß ist wie der Ring. Den Ring mittig auf die linke Seite des Stoffkreises legen.

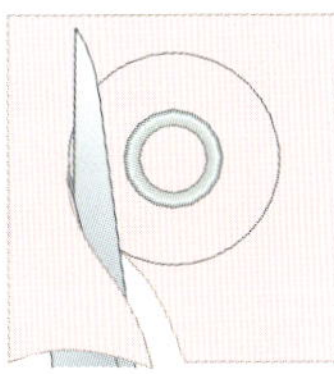

3 Das Fadenende sichern und winzige Vorstiche (siehe Seite 28) um den Kreis arbeiten, ganz nahe dem Ring.

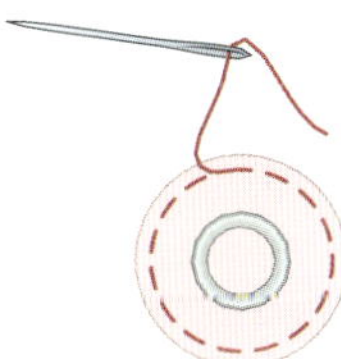

4 Den Faden anziehen und das Ende sicher vernähen.

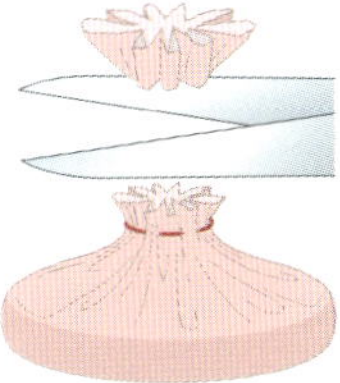

5 Überstehenden Stoff bis dicht an die Stiche abschneiden und die offenen Stoffkanten zum Außenrand des Ringes hin drücken.

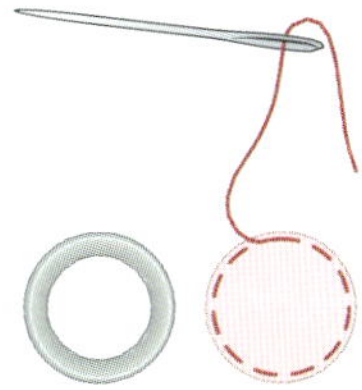

6 Aus dem gleichen Stoff einen Kreis zuschneiden, so groß wie der Ring, und mit kleinen Reihstichen (siehe Seite 38) einmal um die Außenkante nähen.

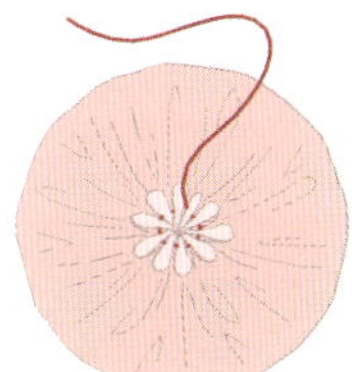

7 Am Faden ziehen, sodass sich ein sauberer Stoffkreis formt.

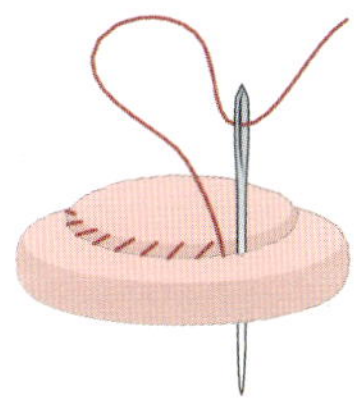

8 Diesen Kreis mit kleinen, regelmäßigen Punktstichen durch alle Lagen auf die offenen Kanten in der Mitte des Ringknopfes nähen.

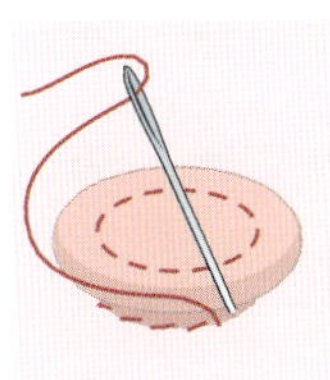

9 Das Ergebnis ist ein Knopf, dessen Mitte durch die innen liegenden, offenen Stoffkanten gefüllt ist. Den Knopf von unten her aufnähen.

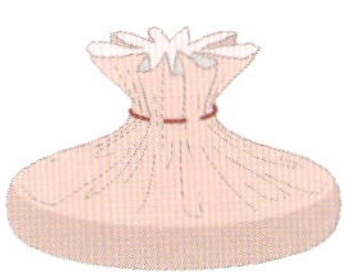

Knopflöcher

Viele moderne Nähmaschinen bieten eine automatische Knopfloch-funktion an, die ein Knopfloch wie von selbst in der richtigen Größe näht. Trotzdem muss die Näherin wissen, welche Art von Knopfloch dem Projekt angemessen ist und wo es hin muss. Haken, Schlaufen und Riegel sind ebenfalls gebräuchliche Verschlusstechniken, die eine Näherin beherrschen sollte.

Feines Knopfloch

Knopflöcher sind besonderer Belastung ausgesetzt und müssen unbedingt durch zwei Stofflagen gearbeitet werden, zusammen mit einer zusätzlichen Einlage.

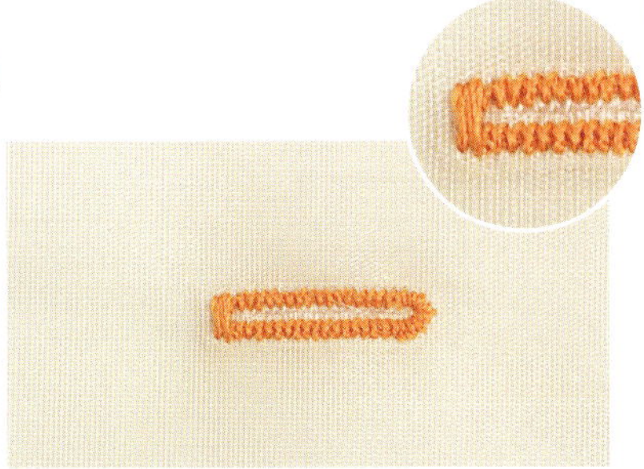

1 *Ein oder zwei Lagen Seidenorganza zwischen zwei Stofflagen, und darüber durchsichtige, stabilisierende Stickfolie legen.*

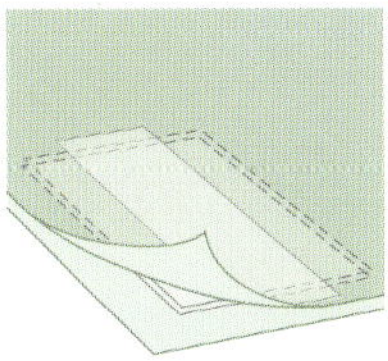

2 *Die Lage des Knopflochs auf der Stickfolie markieren und die Stofflagen aufeinander festheften.*

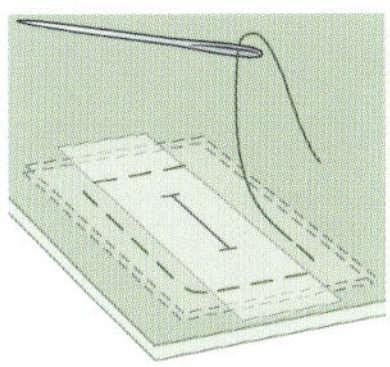

3 *An der Nähmaschine das „feine Knopfloch für zarte Stoffe" einstellen. Eine neue, dünne Nadel und den Knopflochfuß einsetzen.*

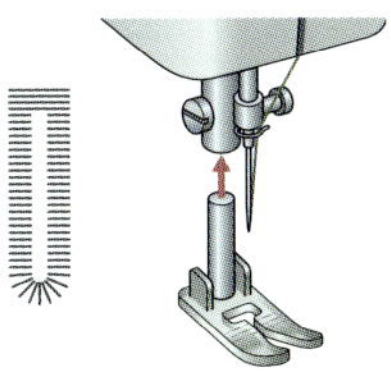

4 *Das Knopfloch nähen, wie im Handbuch der Nähmaschine beschrieben.*

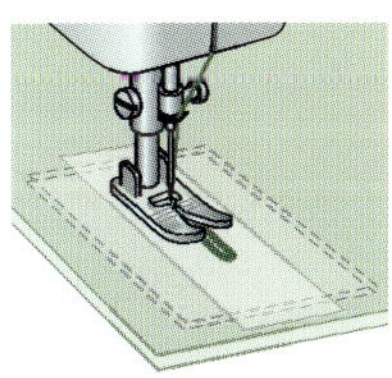

5 *Den Organza zurückschneiden und die transparente Stickfolie entfernen. Das Knopfloch mithilfe eines Pfeiltrenners aufschneiden.*

KLEIDUNGSSTÜCK/PROJEKT

Wenden Sie diese Art von Knopflöchern bei zarten Blusen an, bei denen kleine Knöpfe benötigt werden.

STOFF

Das so genähte Knopfloch ist geeignet für zarte, durchsichtige Stoffe aus Seide, Baumwolle oder Polyester.

ZUBEHÖR UND STICHLÄNGE

Dieses Knopfloch wird mit kleineren Stichen sehr fein und wirkt auf zarten Stoffen besonders gut. Arbeiten Sie mit Seidenorganza in neutraler Farbe und durchsichtiger Stickfolie. Verwenden Sie eine neue Nadel (Stärke 9 oder feiner) und Seiden- oder besonders dünnes Maschinenstickgarn.

ALTERNATIVEN

Verwenden Sie einen Schnitt, bei dem man das Kleidungsstück über den Kopf ziehen kann.

BÜGELN UND FERTIGSTELLEN

Nach dem Wegschneiden der Stabilisatoren sehr vorsichtig bügeln. Legen Sie ein schützendes Bügeltuch über den Stoff.

Knopfloch in Stretchstoff

Beim Nähen von Knopflöchern in Stretchstoffe arbeiten Sie mit wasserlöslicher Stickfolie und einem durchsichtigen Klebestreifen auf der Oberseite sowie mit einem dünnen Einlauffaden zur Verstärkung.

1 *Stickfolie zwischen zwei Lagen Stoff legen und Klebestreifen auf die Oberfläche kleben.*

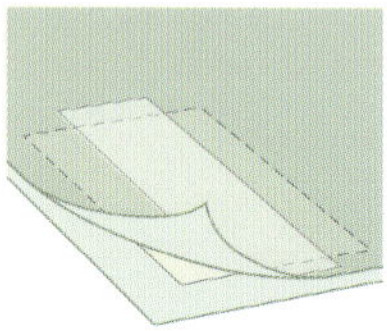

2 *Die Position des Knopflochs aufzeichnen, die Lagen aufeinanderheften.*

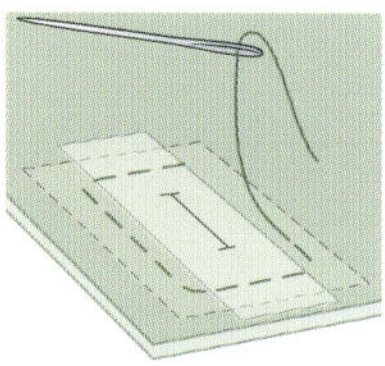

3 *„Knopfloch in Stretchstoff" einstellen und Knopflochfuß einsetzen.*

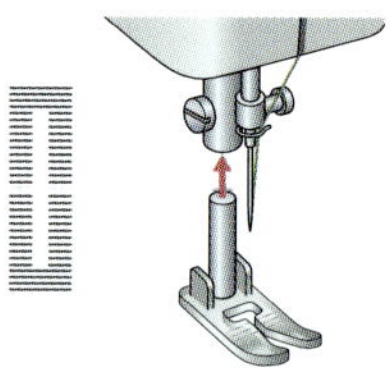

4 *Die Mitte des Einlauffadens in den Haken am Knopflochfuß einhängen. Das Knopfloch nähen und den Einlauffaden mit den Stichen bedecken.*

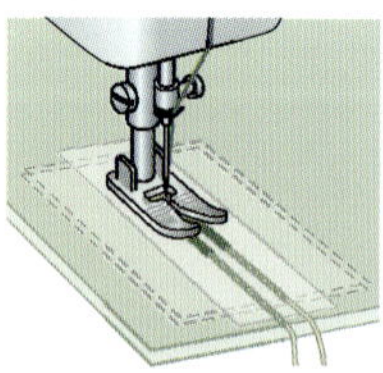

5 *Den Einlauffaden bis ganz an den Knopflochriegel heranziehen und die Enden versäubern. Das Knopfloch mithilfe eines Pfeiltrenners aufschneiden.*

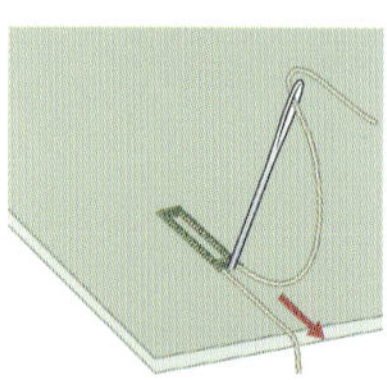

KLEIDUNGSSTÜCK/PROJEKT

Wenden Sie diese Art von Knopflöchern auf allen Kleidungsstücken aus Stretchstoff oder aus Strickstoffen an.

STOFF

Anzuwenden für Knopflöcher in Strick- oder Wirkware. Für alle Arten von Stoff geeignet. Bei leichteren Stoffen kann der Einlauffaden weggelassen werden.

ZUBEHÖR UND STICHLÄNGE

Arbeiten Sie mit einer Jerseynadel oder einer Stretchnadel und mit Polyestergarn. Stabilisieren Sie das Knopfloch durch einen eingenähten Einlauffaden (Kordel) und den Stoff durch eine zwischen die Lagen geschobene, wasserlösliche Stickfolie. Markieren Sie die Position des Knopflochs durch einen durchsichtigen Klebestreifen. Holen Sie den Einlauffaden mithilfe einer Sticknadel zur linken Seite.

ALTERNATIVE

Arbeiten Sie ein Paspelknopfloch oder wählen Sie einen Reißverschluss.

BÜGELN UND FERTIGSTELLEN

Nachdem der Einlauffaden vernäht und der Stabilisator weggeschnitten wurde, bügeln Sie vorsichtig. Bedecken Sie den Stoff mit einem Bügeltuch.

Augenknopfloch

Für bestimmte Kleidungsstücke, z. B. Mäntel, ist ein Augenknopfloch oder Ösenknopfloch geeignet, denn es bietet extra Platz für den „Hals" des Knopfs. Augenknopflöcher sind in der Regel länger als übliche Knopflöcher, um auch dickere Knöpfe fassen zu können.

1 *Die Stelle für das Knopfloch mit aufbügelbarer Einlage zwischen den Stofflagen verstärken.*

2 *Die Position des Knopflochs mit Stoffstift oder Schneiderkreide markieren. In die Nähmaschine Knopflochgarn oder starken Polyesterfaden einfädeln.*

3 *Den normalen Nähfuß einsetzen und die automatische Funktion „Augenknopfloch" einstellen. Das Knopfloch nähen, wie im Handbuch der Nähmaschine beschrieben.*

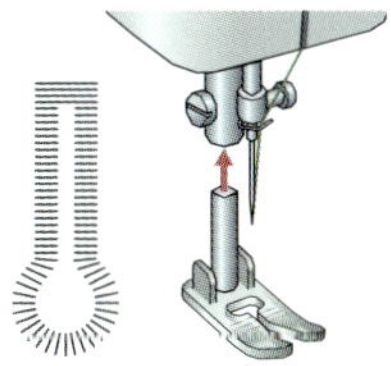

4 *Nach dem Fertigstellen das Knopfloch mithilfe eines Pfeiltrenners aufschneiden und die Öse des Knopflochs ausstanzen.*

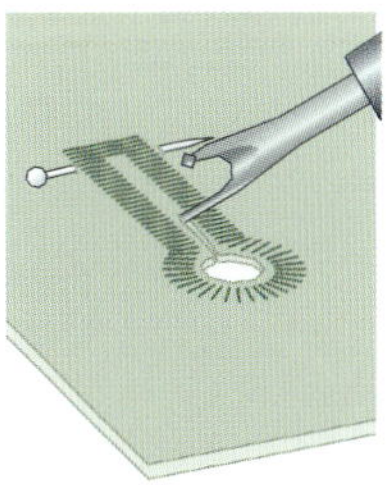

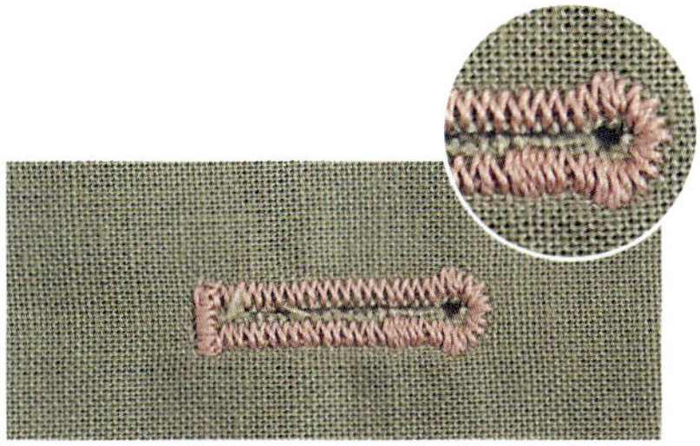

KLEIDUNGSSTÜCK/PROJEKT

Verwenden Sie diese Art von Knopflöchern an bei Maßanzügen und an Mänteln aus schweren Stoffen.

STOFF

Anzuwenden bei mittleren und schweren Stoffen aus Wolle und Mischfaser.

ZUBEHÖR UND STICHLÄNGE

Arbeiten Sie mit einer Nadel in Stärke 14 (oder stärker) und mit Knopfloch- bzw. starkem Polyesterfaden. Nötigenfalls verstärken Sie das Knopfloch mit einem eingenähten Einlauffaden.

ALTERNATIVE

Nähen Sie einen Zierknopf auf die Stoffoberfläche. Setzen Sie darunter einen bezogenen Druckknopf, der unter dem Knopf unsichtbar ist.

BÜGELN UND FERTIGSTELLEN

Sanft bügeln und den Stoff mit einem aufgelegten Bügeltuch schützen.

Tipp

Nähen Sie zuerst die unteren Knopflöcher, dann die oberen. Setzen Sie eine Stecknadel quer über das gegenüberliegende Ende des Knopflochs, bevor Sie es aufschneiden.

Paspelknopfloch

Diese attraktiven Knopflöcher können in der gleichen Farbe oder im Kontrast zur Stofffarbe genäht werden. Die Kanten werden nicht genäht, sondern sind mit Stoff bedeckt. Die hier beschriebene Arbeitstechnik ist besonders stabil.

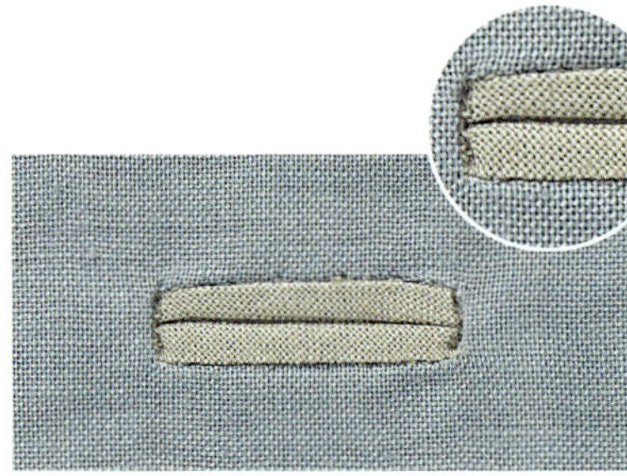

1 *Auf die linke Stoffseite ein Stück Klebevlies aufbügeln. Ein im schrägen Fadenlauf zugeschnittenes Stoffrechteck rechts auf rechts auf die rechte Vorderseite heften.*

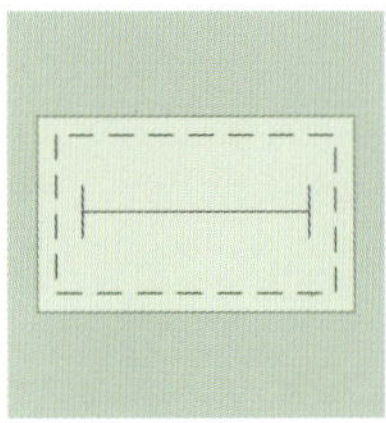

2 *Knopfloch aufzeichnen und nähen. In der Mitte einer Längskante beginnen.*

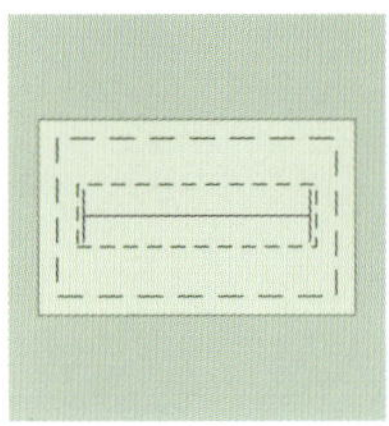

3 *Das genähte Rechteck in der Mittellinie aufschneiden und die Ecken bis an die Naht einzwicken.*

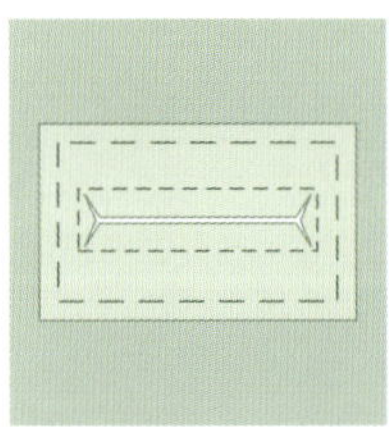

4 *Den aufgelegten Stoff durch die Öffnung zur Rückseite schieben und an den schmalen Seiten ziehen, damit die Vorderseite des Knopflochs flach wird. Um den Umriss des Knopfloches Punktstiche arbeiten.*

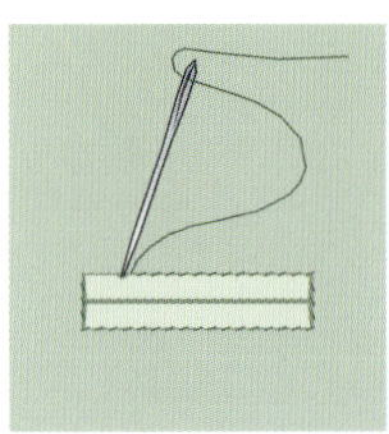

KLEIDUNGSSTÜCK/PROJEKT

Verwenden sie maschinengenähte Paspelknopflöcher bei maßgeschneiderten Kleidungsstücken und Jacken, sowie bei Taschen und Kissen.

STOFF

Anzuwenden auf allen Arten von mitteldicken Stoffen, die nicht zu sehr fransen. Stabilisieren Sie den Stoff mit aufbügelbarer Einlage.

ZUBEHÖR UND STICHLÄNGE

Arbeiten Sie mit einer Nadel in Stärke 11 und normalem oder verkürztem Geradstich. Stabilisieren Sie die Stelle mit dünner, aufbügelbarer Einlage. Arbeiten Sie die Handstiche mit Seidengarn und einer feinen, kurzen Nadel.

ALTERNATIVE

Arbeiten Sie ein mit einem Einlauffaden verstärktes Knopfloch oder ein maschinengenähtes Knopfloch.

BÜGELN UND FERTIGSTELLEN

Beraten Sie ein schützendes Bügeltuch. Halten Sie das Dampfbügeleisen schwebend über die Knopflöcher.

Paspelknopfloch

Ein in die Paspel gefasstes Kordelstück macht das Knopfloch deutlicher. Diese Knopflöcher sind ein guter Verschluss für leichte Kleidung, bei der das Vorderteil wenig belastet wird.

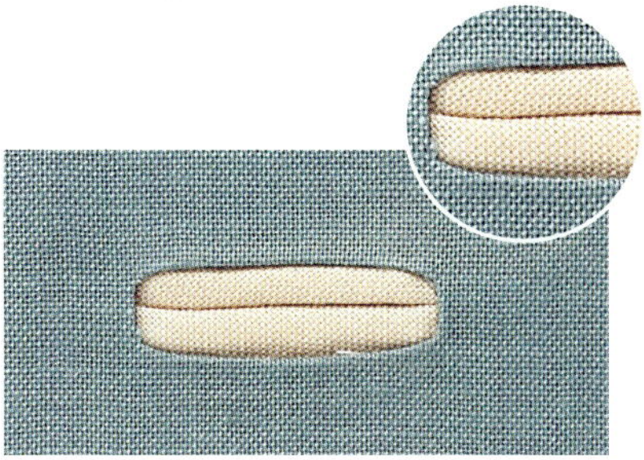

1 *Zwei kleine Stoffstreifen und zwei kurze Kordelstücke zuschneiden. Den Stoff um die Kordeln legen und festheften.*

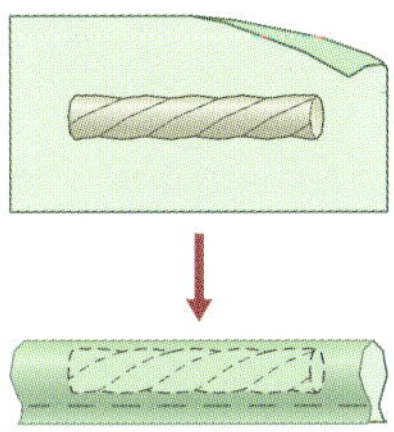

2 *Ein kleines Stück klares Klebeband abschneiden, die Knopflochform darauf markieren und dann auf die linke Stoffseite bügeln.*

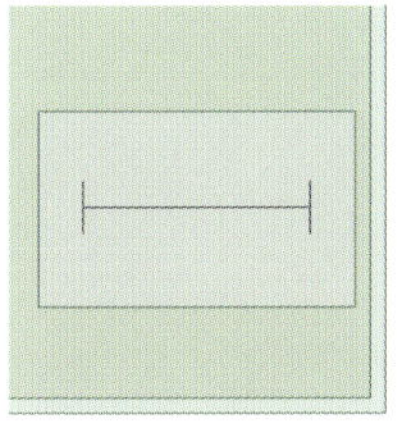

3 *Solange der Klebefilm warm ist, die Ecken des Knopflochs einschneiden und die Stoffkanten zurückfalten, sodass ein „Briefschlitz" entsteht.*

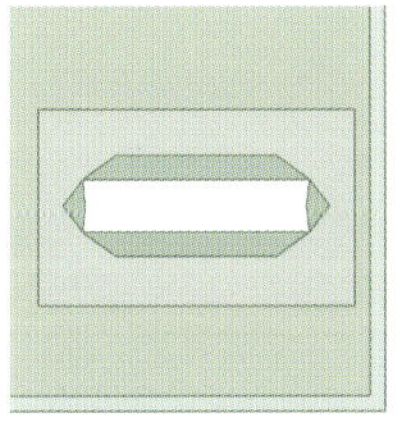

4 *Die mit Kordel gefüllten Streifen in den „Briefschlitz" einlegen und mit kleinen Stichen entlang des Knopflochumrisses festnähen.*

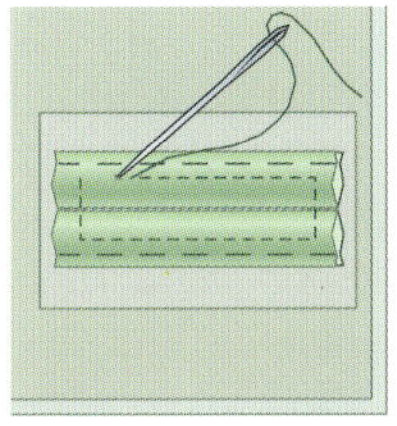

KLEIDUNGSSTÜCK/PROJEKT

Wenden Sie diese Art von Knopflöchern auf Kleidungsstücken an, deren Vorderseite wenig Belastung ausgesetzt sind sowie Taschen, bei denen die Knopflöcher ein dekoratives Element darstellen.

STOFF

Anzuwenden bei allen Arten von Stoff aus Naturfaser wie Baumwolle oder Leinen. Vermeiden Sie stark fransende Stoffe. Arbeiten Sie Paspelknopflöcher aus kontrastfarbenem oder farbgleichem Stoff.

ZUBEHÖR UND STICHLÄNGE

Verwenden Sie eine dünne Baumwollschnur. Arbeiten Sie mit einer kurzen Nähnadel und farblich passendem Seidengarn zum Heften und Nähen.

ALTERNATIVE

Arbeiten Sie ein Paspelknopfloch mit der Nähmaschine.

BÜGELN UND FERTIGSTELLEN

Bügeln Sie von links und legen Sie das Knopfloch auf ein weiches Tuch. So wird es nicht platt gebügelt.

Bezogene Knopfschlaufe

Für Verschlüsse mit kugelförmigen Knöpfen an senkrechten Ausschnitten, an Manschetten und an Brautkleidern eignen sich Schlaufen aus Kordel, die mit Stoff bezogen wurde. Die Schlaufen passen dann exakt zum Kleidungsstück.

KLEIDUNGSSTÜCK/PROJEKT

Nähen Sie Knopfschlaufen an Ärmelbündchen, Halsausschnitte und Jacken mit Stoßverschluss. Verwenden Sie dazu passende Kugel-, Knebel- oder bezogene Knöpfe.

STOFF

Anzuwenden an allen Arten von Stoff, er muss jedoch im schrägen Fadenlauf zugeschnitten werden.

ZUBEHÖR UND STICHLÄNGE

Verwenden Sie eine Kordel in passender Stärke. Nähen Sie den Stoff mithilfe eines Reißverschluss- oder Paspelfußes ein. Eine Nadel in Stärke 11 eignet sich für fast alle Stoffarten. Verkürzen Sie die Stichlänge, damit die Naht das Wenden übersteht.

ALTERNATIVE

Arbeiten Sie einen gewendeten Streifen ohne Kordel (siehe Seite 179 gegenüber).

BÜGELN UND FERTIGSTELLEN

Die fertigen Schlaufen brauchen nicht gebügelt zu werden.

Kordel überziehen

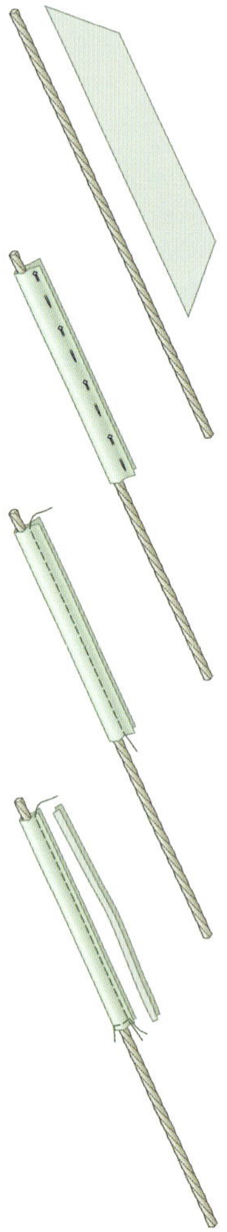

1 *Einen Schrägstreifen in der benötigten Länge zuschneiden. Er muss breit genug sein, um die Kordel zu umschießen plus Nahtzugabe. Eine Kordel zuschneiden, doppelt so lang wie der Schrägstreifen.*

2 *Den Stoff um die Kordel legen, sodass die rechte Stoffseite nach innen weist. Es wird nur die Hälfte der Kordel mit Stoff bedeckt.*

3 *Den Reißverschlussfuß einsetzen und nahe der Kordel entlangsteppen. Kurz vor dem Ende des Stoffes quer durch die Kordel nähen.*

4 *Die Nahtzugabe bis auf ca. 3 mm zurückschneiden und den Stoff über die verbleibende Hälfte der Kordel ziehen.*

Schlingen nähen

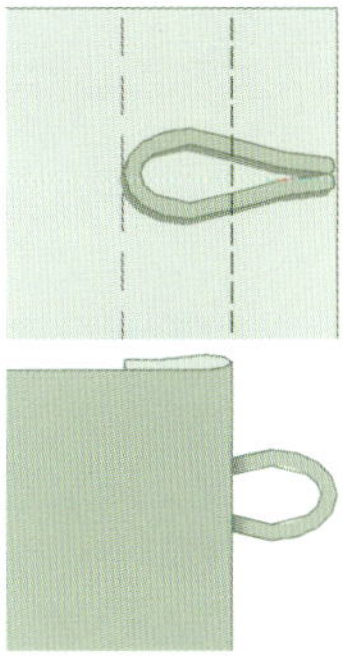

1 *Die Schlingen können geschnitten und einzeln angenäht werden. Mit Schneiderkreide eine Linie zeichnen, an der die Schlingen befestigt werden sollen. Eine Schlinge zurechtlegen und so entlang der Linie platzieren, dass die offenen Enden zur Außenkante weisen. Nach dem Festnähen liegt die Schlinge außen, sodass zugeknöpft werden kann.*

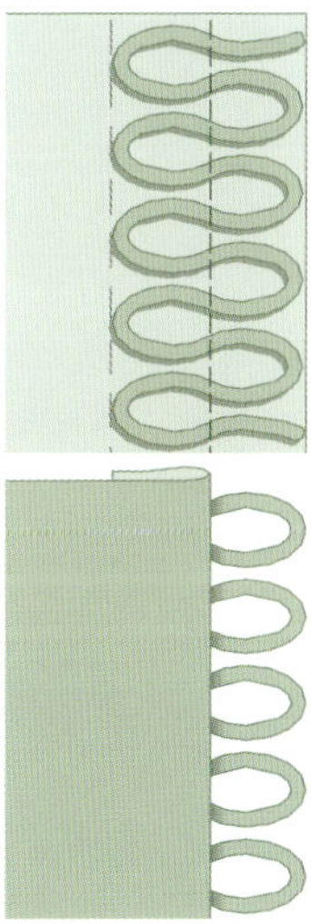

2 *Die gesamte bezogene Schnur kann in Schlaufen entlang der Markierungslinie gelegt und auf der Nählinie festgenäht werden. Auf dem Stoff Parallellinien zur Markierung zeichnen und die Kordel zu Schlingen legen. Die Schlingen gleichmäßig groß und in gleichen Abständen zurechtlegen. Festheften und die inneren Enden festnähen. Die Heftfäden entfernen und die Schlingen zur Außenkante hin falten.*

Streifen mit einem Schlauchwender wenden

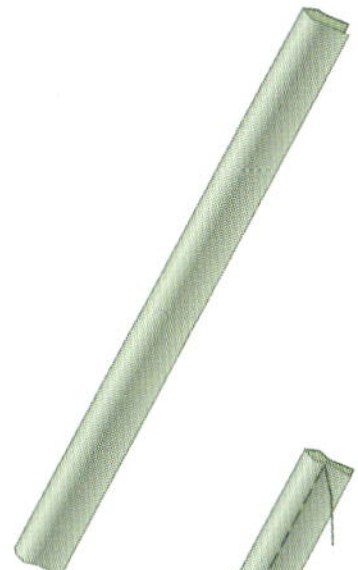

1 *Einen ca. 2,5 cm breiten Schrägstreifen zuschneiden und der Länge nach rechts auf rechts falten.*

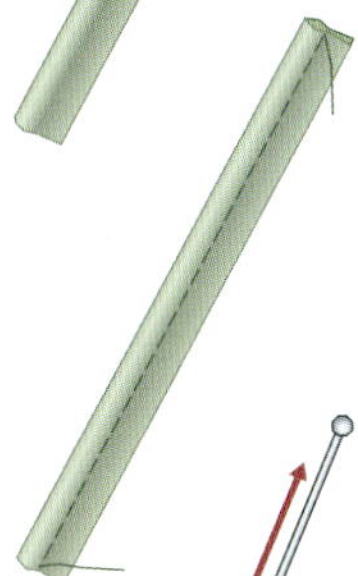

2 *Mit kürzer eingestellter Stichlänge dicht an der Kante entlang nähen. Der Abstand zur Kante legt fest, wie breit die Schlingenschnur werden wird. Eine zweite Naht ganz nahe der ersten nähen.*

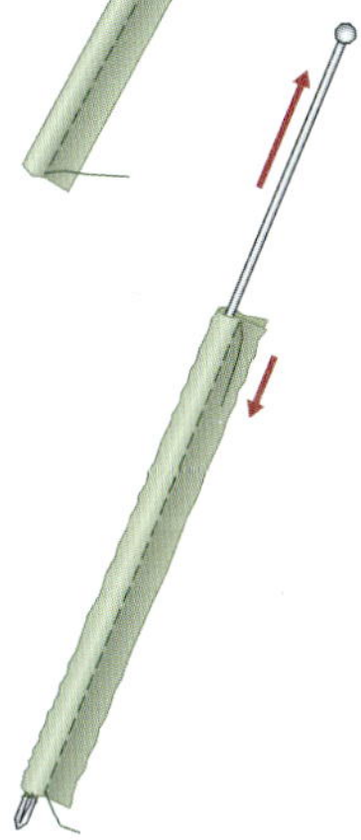

3 *Ohne die Nahtzugaben zuruckzuschneiden, den Tunnel mithilfe eines Schlauchwenders wenden. Oder eine große, stumpfe Nadel mit doppeltem Faden einfädeln, an einem Ende des zusammengenähten Schrägstreifens annähen und durch den Tunnel ziehen.*

Ösen

Ösenlöcher können Sie von Hand mit Knopflochstich arbeiten, mit dem automatischen Ösenstich der Maschine nähen oder Sie schlagen Metallösen mit einem Hammer in den Stoff. Verwenden Sie Ösen für Gürtel und Schnürkanten.

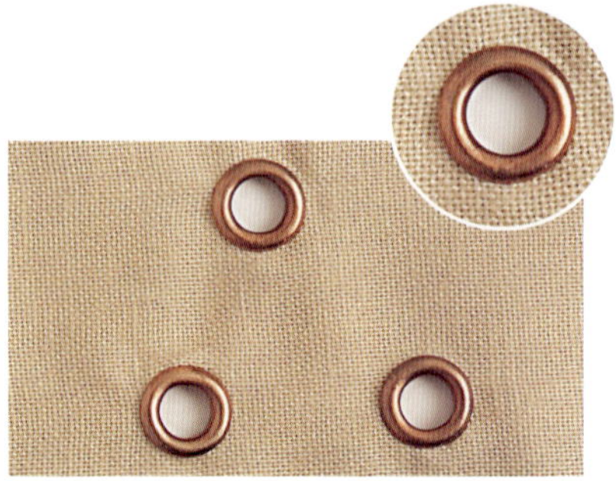

Metallösen

Ösenlöcher mit Nähmaschine

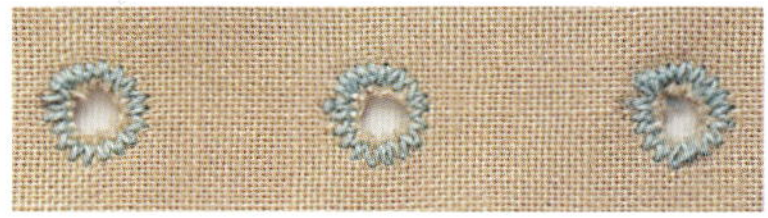

Von Hand

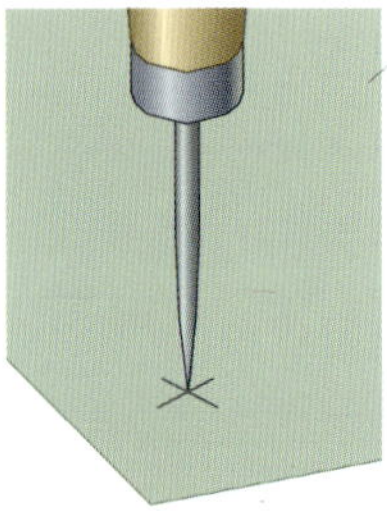

1 *Lage der Öse markieren und mit einem Stichel ein Loch in den Stoff bohren.*

2 *Mit dem Kantenstich (siehe Seite 31) oder dem Knopflochstich (siehe Seite 32) über die offenen Kanten des Ösenloches nähen. Die Stiche dicht und gleichmäßig arbeiten, damit die Kante ordentlich wird.*

Metallösen

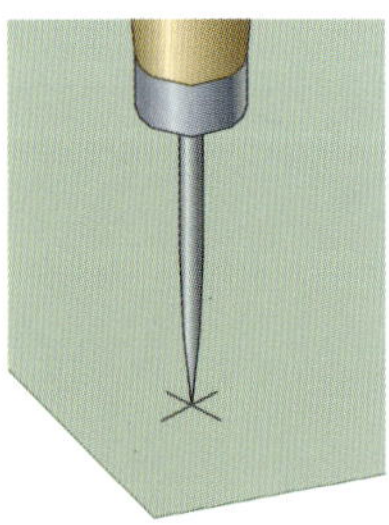

1 *Die Position der Öse markieren und mit einem Stichel ein Loch in den Stoff bohren.*

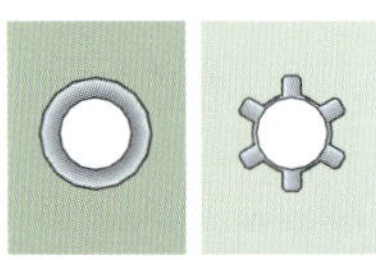

2 *Den metallenen Stempel von vorn nach hinten durch das Loch schieben. Mithilfe einer Pressvorrichtung den Stempel quetschen und über die Lochkanten drücken.*

KLEIDUNGSSTÜCK/PROJEKT

Arbeiten Sie Ösenlöcher an Gürtel, zum Einfädeln von Kordeln und Bändern.

STOFF

Anzuwenden an allen Arten von Stoff. Bügeln Sie einen Einlagestoff auf die Rückseite von sehr feinen Stoffen, um sie zu verstärken.

ZUBEHÖR UND STICHLÄNGE

Verwenden Sie eine mittlere oder kleine Nadel. Arbeiten Sie mit starkem Faden. Halten Sie die Stiche dicht.

ALTERNATIVE

Schicken Sie halbfertige Kleidungsstücke in Betriebe, die einen Ösen-Nähservice anbieten oder nähen Sie sie an der eigenen Nähmaschine. Folgen Sie den Anweisungen im Handbuch.

BÜGELN UND FERTIGSTELLEN

Keine besonderen Anweisungen.

Haken und Ösen

Mit Haken und Ösen verschließen Sie Kanten, die direkt aneinanderstoßen. Haken und Riegel werden verwendet, wenn eine Kante über der anderen liegt. Diese Verschlüsse werden oft an Halsausschnitten und am Rockbund benutzt.

Haken und Öse

Hosenhaken und Riegel

Haken und Ösen annähen

1 *An jeder Stoffkante je einen Haken und eine Öse platzieren.*

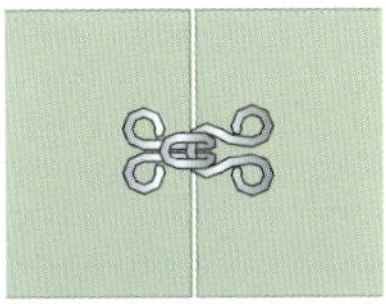

2 *Das Fadenende im Stoff unter der Öse, dem Haken oder dem Riegel verankern. Die Nadel durch die Mitte nach oben bringen und über den Metallring nach außen stechen, dabei einige Gewebefäden fassen. Kleine Stiche um den ganzen Ring nähen.*

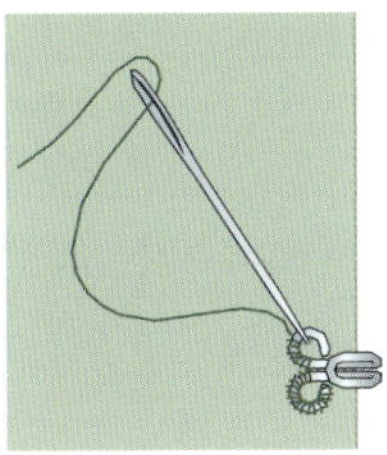

Fadenriegel oder Fadenschlaufen nähen

1 *Für einen Riegel zwei oder drei Spannstiche arbeiten.*

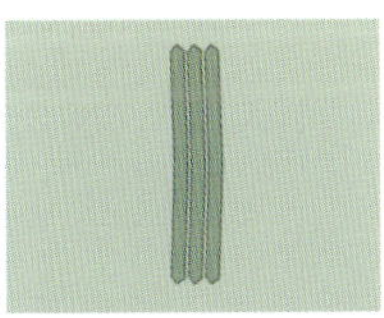

2 *An einem Ende beginnen und die Fäden mit Knopflochstichen oder Festonstichen umnähen, bis sie vollständig bedeckt sind.*

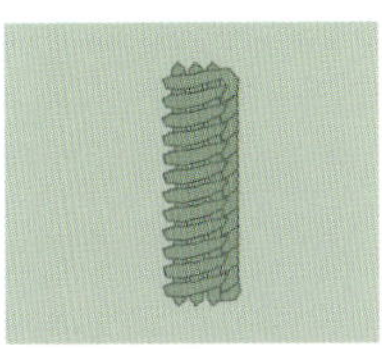

KLEIDUNGSSTÜCK/PROJEKT

Verwenden Sie Haken und Ösen an Jacken mit aneinanderstoßenden Kanten oder bei anderen Kantenverschlüssen. Nähen Sie Haken und Riegel an überlappenden Verschlusskanten.

STOFF

Anzuwenden auf allen Arten von Stoff. Achten Sie auf die passende Größe.

ZUBEHÖR UND STICHLÄNGE

Arbeiten Sie mit einer feinen Nadel und einem kräftigen Faden.

ALTERNATIVE

Nähen Sie anstelle des metallenen Riegels einen Riegel aus Garn.

BÜGELN UND FERTIGSTELLEN

Keine besonderen Hinweise.

Reißverschlüsse

Dieses Kapitel zeigt, wie Reißverschlüsse in unterschiedliche Kleidungsstücke eingesetzt werden. Es werden verschiedene Arbeitstechniken vorgestellt und Vorschläge gemacht, je nach Stoff und geplantem Kleidungsstück. Folgen Sie den Zeichnungen und den Beschreibungen und sehen Sie, wie einfach ein Reißverschluss genäht werden kann.

Schnell, bedeckt

Beim schnellen, einfach bedeckten Reißverschluss sind die Zähne von der Seite her mit Stoff bedeckt. Die sichtbare Naht vorne wird auf dem flachen Stoff gearbeitet, bevor das Kleidungsstück fertiggestellt wird.

1 *Eine 2,5 cm breite Nahtzugabe vorbereiten. Den Stoff rechts auf rechts legen und stecken. Naht schließen, für den Reißverschluss eine Lücke offen lassen.*

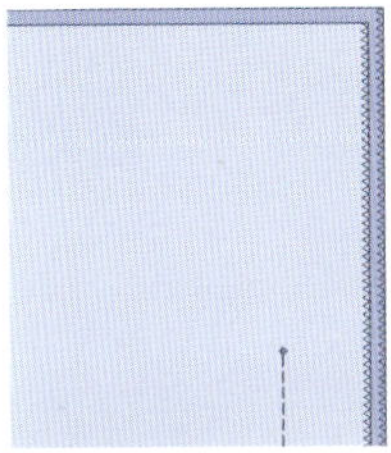

2 *Die Nahtzugaben auseinanderbügeln. Auf der rechten Stoffseite mit Lineal und Schneiderkreide die linke Stepplinie aufzeichnen. Auf dieser Linie entlangnähen.*

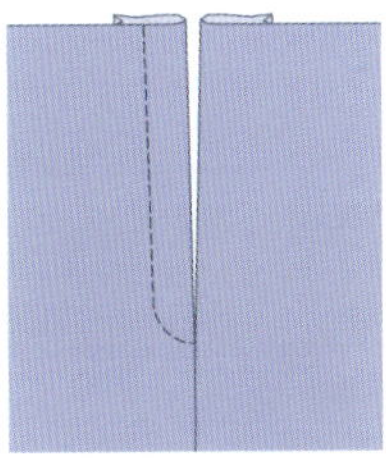

3 *Die Öffnung über den Reißverschluss legen, die rechte gefaltete Kante an das rechte Reißverschlussband stecken. Heften. Nahe den Reißverschlusszähnen festnähen.*

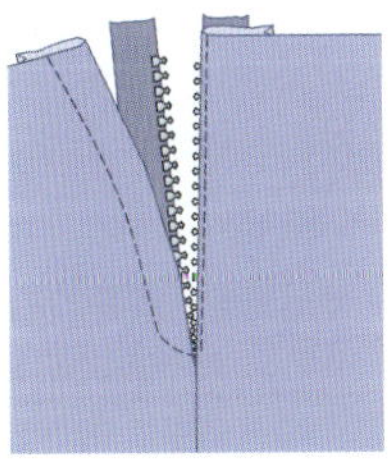

4 *Die linke Nahtkante über den Reißverschluss legen, das Reißverschlussband an die Nahtzugabe stecken. Die Arbeit wenden und Lagen zusammennähen.*

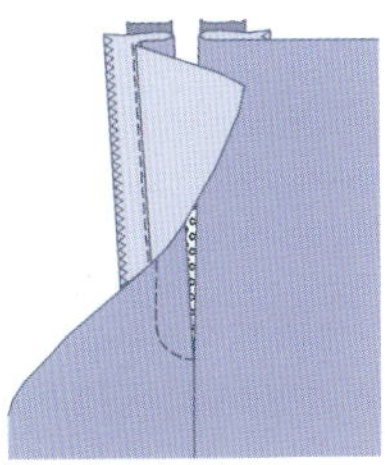

KLEIDUNGSSTÜCK/PROJEKT

Wenden Sie diese Schnellmethode an, wenn Sie fürchten, Ihre Steppnaht könnte wackelig werden.

STOFF

Für die meisten Stoffarten geeignet, doch sind mittelstarke Baumwollstoffe am leichtesten zu verarbeiten.

ZUBEHÖR UND STICHLÄNGE

Arbeiten Sie mit einer Nadel, die der Stoffstärke angepasst ist. Nähen Sie den Steppstich mit einer unauffälligen Fadenfarbe in Baumwolle oder Polyester. Verlängern Sie die Stichlänge für die Steppnaht. Verwenden Sie einen Reißverschluss in guter Qualität.

ALTERNATIVE

Arbeiten Sie einen zweiseitig oder seitlich verdeckten Reißverschluss.

BÜGELN UND FERTIGSTELLEN

Sanft von der rechten Seite her über den Reißverschluss bügeln und ein schützendes Bügeltuch auflegen.

Zweiseitig verdeckt

Bei dieser Methode treffen die Stoffkanten mittig über den Reißverschlusszähnen aufeinander. Die Nähte verlaufen rechts und links des Verschlusses.

KLEIDUNGSSTÜCK/PROJEKT

Solche Reißverschlüsse werden in die Rückenpartie von Kleidern eingenäht sowie in Taschen und Kissen.

STOFF

Anzuwenden bei allen Arten von Stoff.

ZUBEHÖR UND STICHLÄNGE

Arbeiten Sie mit einer Nadel, die der Stoffstärke angepasst ist und einem farblich unauffälligen Baumwoll- oder Polyestergarn für die Steppnähte. Verlängern Sie die Stiche der Steppnaht ein wenig. Wählen Sie stets Reißverschlüsse guter Qualität und in passender Stärke zum Stoff.

ALTERNATIVE

Nähen Sie einen nahtfeinen (siehe Seiten 194–195) oder einen handversäuberten Reißverschluss (siehe Seiten 188–189).

BÜGELN UND FERTIGSTELLEN

Vorsichtig von der rechten Seite her über den Reißverschluss bügeln und die Stoffoberfläche mit einem schützenden Bügeltuch bedecken.

1 *Die Stoffkanten in beliebiger Technik versäubern.*

2 *Die Naht ab dem unteren Ende der Reißverschlussposition bis hinunter zum Saum schließen.*

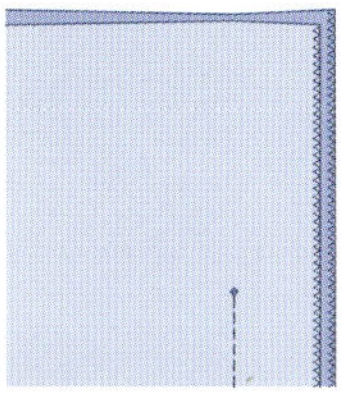

3 *Die größtmögliche Stichlänge einstellen und den Rest der Naht, in welcher der Reißverschluss liegen wird, mit langen Heftstichen schließen.*

4 *Die Nahtzugaben auseinanderbügeln. Den Stoff mit der rechten Seite nach unten legen. Den Reißverschluss mit der rechten Seite nach unten entlang der mit Heftstichen geschlossenen Nahtstelle legen. Die Zähne sollen genau auf der Nahtlinie liegen und die oberen Enden des Reißverschlussbandes auf die obere Stoffkante treffen. Durch alle Lagen stecken und heften.*

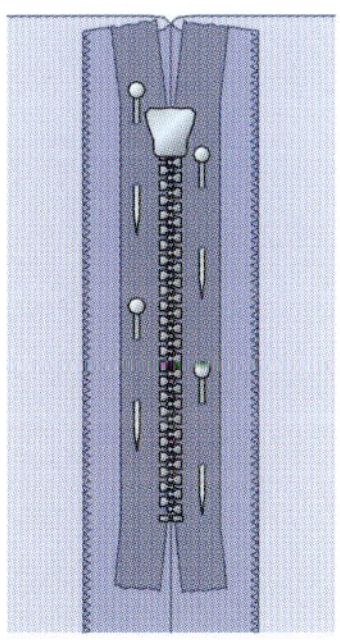

5 *Die Arbeit wenden und den Reißverschlussfuß in die Nähmaschine einsetzen. Am unteren Ende des Reißverschlusses in der Mitte beginnen und jede Seite einzeln nähen, dabei den Reißverschlussfuß entsprechend (neben den Zähnen verlaufend) umstellen. Zuerst ca. 1 cm nach der Seite nähen. Die Nadel im Stoff versenkt lassen, das Nähfüßchen anheben und die Arbeit um 90° drehen. Den Nähfuß wieder senken und parallel zur Stoffkante bis zur oberen Kante steppen.*

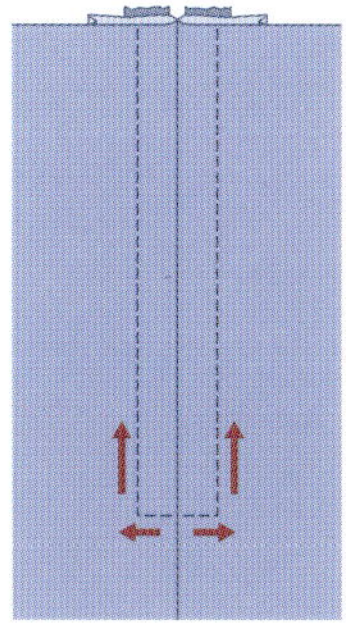

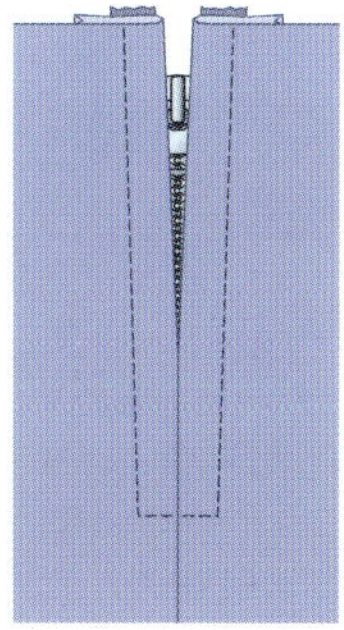

6 *Alle Heftfäden entfernen.*

Tipp

Um am Verschlussschlitten vorbei nähen zu können, steppen Sie zuerst so nahe wie möglich an diesen heran. Dann senken Sie die Nadel in den Stoff und heben Sie das Nähfüßchen. Ziehen Sie den Schlitten unter dem Nähfuß durch und aus dem Weg. Öffnen Sie zu diesem Zweck einige der Heftstiche in der Naht. Dann senken Sie den Nähfuß wieder und nähen Sie weiter.

Seitlich verdeckt

Beim seitlich verdeckten Reißverschluss sind die Zähne nur von einer Seite her mit Stoff bedeckt.

KLEIDUNGSSTÜCK/PROJEKT

Wenden Sie diese Technik bei seitlichen Kleider- und Rockverschlüssen an. Auch für Kissen ist diese Methode geeignet.

STOFF

Anzuwenden auf allen Arten von Stoff.

ZUBEHÖR UND STICHLÄNGE

Arbeiten Sie mit einer Nadelstärke, die der Stoffstärke angepasst ist, und einem hochwertigen, farblich unauffälligen Baumwoll- oder Polyestergarn. Verlängern Sie den Stich etwas für die Steppnaht. Wählen Sie stets einen Reißverschluss guter Qualität und passender Stärke.

ALTERNATIVE

Zweiseitig verdeckter, nahtfeiner oder schnellen, bedeckten Reißverschluss.

BÜGELN UND FERTIGSTELLEN

Vorsichtig von der rechten Seite her über den Reißverschluss bügeln und die Stoffoberfläche mit einem schützenden Bügeltuch bedecken.

1 *Die Stoffkanten in beliebiger Technik versäubern.*

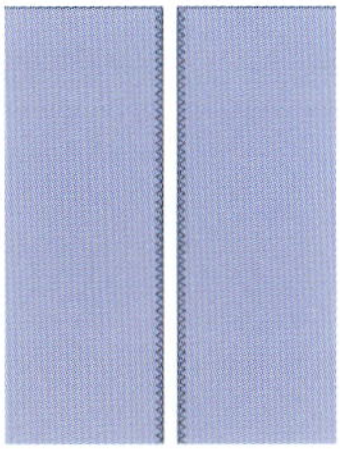

2 *Die Naht ab dem unteren Ende der Reißverschlussposition bis hinab zum Saum schließen.*

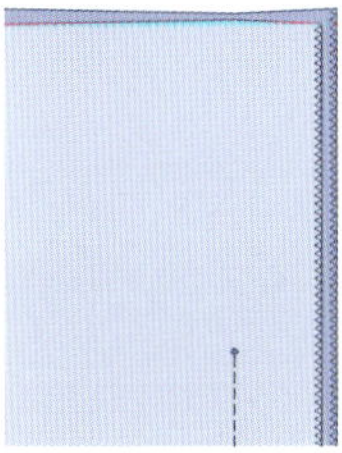

3 *Die Nahtzugaben auseinanderbügeln, auch entlang der nicht zusammengenähten Kanten.*

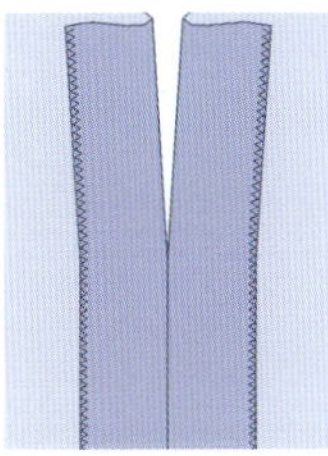

4 *Den Stoff mit der rechten Seite nach oben legen. Die rechte gefaltete Nahtzugabe entlang der Zähne über das Reißverschlussband legen. Stecken und festheften.*

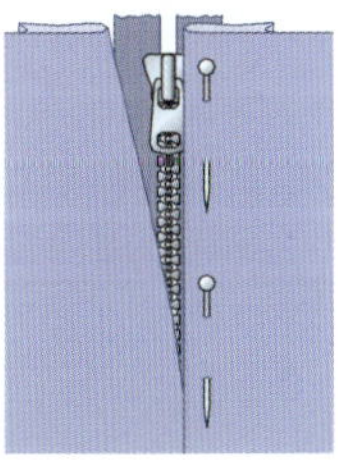

5 *Den Reißverschlussfuß in die Nähmaschine einsetzen und die rechte Hälfte des Reißverschlusses festnähen. Von der Unterkante des Reißverschlusses nach oben nähen.*

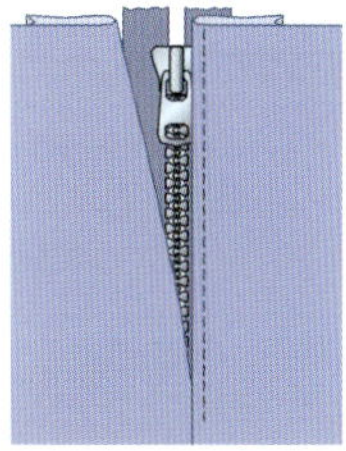

6 *Die linke gefaltete Stoffkante nach rechts über die rechte Stoffkante legen (über die Zähne des geschlossenen Reißverschlusses). Links entlang der Zähne durch alle Lagen stecken und heften.*

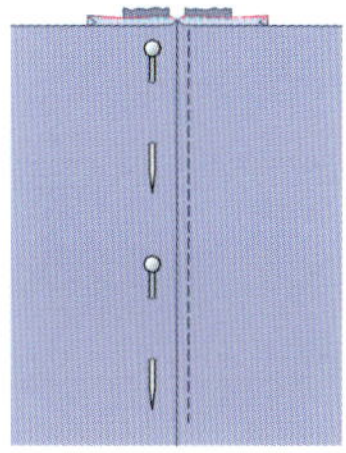

7 *Am unteren Ende des Reißverschlusses unterhalb der Zähne beginnen und die linke Seite des Reißverschlusses festnähen.*

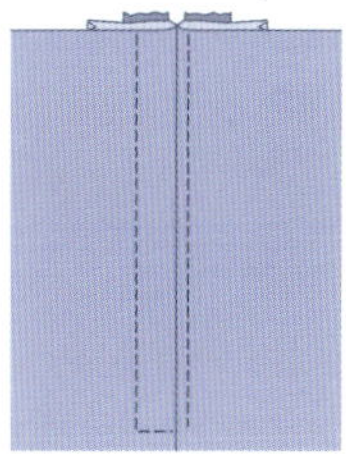

Tipp

Um am Verschlussschlitten vorbei nähen zu können, steppen Sie zuerst so nahe wie möglich an diesen heran. Dann senken Sie die Nadel in den Stoff und heben Sie das Nähfüßchen. Ziehen Sie den Schlitten unter dem Nähfuß durch und aus dem Weg. Öffnen Sie dazu einige Heftstiche in der Naht. Senken Sie den Nähfuß wieder und nähen Sie weiter.

Von Hand versäubert

Mit dieser Methode sieht der Reißverschluss aus wie von Hand eingenäht, hat aber die Festigkeit eines maschinengenähten Verschlusses. Er sieht an Kleidern sehr schön aus und eignet sich auch für Stoffe, die schwierig zu nähen sind, wie z. B. Samt und Spitze.

KLEIDUNGSSTÜCK/PROJEKT

Verleihen Sie Kleidern mit diesem handgenähten, stabilen Reißverschluss einen Hauch von Haute Couture.

STOFF

Anzuwenden auf allen Arten von Stoff, besonders jedoch bei Samt, Spitze, Perlenstoffen und Seiden.

ZUBEHÖR UND STICHLÄNGE

Arbeiten Sie mit feinen Maschinen- und Handnähnadeln. Nähen Sie die Punktstiche mit Seidengarn.

ALTERNATIVE

Nähen Sie einen verdeckten oder nahtfeinen Reißverschluss.

BÜGELN UND FERTIGSTELLEN

Vorsichtig von der rechten Seite her über den Reißverschluss bügeln und die Stoffoberfläche mit einem schützenden Bügeltuch bedecken.

1 *Die Stoffkanten versäubern.*

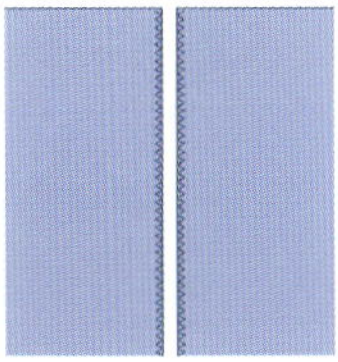

2 *Die Naht ab dem unteren Ende der Reißverschlussposition bis hinab zum Saum schließen.*

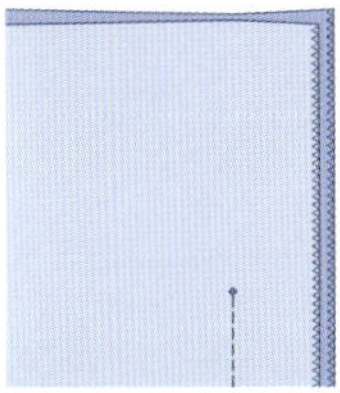

3 *Die Nahtlinien an der Stoff-Oberkante mit Einschnitten markieren.*

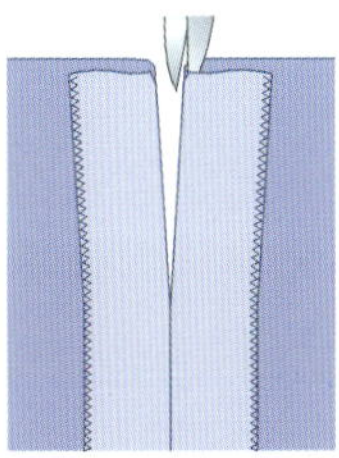

4 *Den Stoff mit der rechten Seite nach oben legen. Die rechte gefaltete Nahtzugabe entlang der Zähne über das Reißverschlussband legen. Die gefaltete Kante auf das Reißverschlussband stecken und die Arbeit mit der Rückseite nach oben legen.*

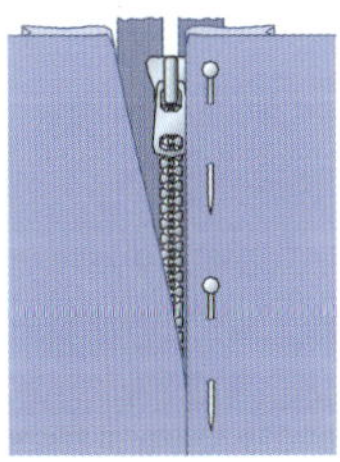

5 *Auf der Rückseite die Stecknadeln umsetzen und die Reißverschlusskante an die Nahtzugabe stecken. Den Reißverschlussfuß in die Nähmaschine einsetzen und den Reißverschluss 0,6 cm neben den Zähnen festnähen.*

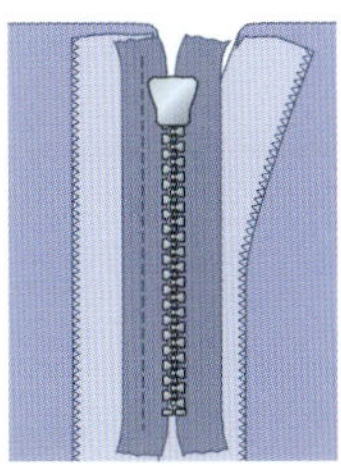

6 *Die Arbeit mit der rechten Seite nach oben legen. Den Reißverschluss nach links ziehen und flach bügeln. 0,6 cm des Reißverschlussbandes sind zwischen Zähnen und Stoff sichtbar.*

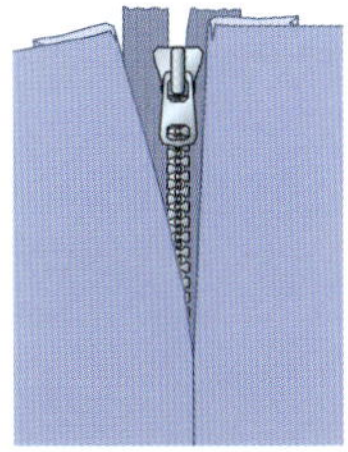

7 *Die linke gefaltete Kante über die rechte legen, sodass die Einschnitte in der Mitte der Oberkante zusammentreffen. Die Zähne sind vollständig bedeckt. Diese linke Nahtkante auf die linke Seite des Reißverschlussbandes stecken.*

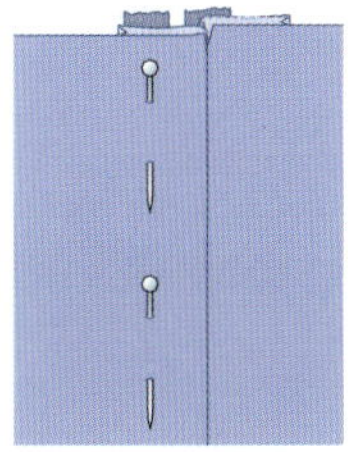

8 *Auf der Rückseite die Stecknadeln umsetzen. Das Reißverschlussband nur an die Nahtzugabe stecken. Reißverschlussfuß einsetzen. Das Band entlang der gesteckten Linie festnähen.*

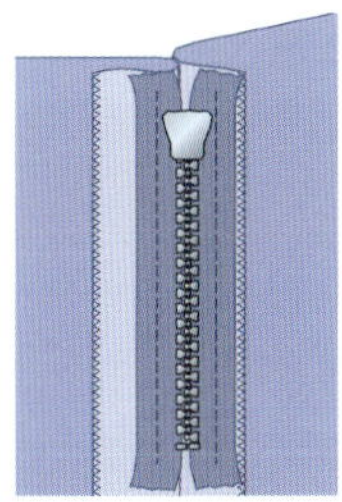

9 *Auf der Vorderseite mit einer feinen spitzen Nadel und farbgleichem Seidengarn arbeiten. Die rückwärtige Naht mit Punktstichen im Abstand von 1 cm zur Kante am Reißverschlussband befestigen.*

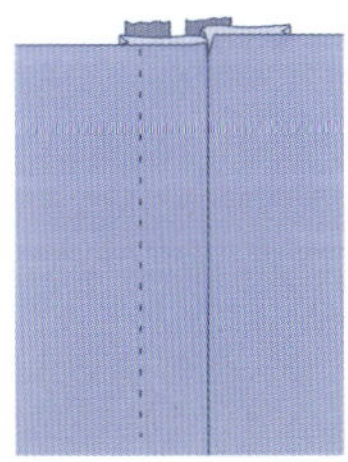

Hosenreißverschluss

Dieser verdeckte Vorderverschluss eignet sich für Hosen oder Röcke. Bei Männerkleidung wird beim Reißverschluss die linke Seite über die rechte gelegt, bei Damenbekleidung die rechte über die linke.

KLEIDUNGSSTÜCK/PROJEKT

Wenden Sie diese Technik bei Hosen, Shorts oder Röcken an.

STOFF

Anzuwenden bei mittleren bis schweren Stoffen.

ZUBEHÖR UND STICHLÄNGE

Arbeiten Sie mit Nadelstärke 14 oder stärker. Eine Jeansnadel durchsticht alle Lagen von schweren Stoffen. Wählen Sie einen Reißverschluss guter Qualität – einen Hosenreißverschluss oder einen normalen für dünnere Hosen. Bei kräftigen Stoffen die Stiche länger einstellen.

ALTERNATIVE

Diese Methode wird als Vorderverschluss von Hosen angewendet. Bei Damenhosen können Sie einen seitlich verdeckten Reißverschluss arbeiten.

BÜGELN UND FERTIGSTELLEN

Keine besonderen Hinweise.

Tipp

Für Männerkleidung diese Anleitung spiegelbildlich arbeiten.

1 *Die Stoffkanten in beliebiger Technik versäubern.*

2 *Die Naht ab dem unteren Ende der Reißverschlussposition bis zum Schritt schließen.*

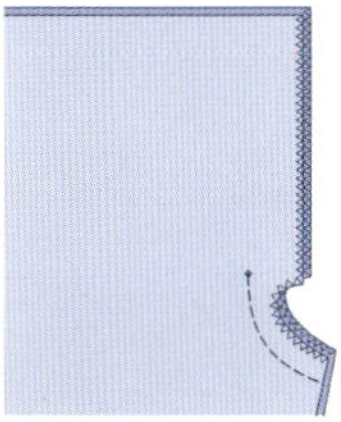

3 *Den längstmöglichen Stich einstellen und die Reißverschlussöffnung mit der Maschine heften. Die Nahtzugaben auseinanderbügeln.*

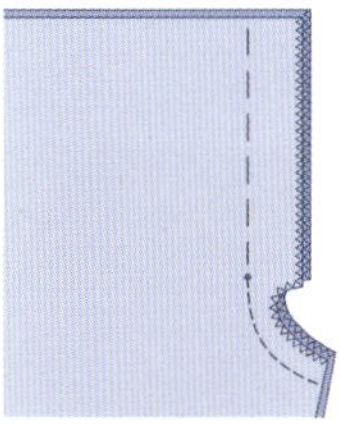

4 *Den Stoff mit der Rückseite nach oben legen. Den Reißverschluss mit der rechten Seite nach unten legen, die Zähne liegen genau uber der gehefteten Naht.*

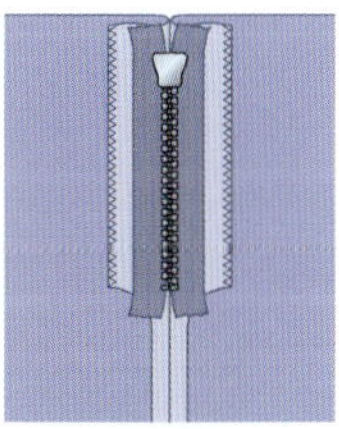

5 *Die linke Seite des Reißverschlussbandes an die linke Nahtzugabe stecken. Der Abstand zur Kante des Bandes beträgt ca. 0,3 cm. Nur durch die Nahtzugabe stecken.*

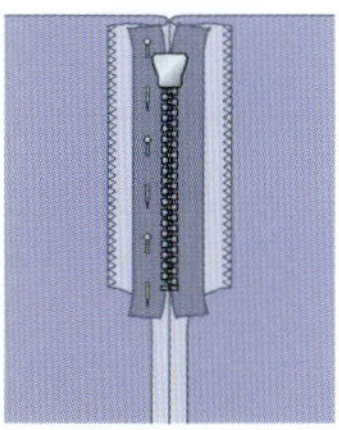

6 *Den Reißverschlussfuß einsetzen und entlang der gesteckten Linie nähen.*

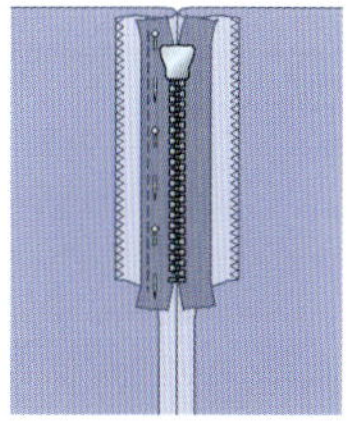

7 *Das Reißverschlussband nach rechts ziehen und durch alle Lagen feststecken.*

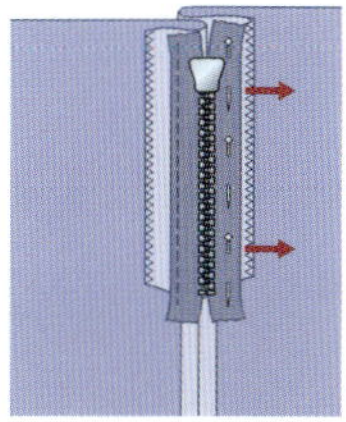

8 *Die Arbeit nach oben legen. Alle Lagen heften. Mit Steppstich durch alle Lagen um den Reißverschluss herum nähen. In der unteren Mitte beginnen.*

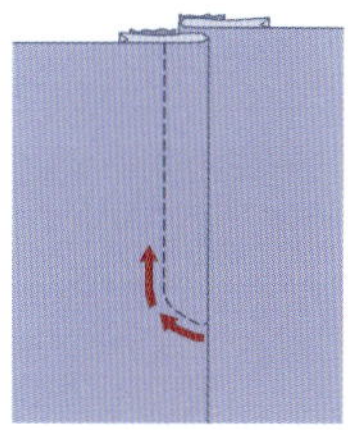

9 *Einen Untertritt anfertigen, um die Innenseite des Reißverschlusses zu bedecken (Länge des Reißverschlusses plus 1,2 cm, Breite 10 cm).*

10 *Den Untertritt unter die rechten Reißverschlusszähne legen, sodass 3,2 cm hervorschauen. Die Arbeit wenden und den Untertritt an die Nahtzugaben stecken und heften.*

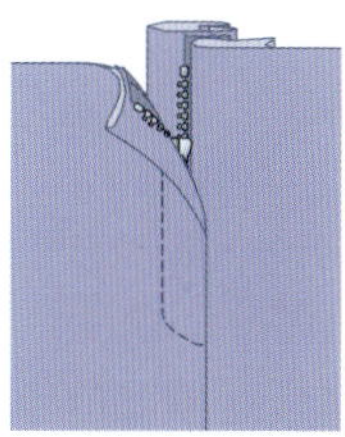

Teilbarer Reißverschluss

Offene oder teilbare Reißverschlüsse lassen sich vollständig auseinander haken und werden an Jacken oder Sporttaschen genäht. Es gibt sie aus sehr leichtem Material und sie sind damit auch für Mieder von Abendroben und Brautkleidern geeignet.

KLEIDUNGSSTÜCK/PROJEKT

Nähen Sie teilbare Reißverschlüsse in Jacken, Mieder und in Taschen.

STOFF

Anzuwenden für Jacken, Taschen und Mieder aus mittleren bis schweren Stoffen. Ebenso bei Korsagen aus Seide, Brokat oder Samt (obwohl diese vermutlich gefüttert werden müssen).

ZUBEHÖR UND STICHLÄNGE

Wählen Sie einen teilbaren Reißverschluss. Arbeiten Sie mit Nadelstärke 14 oder stärker, um durch dicke Stofflagen und das Reißverschlussband stechen zu können. Manchmal muss der Stoff vorher verstärkt werden.

ALTERNATIVE

Um einen Verschluss komplett öffnen zu können, nähen Sie Knöpfe, Knebelknöpfe oder Druckknöpfe an.

BÜGELN UND FERTIGSTELLEN

Der Reißverschluss braucht nicht gebügelt zu werden, sobald er mit einer verdeckten Kante oder mit Steppstich eingenäht wurde, denn dies hält den Verschluss flach.

1 *Die Naht, zwischen deren Kanten der Reißverschluss eingesetzt werden soll, mit der Nähmaschine heften.*

2 *Die Nahtzugaben auseinanderbügeln und den geschlossenen Reißverschluss mit der Vorderseite nach unten über die geheftete Naht legen. Das Reißverschlussband feststecken und anheften.*

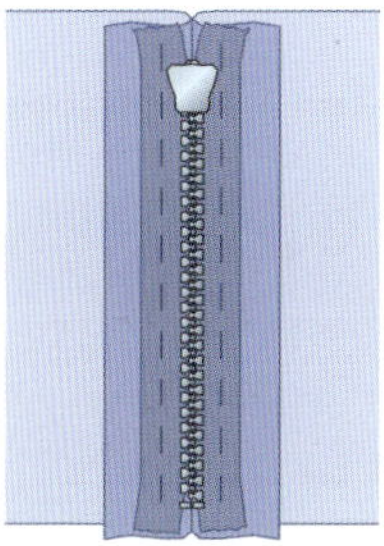

3 *Die Heftstiche der Naht entfernen und den Reißverschluss teilen. Es ist einfacher, zwei einzelne Teile einzunähen.*

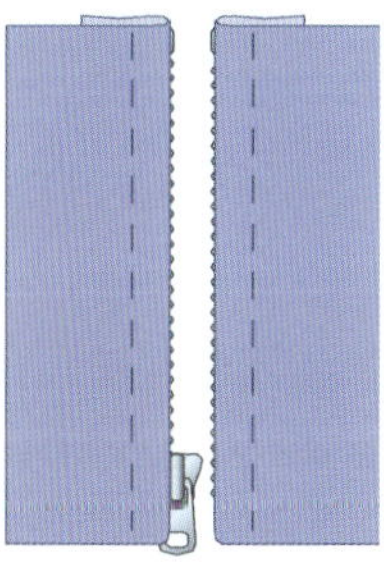

4 *Den Reißverschlussfuß einsetzen und die Reißverschlusshälften von der Vorderseite her mit Steppstich einnähen. Unten beginnen und etwa 1 cm neben den Zähnen entlangsteppen. Beide Seiten fertigstellen.*

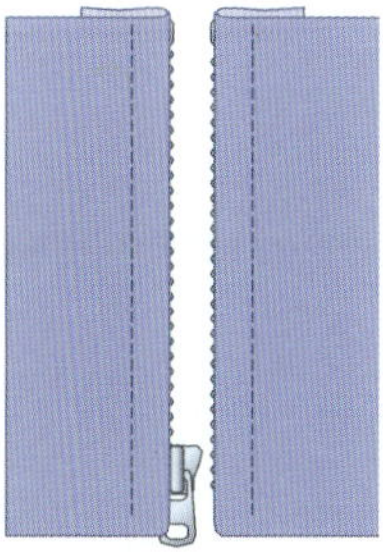

Tipps und Tricks

Mischen Sie zwei Reißverschlüsse an einem trendigen Kindermantel. Kaufen Sie zwei gleich lange Reißverschlüsse in unterschiedlichen Farben und tauschen Sie die Hälften aus. Zusammen mit leuchtenden Stoffkanten ergeben diese eine lustige Kinderjacke.

Manche Stoffe dehnen sich beim Einnähen des Reißverschlusses sehr, z. B. Faserpelz oder T-Shirt-Stoff. Stabilisieren Sie die Kanten mit aufbügelbarem Band oder mit Geradstichen, bevor Sie den Reißverschluss einnähen.

Verbergen Sie einen teilbaren Reißverschluss unter den Kanten einer Korsage oder eines Mieders und nähen Sie Spitzen oder bezogene Knöpfe nur als Dekoration an. Das Kleidungsstück ist einfacher und schneller anzuziehen und es ist bequem und sicher zu tragen.

Nahtfeiner Reißverschluss

Mit dieser Technik eingesetzte Reißverschlüsse sind nahezu unsichtbar. Sie sind einfach zu arbeiten, sofern der richtige Nähfuß der Nähmaschine benutzt wird. Er drückt die Zähne beiseite, während die Stiche auf die exakte Linie gesetzt werden. Da der Reißverschluss in der Naht verborgen liegt, braucht die Farbe nicht exakt die gleiche zu sein wie der Stoff.

KLEIDUNGSSTÜCK/PROJEKT

Nähen Sie nahtfeine Reißverschlüsse in Röcke, Damenhosen und Kleider ein, überall, wo ein sichtbarer Reißverschluss stören würde.

STOFF

Anzuwenden bei Samt und anderen Florstoffen, bei denen eine Steppnaht nicht sichtbar sein soll.

ZUBEHÖR UND STICHLÄNGE

Arbeiten Sie mit Nadelstärke 11 oder stärker, je nach der Stoffstärke, die Sie verarbeiten. Benutzen Sie den Nähfuß für den verdeckten und den Nähfuß für den normalen Reißverschluss.

ALTERNATIVE

Anstelle des nahtfeinen Reißverschlusses können Sie einen Reißverschluss von Hand einsetzen.

BÜGELN UND FERTIGSTELLEN

Behandeln Sie den Reißverschluss als Teil der Naht und bügeln Sie entsprechend.

1 *Die Stoffkanten der Naht versäubern, dabei 1,5 cm Nahtzugabe berücksichtigen.*

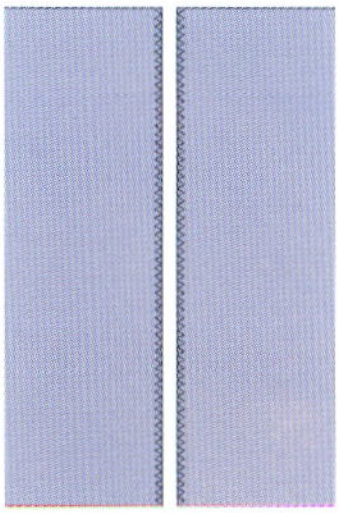

2 *Mit farblich unterscheidbarem Faden an den Nahtlinien rechts und links entlangnähen, so lang wie der Reißverschluss werden wird.*

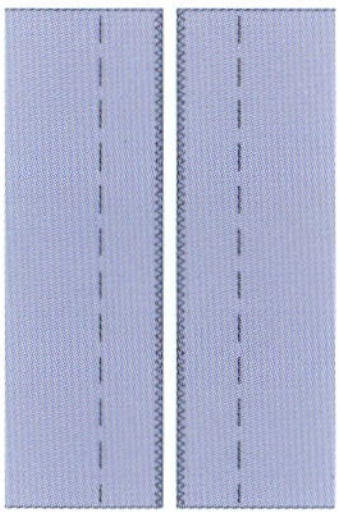

3 *Beide Teile der Naht auseinanderhalten und den Reißverschluss rechts auf rechts an jede Kante stecken und heften. Den Abstand der Zähne in Relation zur Nahtkante beachten.*

4 *Den normalen Reißverschlussfuß der Nähmaschine einsetzen und den Verschluss nahe an der Außenkante des Reißverschlussbandes einnähen. Diese Naht hält den Verschluss in der richtigen Lage, während nahe an den Zähnen entlanggenäht wird.*

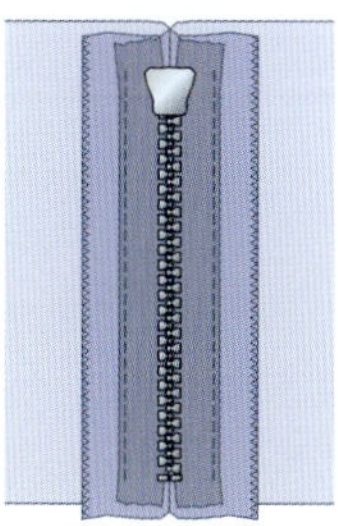

5 *Den Spezialfuß für nahtfeine Reißverschlüsse einsetzen und die Zähne so ausrichten, dass die Zahnreihe in die Kerbe des Spezialfußes gleiten kann. Die Stiche werden direkt an der Ansatzstelle der Reißverschlusszähne platziert.*

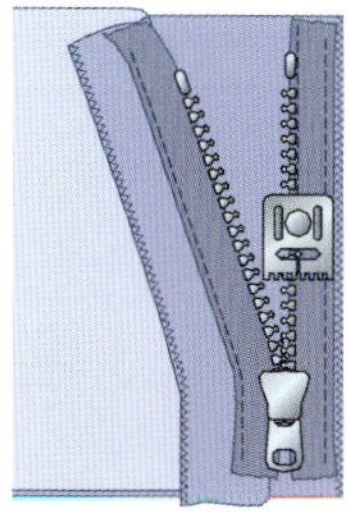

6 *Den Spezialfuß entfernen und durch den normalen Reißverschlussfuß ersetzen. Die Stelle der letzten Stiche am unteren Ende des Reißverschlusses finden und nun, rechts auf rechts gelegt, den Rest der Naht von der Unterkante bis zur Naht nähen. Der normale Nähfuß erlaubt es, die Stiche von den letzten Zähnen aus zu nähen.*

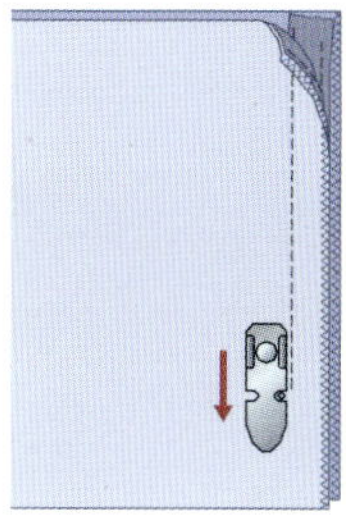

Tipp

Den Rest der Naht erst schließen, wenn der Reißverschluss eingenäht ist, damit sich am unteren Ende des Reißverschlusses keine Beule schieben kann.

Stoff-
lexikon

Die Wahl des richtigen Stoffes ist der Schlüssel zum Erfolg. Wenn Sie die Auswahl treffen, sollten Sie wissen, mit welchen Stoffen die besten Ergebnisse möglich sind. Halten Sie sich an die Tipps in diesem Kapitel und achten Sie darauf, die richtigen Nadeln, Stiche und Verarbeitungstechniken anzuwenden.

Hinweis: Die Stichlängen sind hier in Millimetern angegeben. Ziehen Sie das Handbuch Ihrer Nähmaschine zurate, um sicher zu gehen, welche Angabe für Sie zutrifft.

Dünne Stoffe

Dünne Stoffe sind mit den Begriffen leicht, zart, weich, griffig oder knitterig zu beschreiben. Sie können aus Naturfaser oder Kunstfaser bestehen und benötigen oft eine spezielle Behandlung.

Grundsätzlich:

- Überprüfen Sie die Stoffbahn auf Webfehler, bevor Sie zuschneiden. Sie können den Stoff sonst nicht mehr umtauschen.
- Schneiden Sie mit einer scharfen Schere.
- Schneiden Sie kleinere Teile mit dem Rollschneider zu.
- Arbeiten Sie mit feinen Schneiderstecknadeln und stecken Sie sie in die Nahtzugaben.
- Nähen Sie mit einer feinen Universalnadel oder einer speziellen Microtex-Nadel.
- Nähen Sie, wenn nötig, mit Maschinenstickgarn, da dies besonders fein ist.
- Für Geradstichlinien setzen Sie die Geradstichplatte ein. Dadurch wird vermieden, dass der Stoff in das Loch der Stichplatte hinabgedrückt wird.
- Beginnen Sie die Naht nicht genau an der Kante, sondern etwas innerhalb davon. Dadurch wird die Stoffkante nicht in das Loch der Stichplatte hinabgedrückt.
- Ziehen Sie während des Nähens den Stoff leicht vor und hinter der Nadel, um Wellen zu vermeiden.
- Wickeln Sie die Unterfadenspulen langsam auf. Schnell gespulte Unterfäden sitzen sehr stramm und könnten dadurch wellige Nähte verursachen.

Gaze

Gaze ist ein glatt gewebter Baumwollstoff. Er ist ungebleicht oder weiß und in mehreren Stärken erhältlich. Die beste Qualität besteht aus feinen, starken Webfäden, während billigere Gaze dünner ist und mit versteifender Appretur behandelt wurde (diese wäscht sich aber aus).

KLEIDUNGSSTÜCK/PROJEKT

Für Vorhänge oder als Innenfutter.

ZUSCHNEIDEN

Gaze gib es in 91 cm oder 114 cm Breite. Sie hat keinen Strich, daher beim Zuschneiden dem geraden Fadenlauf folgen. Den Stoff mit einer scharfen Schneiderschere zuschneiden.

NÄHTIPPS

Mit Nadelstärke 9 und Stichlänge 2,5 mm nähen. Baumwollgarn verwenden. Vor dem Nähen von Kleidung die gebogenen Nähte und Ausschnitte mit Geradstichen in der Nahtzugabe stabilisieren. Einfache Nähte (siehe Seite 123) und Flachnähte (siehe Seite 124) arbeiten.

Voile

Voile ist ein zarter, durchsichtiger Stoff, der dünn und fein ist, ähnlich wie Batist und Organza. Er ist glatt gewebt und besteht aus extrem fest gezwirnten Garnen, die ihn weich und griffig machen. Voile kann aus Baumwolle oder Kunstfaser sein.

KLEIDUNGSSTÜCK/PROJEKT

Für Vorhänge, Blusen und Kleider, bei denen ein Innenfutter nötig ist.

ZUSCHNEIDEN

Den Zuschneidetisch mit einem Laken bedecken, damit der Voile nicht rutscht. Den Stoff als einzelne Lage schneiden. Mit langen Stecknadeln feststecken und mit einer sehr scharfen Schere zuschneiden.

NÄHTIPPS

Mit Nadelstärke 9 und Stichlänge 2 mm nähen. Feines Polyestergarn guter Qualität verwenden. Eine Geradstichplatte und ein Geradstichfuß machen das Maschinennähen einfacher. Haarnähte (siehe Seite 125) oder Doppelnähte (siehe Seite 124) nähen, da sie durch den feinen Stoff weniger zu sehen sind.

Organdy

Organdy ist ein durchsichtiger Stoff in Leinenbindung. Sehr feine Baumwollgarne wurden zu einem glatten Stoff gewebt. Er knittert leicht, doch moderne Behandlungsmethoden helfen, dies zu verhindern.

KLEIDUNGSSTÜCK/PROJEKT

Für Blusen oder Röcke. Organdy eignet sich auch als Innenfutter.

ZUSCHNEIDEN

Organdy ist leichter zu schneiden als andere weich fließende Stoffe. Es gibt keine unterscheidbare Vorder- und Rückseite. Mit langen Schneiderstecknadeln stecken und mit einer scharfen Schere oder dem Rollschneider zuschneiden.

NÄHTIPPS

Mit einer feinen Nadel in Stärke 9 und einer kurzen Stichlänge von 2–2,5 mm arbeiten. Eine Geradstichplatte und ein Geradstichfuß erleichtern das Maschinennähen. Feinen Baumwollfaden für das Maschinennähen und Seidengarn für das Handnähen verwenden. Kleidung mit Doppelnähten (siehe Seite 124) oder mit Haarnähten (siehe Seite 125) nähen.

Seidenorganza

Seidenorganza ist ein dünner, durchsichtiger Stoff, der aus sehr stark gezwirnten, extralangen Seidenfäden hergestellt wurde. Er hat einen steifen Griff.

KLEIDUNGSSTÜCK/PROJEKT

Für Kleidung für besondere Anlässe und für Brautmode, Blusen, Röcke und Hutputz sowie für Gardinen und Vorhänge. Er ist ein ausgezeichnetes Innenfutter für Röcke aus locker gewebten Wollstoffen.

ZUSCHNEIDEN

Seidenorganza ist leichter zu schneiden als andere weich fließende Stoffe. Es gibt eine unterscheidbare Vorder- und Rückseite. Mit langen Schneiderstecknadeln abstecken. Schere oder Rollschneider benutzen.

NÄHTIPPS

Mit einer feinen Nadel in Stärke 9 und einer kurzen Stichlänge von 2–2,5 mm nähen. Eine Geradstichplatte und ein Geradstichfuß erleichtern das Maschinennähen. Feinen Baumwollfaden für das Maschinennähen und Seidengarn für das Handnähen verwenden. Kleidung mit Doppelnähten (siehe Seite 124) oder mit Haarnähten (siehe Seite 125) nähen.

Habotai-Seide

Habotai-Seide ist eine feine Seide in glatter Leinenbindung. Sie hat einen weichen Fall, haftet jedoch leicht am Körper.

KLEIDUNGSSTÜCK/PROJEKT

Als Innenfutter und für Unterwäsche, Nachthemden und Morgenmäntel. Da der Stoff weich ist und aus Naturfaser besteht, absorbiert er die Feuchtigkeit.

ZUSCHNEIDEN

Den Zuschneidetisch mit einem Laken bedecken, damit die Seide nicht wegrutscht. Einzelne Lagen zuschneiden. Mit langen Schneiderstecknadeln stecken. Schere oder Rollschneider benutzen.

NÄHTIPPS

Mit einer Nähmaschinennadel Nr. 8 und einer Stichlänge von 2–2,5 mm nähen. Eine Universal- oder eine Microtex-Nadel sowie eine Geradstichplatte und ein Geradstichfuß erleichtern das Maschinennähen. Feinen Baumwoll-, Seiden- oder Polyesterfaden für das Maschinennähen verwenden. Kleidungsstücke mit Doppelnähten (siehe Seite 124) nähen. Schmale, doppelt gelegte Säume oder einen Rollsaum von Hand (siehe Seite 146) arbeiten. Innenfutter mit einfachen Nähten (siehe Seite 123) nähen.

Linon

Baumwoll-Linon ist ein feiner und glatter Stoff in Leinenbindung. Er ist weich und griffig und absorbiert Feuchtigkeit, wodurch er angenehm zu tragen ist.

KLEIDUNGSSTÜCK/PROJEKT

Für Kleider, Blusen und leichte Röcke, Unterwäsche und Nachthemden sowie Kinderkleidung.

ZUSCHNEIDEN

Die Schneiderschere verwenden oder den Rollschneider, sofern die Teile klein genug sind. Die Schnittmusterteile mit langen Schneiderstecknadeln feststecken.

NÄHTIPPS

Mit einer Nähmaschinennadel Stärke 9 und einer kurzen Stichlänge von 2,5 mm arbeiten. Eine Geradstichplatte und ein Geradstichfuß erleichtern das Nähen. Feinen Baumwollfaden für das Maschinen- und Seidengarn für das Handnähen verwenden. Einfache Nähte (siehe Seite 123) oder Doppelnähte (siehe Seite 124) arbeiten. Während des Nähens den Stoff vor und hinter der Nadel ziehen, um Wellen zu vermeiden. Auch Bügeln hilft gegen Wellen oder 3-Faden-Overlocknähte arbeiten.

Batist

Batist ist ein weiches, feines, leichtes Gewebe in Leinenbindung. Es ist ähnlich wie Linon und Organza und kann aus Wolle oder Polyesterfasern bestehen. Man kennt ihn auch als Batistmusselin oder Cambric.

KLEIDUNGSSTÜCK/PROJEKT

Für Kleider, Blusen und Kinderkleidung. Perfekt für traditionelle Handstickerei.

ZUSCHNEIDEN

Mit einer scharfen Schere zuschneiden oder mit dem Rollschneider, sofern die Teile klein genug sind. Die Schnittteile mit langen Schneiderstecknadeln feststecken.

NÄHTIPPS

Mit einer Nähmaschinennadel in Stärke 9 und einer Stichlänge von 2,5 mm arbeiten. Eine Geradstichplatte und ein Geradstichfuß erleichtern das Maschinennähen. Feinen Baumwollfaden für das Maschinennähen und Seidengarn für das Handnähen verwenden. Doppelnähte (siehe Seite 124) nähen und während des Nähens den Stoff vor und hinter der Nadel ziehen, um Wellen zu vermeiden. Auch Bügeln hilft gegen Wellen oder 3-Faden-Overlocknähte arbeiten.

Thai-Seide

Thai-Seide ist ein leichter Stoff in Leinenbindung und mit rauer Oberfläche. Die Oberfläche ist schimmernd und ähnelt der Dupionseide.

KLEIDUNGSSTÜCK/PROJEKT

Für Abendroben und Brautkleider, Sofakissen, Kopfkissen und Fenstervorhänge.

ZUSCHNEIDEN

Das schimmernde Aussehen von Thai-Seide unterscheidet sich je nach Lichteinfall, daher müssen alle Schnittmusterteile in der gleichen Richtung aufgelegt und zugeschnitten werden. Mit einer scharfen Schere zuschneiden.

NÄHTIPPS

Mit einer Nähmaschinennadel in Stärke 9 und einer Stichlänge von 2,5 mm arbeiten. Feinen Baumwollfaden für das Maschinen- und Seidengarn für das Handnähen verwenden. Einfache Nähte (siehe Seite 123) nähen, auseinanderbügeln und mit der Overlock versäubern. Säume mit einer Hongkong-Einfassung versehen (siehe Seiten 136–137).

Futterstoff

Futterstoffe können aus Seide oder Synthetikfasern sein. Sie sind leicht und haben eine rutschige Oberfläche, wodurch das Anziehen eines gefütterten Kleidungsstücks erleichtert wird. Der Stoff kann in Leinenbindung oder Satinbindung gewebt sein.

KLEIDUNGSSTÜCK/PROJEKT

Für Jacken, Mäntel, Kleider, Röcke, Hosen und Handtaschen – gefüttert, damit die offenen Stoffkanten verborgen sind.

ZUSCHNEIDEN

Den Zuschneidetisch mit einem Laken bedecken und jedes Teil aus der einfachen Stofflage zuschneiden. Beim Futterstoff dem gleichen Fadenlauf folgen wie beim Zuschnitt des Kleidungsstücks. Den Stoff mit vielen Stecknadeln feststecken und mit der Schere zuschneiden.

NÄHTIPPS

Mit einer Nähmaschinennadel Stärke 9 und einer Stichlänge von 2,5 mm nähen. Eine Universalnadel oder eine Microtex-Nadel wählen und eine Geradstichplatte und einen Geradstichfuß einsetzen. Feinen Baumwoll-, Seiden- oder Polyesterfaden für das Maschinennähen und Seidengarn für das Handnähen verwenden. Die Nahtzugaben von einfachen Nähten (siehe Seite 123) auseinanderbügeln.

Georgette

Die Georgette ist ein leichter Stoff, ähnlich wie Chiffon, mit stumpfer Crêpe-ähnlicher Oberfläche. Sie besteht aus sehr fest gezwirnten Fäden und ist daher stärker und griffiger als es aussieht.

KLEIDUNGSSTÜCK/PROJEKT

Für locker sitzende Blusen, Röcke, Kleider und am Bund geraffte Röcke.

ZUSCHNEIDEN

Den Zuschneidetisch mit einem Laken bedecken, damit der Stoff nicht wegrutscht. Die Lagen einzeln zuschneiden. Mit langen Schneiderstecknadeln sichern und mit der Schere schneiden.

NÄHTIPPS

Mit einer Universalnadel Stärke 8 oder einer Microtex-Nadel und mit Stichlänge 2 mm nähen. Eine Geradstichplatte und der Geradstichfuß führen zu besten Ergebnissen. Mit hochwertigem, feinem Baumwoll-, Seiden- oder Polyestergarn nähen. Doppelnähte (siehe Seite 124) arbeiten, denn sie sind dünn und umschließen die Stoffkanten ordentlich. Säume doppelt nach oben falten oder einen Rollsaum von Hand (siehe Seite 146) arbeiten.

Mittelschwere Stoffe

Dies sind wahrscheinlich die Stoffe, die am einfachsten zu verarbeiten sind – besonders wenn es sich um feste Stoffe handelt, die sich weder dehnen noch rutschen. Oft werden sie für die Anfertigung von Heimtextilien benutzt. Mittelschwere Stoffe eignen sich auch für Röcke, Hosen, Hemden und ähnliche Kleidungsstücke.

Grundsätzliches:

- Überprüfen Sie zuerst die Stoffbahn auf Webfehler. Sie können den Stoff nicht mehr umtauschen, sobald Sie mit dem Zuschneiden begonnen haben.
- Schneiden Sie kleine Teile ab und probieren Sie daran das Waschen, Bügeln und Nähen.
- Benutzen Sie Scheren mit scharfen Klingen zum Zuschneiden, damit die Schnittkanten glatt werden. Kurze Scherenklingen ergeben fransige Schnittkanten.
- Schrumpfen Sie die Stoffe vor, indem Sie mit Dampf bügeln oder vorwaschen.
- Bügeln Sie die Stoffe von links oder legen Sie ein schützendes Bügeltuch auf die Oberfläche.

Nessel

Nessel ist ein grober Stoff in Leinenbindung aus Baumwolle oder Baumwollmischfaser. Es gibt verschiedene Qualitäten, doch sind sie immer unbehandelt und ungebleicht. Nessel knittert stark.

KLEIDUNGSSTÜCK/PROJEKT

Nessel für Probemodelle verwenden, um zu sehen, ob das Kleidungsstück sitzt, und als Unterlage für Polsterstoffe.

ZUSCHNEIDEN

Nessel ist einfach zu schneiden – es gibt keine besonderen Hinweise.

NÄHTIPPS

Die meisten Projekte mit einer Nähmaschinennadel Stärke 11 und einer normalen Stichlänge von 2,5 mm arbeiten. Nähte mit Dampf bügeln. Einfache Nähte (siehe Seite 123), Flachnähte oder Kappnähte (siehe Seite 126) nähen.

Popeline

Die Oberfläche von Popeline, die grundsätzlich aus Baumwolle gewebt ist, weist leichte Querriffeln auf. Popeline ist ein starker, haltbarer Stoff, der leicht zu bügeln ist und nicht knittert.

KLEIDUNGSSTÜCK/PROJEKT

Für Kleider, Jacken, Hosen und Röcke, sowie für Heimtextilien aller Art.

ZUSCHNEIDEN

Popeline ist einfach zu schneiden – es gibt keine besonderen Hinweise.

NÄHTIPPS

Die meisten Projekte mit einer Nähmaschinennadel Stärke 11 und einer normalen Stichlänge von 2,5 mm arbeiten. Einfache Nähte (siehe Seite 123), Flachnähte oder Kappnähte (siehe Seite 126) nähen. Hochwertiges Baumwollgarn benutzen. Die Nähte mit Dampf bügeln.

Damast

Der Name leitet sich von den Mustern her, die auf Jacquardwebstühlen eingewebt wurden. Damast kann aus verschiedenen Fasern bestehen, auch aus Seide, Baumwolle, Leinen oder Mischfaser. Das Muster ist einfarbig und kommt bei schrägem Lichteinfall zur Geltung, da matte und glänzende Webfäden nebeneinander liegen.

KLEIDUNGSSTÜCK/PROJEKT

Für Kleider, Jacken, Hosen und Röcke sowie für Heimtextilien aller Art. Traditionell wird Damast für Tischdecken und Bettwäsche benutzt.

ZUSCHNEIDEN

Alle Schnittmusterteile in einer Richtung auflegen und symmetrisch zuschneiden, sodass das Oberflächenmuster auf allen Seiten eines Kleidungsstückes in der gleichen Richtung schimmert.

NÄHTIPPS

Die meisten Projekte mit einer Nähmaschinennadel Stärke 11 und einer Stichlänge von 2,5 mm nähen. Einfache Nähte (siehe Seite 123), Flachnähte oder Kappnähte (siehe Seite 126) arbeiten und hochwertiges Baumwollgarn verwenden. Die Nähte mit Dampf bügeln.

Käseleinen

Dieser traditionell bei der Käseherstellung verwendete Baumwollstoff weist eine unregelmäßige Crêpe-Oberfläche auf. Seine Webart, in Kombination mit der Naturfaser, macht Käseleinen zum idealen Stoff für leichte Sommerkleidung.

KLEIDUNGSSTÜCK/PROJEKT

Käseleinen war in den 70igern für Röcke, Blusen und Kleider in. Nähen Sie daraus Scheibengardinen und Vorhänge.

ZUSCHNEIDEN

Käseleinen vorwaschen und leicht bügeln, um den Schrumpfungsprozess vorwegzunehmen. Ein Laken unterlegen und die Schnittmusterteile einlagig zuschneiden.

NÄHTIPPS

Mit einer Nähmaschinennadel Stärke 11, einer Stichlänge von 2,5 mm und mit hochwertigem Baumwollgarn arbeiten. Sprühstärke erleichtert die Bearbeitung. Einfache Nähte (siehe Seite 123) oder Doppelnähte (siehe Seite 124) nähen.

Chintz

Chintz ist ein dicht gewebter Baumwollstoff in Leinenbindung. Die Oberfläche wurde durch Kalandern oder durch eine Beschichtung glatt und glänzend gemacht. Chintz kann einfarbig sein oder bedruckt.

KLEIDUNGSSTÜCK/PROJEKT

Für Möbelbezüge und Heimtextilien. Leichte Chintzstoffe für Kleider und Blusen.

ZUSCHNEIDEN

Den Stoff flach ausbreiten und eine Schneiderschere benutzen. Die Schnittmusterteile mit Stecknadeln befestigen.

NÄHTIPPS

Mit einer Nähmaschinennadel Stärke 11 und einer Stichlänge von 2,5 mm nähen. Hochwertiges Baumwoll- oder Polyestergarn verwenden. Einfache Nähte (siehe Seite 123) oder Rechts-Links-Nähte (siehe Seite 126) arbeiten.

Satin

Satin ist ein Baumwollstoff, der in Satinbindung gewebt wurde. Die langen Oberflächenfäden reflektieren das Licht matt glänzend. Wurden die Fäden auch mercerisiert, verstärkt sich der Glanz.

KLEIDUNGSSTÜCK/PROJEKT

Für Vorhänge und Bettwäsche.

ZUSCHNEIDEN

Einfach zu schneiden und zu handhaben.

NÄHTIPPS

Mit einer Nähmaschinennadel Stärke 11 und Stichlänge von 2,5 mm nähen. Hochwertiges Baumwollgarn verwenden. Einfache Nähte (siehe Seite 123), Flachnähte (siehe Seite 126) arbeiten oder mit der Overlock nähen.

Kaschmir

Kaschmir ist die weiche Unterwolle der Kaschmirziege. Er wird pur oder in Mischung mit anderen Fasern verarbeitet. Kaschmir kann man verstricken oder weben und ergibt ein weiches, warmes Tuch.

KLEIDUNGSSTÜCK/PROJEKT

Gewebter Kaschmir für Mäntel, Jacken, Röcke und Schals. Gestrickter Kaschmir für Pullover, Strickjacken und Kleider.

ZUSCHNEIDEN

Alle Schnittmusterteile in der gleichen Richtung auflegen. Schnittteile mit langen Stecknadeln oder mit Gewichten festhalten und mit der Schere zuschneiden.

NÄHTIPPS

Gewebten Kaschmir mit einer Universalnadel Stärke 11 und Stichlänge 2,5 mm nähen. Gestrickten Kaschmir mit Jersey- oder Stretchnadeln nähen. Hochwertiges Polyester- oder Seidengarn verwenden. Ungefütterte Kleidungsstücke mit einfachen Nähten (siehe Seite 123) nähen, gefütterte Kleidungsstücke und solche aus Strickstoff mit der Overlock nähen. Säume mit Hongkong-Abschluss (siehe Seite 136) einfassen und mit befestigten Saumstichen (siehe Seite 36) annähen.

Flanell/Fanellette

Flanell ist ein haltbarer Stoff aus Baumwolle oder Wolle in Leinen- oder Twillbindung. Die Oberfläche, manchmal auch Oberfläche und Rückseite, ist normalerweise gebürstet. Flanellette ist leichter bis mittelschwerer Baumwollflanell, aus dem man Bettwäsche, Pyjamas und Nachthemden näht, denn die aufgeraute Fläche wärmt gut.

KLEIDUNGSSTÜCK/PROJEKT

Flanell für Anzüge, Mäntel, Kleider und Hosen. Flanellette für Laken, Kissenbezüge und Nachtgewand.

ZUSCHNEIDEN

Alle Schnittmusterteile in der gleichen Richtung auflegen, denn der Stoff hat einen Strich. Teile mit langen Stecknadeln aufstecken und mit der Schere zuschneiden.

NÄHTIPPS

Mit einer Nähmaschinennadel Stärke 11 und der normalen Stichlänge von 2,5 mm nähen. Einfache Nähte (siehe Seite 123), Rechts-Links-Nähte oder Kappnähte (siehe Seite 126) nähen und hochwertiges Baumwoll- oder Polyestergarn verwenden. Kanten mit der Overlock einfassen, den Saum doppelt hochschlagen und von rechts absteppen.

Gabardine

Gabardine ist ein fester, dicht gewebter Stoff aus Kammgarnwolle, Baumwolle, Synthetik oder Mischfaser. Er wird in Twillbindung gewebt, wodurch sich eine diagonal gestreifte Oberfläche ergibt. Gabardine fällt gut und knittert nicht.

KLEIDUNGSSTÜCK/PROJEKT

Für Jacken, Hosen, Röcke und Mäntel sowie für Taschen aller Art.

ZUSCHNEIDEN

Schnittmusterteile in der gleichen Richtung auflegen. Mit Stecknadeln oder Gewichten halten und mit der Schere zuschneiden.

NÄHTIPPS

Mit Universalnadeln Stärke 11 oder 14 und Stichlänge 2,5 mm nähen. Einfache Nähte (siehe Seite 123), Flachnähte oder Kappnähte (siehe Seite 126) oder übersteppte Nähte (siehe Seite 127) arbeiten und hochwertiges Baumwoll- oder Polyestergarn verwenden. Kanten mit Stoffstreifen einfassen (siehe Seite 152–153) oder mit 3-Faden-Overlockstich (siehe Seite 65) versäubern. Säume doppelt einschlagen und von rechts absteppen.

Kammgarn

Das Kammgarn ist ein Stoff, bei dem die langen Webfäden gekämmt und stark gezwirnt wurden, sodass sich eine glatte und starke Oberfläche ergibt. Die Fäden werden in Leinen- oder Twillbindung gewebt.

KLEIDUNGSSTÜCK/PROJEKT

Für Mäntel, Jacken, Kleider, Hosen und Röcke, je nach Stoffstärke.

ZUSCHNEIDEN

Doppelt gelegt ausbreiten. Die Schnittmusterteile mit Stecknadeln oder Gewichten festhalten. Wenn unklar ist, ob der Stoff einen Strich aufweist, alle Teile in der gleichen Richtung auflegen und zuschneiden.

NÄHTIPPS

Mit Nähmaschinennadeln der Stärke 11 und Stichlänge 2,5 mm nähen. Hochwertige Seiden-, Polyester- oder Baumwollgarne verwenden. Einfache Nähte (siehe Seite 123) mit auseinandergebügelten Nahtzugaben nähen. Jacken, Röcke und teilweise auch Hosen abfüttern. Andernfalls die offenen Kanten mit Overlock umnähen, mit Stoffstreifen oder Hongkong-Abschluss versäubern (siehe Seiten 136–137).

Leinen

Leinen gewinnt man aus den Stängeln der Flachspflanze. Das daraus gesponnene Garn wird zu einem starken Stoff verwebt. Der Stoff kann in Leinenbindung, Twillbindung oder Damastbindung gewebt sein. Leinen knittert stark, ist aber bei heißen Temperaturen sehr angenehm.

KLEIDUNGSSTÜCK/PROJEKT

Je nach Stoffstärke für Blusen, Röcke, Jacken, Hosen und Mäntel geeignet. Auch für traditionelle Bettwäsche mit Stickerei.

ZUSCHNEIDEN

Mit Schere oder Rollschneider zuschneiden.

NÄHTIPPS

Mit Nähmaschinennadeln Stärke 9 oder 14 nähen und einer Stichlänge, die der Stoffstärke angepasst ist. Hochwertiges Baumwollgarn verwenden. Einfache Nähte (siehe Seite 123), Flachnähte oder Kappnähte (siehe Seite 126) oder übersteppte Nähte (siehe Seite 127) nähen. Die Nähte mit Dampf bügeln. Kanten mit Stoffstreifen einfassen (siehe Seiten 152–153) oder mit 3-Faden-Overlockstich. Für traditionelle Stickerei an der Nähmaschine die Flügelnadel einsetzen und mit Festonstich (siehe Seite 143) arbeiten.

Hanf

Hanf wird aus den Stängeln der Pflanze cannabis sativa gewonnen. Die Fasern der Stängel werden herausgelöst und zu Garn versponnen, das ein starkes, grobes Gewebe ergibt. Es sieht Leinen sehr ähnlich und verhält sich ebenso.

KLEIDUNGSSTÜCK/PROJEKT

Für Jacken, Hosen, Röcke, Hemden, Kleider und Taschen.

ZUSCHNEIDEN

Hanfstoff muss mit einer kräftigen Schneiderschere zugeschnitten werden.

NÄHTIPPS

Hanfstoff ist einfach zu verarbeiten. Mit Maschinennadeln Stärke 14 und Stichlänge 2,5 mm nähen. Zum Absteppen den Stich auf 3 mm verlängern. Hochwertiges Baumwollgarn (oder Leinengarn, wenn erhältlich) verwenden. Einfache Nähte (siehe Seite 123), Flachnähte oder Kappnähte (siehe Seite 126) oder übersteppte Nähte (siehe Seite 127) arbeiten. Die Nähte mit Dampf bügeln. Kanten mit Stoffstreifen (siehe Seiten 152–153) oder mit 3-Faden-Overlockstich (siehe Seite 65) versäubern.

Mikrofaser

Dies ist eine dünne Synthetikfaser, aus der feine und schwere Mikrofaserstoffe hergestellt werden. Die kräftigen Garne sind robust und ergeben interessante Stoffoberflächen, z. B. Wildlederlook und Sandstruktur. Die Oberfläche bildet keine Knötchen wie andere Synthetikstoffe. Mikrofaserstoff hat einen schönen Fall und knittert nicht.

KLEIDUNGSSTÜCK/PROJEKT

Für weich fallende Vorhänge (je nach Ausrüstung), Tischdecken, Autositzbezüge und Sportbekleidung.

ZUSCHNEIDEN

Die Schnittmusterteile alle in der gleichen Richtung auflegen und mit einer scharfen Schneiderschere zuschneiden.

NÄHTIPPS

Mit einer neuen Maschinennadel Stärke 9 und Stichlänge 2 mm nähen. Eine Microtex-Nadel und hochwertiges Polyestergarn wählen. Beim Nähen den Oberstofftransport aktivieren und den Geradstichfuß einsetzen. Kappnähte (siehe Seite 126) eignen sich gut. Mit dem trockenen Bügeleisen bügeln.

Dupionseide

Ein griffiger Webstoff mit unebener Oberfläche, die durch Knötchen im Schussfaden gebildet wird. Dupionseide ist leicht zu verarbeiten, obwohl sie knittert.

KLEIDUNGSSTÜCK/PROJEKT

Abendroben und Brautmode, Kleider, Röcke, Hosen und Anzüge sowie Hüte, Lampenschirme, Kissen und Handtaschen.

ZUSCHNEIDEN

Die Farbe von Dupionseide kann je nach Lichteinfall unterschiedlich wirken, daher alle Schnittmusterteile in der gleichen Richtung auflegen und zuschneiden.

NÄHTIPPS

Mit Maschinennadeln der Stärke 9 oder 11 und Stichlänge 2,5 mm nähen. Hochwertiges Baumwollgarn in der Nähmaschine bzw. Seidengarn zum Handnähen verwenden. Einfache Nähte (siehe Seite 123) oder 3-Faden-Overlocknähte (siehe Seite 65) nähen. Den Saum mit Hongkong-Abschluss (siehe Seiten 136–137) versäubern oder, je nach Schnitt, einen besetzten Saum (siehe Seiten 138–139) arbeiten. Paspeln sehen an Dupionseide sehr schön aus und schmücken Nähte und Kanten (siehe Seite 155).

Crêpe de Chine

Crêpe de Chine ist ein weicher Stoff in Leinenbindung mit Krepp-Oberfläche, der in leichten und mittleren Stoffstärken erhältlich ist. Er ist meist aus Seide, doch gibt es ihn heute auch aus Synthetik.

KLEIDUNGSSTÜCK/PROJEKT

Für Kleider, Tops, Blusen, Taillenhemdchen und dünne Jacken – je nach Stoffstärke.

ZUSCHNEIDEN

Den Zuschneidetisch mit einem Laken bedecken. In einfacher Stofflage mit einer scharfen Schere zuschneiden.

NÄHTIPPS

Mit Universal- oder Microtex-Maschinennadeln Stärke 9 oder 11 und Stichlänge 2,5 mm nähen. Hochwertiges Baumwoll- oder Seidengarn zum Maschinennähen bzw. Seidengarn zum Handnähen verwenden. Stoffteile mit Overlocknähten oder mit Doppelnähten (siehe Seite 124) zusammensetzen.

Wildseide

Wildseide wird aus kürzeren, weniger guten Seidenfasern hergestellt. Das Gewebe ist matt und franst sehr.

KLEIDUNGSSTÜCK/PROJEKT

Für Jacken, Hemden, Röcke und Kleider, die locker sitzen, sowie für Vorhänge.

ZUSCHNEIDEN

Da Wildseite extrem ausfranst, besonders breite Nahtzugaben schneiden. Schnittmusterteile mit scharfer Schere zuschneiden.

NÄHTIPPS

Wildseide mit Maschinennadeln Stärke 11 oder 12 und einer Stichlänge von 2,5 mm nähen. Vor dem Nähen alle Kanten mit der Overlock versäubern, um das Ausfransen zu verhindern. Einfache Nähte (siehe Seite 123) oder Flachnähte (siehe Seite 126) nähen. Säume doppelt hochschlagen und auf der Vorderseite absteppen.

Gingham

Der an seinen Karos erkennbare Gingham ist ein leichter bis mittlerer Baumwollstoff. Manche der Webfäden sind gefärbt und bilden bei Leinenbindung hübsche Karos oder Streifen in Weiß und einer Farbe – traditionell Blau.

KLEIDUNGSSTÜCK/PROJEKT

Für Röcke, Blusen, Kleider und Kinderkleidung, sowie für Heimtextilien wie Kissenbezüge und Vorhänge.

ZUSCHNEIDEN

Hier muss das Karomuster beachtet werden, das entlang der Nähte oder Öffnungen aufeinandertreffen soll. Schnittmusterteile mit Stecknadeln befestigen und an den Kanten Kerben als Markierungshilfe einschneiden, um dort das Karo anzupassen.

NÄHTIPPS

Mit Universalnadeln der Stärke 11 und Stichlänge 2,5 mm nähen. Baumwoll- oder Polyestergarn verwenden und einfache Nähte (siehe Seite 123), Flachnähte (siehe Seite 126) oder abgesteppte Nähte (siehe Seite 127) nähen. Säume zweimal nach oben schlagen und von der Vorderseite her steppen.

Batik

Für Batik wird in der Regel leichter bis mittlerer Baumwollstoff in Leinenbindung benutzt. Der Stoff wird in bestimmten Bereichen mit Wachs bedeckt und dann gefärbt. Der Prozess wird öfter wiederholt, um mehrfarbige Muster zu erhalten. Anschließend wird das Wachs entfernt.

KLEIDUNGSSTÜCK/PROJEKT

Für Kleider, Hemden, Blusen und Röcke sowie für Patchwork und Quilten.

ZUSCHNEIDEN

Da Batik ein leichter bis mittlerer Stoff ist, ist er leicht zu schneiden und zu verarbeiten.

NÄHTIPPS

Mit Universalnadeln der Stärke 9 oder 11 und Stichlänge 2,5 mm nähen. Hochwertiges Baumwoll- oder Polyestergarn verwenden und mit einfachen Nähten (siehe Seite 123) oder mit 3-Faden-Overlocknähten (siehe Seite 65–66) zusammensetzen.

Schwere Stoffe

Diese sind gelegentlich schwierig zu schneiden und zu verarbeiten, da sie steif, dick und unhandlich sind. Generell sollten Sie mit stärkeren und größeren Nadeln und mit etwas längeren Stichen als üblich arbeiten.

Grundsätzlich:

- Überprüfen Sie zunächst die gesamte Stoffbahn auf Webfehler. Sie können den Stoff nicht mehr umtauschen, sobald Sie mit dem Zuschnitt begonnen haben.
- Schneiden Sie mit der scharfen Schneiderschere zu, damit die Schnittkanten glatt werden.
- Wenn die Stecknadeln nicht lang genug sind, verwenden Sie Gewichte zum Festhalten der Stoffe.
- Schneiden Sie einlagig zu. Falten Sie die Stoffbahnen nicht doppelt.
- Setzen Sie eine größere Maschinennadel ein (Stärke 14 oder mehr) und verlängern Sie die Stiche.
- Verringern Sie den Andruck des Nähfüßchens beim Nähen.
- Manchmal erleichtert der Einsatz eines Oberstofftransports das Nähen von dicken Stoffen.
- Benutzen Sie eine Höhenausgleichsplatte – ein H-förmiges Hilfsmittel, das Sie unter das Nähfüßchen legen, um den Fuß zu erhöhen, wodurch das Nähen über dicke Nähte erleichtert wird, z. B. bei Jeansnähten.

Segeltuch

Segeltuch ist ein dicht gewebter Stoff in Twillbindung. Es ist ein schweres, steifes Tuch in unterschiedlicher Stärke und zu dick, um für Kleidung geeignet zu sein. Segeltuch ist aus Baumwolle, Leinen, Hanf oder Jute.

KLEIDUNGSSTÜCK/PROJEKT

Für Liegestuhlkissen und Klappstühle, für Taschen und Heimtextilien.

ZUSCHNEIDEN

Segeltuch einlagig zuschneiden und eine scharfe Schneiderschere benutzen. Schnittteile besser mit Gewichten beschweren als mit Stecknadeln befestigen.

NÄHTIPPS

Mit kräftigen Jeansnadeln der Stärke 16 oder 18 durch Segeltuch nähen. Eine etwas längere Stichlänge von 3 mm einstellen und sehr starken Faden benutzen, um die Nähte und Kanten zu arbeiten. Einfache Nähte (siehe Seite 123) verwenden und die Nahtzugaben auseinanderbügeln. Die Kanten mit 3-Faden-Overlockstich (siehe Seite 65) versäubern.

Cord

Feincord

Breitcord

Cord ist ein gewebter, strapazierfähiger Stoff, der an seinen Längsrillen im Flor erkennbar ist. Diese können sehr schmal (Feincord) bis sehr breit (Breitcord) sein. Cord wird aus Baumwolle gewebt. Der Flor hat eine Strichrichtung.

KLEIDUNGSSTÜCK/PROJEKT

Für Jacken, Hosen, Röcke, Kinderkleidung, Taschen, Stofftiere und Kissen.

ZUSCHNEIDEN

Alle Schnittmusterteile in der gleichen Richtung auflegen, da Cord je nach Lichteinfall sehr unterschiedlich wirkt. Cord ist strapazierfähiger, wenn der Strich nach unten läuft, doch wirkt seine Farbe satter bei aufwärtslaufendem Strich. Mit einer scharfen Schere zuschneiden.

NÄHTIPPS

Für den leichteren Feincord eine Nadel in Stärke 11 und Stichlänge 2,5 mm anwenden, bei Breitcord mit Nadelstärke 14 und Stichlänge 3 mm arbeiten. Beim Nähen der dicken Nähte eine Höhenausgleichsplatte anlegen (siehe Seite 214), damit der Nähfuß leichter über die vielen Stofflagen gleiten kann.

Velveteen

Velveteen sieht aus wie Samt, doch ist sein Flor kürzer und er ist leichter zu verarbeiten. Er ist aus Baumwolle oder Mischfaser gewebt und hat wegen seines Flors ein stumpfes Aussehen.

KLEIDUNGSSTÜCK/PROJEKT

Für Mäntel, Jacken, Röcke und Kinderkleidung sowie Taschen, Stofftiere und Vorhänge. Velveteen ist haltbarer und pflegeleichter als Samt.

ZUSCHNEIDEN

Alle Schnittmusterteile in der gleichen Richtung auflegen, da der Flor je nach Lichteinfall unterschiedliche Farben aufweist. Velveteen ist robuster, wenn sein Strich nach unten läuft, doch seine Farbe wirkt satter bei aufwärtslaufendem Strich. Mit scharfer Schere zuschneiden.

NÄHTIPPS

Mit einer Maschinennadel in Stärke 12 und Stichlänge 2,5 mm arbeiten. In Strichrichtung nähen und den Oberstofftransport aktivieren, denn der obere Stoff schiebt sich sehr an der unteren Stofflage entlang. Es empfiehlt sich ein nahtfeiner Reißverschluss.

Denim

Leichter Denim

Schwerer Denim

Denim oder Jeans ist ein sehr haltbarer Stoff in Twillbindung. Charakteristisch sind die blauen Kettfäden und weißen Schussfäden.

KLEIDUNGSSTÜCK/PROJEKT

Obwohl Denim ein kräftiger Stoff ist, kann er weicher gemacht und somit vielfach verwendet werden: Schwerer Denim für Jeans, Jacken, gerade geschnittene Röcke, Taschen und Polsterarbeiten. Leichter Denim für Hemden, Kleider und weich fließende Röcke.

ZUSCHNEIDEN

Seine Festigkeit verursacht manchmal Probleme beim Aufstecken der Schnittmusterteile. Gewichte auflegen und mit einer kräftigen Schneiderschere schneiden.

NÄHTIPPS

Denim, je nach Stärke, mit Maschinennadeln Nr. 12, 14 oder 16 nähen. Mit Stichlänge 2,5 mm und Baumwoll- oder Polyestergarn arbeiten. Einfache Nähte (siehe Seite 123), Flachnähte oder Kappnähte (siehe Seite 126) nähen. Zum Nähen eine Höhenausgleichsplatte anlegen (siehe Seite 214).

Faserfleece

Synthetisches Fleece oder Polarvlies wärmt und ist federleicht. Oft wird Fleece noch behandelt, z. B. damit sich keine Faserkügelchen bilden, und er wird in vielen verschiedenen Stärken angeboten. Faservlies franst nicht und ist etwas dehnbar.

KLEIDUNGSSTÜCK/PROJEKT

Ideal für Winterkleidung aus einfachen Schnittformen wie Jacken und Pullover, sowie für Decken, Mützen und Schals.

ZUSCHNEIDEN

Legen Sie für Ihren Zweck die Vorder- und Rückseite des Stoffes fest. Bei allen Teilen die Rückseite mit Schneiderkreide kennzeichnen. Mit einer scharfen Schere oder dem Rollschneider zuschneiden.

NÄHTIPPS

Mit 3-Faden-Overlocknaht (siehe Seite 65), 4-Faden-Overlocknaht (siehe Seite 66) oder Flatlocknaht (siehe Seite 68) nähen. An der normalen Nähmaschine den Oberstofftransport aktivieren und den Stretchstich bzw. einen schmalen Zickzackstich einstellen. Die Kanten der Nahtzugaben zusammennähen und von der Vorderseite her absteppen. Mit einer Zwillingsnadel säumen (siehe Seiten 142–143).

Wolltweed

Wolltweed ist ein Webstoff, der traditionell aus grober, handgesponnener Wolle hergestellt wurde. Er ist in der Regel zwei- oder mehrfarbig mit Karo- oder Würfelmuster gewebt. Er ist warm, doch fühlt sich der raue Stoff auf der Haut eher unangenehm an.

KLEIDUNGSSTÜCK/PROJEKT

Ideal für Jacken, Westen und Mäntel. Hosen oder Röcke sollten unbedingt gefüttert werden. Auch Handtaschen, Herrenschals und Hüte werden aus Tweed gemacht.

ZUSCHNEIDEN

Tweed in einzelner Lage zuschneiden, um ein Karomuster passgenau zu verarbeiten.

NÄHTIPPS

Wegen des dicken Stoffes ist ein längerer Stich ratsam – z. B. 3 mm und eine stärkere Maschinennadel Nr. 14. Einfache, auseinandergebügelte Nähte (siehe Seite 123) sind am besten. Da das Kleidungsstück wahrscheinlich gefüttert wird, brauchen die Stoffkanten nicht versäubert zu werden. Verstärkte Augenknopflöcher (siehe Seite 175) oder Paspelknopflöcher (siehe Seite 176) arbeiten.

Seidentweed

Seidentweed ist locker gewebtes Tuch mit etwas rauer Oberfläche, da die Garne aus kürzeren Seidenfäden gesponnen wurden. Wie beim Wolltweed wird das Muster durch verschiedenfarbige Webfäden gebildet. Seidentweed ist warm und angenehm, benötigt aber oft ein Innenfutter.

KLEIDUNGSSTÜCK/PROJEKT

Für edle Jacken und Mäntel.

ZUSCHNEIDEN

Seidentweed franst leicht. Wenn nötig, die Kanten nach dem Zuschneiden mit der Overlock versäubern. Auf die Webmuster achten, damit die Linien in den Nähten aufeinandertreffen. Die Teile des Innenfutters aus Seide oder Organza auf die Rückseite der Tweedteile heften und wie einen einzigen Stoff verarbeiten.

NÄHTIPPS

Mit einer Universalnadel Stärke 12 und Stichlänge 2,5 nähen. Hochwertiges Seiden- oder Polyestergarn verwenden. Wenn die Kanten nicht mit der Overlock versäubert wurden, mit Hongkong-Abschluss (siehe Seite 136) oder mit Stoffstreifen (siehe Seiten 152–153) einfassen.

Tartan

Tartan ist das traditionelle wollene Tuch der Schotten. Die Tartangarne werden zuerst gefärbt und dann verwebt, wobei ganz spezifische Karo- und Würfelmuster entstehen.

KLEIDUNGSSTÜCK/PROJEKT

Für Röcke, Kleider, Hosen, Jacken und Wolldecken sowie für den traditionellen Kilt.

ZUSCHNEIDEN

Die speziellen Karomuster machen passgenaues Ausrichten in den Nähten nötig. Alle Schnittmusterteile in der gleichen Richtung auflegen und auf den Musterrapport achten. In einzelner Lage zuschneiden und die Karomuster an kleinen Randkerben aufeinanderpassen.

NÄHTIPPS

Mit einer Universalnadel Stärke 14 und Stichlänge 3 mm nähen. Hochwertiges Seiden- oder Polyestergarn verwenden. Einfache Nähte (siehe Seite 123) arbeiten und die Stoffkanten mit Hongkong-Abschluss (siehe Seite 136) oder mit Stoffstreifen (siehe Seiten 152–153) einfassen. Beim Bügeln ein schützendes Bügeltuch auf die Oberseite legen.

Kamelhaar

Kamelhaar ist die Unterwolle des Kamels. Sie wird allein oder mit anderen Wollsorten versponnen. Daraus wird Tuch gestrickt oder gewebt. Es ist weich und warm.

KLEIDUNGSSTÜCK/PROJEKT

Für Wolldecken, Mäntel, Jacken und Schals. Gestricktes Kamelhaar für Pullover und Wolljacken.

ZUSCHNEIDEN

Alle Schnittmusterteile in der gleichen Richtung auflegen, da der Stoff einen Strich hat. Mit langen Stecknadeln oder Gewichten festhalten und mit der Schere zuschneiden.

NÄHTIPPS

Gewebte Stoffe mit einer Universalnadel Stärke 11 und Stichlänge 2,5 mm nähen. Gestricktes Kamelhaar mit Jersey- oder Stretchnadeln verarbeiten. Hochwertiges Seiden- oder Polyestergarn verwenden. Gefütterte Kleidungsstücke mit einfachen, auseinandergebügelten Nähten (siehe Seite 123) arbeiten. Kanten von gestrickten und ungefütterten Kleidungsstücken mit der Overlock einfassen. Den Saum als Hongkong-Abschluss (siehe Seite 136) arbeiten und mit befestigten Saumstichen (siehe Seite 135) annähen.

Bouclé

Der Name leitet sich von der noppigen Oberfläche des Stoffes ab, die durch kleine Schlaufen gebildet wird. Bouclégarn (in der Regel Wolle) wird vorab gekräuselt und gezwirnt, wodurch beim Weben oder Stricken die Oberflächenschlaufen geformt werden.

KLEIDUNGSSTÜCK/PROJEKT

Gewebtes Bouclé für Jacken und Mäntel. Gestricktes Bouclé für Pullover und Stickjacken.

ZUSCHNEIDEN

Locker gewebtes Bouclé neigt zum Ausfransen. Bei Bouclé mit langen Oberflächenfasern die Schnittteile von der Rückseite her auflegen und zuschneiden. Eine Schere mit kurzen Klingen verwenden und die Florhaare auseinanderziehen.

NÄHTIPPS

Gewebtes Bouclé mit einer Universalnadel Stärke 12 (für Gewebtes) und Stichlänge 2,5 mm nähen. Bei gestricktem Bouclé mit Jerseynadel bzw. Stretchnadel an der Overlock arbeiten oder mit Stretchstich (siehe Seite 55) oder schmalem Zickzackstich (siehe Seite 53) auf der normalen Nähmaschine nähen.

Mohair

Mohair, das Haar der Angoraziege, ist weich, seidig und warm. Es ergibt ein schimmerndes, haltbares Tuch. Wegen seiner Kostbarkeit wird es oft mit anderen Fasern gemischt verarbeitet.

KLEIDUNGSSTÜCK/PROJEKT

Für Jacken und Mäntel.

ZUSCHNEIDEN

Alle Schnittmusterteile in der gleichen Richtung auflegen. Mit Stecknadeln stecken. Gewichte nur bei sehr dickem Stoff verwenden.

NÄHTIPPS

Mit Universalnadeln Stärke 11 oder 12 und Stichlänge 2,5 mm nähen. Einfache Nähte arbeiten und die Kanten mithilfe der Overlock (siehe Seite 65) mit Hongkong-Abschluss (siehe Seite 136) versäubern. Maschinennähen mit Seiden- oder Polyestergarn, Handnähen mit Seidengarn. Beim Bügeln die Oberfläche mit einem schützenden Bügeltuch bedecken oder von links bügeln.

Chenille

Chenillegarn hat eine samtige Oberfläche, wodurch auch der Stoff – in der Regel gestrickt – weich und flauschig wird. Chenille ist ein dicker und warmer Stoff aus Wolle, Baumwolle oder Synthetik.

KLEIDUNGSSTÜCK/PROJEKT

Für Pullover, Strickjacken und Jacken.

ZUSCHNEIDEN

Chenille franst. Zuschneiden und die Kanten mit Overlock versäubern, bevor die Teile zusammengenäht werden. Schnittmusterteile in der gleichen Richtung auflegen.

NÄHTIPPS

Mit Universalnadeln oder Stretchnadeln in Stärke 12 und mit Stichlänge 2,5 mm nähen. Hochwertiges Polyester- oder Baumwollgarn verwenden. Schulternähte mit Band verstärken (siehe Seite 129) und beim Bügeln von Nähten und Säumen darauf achten, dass der Flor nicht platt gebügelt wird. Sanft von links und mit Dampf bügeln.

Frottee

Frotteestoff ist aus Baumwolle und hat Fadenschlaufen auf einer, meist aber auf beiden Seiten. Die erhöhte Oberfläche aus Schlaufen macht ihn extrem saugfähig und für seine wichtigste Anwendung als Badetuch bestens geeignet.

KLEIDUNGSSTÜCK/PROJEKT

Für Handtücher, Bademäntel und Strandbekleidung

ZUSCHNEIDEN

Beim Zuschneiden von Frottee fallen winzige Fadenstücke ab. Daher jedes zugeschnittene Teil vor dem Nähen schütteln und mit dem Staubsauger absaugen.

NÄHTIPPS

Frottee mit Universalnadeln Nr. 12 und Stichlänge 2,5 mm nähen. Hochwertiges Baumwollgarn verwenden. Die Teile zuerst mit der Overlock versäubern und dann mit der 3-Faden-Overlocknaht (siehe Seite 66) oder mit einfachen Nähten (siehe Seite 123) zusammensetzen.

Polsterstoff

Es gibt sehr viele verschiedene Polsterstoffe, doch alle sind sehr dick, steif und sperrig, was das Nähen schwierig macht.

KLEIDUNGSSTÜCK/PROJEKT

Für lose Hussen über Sessel und Sofas, für Kissen, schwere Vorhänge, Markisen und sogar für Taschen.

ZUSCHNEIDEN

Wegen der Steifheit ist eher zu Gewichten zu raten als zu Stecknadeln. In einfacher Lage mit Schneiderschere zuschneiden. Beim Auflegen der Schnittteile auf den Musterrapport achten und entsprechende Kerben in den Nahtzugaben anbringen.

NÄHTIPPS

Mit einer großen Jeansnadel Nr. 16 oder 19 arbeiten, denn sie ist kräftig mit scharfer Spitze. Festes Polsterergarn verwenden und mit einfachen Nähten (siehe Seite 123) arbeiten. Sehr dekorativ sind Paspeln (siehe Seite 155) in den Nähten.

Dehnbare Stoffe

Stretchstoffe sind oft gestrickt, wodurch sich der Stoff beim Ziehen dehnt. Doch auch gewebte Stoffe können elastisch sein, sobald Lycra beigemischt wurde. Solche Stoffe dehnen sich leicht bis extrem, entweder quer zum Fadenlauf oder in beide Richtungen – längs und quer. Manche Kleidungsstücke benötigen die Dehnbarkeit in beide Richtungen, andere brauchen mehr Stabilität und die Dehnung sollte nur in einer Richtung verlaufen.

Grundsätzlich:

- Überprüfen Sie die gesamte Stoffbahn auf Webfehler, bevor Sie zuschneiden, sonst können Sie den Stoff nicht mehr umtauschen.
- Stellen Sie fest, welche Dehnungsrichtung für das Kleidungsstück benötigt wird, entweder längs oder quer oder in beide Richtungen.
- Ziehen Sie am Stoff, um zu sehen, wie sehr er sich dehnt und wie gut er wieder zusammenschrumpft.
- Achten Sie vor dem Zuschneiden darauf, dass der Stoff nicht verdreht liegt.
- Legen Sie die Schnitteile in der benötigten Dehnungsrichtung auf.
- Nähen Sie mit Stretchnadeln oder Jerseynadeln, denn sie gleiten beim Nähen zwischen die Fasern, ohne sie zu spalten.
- Polyestergarn ist ebenfalls leicht dehnbar und eignet sich daher für die meisten Stretchstoffe.
- Schneiden Sie ein kleines Stück Stoff zurecht und testen Sie daran das Waschen, Bügeln und Nähen.
- Overlockmaschinen eignen sich wegen ihres Differentialfußes sehr gut für das Nähen von Stretchstoffen. Bei der Arbeit mit der normalen Nähmaschine hilft der Oberstofftransport, wellige Nähte zu verhindern, die andernfalls mit Sicherheit auftreten würden.

Baumwolltrikot

(T-SHIRT-STOFF)

Baumwolltrikot ist ein dünner gestrickter Stoff, aus dem die meisten T-Shirts gearbeitet sind. Die gestrickte Konstruktion macht ihn dehnbar und die Baumwollfaser angenehm zu tragen. Er hat eine glatte Oberfläche und einen schönen Fall.

KLEIDUNGSSTÜCK/PROJEKT

Für T-Shirts, Tops und Kleider, für Sportbekleidung und Unterwäsche.

ZUSCHNEIDEN

Darauf achten, dass der Stoff flach aufliegt. Prüfen, ob das Kleidungsstück in beide Richtungen dehnbar sein soll. Rollschneider oder Schere benutzen.

NÄHTIPPS

Mit einer Stretch- oder Jerseynadel in passender Stärke arbeiten. Die Overlock näht Stretchstoffe sehr gut. An der Nähmaschine einen Stretch- oder einen schmalen Zickzackstich (siehe Seite 53) einstellen und den Oberstofftransport aktivieren. Zum Säumen von Baumwolltrikot die Stoffkante mit 3-Faden-Overlockstichen einfassen und nach oben falten. Von der rechten Seite her mit einer Zwillingsnadel säumen. Auch hier den Oberstofftransport aktivieren. Schulternähte mit Band verstärken (siehe Seite 129).

Sweatshirt-Stoff

Dies ist ebenfalls Baumwolltrikot, doch ist er schwerer und dicker, mit einer glatt gestrickten Oberfläche und einer aufgerauten Unterseite. Er ist warm und angenehm zu tragen.

KLEIDUNGSSTÜCK/PROJEKT

Für Sweatshirts, Trainingshosen, Reißverschlussjacken und locker sitzende Kleidung.

ZUSCHNEIDEN

Darauf achten, dass der Stoff flach aufliegt. Prüfen, ob das Kleidungsstück in beide Richtungen dehnbar sein soll. Rollschneider oder Schere benutzen.

NAHTIPPS

Mit einer Stretchnadel oder Jerseynadel in passender Stärke (Nr. 12 oder 14) arbeiten. Die Overlock näht Stretchstoffe sehr gut. An der Nähmaschine einen Stretch- oder schmalen Zickzackstich (siehe Seite 53) einstellen und den Oberstofftransport aktivieren. Zum Säumen von Baumwolltrikot die Stoffkante mit Overlockstichen einfassen und nach oben falten. Von der rechten Seite her mit einer Zwillingsnadel steppen, dabei den Oberstofftransport aktivieren. Schulternähte mit Band verstärken (siehe Seite 129).

Lycra

leicht dehnbar

stark dehnbar

Lycra ist eine moderne, sehr elastische Kunstfaser. Sie kann in gewebten oder gestrickten Stoffen in verschiedenen Anteilen enthalten sein und wird sogar in Anzugstoffe eingearbeitet.

KLEIDUNGSSTÜCK/PROJEKT

Für Sportbekleidung, Tanzkleider, Feinwäsche und Unterwäsche sowie Jacken, Hosen und enge Röcke.

ZUSCHNEIDEN

Die Schnittmusterteile mit langen Stecknadeln oder mit Gewichten befestigen. Schneiderschere oder Rollschneider benutzen.

NÄHTIPPS

Mit einer Stretch- oder Jerseynadel Nr. 11 oder 12 und mit hochwertigem Polyestergarn nähen. Die Overlock näht Stretchstoffe sehr gut. An der Nähmaschine einen Stretch- oder schmalen Zickzackstich (siehe Seite 53) einstellen und den Oberstofftransport aktivieren. Zum Säumen von Baumwolltrikot die Stoffkante mit 3-Faden-Overlockstich (siehe Seite 65) einfassen und nach oben falten. Von der rechten Seite her mit einer Zwillingsnadel absteppen. Den Oberstofftransport aktivieren. Schulternähte mit Band verstärken (siehe Seite 129).

Wolljersey

Dieser dickere Strickstoff aus Wolle oder Wolle-Mischfaser kann von Hand gestrickt oder mit Maschinen erstellt sein. Einmal zugeschnitten, ribbeln die Kanten sofort auf.

KLEIDUNGSSTÜCK/PROJEKT

Für Pullover, Strickjacken und locker sitzende Hausjacken.

ZUSCHNEIDEN

Die Kanten sofort nach dem Zuschneiden mit der Overlock versäubern und dann erst nähen, damit sie sich nicht aufribbeln.

NÄHTIPPS

Mit einer Stretch- oder Jerseynadel Nr. 12 bis 14 und mit Polyestergarn nähen. Die Overlock näht dehnbare Stoffe sehr gut. Alternativ an der Nähmaschine einen Stretchstich (siehe Seite 55) oder einen schmalen Zickzackstich (siehe Seite 53) wählen und den Oberstofftransport aktivieren. Ärmel und Unterkanten mit Strickbündchen versäubern oder mit einem gefalteten Band (siehe Seite 158). Schulternähte mit einem eingenähten Band (siehe Seite 129) verstärken.

Elastische Spitze

Elastische Spitze wird aus einer Mischung von synthetischen und elastischen Fasern in Stricktechnik hergestellt.

KLEIDUNGSSTÜCK/PROJEKT

Für Dessous, Abendkleider, Tanzkleider oder Eislaufkostüme.

ZUSCHNEIDEN

Den Zuschneidetisch mit einem Laken bedecken. Sollten bei einer sehr durchbrochenen Spitze die Stecknadeln nicht halten, Sicherheitsnadeln verwenden. Die Musterrichtung der Schnittteile beachten.

NÄHTIPPS

Eine Stretchnadel einsetzen und mit der Overlock und dem Rollsaumfuß arbeiten, da dies eine sehr dünne Naht ergibt. Starkes Polyestergarn verwenden. An der Nähmaschine einen Stretchstich (siehe Seite 55) einstellen. Den Oberstofftransport aktivieren und überlappte Nähte (siehe Seite 128) arbeiten, um wellige Nähte zu vermeiden. Schulternähte mit Band verstärken (siehe Seite 129). Halsausschnitte und Säume mit einem aus dem elastischen Stoff gefalteten Band versäubern und dabei die „Viertel-Strecken"-Technik anwenden (siehe Seite 150).

Acetat

Dieser synthetische Strickstoff mit zwei Dehnungsrichtungen wird mit Lycra gemischt verarbeitet. Schmeichelnder Acetatstoff fällt wunderschön, knittert nicht und ist angenehm zu tragen.

KLEIDUNGSSTÜCK/PROJEKT

Für einfach geschnittene Kleider und Röcke. Oberteile aus diesem Stoff fallen sehr vorteilhaft. Für bequeme Kleidung ohne Verschlüsse, zum schnellen Überziehen.

ZUSCHNEIDEN

Den Zuschneidetisch mit einem Laken bedecken. Stoff nicht über die Tischkante hängen lassen, da er sich sonst verzieht. Mit einer scharfen Schere zuschneiden.

NÄHTIPPS

Mit einer Stretchnadel Nr. 10 oder 12 und mit hochwertigem Polyesterfaden nähen. Die Nähte mit der Overlock nähen oder an der Nähmaschine den Oberstofftransport aktivieren und mit Stretchstich (siehe Seite 55) oder schmalem Zickzackstich (siehe Seite 53) arbeiten. Halsausschnitte mit gefaltetem Band einfassen (siehe Seite 158). Säume mit einer Zwillingsnadel und dem Oberstofftransport nähen.

Velours

Velours ist die gestrickte Version von Samt. Er hat einen dichten Oberflächenflor mit Glanz und sieht wie Samt aus, hat aber einen weicheren Fall, da der Stoff gestrickt ist.

KLEIDUNGSSTÜCK/PROJEKT

Für einfach geschnittene Kleider und Röcke. Oberteile fallen sehr vorteilhaft.

ZUSCHNEIDEN

Den Zuschneidetisch mit einem Laken bedecken. Den Stoff nicht über die Tischkante hängen lassen, da er sich sonst verzieht. Mit den Florseiten aufeinanderlegen und mit einer scharfen Schere zuschneiden.

NÄHTIPPS

Mit einer Stretchnadel in Stärke 12 und mit hochwertigem Polyesterfaden nähen. Die Nähte möglichst mit der Overlock nähen. An der Nähmaschine mit Stretchstich (siehe Seite 55) oder mit schmalem Zickzackstich (siehe Seite 53) arbeiten und den Oberstofftransport aktivieren. Möglichst nicht bügeln oder, wenn doch, das Teil mit dem gleichen Stoff bedecken. Einen Reißverschluss nahtfein einsetzen (siehe Seite 194), da dieser nicht mehr von rechts abgesteppt werden muss.

Powernetz

Powernetz enthält einen großen Anteil von Lycra, was es in alle Richtungen dehnbar und elastisch macht.

KLEIDUNGSSTÜCK/PROJEKT

Für Büstenhalter, Miederhosen, Korsagen und Hüfthalter.

ZUSCHNEIDEN

Besser Gewichte auf den Stoff legen statt Stecknadeln zu verwenden. Rollschneider oder scharfe Schere benutzen.

NÄHTIPPS

Mit einer Stretchnadel Nr. 12 nähen. Den Stretchstich (siehe Seite 55) oder einen kurzen, engen Zickzackstich (siehe Seite 53) einstellen und hochwertigen Polyesterfaden verwenden. Büstenhalter und Miederhosen mit Gummiband einfassen, dabei die Viertel-Strecken-Technik (siehe Seiten 150–151) anwenden.

Stoffe für besondere Gelegenheiten

Dies können dekorative, zarte, handgefertigte oder sehr kostbare Stoffe sein, welche die Schneiderin beim Zuschneiden und Nähen nervös machen. Diese Materialien müssen so sanft wie möglich behandelt und stets flach ausgelegt werden, damit Bügeln möglichst nicht nötig ist.

Grundsätzlich:

- Überprüfen Sie zunächst die gesamte Stoffbahn auf Webfehler. Sie können den Stoff nicht mehr umtauschen, sobald Sie mit dem Zuschneiden begonnen haben.
- Studieren Sie das Schnittmuster sorgfältig, bevor Sie mit dem Zuschneiden beginnen.
- Schneiden Sie ein kleines Stück Stoff ab und testen Sie daran das Waschen, Bügeln und Nähen.
- Von links bügeln und ein schützendes Bügeltuch auf die Oberfläche legen.
- Trocken bügeln, es sei denn, Sie sind sicher, dass keine Wasserflecken auf dem Stoff bleiben.
- Instabile oder zarte Stoffe sollten einlagig auf einem Laken liegend zugeschnitten werden, damit sich der Stoff nicht verzieht.

Spitzenstoff

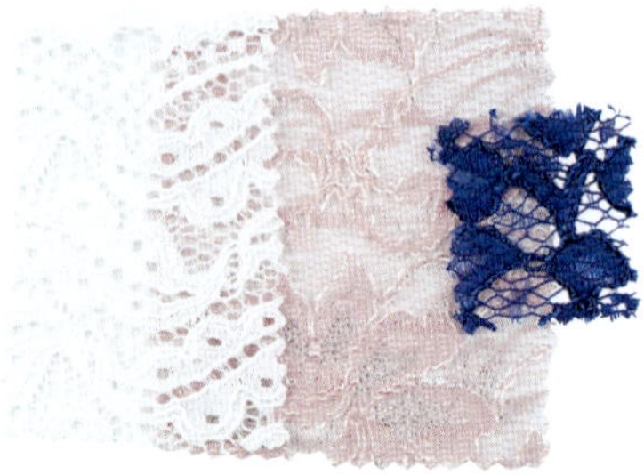

Spitzenstoff ist ein feines offenes Gewebe aus Seiden-, Baumwoll- oder Synthetikfasern. Manche Spitzen sind von Hand gehäkelt, andere entstehen durch gestickte Fäden oder Bänder auf Netzgrund.

KLEIDUNGSSTÜCK/PROJEKT

Für Abendkleider und Brautmode, Dessous und Nachthemden, für Babykleidung und als Zierspitze an Kleidersäumen.

ZUSCHNEIDEN

Die rechte Stoffseite ausfindig machen (sie hat die deutlichste Textur). Den Zuschneidetisch mit einem Laken bedecken. Wenn die Spitze aneinandergesetzt werden muss (siehe Seite 148), die Musterlinien und Markierungen beachten und extrabreite Nahtzugaben einrechnen.

NÄHTIPPS

Feine Spitzenstoffe mit Nadelstärke Nr. 9, festere mit Nadelstärke 11 nähen. Baumwoll- oder Polyestergarn oder für besonders feine Spitzenstoffe Maschinenstickgarn verwenden. Feine Nähte, wie die Doppelnaht (siehe Seite 124) oder eine schmale Overlocknaht (siehe Seite 64) arbeiten, oder die Stoffbahnen überlappend auflegen und entlang einer Musterkontur mit Zickzackstich aneinandernähen (siehe Seite 148).

Lochstickerei

Dies ist ein durchbrochener Stoff, bei dem das Muster auf einen leichten, weißen Baumwollstoff gestickt wird. Kleine Stoffbereiche werden ausgeschnitten. Dieser Stoff ist nicht ganz so empfindlich wie manche andere Spitzenstoffe.

KLEIDUNGSSTÜCK/PROJEKT

Für Röcke, Blusen und Kinderkleidung, für Kissen, Vorhänge und Bettwäsche.

ZUSCHNEIDEN

Auf das Muster achten und bei Bedarf entsprechende Kerben in die Nahtzugaben schneiden.

NÄHTIPPS

Mit einer Universalnadel Stärke 11 nähen und Baumwoll- oder Polyestergarn verwenden. Einfache Nähte (siehe Seite 123) mit der Nähmaschine oder Overlocknähte arbeiten. Oft ist bei Stoffen mit Lochstickerei seitlich eine abschließende Bogenkante angewebt. Diese kann abgeschnitten und dann als Abschluss für Ärmel und Säume benutzt werden.

Samt

aus Baumwolle

aus Synthetik

Dieser Webstoff mit dichtem Oberflächenflor wurde traditionell aus Seide hergestellt. Heute gibt es ihn auch aus Baumwolle, Polyester, Viskose und/oder Acetat.

KLEIDUNGSSTÜCK/PROJEKT

Für Jacken, Röcke, Mieder und elegante Kleider sowie für Heimtextilien und Taschen.

ZUSCHNEIDEN

Schnittmusterteile in der gleichen Richtung auflegen. Samt trägt sich besser, wenn sein Strich nach unten läuft, doch wirkt seine Farbe satter bei aufwärtslaufendem Strich.

NÄHTIPPS

Mit einer Universalnähnadel Stärke 12 und mit hochwertigem Polyester- oder Baumwollgarn arbeiten. Stichlänge 3 mm einstellen und den Oberstofftransport aktivieren. Während des Nähens den Nähfuß mehrmals anheben und die Stofflagen korrigieren. Nicht gegen, sondern mit dem Strich nähen. Nahtfeine Reißverschlüsse (siehe Seite 194) einsetzen, denn sie sind wie ein Teil der Naht, während abgesteppte Reißverschlüsse den Flor flach drücken würden.

Perlen- oder Paillettenstoff

Dieser luxuriöse Stoff, dessen Muster mit Perlen und Pailletten bestickt ist, ist sehr kostbar. Besondere Sorgfalt ist bei seiner Verarbeitung ratsam.

KLEIDUNGSSTÜCK/PROJEKT

Für Brautkleider, Kleider, Jacken, Mieder und Handtaschen.

ZUSCHNEIDEN

Den Zuschneidetisch mit einem Laken bedecken. Den Stoff einlagig und mit der rechten Seite nach unten auflegen. Nur den Hintergrundstoff mit einer Stickschere mit kurzer Klinge schneiden. Nicht die Perlen oder Pailletten durchschneiden.

NÄHTIPPS

Perlen und Pailletten vorsichtig von den Nahtzugaben entfernen, ohne dabei die haltenden Fäden abzuschneiden. Den Reißverschlussfuß einsetzen und innerhalb der Nahtzugabe entlangnähen. Die Teile mit Nadelstärke 12 und mit einfachen Nähten (siehe Seite 123) zusammensetzen. Die Nahtzugaben mit den Fingern auseinanderdrücken und die zuvor entfernten Perlen und Pailletten in die Lücken entlang der Nähte von Hand wieder annähen. Das Kleidungsstück füttern. Nicht bügeln.

Brokat

Brokat ist ein fester Stoff, der auf dem Jacquard-Webstuhl hergestellt wird. Das erhabene Muster wird durch Webfäden auf der Vorder- oder auf der Rückseite gebildet, wodurch das Muster auf beiden Seiten entsteht. Oft sind Metallfäden eingearbeitet.

KLEIDUNGSSTÜCK/PROJEKT

Für elegante Abendjacken und Westen sowie für Kissen und Vorhänge.

ZUSCHNEIDEN

Alle Teile in der gleichen Richtung auflegen. Wenn das Muster in den Nähten aufeinandertreffen soll, den Musterverlauf beachten. Mit einer scharfen Schere zuschneiden.

NÄHTIPPS

Den Musterlauf des Brokatstoffs beachten und alle Schnittmusterteile in der gleichen Richtung auflegen. Mit größerer Stichlänge 3 mm nähen. Einfache Nähte (siehe Seite 123) arbeiten und die Kanten mit Hongkong-Abschluss (siehe Seite 136) einfassen. Vor dem Bügeln testen, wie der Stoff reagiert. Von links bügeln oder die Nahtzugaben mit den Fingern auseinanderdrücken.

Taft

Taft ist ein griffiger, glatt gewebter Stoff mit glänzender Oberfläche. Traditionell aus Seide hergestellt, ist er heutzutage oft aus synthetischen Fasern gewebt. Wenn Kette und Schuss in unterschiedlichen Farben sind, ergibt sich ein schillernder Farbeffekt.

KLEIDUNGSSTÜCK/PROJEKT

Für rauschende Abendroben und Partykleider sowie für Lampenschirme und Kissen.

ZUSCHNEIDEN

Die Schnittteile mit Gewichten festhalten oder Stecknadeln innerhalb der Nahtzugaben stecken. Alle Teile in der gleichen Richtung auflegen und Stoff wenig anfassen, damit die Kanten nicht ausfransen.

NÄHTIPPS

Mit einer feinen spitzen Maschinennadel in Stärke 9 und mit Stichlänge 2,5 mm nähen. Da der Stoff sehr franst, die Kanten unmittelbar nach dem Zuschneiden mit Overlockstichen versäubern (siehe Seite 65). Einfache Nähte (siehe Seite 123) arbeiten. Alternativ Doppelnähte (siehe Seite 124) nähen, um die Kanten gleichzeitig zu versäubern. Möglichst mit dem trockenen Bügeleisen bügeln.

Lamé

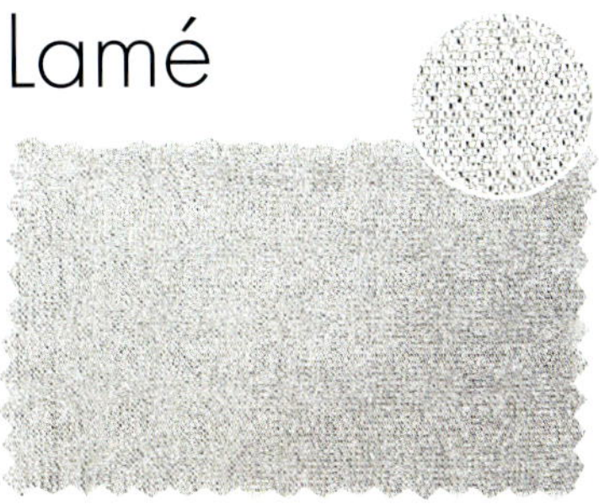

Lamé entsteht aus gewebten oder gestrickten Metallfäden. Es hat eine glitzernde Oberfläche, doch franst es sehr aus.

KLEIDUNGSSTÜCK/PROJEKT

Für Abendkleidung wie Kleider, Röcke, Oberteile. Auch für Kostüme und Tanzkleider.

ZUSCHNEIDEN

Mit der Schere oder dem Rollschneider zuschneiden.

NÄHTIPPS

Mit einer feinen Nähmaschinennadel Stärke 9 arbeiten (eine weniger scharfe Nadel kann Webfäden ziehen und den Stoff beschädigen). Stichlänge auf 2,5 mm einstellen. Gerade Nähte als Doppelnähte arbeiten (siehe Seite 124) und Kurvennähte mit einem Band (siehe Seite 136) einfassen.

Duchesse-Atlas

Atlas aus Seide oder synthetischen Fasern hat eine schimmernde Oberfläche. Er ist schwerer als normaler Satin, der für Dessous und als Futter verwendet wird. Der rutschige Stoff lässt sich schwer nähen.

KLEIDUNGSSTÜCK/PROJEKT

Für Brautkleider und Abendroben sowie für Geldbörsen und Abendtaschen.

ZUSCHNEIDEN

Alle Schnittteile in der gleichen Richtung auflegen. Mit Stecknadeln innerhalb der Nahtzugaben befestigen und mit einer scharfen Schere zuschneiden. Die Teile flach liegen lassen, denn das Falten hinterlässt Knicke. So wenig wie möglich bügeln.

NÄHTIPPS

Den Stoff vorsichtig behandeln. Mit einer neuen Nähnadel in Stärke 9 und mit Stichlänge 2,5 mm arbeiten. Einfache Nähte (siehe Seite 123) oder Doppelnähte (siehe Seite 124) nähen. Röcke mit stützendem Tüll oder Seidenorganza füttern. Einen falschen oder besetzten Saum (siehe Seite 138) arbeiten und von Hand am Futter festnähen. Selbst winzige Stiche sind auf der Oberseite sichtbar.

Krepp-Atlas

Dieser Stoff ist weicher als Duchesse-Atlas und hat eine schimmernde und eine matte Krepp-Seite. Eine oder beide Seiten können für Kleidungsstücke verwendet werden. Traditionell aus Seide gewebt, wird er heute auch aus Synthetik hergestellt.

KLEIDUNGSSTÜCK/PROJEKT

Für Blusen und Kleider. Vorschlag: Beide Stoffseiten für eine Kleidung verwenden.

ZUSCHNEIDEN

Den Zuschneidetisch mit einem Laken bedecken. Alle Schnittteile in der gleichen Richtung auflegen. Lange Stecknadeln und eine scharfe Schere benutzen.

NÄHTIPPS

Mit einer neuen Nähnadel in Stärke 9 arbeiten (eine weniger scharfe Nadel kann Webfäden ziehen und den Stoff beschädigen). Stichlänge auf 2,5 mm einstellen. Einfache Nähte (siehe Seite 123) oder Doppelnähte (siehe Seite 124) nähen. Saumkanten zweimal umschlagen, dann breit- und schmalkantig von rechts absteppen (siehe Seite 160).

Chiffon

Chiffon ist ein feiner, durchsichtiger Stoff in weicher, lockerer Webart. Er fällt weich und fließend. Heutzutage wird er aus synthetischen Fasern hergestellt, doch ist auch Seidenchiffon erhältlich.

KLEIDUNGSSTÜCK/PROJEKT

Für einfach geschnittene Modelle, am Bund geraffte Röcke, lockere Oberteile, Kleider sowie als obere Stofflage von Kleidung.

ZUSCHNEIDEN

Wegen seiner Rutschigkeit schwierig zu verarbeiten. Den Zuschneidetisch mit einem Laken bedecken. Prüfen, ob der Stoff entlang der Tischkante gerade liegt, die Schnittteile aufstecken und zuschneiden.

NÄHTIPPS

Mit einer neuen Nähnadel in Stärke 9 arbeiten. Stichlänge 2,5 mm einstellen und Maschinenstickgarn verwenden. Doppelnähte (siehe Seite 124) nähen, denn sie sind leicht und umschließen die offenen Stoffkanten. Eine Geradstichplatte und den Geradstichfuß einsetzen. Jede Naht knapp innerhalb der Stoffkante beginnen. Mit Rollsaum säumen (siehe Seite 146).

Netzstoff und Tüll

Netzstoff ist ein Gitter aus Fäden, die ein griffiges, leichtes und durchbrochenes Gewebe bilden. Tüll ist in der Regel engmaschiger und etwas weicher.

KLEIDUNGSSTÜCK/PROJEKT

Netzstoff ist ziemlich steif und eignet sich gut, um Volumen zu bilden. Er ist zwar auch ein Kleiderstoff, doch vor allem ein wunderbares Unterfutter für weite Röcke oder Unterröcke. Tüll wird eher für Schleier und mehrlagig für Brautkleider und Abendroben verwendet.

ZUSCHNEIDEN

Mit Gewichten oder Sicherheitsnadeln fixieren und mit einer scharfen Schere zuschneiden.

NÄHTIPPS

Mit einer Universalnadel Stärke 10 oder 12 und mit Stichlänge 2,5 mm nähen. Hochwertiges Polyestergarn verwenden. Wird der Netzstoff für einen Unterrock verarbeitet, die Nähte überlappend nähen (siehe Seite 128), um Beulen zu vermeiden. Bei Tüll schmale Doppelnähte (siehe Seite 124) oder Haarnähte (siehe Seite 125) arbeiten.

Tipp

Auf solchen offenen Geweben ist es schwierig, Musterlinien zu übertragen. Statt Schneiderkreide verwenden Sie besser Sicherheitsnadeln oder nähen kleine Abnäher mit der Maschine. Dies ist besonders hilfreich, wenn die Kante einer Taille oder einer Rüsche gleichmäßig gerafft werden soll.

Stoffe mit speziellen Eigenschaften

Es gibt Stoffe, die für ganz spezielle Ansprüche entwickelt wurden, z. B. wasserfeste, isolierende und schwer entflammbare Stoffe, oder Stoffe mit besonderem Tragekomfort. Manche dieser Stoffe müssen nicht besonders behandelt werden, andere verlangen nach unterschiedlicher Behandlung und Pflege.

Grundsätzlich:

- Überprüfen Sie zunächst die gesamte Stoffbahn auf Webfehler. Sie können den Stoff nicht mehr umtauschen, sobald Sie mit dem Zuschneiden begonnen haben.
- Halten Sie sich an die Herstelleranweisung (falls vorhanden), damit die speziellen Eigenschaften erhalten bleiben.
- Schneiden Sie noch vor dem Beginn kleine Stoffstücke ab und testen Sie daran das Waschen, Bügeln und Nähen.
- Die spezielle Ausrüstung lässt manche Stoffe anders reagieren als gewohnt, wählen Sie die richtige Technik.

PVC-beschichtet

Baumwoll- und andere Stoffe sind manchmal auf einer Seite mit PVC beschichtet, um sie wasserundurchlässig zu machen.

KLEIDUNGSSTÜCK/PROJEKT

Für Regenmäntel und -jacken sowie wasserfeste Schürzen, Hüte und Taschen.

ZUSCHNEIDEN

Gewichte oder Klebestreifen zum Befestigen der Schnittteile verwenden, denn Stecknadeln hinterlassen Löcher und zerstören die wasserdichte Schicht. Mit Schere oder Rollschneider zuschneiden.

NÄHTIPPS

Mit einer Microtex-Nadel oder einer Ledernadel arbeiten. Einen längeren Stich von ca. 3 mm einstellen. Hochwertiges Polyestergarn verwenden. Den Oberstofftransport aktivieren und einfache Nähte (siehe Seite 123) arbeiten. Die Nahtzugaben mit den Fingern auseinander- oder nach einer Seite drücken und von rechts durch alle Lagen feststeppen. Die Nähte auf der Innenseite mit Silikon versiegeln oder Klebestreifen über die Nähte kleben. Säume festkleben (siehe Seite 144). Saugfähigen Stoff als Futter einarbeiten.

Plastik/Vinyl

Plastik oder Vinyl ohne gewebte Rückseite ist nicht sehr haltbar. Diese Stoffe sind absolut wasserdicht und die Nähte müssen versiegelt werden. Bei Kleidung empfiehlt sich saugfähiger Stoff als Futter.

KLEIDUNGSSTÜCK/PROJEKT

Für Regenmäntel und -jacken, Hüte, Schürzen und Taschen. Durchsichtige Plastikfolie wird für Einsätze in Kleidern verwendet.

ZUSCHNEIDEN

Gewichte oder Klebestreifen zum Befestigen der Schnittteile verwenden, denn Stecknadeln zerstören die wasserdichte Eigenschaft. Schere oder Rollschneider benutzen.

NÄHTIPPS

Mit einer Microtex-Nadel oder einer Ledernadel in zum Stoff passender Stärke arbeiten. Einen Stich von ca. 3 mm einstellen. Hochwertiges Polyestergarn verwenden. Den Oberstofftransport aktivieren und einfache Nähte (siehe Seite 123) arbeiten. Die Nahtzugaben mit den Fingern auseinander- oder nach einer Seite drücken und von rechts durch alle Lagen feststeppen. Die Nähte auf der Innenseite mit Silikon versiegeln oder Klebestreifen darüberkleben. Säume festkleben (siehe Seite 144).

Filz

Ein gewalkter oder gefilzter Stoff entsteht direkt aus den Fasern, die verfilzt anstatt gewebt oder gestrickt werden.

KLEIDUNGSSTÜCK/PROJEKT

Für Kunsthandwerk, Spielzeug, Taschen und Mäntel.

ZUSCHNEIDEN

Da Filzstoffe keinen Fadenlauf haben, können die Schnittteile in beliebiger Richtung aufgelegt werden. Gibt es keine erkennbare Oberseite, eine Seite festlegen. Die Rückseite mit einem Kreidekreuz kennzeichnen. Mit der Schere zuschneiden.

NÄHTIPPS

Mit einer Universalnadel Stärke 14 und einer größeren Stichlänge von 3 mm arbeiten. Hochwertigen Polyesterfaden verwenden und einfache Nähte (siehe Seite 123) arbeiten. Die Nahtzugaben auseinander- oder nach einer Seite hin bügeln und von rechts durch alle Lagen absteppen.

Imprägnierter Stoff

Imprägnierter Stoff ist zwar wasserabweisend, aber nicht völlig wasserdicht.

KLEIDUNGSSTÜCK/PROJEKT

Für Duschvorhänge, leichte Mäntel, Jacken oder Capes.

ZUSCHNEIDEN

Die Schnittmusterteile mit Gewichten fixieren, da Stecknadeln Löcher hinterlassen. Schere oder Rollschneider benutzen.

NÄHTIPPS

Mit einer Microtex-Nadel Stärke 10 und mit Stichlänge 3 mm nähen; größere Stichabstände schwächen den Stoff weniger. Polyestergarn verwenden, das Nässe standhält. Einfache Nähte (siehe Seite 123) arbeiten, die Nahtzugaben nach einer Seite hin bügeln und von rechts durch alle Lagen absteppen. Die Nähte müssen nicht versiegelt werden, da der Stoff nicht für wasserdichte Kleidung entwickelt wurde.

Ripstop

Ripstopnylon oder Spinnakersegel ist ein gewebter Nylonstoff mit Verstärkungsfasern in Kette und Schuss, wodurch der Stoff stark und reißfest wird. Es ist ein sehr fester, leichter und winddichter Stoff, der auch wasserdicht gemacht werden kann.

KLEIDUNGSSTÜCK/PROJEKT

Für Jacken, Regenhosen, Flugdrachen, Zelte, Schlafsäcke und Fahnen.

ZUSCHNEIDEN

Ripstopnylon ist sehr rutschig. Daher ist das Zuschneiden in einzelnen Lagen genauer. Schnittteile mit Gewichten festhalten. Mit einer scharfen Schere zuschneiden.

NÄHTIPPS

Mit einer Microtex-Nähnadel und Stichlänge 2,5 mm nähen. Nähte mit der Overlock (siehe Seite 66) arbeiten oder die Teile an der Maschine mit Doppelnähten (siehe Seite 124) oder einfachen Nähten (siehe Seite 123) zusammennähen, bzw. mit übereinandergelegten Kanten und Zickzackstich (siehe Seite 53) schließen. Der Oberstofftransport erleichtert das Nähen.

Neopren

Neopren ist synthetischer Gummi. Er ist atmungsaktiv und wasserdicht, mit guten Isoliereigenschaften. Er wird für ein besseres Ergebnis oft mit anderen Textilien laminiert oder für „Superflex" mit Spandex kombiniert und für die Herstellung von Taucheranzügen benutzt.

KLEIDUNGSSTÜCK/PROJEKT

Für Taucheranzüge und Watstiefel.

ZUSCHNEIDEN

Wegen der Dicke des Stoffes die Schnittteile einlagig und mit einer scharfen Schneiderschere zuschneiden.

NÄHTIPPS

Nach Möglichkeit Flatlocknähte mit der Overlock (siehe Seiten 67–68) arbeiten. Andernfalls mit Stretchstich (siehe Seite 55) oder einem schmalen Zickzackstich (siehe Seite 53) nähen. Eine Microtex-Nadel Stärke 11 oder 12 und Nylonfaden verwenden. Ein Oberstofftransport (siehe Seite 19) erleichtert die Arbeit.

Schwer entflammbar

Ein Stoff, der feuerfest oder schwer entflammbar gemacht worden ist, wird nicht weiterbrennen, sobald die Flammenquelle entfernt oder das Feuer gelöscht wurde. Diese Stoffe müssen genau nach der Vorschrift des Herstellers gereinigt und gepflegt werden, um ihre Eigenschaft zu erhalten.

KLEIDUNGSSTÜCK/PROJEKT

Pflicht für Vorhänge und Möbelbezüge in öffentlichen Gebäuden wie Geschäfte, Theater, Büros und Schulen. In Zweifelsfällen vor Arbeitsbeginn die gesetzlichen Vorschriften studieren.

ZUSCHNEIDEN

Flach auslegen und mit einer scharfen Schere zuschneiden.

NÄHTIPPS

Eine starke Universalnadel, etwa Stärke 14 einsetzen, je nach Dicke des Stoffes. Mit Stichlänge 2,5 mm nähen. Allen Hinweisen des Herstellers folgen, die beim Kauf mitgeliefert wurden, andernfalls wie andere Stoffe dieser Stärke verarbeiten.

Einlagestoffe

Diese wurden für die Innenseite entwickelt, um einem Stoff oder einem bestimmten Teil mehr Festigkeit zu verleihen. Sie können auf die linke Seite des Stoffes oder des Besatzes genäht oder gebügelt werden.

KLEIDUNGSSTÜCK/PROJEKT

Für Einlagen einer Vorderpartie oder eines Kragens, oder um die Bereiche hinter Taschen und Knopflöcher zu unterstützen.

ZUSCHNEIDEN

Die Schnittteile auf doppelt gelegte Einlagestoffe legen und zuschneiden. Bei aufbügelbarer Einlage die Teile 0,6 cm kleiner zuschneiden als die Schnittteile, damit die Klebeschicht nicht am Bügeleisen haftet.

NÄHTIPPS

Beim Annähen der Einlage von Hand mit einer feinen Nähnadel und Seidengarn arbeiten. Zum Aufbügeln einer Einlage, die Klebeseite nach unten auf die linke Stoffseite legen. Das Dampfbügeleisen zuerst dicht über die Oberfläche schwebend halten. Sobald sich die Einlage festsetzt, leicht darüberbügeln und anschließend kräftig bügeln, damit die Einlage sicher auf dem Stoff klebt.

Stabilisatoren

Stabilisatoren werden benutzt, um Stoffe für das Maschinensticken zu verstärken. Es gibt sie „bleibend“, „ausreißbar“ und „auswaschbar“.

KLEIDUNGSSTÜCK/PROJEKT

Stabilisatoren auf die Rückseite des Stoffes legen, wenn ein Motiv auf ein Hemd, Sweatshirt, Rock, Kleid oder eine Jacke gestickt werden soll. Auch für Zierstichreihen auf leichten und durchsichtigen Stoffen einen Stabilisator unterlegen.

ZUSCHNEIDEN

Das Stück größer als das Motiv zuschneiden.

NÄHTIPPS

Das Motiv mit einer Maschinensticknadel und hochwertigem Maschinenstickgarn aussticken. Den für das Projekt geeigneten Stabilisator auswählen, je nach Sticktechnik, Stoffstärke und Stoffstruktur. Den Anweisungen des Herstellers folgen.

Verdunkelungsstoff

Verdunkelungsstoff ist nicht zwangsläufig schwarz. Er dient als eigener Vorhang oder zum Abfüttern von Stoffvorhängen. Der Stoff wirkt auch wärmeisolierend.

KLEIDUNGSSTÜCK/PROJEKT

Für Vorhänge oder als Futter von Vorhängen und Fensterblenden (der Stoff ist jedoch steif und hängt nicht gut).

ZUSCHNEIDEN

Genau abmessen und sauber mit einer Schneiderschere zuschneiden.

NÄHTIPPS

Das Maschinennähen wird kleine Löcher hinterlassen, durch die Licht dringen kann. Wenn dies ein Problem darstellt, die Bahnen aneinanderkleben. Zum Nähen eine Universalnadel Stärke 9 und Stichlänge 2,5 mm verwenden. Einfache Nähte arbeiten, die Nahtzugaben zur Seite legen und von rechts durch alle Lagen steppen. Dies hält sie flach. Verdunkelungsstoff ist leichter als eigener Vorhang zu nähen, als Futter für Vorhänge ist er recht steif.

Leder, Wildleder und Kunstleder

Der technische Fortschritt der letzten Jahre ließ uns die Entwicklung von synthetischem Leder, Fell und Wildleder erleben, die ihren natürlichen Vorbildern sehr ähnlich geworden sind. Außerdem sind sie oft sogar leichter zu nähen und zu pflegen als das echte.

Grundsätzliches

- Treffen Sie Ihre Entscheidung mit Bedacht und nähen Sie zuerst ein Nesselmodell, um die Passform zu prüfen. Fehler können teuer werden oder sind nicht wiedergutzumachen, besonders, wenn Sie mit echtem Leder arbeiten.
- Pelz und Kunstpelz von der Rückseite her mit einer Rasierklinge oder einer Stickschere zuschneiden. Nicht die Haare abschneiden.
- Halten Sie die Schnitte einfach, mit möglichst wenig Nähten.
- Nähen Sie Naturmaterial mit einer Ledernadel und synthetisches Material mit einer Microtex-Nadel.
- Seien Sie darauf gefasst, dass eine normale Nähmaschine die vielen dicken und schweren Leder- und Pelzschichten nicht durchstechen kann.

Leder

Leder variiert in Größe, Stärke und Oberfläche. Es wird auf verschiedene Art gefärbt und behandelt.

KLEIDUNGSSTÜCK/PROJEKT

Rindsleder: Mäntel, Hosen, Jacken. Kleinere Häute: Taschen, Gürtel, Hüte. Schafsleder: Hemden, Polsterbezüge.

ZUSCHNEIDEN

Die Linie der Wirbelsäule als Stoffbruch betrachten. Die Schnittmusterteile entsprechend auflegen. Beschweren. Leder auf Unterlage legen und mit Schwamm befeuchten. Dickeres Leder mit Grafikmesser zuschneiden.

NÄHTIPPS

Nähte mit Klammern zusammenhalten. Handnähen mit einer geschliffenen Ledernadel. Mit Nähmaschinen-Ledernadeln Stichlänge 3 mm nähen. Polstererzwirn oder Knopflochgarn verwenden. Den Oberstofftransport aktivieren und einfache Nähte arbeiten. Die Nahtzugaben mit den Fingern auseinanderdrücken und auf der Rückseite festkleben. Säume mit Kleber befestigen und beschweren.

Kunstleder

Kunstleder ist oft ein mit Vinyl beschichteter, eingefärbter Stoff mit lederähnlicher Oberflächenstruktur. Es kann in beliebiger Länge hergestellt werden, daher muss nicht mit kleineren Stücken gearbeitet werden.

KLEIDUNGSSTÜCK/PROJEKT

Für Mäntel, Jacken, Hosen, Taschen, Hüte, Gürtel und Möbel.

ZUSCHNEIDEN

Bei dünnem Material die Schere benutzen. Dickeres Material mit dem Grafikmesser zuschneiden. Die Schnittteile mit Gewichten festhalten.

NÄHTIPPS

Mit einer Universal- oder Ledernadel nähen, deren Stärke dem Material angepasst ist. Stichlänge ca. 3 mm. Hochwertigen Polyesterfaden verwenden. Den Oberstofftransport aktivieren und einfache Nähte (siehe Seite 123) arbeiten, die Nahtzugabe mit den Fingern auseinander- oder zu einer Seite hin drücken und von rechts durch alle Lagen feststeppen. Säume kleben (siehe Seite 144) oder nach oben falten und von rechts absteppen.

Wildleder

Wildleder ist Tierhaut, es ist jedoch die Innenseite von Rinds-, Schweins- oder Schafshaut und hat eine raue Oberfläche.

KLEIDUNGSSTÜCK/PROJEKT

Für Mäntel, Jacken, Röcke, Hosen, Taschen, Tüte, Gürtel, Pantoffeln.

ZUSCHNEIDEN

Die Linie der Wirbelsäule als Stoffbruch betrachten. Alle Schnittmusterteile in der gleichen Richtung auflegen und zuschneiden. Dünnes Wildleder mit der Schere, dickes Wildleder mit dem Grafikmesser schneiden. Die Teile mit Gewichten fixieren.

NÄHTIPPS

Nähte mit kleinen Klammern zusammenhalten. Eine Ledernadel einsetzen und mit Stichlänge 3 mm arbeiten. Mit Polyester-Steppgarn oder mit Knopflochgarn nähen. Oberstofftransport aktivieren und einfache Nähte arbeiten (siehe Seite 123). Die Nahtzugaben mit den Fingern auseinanderdrücken und festkleben oder zu einer Seite hin drücken und von rechts durch alle Lagen feststeppen. Säume mit elastischem Kleber (siehe Seite 144) befestigen und mit einem dicken Buch beschweren.

Kunstwildleder

Synthetisches Wildleder wurde in den letzten Jahren enorm verbessert. Manche Erzeugnisse wirken bemerkenswert echt. Es ist pflegeleicht und franst und knittert nicht. Es gibt auch Strickware mit gebürsteter Oberfläche, die wie Wildleder aussieht und die einfach zu nähen ist.

KLEIDUNGSSTÜCK/PROJEKT

Für Mäntel, Jacken, Röcke, Hosen, Taschen, Hüte und Gürtel.

ZUSCHNEIDEN

Alle Schnittmusterteile in der gleichen Richtung auflegen. Die Schnittteile mit Gewichten festhalten und mit der Schere zuschneiden.

NÄHTIPPS

Mit einer Microtex-Nadel und mit Stichlänge 2,5 mm nähen. Hochwertigen Polyesterfaden verwenden und mit überlappten Nähten (siehe Seite 128) zusammensetzen. Den Oberstofftransport aktivieren. Säume nach oben falten und von rechts absteppen.

Pelz und Kunstpelz

Kunstpelz

Echtpelz

Echte Pelze werden heutzutage eher selten getragen. Kunstpelz mit den beliebtesten Fellmustern ist fast überall erhältlich.

KLEIDUNGSSTÜCK/PROJEKT

Einfach geschnittene Mäntel und Jacken, Ärmelaufschläge, Kragen, Kissen, Bettüberwürfe.

ZUSCHNEIDEN

Echtpelz von der Rückseite her mit dem Grafikmesser zuschneiden. Kunstpelz mit einer kurzen, scharfen Stickschere von der Rückseite her schneiden. Möglichst nicht den Flor abschneiden. Alle Schnittteile in der gleichen Richtung auflegen und ohne Nahtzugabe ausschneiden.

NÄHTIPPS

Kunstpelz mit einer Universalnadel Stärke 12 und Polyestergarn nähen. Die Fellkanten aneinanderstoßend mit dem Zickzackstich (siehe Seite 53) zusammensetzen. So wird die Naht flach und es werden keine Fellhaare gefasst. Bei Echtpelz mit einer Ledernadel arbeiten. Beim Zusammensetzen der Nähte mit Twillband stabilisieren. Falsche, besetzte Säume (siehe Seiten 138–139) nähen. Kleidungsstücke mit Satinstoff füttern.

Tipp

Wenn Sie mit Fellstoffen arbeiten, sollten Sie stets den Staubsauger bereithalten, denn die losen Haare sind überall! Das Zuschneiden mit der Stickschere von der Rückseite her hilft etwas.

Stoffe vorbereiten

Die Hersteller beliefern uns freundlicherweise mit gebrauchsfertigen Stoffen. Jedoch ist es gut, wenn die Stoffe vorbereitet werden, um unerwünschte Rückstände zu entfernen und zu verhindern, dass ein fertiges Kleidungsstück einläuft.

Vorschrumpfen

Die folgenden Methoden des Stoffschrumpfens sind nur Vorschläge. In Zweifelsfällen ein Stück Stoff abschneiden und vorab testen.

ÜBERDÄMPFEN

Bei feinen Stoffen das dampfende Bügeleisen im Abstand von ca. 1 cm über der Oberfläche halten und langsam über die gesamte Stofflänge bewegen. Den Stoff flach liegend trocknen lassen (wenn der Stoff über das Bügelbrett hängt, kann er sich verziehen). Eine Bügelstation (siehe Seite 13) erzeugt einen ziemlich hohen Dampfdruck und vereinfacht diesen Prozess.

Diese Methode eignet sich für Stoffe aus Wolle und Seidenfasern, für Samt und Velveteen (mit der Rückseite nach oben). Locker gewebte Stoffe sollten ebenfalls überdämpft werden, denn das Waschen würde die Fasern schrumpfen und knittern lassen und die Oberfläche verändern.

Fertige Kleidungsstücke sollten, damit sie ihr Aussehen behalten, chemisch gereinigt werden.

Tweed, Kamelhaar, Kaschmir, Mohair, Bouclé, Organza, Dupionseide, Thai-Seide, Georgette, Samt und Velveteen sind für das Überdämpfen geeignet.

HANDWÄSCHE

Einige Stoffe können durch eine Handwäsche, mit oder ohne Feinwaschmittel, vorgeschrumpft werden. Der Stoff sollte kalt geschleudert und flach getrocknet werden. Manchmal muss der Stoff vor dem Zuschneiden gezogen und gebügelt werden. Eine Handwäsche entfernt auch alle Appreturrückstände, die möglicherweise ausgelassene Stiche beim Maschinennähen verursachen könnten.

Diese Methode eignet sich für Baumwolle und Baumwollmischfasern, für gestrickte Stoffe und solche mit Spitzenstruktur und Schmeicheloberfläche sowie für handgestrickte Stoffe. Künstliches Leder, Kunstwildleder und Kunstpelz sollten so vorbehandelt und dann bei geringer Temperatur im Trockner getrocknet werden. Fertige Kleidungsstücke ebenfalls von Hand oder wenn möglich in der Maschine waschen.

Voile, Batist, Kord und Chenille sind Stoffe, die durch eine Handwäsche vorgeschrumpft werden können.

Strapazierfähigere Stoffe wie Jeans und Trikotstoff gewinnen durch eine Maschinenwäsche, bevor sie vernäht werden.

KEINE VORBEHANDLUNG

Es ist nicht immer ratsam, einen Stoff vorzuschrumpfen: Kleidung, die chemisch gereinigt werden muss und paillettenbestickte Stoffe, Satin und Seidenstoff für Brautmode sowie Leder, Wildleder und Fell dürfen nicht vorgeschrumpft werden. Ebenfalls nicht vorgeschrumpft werden Segeltuch, Polsterstoff, PVC-Folie, Neopren und Spinnakerstoff.

MASCHINENWÄSCHE

Die strapazierfähigeren Stoffe können im Schonwaschgang und mit Feinwaschmittel in der Waschmaschine vorgewaschen werden. Die Trocknung erfolgt im warmen Trockner (nicht heiß), bevor sie zugeschnitten werden. Eine solche Vorwäsche macht die Stoffe weicher.

Wenden Sie diese Behandlung an bei Jeansstoff, Baumwollstoff und Baumwollwäschestoff, Mikrofaser, Leinen und Hanfstoffen. Auch Baumwollstrickware wie T-Shirtstoff und Sweatshirtstoff muss so vorgeschrumpft werden. Manche Stoffe können beim Maschinenwaschen ihre Farbe verlieren.

Fertige Kleidungsstücke aus vorgeschrumpften Stoffen dürfen mit der Maschine gewaschen werden.

CHEMISCHE REINIGUNG

Manche Stoffe können gegebenenfalls durch eine chemische Reinigung vorbehandelt werden.

Nicht alle Stoffe müssen vorgeschrumpft werden. Beachten Sie die Hinweise des Herstellers.

Pflegehinweise

Um die Haltbarkeit eines Kleidungsstücks zu verlängern, sollten Sie es möglichst selten waschen und wenn nötig, mit der geeigneten Methode. Zu häufiges Waschen in der Waschmaschine, bei hoher Temperatur, lässt die Kleidung schnell altern – die Farbe verbleicht und der Stoff verschleißt.

CHEMISCHE REINIGUNG

Lassen Sie Braut- und Abendmode aus zarten Stoffen und mit Figur betonenden Einlagen (Korsettstäbchen, Einlagestoffen und starken Besätzen) chemisch reinigen.

Jacken, Mäntel und Röcke sollten chemisch gereinigt werden, damit sie ihre Form behalten.

Geben Sie spezielle Stoffe, die besonders behandelt werden müssen, in die Spezialreinigung.

Braut- und Abendmode muss oft wegen solcher dekorativen Details chemisch gereinigt werden.

HANDWÄSCHE

Unterwäsche, Spitzenstoffe, Wollstoffe und Kleidung aus zarten Stoffen vorsichtig von Hand waschen. Manche Kleidungsstücke müssen zum Trocknen flach ausgebreitet werden, während andere einen leichten Schleudergang vertragen.

MASCHINENWÄSCHE

Die meisten Kleidungsstücke können mit der Waschmaschine gewaschen werden. Waschen Sie jedoch mit der niedrigsten Temperatur und dem sanftesten Schonwaschgang. Von links waschen. Synthetikfasern müssen nicht so lange geschleudert werden wie Baumwolle oder Leinen. Wenn Sie sich nicht sicher sind, orientieren Sie sich an der Waschanweisung des Herstellers, die Sie in einem vergleichbaren gekauften Kleidungsstück finden.

BÜGELN

Hängen Sie die trockenen Kleidungsstücke auf Bügel, damit sich keine Falten bilden. Manche Kleidungsstücke braucht man überhaupt nicht zu bügeln. Bügeln Sie von links und legen Sie, wenn nötig, ein schützendes Bügeltuch aus Organza oder Nessel über den Stoff.

SEIDENSTOFFE WASCHEN

Den Stoff in warmem Wasser mit darin gelöstem mildem Seifenpulver einweichen. Mit klarem Wasser ausspülen. An der Luft trocknen lassen.

Mit einem warmen Bügeleisen bügeln, um den Fadenlauf zu begradigen. Dies noch vor dem Nähen durchführen.

Pflegesymbole

Handwäsche

Nicht von Hand und nicht mit Maschine waschen.

Von Hand in warmem Wasser mit der angegebenen Temperatur waschen.

Maschinenwäsche

30°C: Mit der Maschine in warmem Wasser mit der angegebenen Temperatur waschen.

30°C: Mit der Maschine in warmem Wasser mit der angegebenen Temperatur waschen. Kalt spülen und kurz schleudern.

40°C: Mit der Maschine in warmem Wasser mit der angegebenen Temperatur waschen. Kurz schleudern.

Bleichen

Keine Bleichmittel erlaubt.

CL: Chlor-Bleichmittel erlaubt.

Bügeln

Nicht bügeln.

Lauwarm bügeln.

Warm bügeln.

Heiß bügeln.

Chemisch reinigen

Nicht chemisch reinigen.

A: Mit allen chemischen Lösungen zu reinigen.

P: Mit Perchloräthylen oder Fluorcarbon oder mit Lösungen auf Petroleumbasis reinigen.

F: Nur mit Fluorcarbon oder Lösungen auf Petroleumbasis reinigen.

Glossar

APPRETUR
Eine versteifende Oberflächenbehandlung für Stoffe. Sie wäscht sich in der Regel aus.

BAUSCHGARN
Ein wollig wirkender Nylonfaden für die Overlockmaschine, der einer Naht ein dekoratives Aussehen verleiht.

FASER
Ein einzelnes natürliches oder synthetisches „Haar", das zusammen mit anderen zu einem Faden versponnen wird.

FINGERBÜGELN
Der Stoff wird mit den Fingern zurechtgedrückt, wenn Bügeln nicht möglich ist.

FLOR
Zusätzliche Fasern oder Schlaufen, die beim Herstellungsprozess in die Oberfläche eingewebt oder eingestrickt wurden, z. B. bei Samt oder Frottee.

GARN
Einzelfasern werden zu Garn gesponnen.

GEKÄMMT
Bei Kammgarnstoffen werden die Fasern zuerst gekämmt und geglättet, sodass sie in einer Richtung glatt liegen.

JACQUARD
Eine Webart, bei der die komplizierten Muster durch individuell bediente Kettfäden gebildet werden.

KALANDERN
Das Polieren einer Stoffoberfläche mit Walzen und Dampf.

KETTE
Die Fäden, die als Erstes auf den Webstuhl gespannt werden. Die Schussfäden werden quer dazu gewebt.

MERCERISIEREN

Eine Behandlung von Baumwolle, um sie stark und glänzend zu machen.

NAHTZUGABE

Der Abstand zwischen der Nählinie und der Stoffkante beim Zusammennähen von Stoffteilen. Oft wird Kleidung mit einer Nahtzugabe von 1,5 cm gearbeitet.

NESSELMODELL

Ein Probekleidungsstück aus billigem Stoff, an dem der Sitz geprüft werden kann.

OHNE STRICH

Bei einem Stoff ohne Strich müssen die Schnittmusterteile nicht alle in der gleichen Richtung aufgelegt werden.

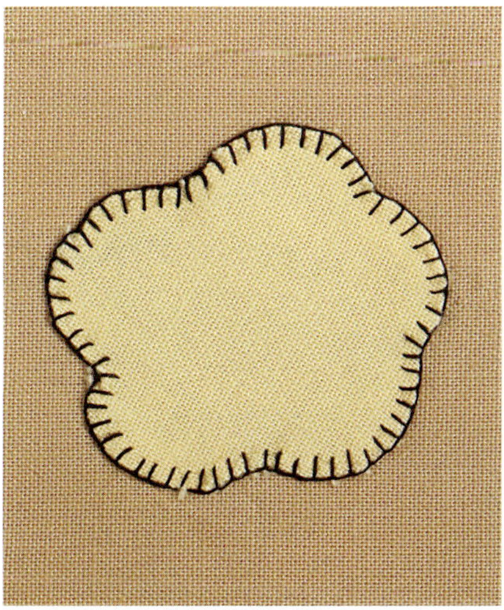

PILLING

Die kleinen Faserkügelchen, die sich bei der Benutzung eines Stoffes auf der Oberfläche bilden können. Man kann sie abpflücken oder abschneiden.

PVC

Polyvinylchlorid, auch Vinyl genannt.

SATINBINDUNG

Viele flache Oberflächenfäden bilden einen glänzenden Schimmer und reflektieren das Licht.

SCHNEIDERSCHERE
Schere mit langen Klingen, zum Zuschneiden von Stoff.

SCHRÄGFADENLAUF
Von Kette zu Schuss diagonal über den Stoff verlaufend.

SCHUSS
Die Querfäden, die den gewebten Stoff bilden.

STOFF
Das Produkt aus verwebten oder verstrickten Fäden. Manchmal werden die Fasern auch gefilzt oder zu Stoff verklebt.

STRICH
Eine Stoffoberseite, die aus verschiedenen Richtungen betrachtet unterschiedlich aussieht. Die Schnittmusterteile müssen auf einem Stoff mit Strich in einer Richtung aufgelegt werden.

TWILLBINDUNG
Eine Webart, bei der sich deutliche Diagonallinien über den Stoff ziehen.

UNTERSTICHE
Wenn die Nahtzugabe auf die linke Stoffseite eines Kleidungsstücks genäht wird, ohne dass man die Stiche auf der rechten Seite sieht, z. B. an den Seitentaschen von Hosen.

WEBKANTE
Die Seitenkanten einer Stoffbahn, die nicht ausfransen.

ZUBEHÖR
Die Dinge, die für das Fertigstellen eines Kleidungsstücks oder Projekts benötigt werden, wie zum Beispiel Reißverschlüsse, Knöpfe, Gummiband etc.

ZURÜCKSCHNEIDEN
Nähte werden weniger dick, wenn die Nahtzugaben nach dem Nähen auf unterschiedliche Breiten zurückgeschnitten werden.

Register

A
Abmessen 10
Absteppen:
breit- und schmalkantig 160
Acetat 225
Ajourstich 82
Ajour-Kästchenstich 83
Angelschnursaum 147
Applikation 162–163
Appretur 249
Augenknopfloch 175
Ausrüstung 249

B
Bändchen:
gerafftes 97
Bändchenstickerei 96–97
Bändchenstich 97
Bandnaht 129
Batik 213
Baumwoll-Linon 201
Baumwolltrikot 223
Bauschgarn 22, 250
befestigter Saum 135
befestigter Saumstich 36, 80
Besätze 149
Besätze nähen 49
besetzter Saum 138–139
Biesen 74
Biesenfuß 19
Blindstich 34
Blindstichfuß 18
Blindstichsaum 58, 134
Blümchenstecknadeln 14
Bouclé 219
Bouillonstich 119
breiter Overlockstich 65–66
Brokat 230
Bügeleisen 13
Bügeln 246
Fingerbügeln 248
trockenes 13
Werkzeug zum 13
Bügeltuch 13

C
chemisch reinigen 247, 248
Chenille 220
Chiffon 232
Chintz 207
Crêpe de Chine 212

D
Damast 206
Dampfbügeleisen 13
Denim 216
diagonales Heften 48
Doppelkettenstich 117
Doppelnaht 124
Doppelstich 27
doppelter Hohlsaum 79
doppelter Knopflochstich 95
Dreifaden-Rollsaum 70
dreistufiger Zickzackstich 54
Drillingsnadeln 15
Druckknöpfe:
bezogen 169
Nieten- 168
Duchesse-Atlas 231
Dupionseide 211
Durchschlagstiche 30
Durchsichtige Stoffe:
Knopflöcher auf 173
durchsichtiger Fuß 19

E
Einhalten 38
Einlagestoffe 238
einzelner Spannstich 107
elastische Spitze 225

F
Fäden 21, 22–23
Spannung 17
vernähen 21, 51
Fadenführung 16, 17
Fadenwickler 16
falscher Saum 138–139
Fältchen 73
Biesen 74
mit Zwillingsnadel 75
Fälteln 44
Faser 248
Faserkügelchen 249
Federstich 114
Festonstich 31
Flanell 208
Flanellette 208
Flatlocknaht 67–68
Fleece 217
Fliegenstich 115
Flor 249
Florentiner Stickerei 112
Flügelnadel und
Festonstichsaum 143
Flügelnadeln 15
französischer Saum 42
Frottee 221
Filz 236
Futterstoff 203
Verdunkelungs- 239

G
Gabardine 209
Garn 250
Garnrollenhalter 16, 17
Gaze 199
gedrehter Kettenstich 116
gedrehter Leiterhohlsaum
81
geklebter Saum 144
geknoteter
Verbindungsstich 93
Georgette 203
Geradstich 52
Geradstichfuß 18
geschlossener Kretischer
Stich 99
Gewichte 14
Gingham 213
Glaskopfstecknadeln 14
Grafikmesser 13
Greifer 17
Gummiband:
annähen 150
Tunnelzug 151

H
Haarnaht 125
Habotai-Seide 201
Haken und Ösen oder
Riegel 181
Handnähnadeln 14–15
Handrad 16, 17
Handstiche 26-49
Handstickgarn 22
Handwäsche 244, 246
Hanf 210
Heftfaden 23

Heftstich 46
- diagonaler 48
- Durchschlagstiche 30
- hohler Heftstich 47
- mit Maschine 56

Hexenstich 40
Hohlsaum 77
- befestigter 80
- doppelter 79
- gedrehter 81
- zickzack 78

Hohlsaumstiche 77–82

I
imprägnierter Stoff 236
In-der-Naht-steppen 161

J
Jacquard 248
Jeansnadeln 15
Jersey: Woll- 224
Jeansstoff 216
Jerseynadeln 15

K
Kabelstich 85, 103
kalandern 248
Kamelhaar 219
Kantenband:
- annähen 158–159

Kanteneinfassung:
- abgesteppt 160–161
- mit Band 158–159
- mit Paspel 155–157
- mit Schrägstreifen 152–154
- Techniken 152–161

Kantenstiche 160
Kantenstiche Maschine 57
Kappnaht 127
Kaschmir 208
Käseleinen 206
Kette 250
Kettenstich 104
- doppelter 117
- gedrehter 116

Knopfschlaufen, bezogene:
- mit Kordel 178–179

Knopflochstich 32
- doppelter 95

Knopflöcher 172–179
- auf durchsichtigem Stoff 173
- auf Stretchstoff 174
- Augenknopfloch 175
- Paspelknopfloch mit Maschine 176
- Paspelknopfloch von Hand 177

Knöpfe 164–171
- 2-Loch-Knopf 165
- 4-Loch-Knopf 166
- Ösenknopf 167
- Ringknopf 171
- selber herstellen 170–171

Knötchen:
- Boullion- 119
- französisch 118

Knötchenstich 118
Kord 215
kordonnieren 98
Korsettnaht 130–131
Kräuselfuß 19
Kräuseln mit Maschine 59
Krepp-Atlas 232
Kretischer Stich 99
Kunstleder 241
Kunstpelz 243
Kunstwildleder 241

L
Lamé 231
Leder 240–241
- Kunst- 241

Ledernadeln 15
Leinen 210
Leiterstich 35
Lineal 10
Lochstickerei 228
Lycra 224

M
Margeritenstich 105
Markierstifte 11
maschinengenähter Blindstichsaum 145
Maschinennadeln 15
Maschinenstickgarn 22, 250
Maschinenwäsche 244, 246
Maßband 10
Mercerisieren 248
Messer:
- Grafik- 13
- Maschinen- 17

Metallicfaden 22
Metallic-Nähnadeln 15
Microtex-Nadeln 15
Mikrofaser 211
Mohair 220

N
Nadelmalerei 113
Nadeln 14-15
- für Handnähen 14–15
- für Maschinennähen 15, 16, 17, 21

Nähfüßchen 16
Nähmaschinen 16–17
- Faden für 21
- Fadenanfang bei Nähbeginn 21
- Fadenenden vernähen 21, 51
- Füße und Zusätze 18–19, 21
- Einstellungen 20
- Geschwindigkeit 21
- Nadeln 15, 16, 17, 21
- Probenähen 20
- Stichauswahl 16
- Stichverzeichnis 50–62
- Stickstiche 100–101
- Tipps und Tricks 20–21
- Unterfadenspulen 20
- Wartung und Pflege 20
- Nähnadeln 14
- Zierstiche 100-–101

Nähmaschinenstiche 50–62
Nähnadeln (Sharps) 14
Nähte:
- Band- 129
- Doppel- 124
- einfache 123
- Haar- 125
- Hongkong-Abschluss 136–137
- Kapp- 127
- Korsett- 130–131
- mit offenen Nahtkanten 132
- Rechts-Links-Flachnaht 126
- Techniken 122–132
- überlappte 128

Nähtechniken 121–195
- Kanten 152–161
- Knöpfe 166–171
- Knopflöcher 172–181
- Nähte 122–132
- Reißverschlüsse 182–95

Nahtzugabe 249
Neopren 237

Nessel 205
Netzstoff 233
Nietendruckknöpfe 168
Nylon:
  Bauschgarn 22, 250
  Ripstop 237

O
Oberstofftransport 19
offene Nahtkanten 132
offener Kretischer Stich 99
ohne Strich 250
Organdy 200
Organza 200
Ösenloch 180
Overlockmaschinen 17
  Stichverzeichnis 63–71

P
Pailletten aufnähen:
  mit Maschine 91
  von Hand 89
Paillettenstoff 229
Paspelkante 155–157
Pedal 16
Pekingstich 110
Pelz 243
  Kunstpelz 243
Perlenstickerei:
  mit Maschine 88, 91
  von Hand 89–91
Perlennadeln 15
Perlenstoff 229
Pflegeanleitung 246–247
Pflegesymbole 247
Polsterstoff 221
Popeline 205
Powernetz 226
Punktstich 39
PVC 249
PVC-beschichteter Stoff 235

Q
Quiltnadeln 15
Quiltstecknadeln 14

R
Raffen 38
  mit eingenähter Schnur 60
Raupenstich 111
Rautenstich 87
Rechts-Links-Flachnaht 126
Reißverschlüsse 182–195
  handversäuberter 188–189
  Hosen- 190–191
  nahtfeiner 194–195
  schneller, bedeckter 183
  seitlich verdeckter 186–187
  teilbarer 192–193
  zweiseitig verdeckter 184–185
Richelieustickerei 94–95
  mit Maschine 95
  Steg 95
  von Hand 94-95
Riegel 41
Riegelstich 93
Ripstop 237
Rollsaum 69, 146
Rollsaumfuß 19
Rollschneider 13
Rosshaarband 141
Rückstich 29

S
Samt 229
Satin 207
  Krepp-Atlas 232
Satinstich 106
Satinbindung 249
Satinstecknadeln 14
Säume:
  besetzter 138-139
  Blindstichsaum mit
    Maschine 145
  falscher 138–139
  geklebter 144
  mit Angelschnur 147
  mit befestigten Stichen 135
  mit Einlagestoff 140
  mit Hongkong-Abschluss
    136–137
  mit Rosshaarband 141
  mit Saumstich 133
  mit Zwillingsnadel 142
  mit Zwillingsnadel und
    Festonstich 143
  Rollsaum 146
  Techniken 133–147
Saumlineal 10
Saumstich 33
Scheren 12, 13, 249
  Mikrowellenschliff- 13
  Papier- 13
  Zacken- 12
schmaler Overlockstich 64
Schneidematte 13
Schneiderkreide 11
Schneiderstecknadeln 14
Schneidewerkzeug 12–13
schnelle Reißverschlusstechnik
  183
schnelles Auftrennen 13
Schottenkaro s. Tartan
Schrägbandkante
  152–154
Schrägfadenlauf 248
Schuss 250
schwer entflammbarer/
  feuerfester Stoff 238
Segeltuch 215
Seide:
  Dupion- 211
  Garn 22
  Habotai- 210
  Organza 200
  Tweed 218
  Thai- 202
  Wild- 212
Sicherheitsnadeln 14
Smoken 84–87
  mit Maschine 87
  von Hand 85–87
Spaltstich 108
Spezialfuß für nahtfeinen
  Reißverschluss 18
Spitzenstoff 228
  annähen 76
  elastischer 225
  zusammensetzen 148
Spulen 20
Spulenkapsel 16
Stabilisatoren 239
Stecknadeln 14
Steppen 160
Steppgarn 23
Steppnadeln 15
Stiche:
  Auswahl 16
  mit Maschine 50–62
  Overlock- 63–71
  Verzeichnis 25-119
  von Hand 26–49
  Zier- 72–119
Stichplatte 16
Stickerei:
  mit Maschine 100–101

Stickgarn:
für Handstickerei 22
für Maschinenstickerei 22
Sticknadeln 14,15
Stickschere 13
Stifte:
auswaschbare 11
selbstlöschende 11
Stoffe 248:
dehnbare 222–226
Verzeichnis 223–226
Grundsätzliches 222
für besondere Gelegenheiten 227–233
Verzeichnis 228–236
Grundsätzliches 227
leichte 198–203
Verzeichnis 199–203
Grundsätzliches zu 198
mit bestimmten Eigenschaften 234–239
Verzeichnis 235–239
Grundsätzliches 234
mittelschwere 204–213
Verzeichnis 205–213
Grundsätzliches 204
schwere 214–221
Verzeichnis 215–21
Grundsätzliches zu 214
vorbereiten 244–245
Stopfen:
von Hand 45
mit Maschine 61
Stopfnadeln 14
Stretchnadeln 15
Stretchstich 55
Stretchstoffe 222–226
Strich 248
ohne 250
Sweatshirtstoff 223

T
Taft 230
Tambourtechnik 91
Tartan 218
Taucheranzugstoff 237
Textilien:
Lexikon 197–243
Thai-Seide 202
Tüll 233
Tweed:
Seiden- 218
Woll- 217
Twillbindung 249

U
Überdämpfen 244
Überwendlichfuß 19
Überwendlichstiche 37
umstochener Vorstich 109
Universalnadeln 15
Universalnähgarn 22
unterer Stofftransport 16
Unterfaden vorgespult 23
Unterstich 250

V
Velours 226
Velveteen 216
Verbindungsstiche 92–93
geknotete 93
Verdunkelungsstoff 239
Verstärkungsnaht 62
„Viertel-Strecken"-Technik 150, 151
Vinyl 235
Voile 199
Vorschrumpfen 244
Vorstich 28
umstochener 109

W
Waschen:
mit Maschine 245, 246
von Hand 244, 246
Wellenstich 86
wasserlösliche Stifte 11
Webkanten 249
Webkaro 213
Wellenkante 71
Wellenstich 86
Werkzeug 9-23
zum Abmessen 10
zum Bügeln und Pressen 13
zum Markieren 11
zum Zuschneiden 12–13
Wildleder 240, 242
Kunstwildleder 242
Wildseide 212
Wolle:
gekämmte 209, 250
Tweed 217
Wolljersey 224

Z
Zickzackstich 53
dreistufiger 54
Ziersticheanalyzing 72–119
Zollstock 10
Zubehör 248
Zurückschneiden 248
Zweispitznadeln 15
Zwillingsnadelbiesen 75
Zwillingsnadeln 15
Zwillingsnadelsaum 142

Danksagung

Ich danke nachfolgend für die Hilfe beim Auffinden der Proben für das Stofflexikon: Stone Fabrics, Ambassador Textiles Ltd., Elite Fashion Fabrics, Second Skin, The Curtain Factory Outlet, John Lewis, Whaleys (Bradford) Ltd., The Hemp Store und Dress Fabric for Elegance.

Danke an die Firma Brother für die Nähmaschinen, auf denen alle Beispiele genäht wurden und für die Abbildung der Nähfüßchen auf den Seiten 18 und 19.

Mein Dank geht außerdem an Terry Fox für den Einblick in die Welt der Modeschneiderei und für die Einteilung des Stofflexikons.

Quarto bedankt sich für das Material bei:

Makower UK
Makower UK
118 Greys Road
Henley-on-Thames
Oxon RG9 1QW
Tel: +44 (0) 1491 579727
www.makoweruk.com
E-Mail: info@makoweruk.com

John Kaldor Fabricmaker UK Ltd.
www.johnkaldor.co.uk
E-Mail: info@johnkaldor.co.uk

James Hare Silks
PO Box 72
Monarch House
Queen Street
Leeds LS1 1LX
Tel: +44 (0) 113 243 1204
Fax: +44 (0) 113 234 7648
www.jameshareSilks.co.uk
E-Mail: sales@jamesharesilks.co.uk

MacCulloch and Wallis Ltd.
25–26 Dering Street
London W1S 1AT
www.macculloch-wallis.co.uk

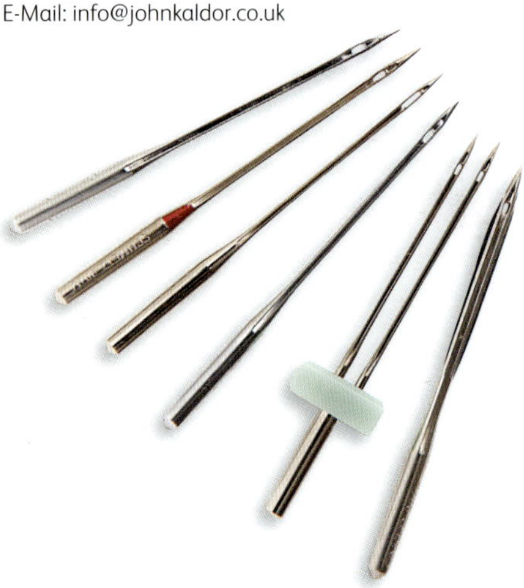